八字問情

你不知道的八字情運

筠綠◎著

文川浩瀚天地間
筆下人倫情慾邊
人生百態忌空亡
欲使無悔此書詮

萬年靈宮
濟公禪師 贈

推薦序一

才剛剛拿到筠綠《八字問財：你的財庫有多大？》燒燙燙新書，竟然又馬上受邀幫她寫新書《八字問情：你不知道的八字情運》序。真的是專家中的專家，寫文章的速度如此之快，我假如有這樣的速度現在可以升教授了吧（笑）！

從撲克牌到血型、星座、八字、塔羅牌，幾乎年輕一點的男女都拿來算過自己的感情，或是與所愛慕的人合不合有沒有結果之類的，看到好結果就甜甜地偷偷開心，看到不好的結果也要莫名的煩惱的。我不知道筠綠的客戶裡面有多少比例問感情問題，至少我四周的女生，只要一開始聊到相關話題，幾乎都會聚在一起聊個不停。

我自己的門診常有一些聽起來就命運很辛苦的女生，尤其是感情運。她們看起來外表不錯，個性也好，但是總是發現她們遇到感情不順，不是懷孕了男生不打算要孩子，就是老公在外面花蝴蝶一樣的飛，再不然就是明明論及婚嫁了卻橫生枝節後來分手。跟門診護理師聽著聽著這些女生的遭遇，總是好心疼，也偶爾會想，這是她命中註定這麼不幸福嗎？

反過來有些女孩子看起來好像也不覺得特別如何，倒是該結婚就結婚，順利就有小孩，然後人生也沒什麼煩惱這樣。很喜歡筠綠對於許多運勢的解釋方式，不是傳統上只有單一的解釋法。某些時候可能即將發生的是一段關係的失敗或者是錢財的損失，那或許對當事者而言，有機會選擇二者犧牲哪一項，或是至少慶幸自己不是「人財兩失」。我年紀大一點之後，雖然不見得會把所有一切歸在「命運」，但是有時候看看原來某些事情是命運裡就可能發生的，好像，也會覺得比較釋然吧！

希望大家都能有順利美好的情運，至少，有機會選擇讓自己不後悔的那方囉！

林靜儀 醫師

中山醫學大學附設醫院婦產部主治醫師
中山醫學大學附設醫院遺傳諮詢中心醫師
中山醫學大學醫學系講師
台中市婦女權利促進委員會委員
衛生署國民健康局性別平等工作小組委員
衛生署疾病管制局傳染病防治審議會入境複審組委員
台灣遺傳諮詢學會監事
台灣女人連線理事

推薦序二

恭喜筠綠第四本書上市了！

跟筠綠認識的因緣始於她出版第一本書《遇見未來：輕輕鬆鬆學八字》，之後陸陸續續一直接獲她在寫作然後出版的訊息，短短幾年間，她已經出版了四本八字命理的書籍，加上未付梓的作品，她創作的速度著實令我佩服，就像她算命的速度一樣又快又準。

只要手邊一張紙，看一下生辰八字、翻翻萬年曆，筠綠就可以飛速寫出整張八字命盤，然後就命盤洋洋灑灑論個性、看大運、說流年，速度之快令人驚奇，論命之準也總是讓聽者瞪大眼睛！

有幾次機會旁聽她為人論命，我覺得除了快又準外，身為一個命理師，筠綠最難得的是為人著想的善心。她不會為了凸顯自己的功力而誇大其詞或危言聳聽，反而會替人著想，委婉平實地陳述，避免對方對自己的命運留下陰影，也會提醒對方該注意的事項或中肯的建議。

另外讓我很認同的是筠綠面對命運的態度，雖然她從小學習命理，閱「命」無數，對於八字命盤對人生命運的主宰有很深刻的體會，但是她強調透過了解運勢起伏，運好時好好掌握，運不好時保守行事，將可發揮命運最佳狀態。而且改變自己的態度去面對人生，才是正確看待命運的方式。

這本書談的主題是感情、婚姻，這正是芸芸眾生難以跳脫的人生功課，筠綠一秉她理性的分析，將八字命盤數據化，清楚顯示出各日主遭逢各種大運、流年時，在感情上的運勢起伏。沒有陳腔老調，沒有譁眾取寵，她將自幼薰染的傳統命理消化後，以一種科學化、現代化的語彙重新詮釋，讓即使沒有學過八字的讀者也能算出自己的感情運勢。

期待筠綠下一本書的誕生，或許已經看了筠綠前幾本書的讀者可以跟筠綠「點菜」，指明你們想了解的命理主題，相信筠綠必能侃侃而談，讓你們「滿載而歸」！

友人　吳適意

推薦序三

要怎麼開始這篇序言？我想了很久，決定不從筠緣談起。

多年以來，我一直很喜歡一部好萊塢浪漫喜劇「Serendipity」；中文譯名為「美國情緣」。故事簡單來說就是命運安排下男女主角（強納森與莎拉）遇見彼此，在耶誕前夕因為拿了相同的手套而意外邂逅。強納森要莎拉留下姓名、電話，莎拉堅持說只要有緣，一定會再相遇。在陰錯陽差之中他們失去彼此，最後兩人開始靠著一本二手書跟一張紙鈔，尋獲彼此。片中的女主角莎拉說：「對於緣份，你不必了解，你只要相信它就好了。」強納森問：「一切命定，難道我們毫無選擇？」莎拉回答：「不！我們還是要自己下決定，但命運送出徵兆，如何去解讀才是關鍵，也才能得到幸福。」無論是緣份、命運或徵兆在好萊塢愛情電影中都已不是新鮮話題，不管緣份究竟是天註定，還是只是被拿來當作在很多巧合、難以解釋的因果關係中的一個總稱，我想，任誰都沒有一個標準答案。

也因為這部電影，我特別愛上了這個多數美國人所公認最美麗的英文單字「Serendipity」。這個單字在翻譯者眼中無疑是一個非常難以處理的字眼。因為它在各種語言裡，很難有一言以蔽之的語彙來解釋；約略意思為在無預警、偶然、巧合的情況下所遇到的好運，以及學習到的智慧。多年前商業週刊在提到黑天鵝理論中將其翻譯成「偶然力」。「偶然力」包含三項元素：偶然、機會、智慧。光有「偶然」是不夠的，還要有「轉換的智慧」。於是，這個字開始出現在各種辭典上，專門用來詮釋在各種環境、狀態下，那種無意的、偶然的、幸運的發現能力與智慧。

快別洩氣說天下的好男人、好女人早已名花有主；茫茫人海之中，對的人可遇不可求了。筠綠在最新的作品《八字問情：你不知道的八字情運》中，承襲一貫風格，化繁為簡，以量化每個日主的感情流年大運為基礎，加上對於命理數十載的專精研究，幫我們找尋偶然力之中的「偶然、徵兆」。並藉由五行干支的搭配，相生相剋的原理，協助我們參透各自流年、大運之中感情運勢的好壞，然後再憑你我各自的智慧準確抓住運氣對自己的垂青，不讓它白白溜走。或者也可藉由此工具書查明不利於己的感情行運，避免不必要的爛桃花造成的傷害。更精進者，還可藉由此作品發現且修正自己的個性，讓原先不利於感情婚姻之中的稜角消耗殆盡，隨著更成熟的個性，珍惜把握陪伴在身旁一起開心、一起流淚、一起旅行作夢、一起牽手安心過日子的人。

「時間無涯的荒野裡，沒有早一步，也沒有晚一步，剛巧趕上了。」這是張愛玲的名句。恨早或恨晚的愛情，都只是一種遺憾，也只能錯過。只有在對的時間，愛情的樣子才能美麗。最後，不管您的選擇是什麼，都祝福大家明天比今天更幸福！

友人　陳綺君

推薦序四

繼《遇見未來：輕輕鬆鬆學八字》、《史上最準八字個性分析》及《八字問財：你的財庫有多大？》之後，恭賀筠綠在短期內又出版了第四本著作，且很精準的以眾人皆關心的「感情」為此書的主題。

在八字命理中，情感婚姻是相當被重視且頗能被準確判斷的一部分，但傳統在命理中對情感的論述起點是男尊女卑，且過去的情感及婚姻關係較會選擇不變動及穩定，但隨著時代變遷，性別角色發展漸趨平等，且現今的婚姻及情感關係有更多自主選擇的空間，因而在命理中的判斷和解釋的論述起點亦需隨之調整及改變，如此對命盤中的現象解釋方能更為合宜及準確，所以此書亦可說是以八字解析感情的新論。

也就是說，八字命理並不會依時代的進步而減低其準確性，因為五行的生剋現象同樣的持續循環，但論命者需精熟五行生剋的原理及本意，以現代人的價值觀點去做更為適當可行的建議，但在此書中，並不是要讓讀者感受到感情婚姻只能宿命的去接受命定的好壞，而是要讓讀者了解，每個人的命盤裡都有顯示出個人在感情及婚姻的起伏現象，當將八字再搭配上大運和流年來做整體評估，每年的情感穩定狀況亦能被準確的判斷，所以在書中並不用好壞來評論每人的情運，而是以「穩定」與「不穩定」來做為判斷標準，讓讀者能因應及預知情運的起伏，而能更從容的調整及做選擇。

這本書仍是從八字對感情及婚姻的基本判斷原理開始說起，將古今的判斷區別也做了釐清及提醒，並將男命、女命的桃花及感情運勢判斷各以一個章節詳盡說明，此外，各日主的感情現象照舊有詳盡的分析並搭配著範例的解說以增進讀者的理解，最讓人看重的，就是照舊可以從書中找出屬於每一位讀者的流年情運，且書末附有：「八字命盤表格」及「八字婚姻E值表格」，讀者可更簡單完成專屬你的情運圖表，清晰的掌握每年的情運起伏，因此，不論以學理的紮實度及以對個人的實用度，這都是一本值得擁有的工具書。

這些年，為了讓大眾能更容易及正確的學習及接近命理，筠綠費盡心思以極創新的方式用白話言詞及量化數字來呈現每一本著作，且筠綠常在部落格中回答讀者的許多問題，

無論是讀者的個人的八字諮詢或是命理的專業問題，筠綠總是詳細且不藏私的仔細回應，
筠綠所堅持的周到、嚴謹及非商業考量，都是讓我相當肯定及佩服的。

一本書，彙整了作者20幾年的命理鑽研精華，
一本書，預告了每個人一輩子的情運起伏！
還能有什麼不馬上收藏的理由呢？

大學講師　張永安

第一章
八字裡的感情與婚姻

在八字理論中，感情婚姻是相當重要的一個部分，似乎是大多數人除了工作、財運之外最為在意的部分，而就傳統的八字命理來說，感情婚姻也是很被重視的一環，不過以前的算命觀念對於感情婚姻，不管是在觀念想法或是命理解釋上都顯得有些男女不平等，當然命理的判斷和解釋也要隨著時代來做調整和改變，才能順應時代趨勢，也才能達到命理的準確度。

即使從前的八字論命解釋對感情婚姻來說，都是比較重男輕女的觀念和看法，也都認為女子無才便是德，或是女生就應該在家相夫教子之類的說法，這些都是當時的社會情勢，當然也是大部分命理師的觀念，所做的解釋和判斷，也許這些會讓現代的人感覺到宿命和古板，甚至是迷信可笑，會覺得似乎沒什麼參考值，但基本上，八字命理的準確性並不會依時代的進步就變得不準確，其實是因為解釋的人心裡的觀念和看法所影響，也就是說，五行的生剋現象一直都是一樣的循環，但如何去因應社會的變遷和時代進步，去做適當的判斷和解釋，就要看命理師的觀念和功力而定。也許感情婚姻的確是相當宿命的一部分，但每個人的命盤裡都有顯示出一些個人的感情婚姻基本現象，這並無法去否認，而現在筆者要運用現代的觀念來詮釋八字命理中的感情婚姻現象，且去對照以前的傳統八字婚姻觀念，則會更清楚了解許多八字的基本原理和奧妙。

（一）合乎時代的命理觀念

感情婚姻在八字的看法裡，是一項比較無法由自己去控制的一項，因為牽涉到「緣份」及「因果」，雖然說在這方面，自己的個性特質還是扮演著非常重要的主因，但是會遇到誰及與誰認識，其實還是屬於緣份，而緣份也相對的是更重要的原因之於自己是否能遇到適合的人。其實在八字的看法裡，也無法真的完全準準確確的預測到所有細項，只能判斷出在哪個時間裡，可能會有比較適合的人，或條件比較適當的人出現，亦或者是在哪個流年是適合結婚或離婚，不過其實真的無法有個絕對的答案，畢竟每個人還是有自己的選擇和決定，同一個命盤的人，不見得都會選擇婚姻，有的也許會選擇婚姻，但有的則不一定會進入婚姻，或是有的人婚姻再糟糕還是會選擇忍耐而不離婚，但有的人卻完全不會退讓忍耐……不過這些都不代表不準確或有對錯，其實在婚姻不理想的命盤裡，要去做怎樣的選擇，當事人若不選擇離婚也不見得代表婚姻是幸福美滿。

其實，婚姻的好與壞，有部分是先天的，有部分是後天的，雖然我們不希望鼓勵宿命或迷信，但不得不否認，的確是有影響，而事實上，像感情婚姻這一塊的確是比較宿命的項目，也相對的比其他的事業、財運等方面更具有因果條件，而其實也會更顯出命理方面的準確度。什麼意思呢？因為像事業、財運方面，還要看家庭、教育及其他的因素對一個人的影響，這就是比較能因自己努力且比較能掌握的狀況，雖然事業方面也還是要看大運運勢的影響而有所起伏，但起點的高低是可以因為不同的影響而有不同，不過一開始起點比較高的人，如果是一樣的大運運勢狀況，即使起伏狀況方向是相同的，但是整個的水準就會比較高，而起點高低則可以在自己努力且能掌握的部分。

感情的部分，明顯比較不能由自己控制，努力不能相對的遇到適合的人，好像無形的緣份才是主宰的主因，有時候甚至找到條件相當的人，但是卻無法有喜歡的感覺，那也沒有用。有許多的人，也許在各方面的條件都相當好，但在感情方面，就無法相對的順利，不是遇不對人，就是波折重重……也許個性是一個好不好相處的主因，但在這之前，是不是能遇到合得來的人，就比較無法預料、也比較宿命、比較是緣份的部分了。所以說，若從八字論命的角度來看，感情婚姻這個比較宿命的項目，是相對能用命理較準確的判斷和評論出來的。就像某一種類型或特質的人，他們的感情或婚姻本來就屬於比較不穩定的，那實際上也會差不多，也就是感情婚姻相對也會比較不理想或不順利，當然也代表命理的準確度是更高的。

其實，八字論命還有一重點，不管評論的結果是好或不好，都只是一個參考值，重點還是自己的想法，舉例來說：若你是屬於感情婚姻不穩定的類型，其實自己就需要有一個心理準備，看是否可以盡量的努力，或是改變個性及看法，甚至是與人相處的方式……或許說感情路不順的人，是不是就去放開心，或去找出自己比較開心的方式，或者是盡量去配合或調整，總之就看自己的選擇和決定。

一、古代的婚姻判斷與解釋

由於古時候的社會現象和現在不同，在對男女的各方面要求也不一樣，當然衍生出來的法規和社會習俗也和現今有很大差異，而在八字命理這部分也是這樣，基本上算命師都是男性，解釋命理現象和判斷喜忌方式也是照著男性為主的想法來評斷，女命在命理中當然會是比較不被重視，或是比較附屬的一部分，而當中有許多的說法和詞彙都相當的不尊重女性，也非常不合時宜，像是鐵掃把、鐵剪刀、剋夫、剋父母……之類，到現在都還常聽到的詞句，其實都非常的過度解釋和過重的批判，甚至是很錯誤的觀念，應該說是一些對八字命理並沒有去透徹了解五行理論，只是死板的背一些公式及沿用古人說法的命理師，也沒有去配合社會進步和環境變遷的守舊觀念。

舉例來說：所謂傷官剋官，當女命八字裡食神傷官較多且正官也出天干，很多命理師的說法會是「傷官見官，表示剋夫星，甚至會說是鐵掃把或鐵剪刀，這輩子註定沒有錢、沒有愛、沒有事業，同時也沒有依靠，孤苦一生，建議去出家……。無夫星也無福氣，本身又沒有桃花星，所以沒有好姻緣、好對象，終身不得先生與男性疼愛，就算奇蹟似出現姻緣，也不會如意長久……」，這是筆者遇過的當事人曾被其他命理師所做的評論，而且不只一個，筆者認為這些說法相當的錯誤，也太過用男性主導的觀點去解釋命理，且這樣的說法也會害人害己。古代的八字解釋方式的確把女命貶的很低，既不能讀書，也不能聰明，更不能有聲音，但是現在的女性能力一點都不輸男性，而且現在的法律和社會風氣也和古時不同，男女平等，許多觀念也都不一樣，那些男尊女卑的觀念不再，傷官既然是八字裡的聰明才智，那古代命理師當然要說傷官見官就會婚姻不好，因為妻子不可以比先生優秀，說鐵掃把會剋夫，因為古代是不允許女人有意見和有能力，但是這樣的解釋在現今卻很不合時宜，說不定現在的太太沒有食神傷官，不夠聰明和能力，婚姻才反而不好呢！所以，我們要就八字本身來解釋命理現象才會客觀，不可以再用古代的解釋方式，所以當傷官見官，筆者會解釋為八字本身傷官比較旺，在個性方面相當聰明有智慧，但是會比較多慮，也容易想得比較多且多擔心，不過屬於體貼善良、觀察力好又敏感，相當的能善解人意、通情達理，但也容易把事情想的比較負面些……而這些只是個性上的表現，並沒有絕對的對錯與好壞，只是一個人的個人特質，若要說影響婚姻的部分，也只能說因為容易想太多或是太敏感，會讓自己在婚姻裡比較小心翼翼或是捕風捉影，也就會影響到感情婚姻。事實上，真正會影響到感情婚姻的部分，其實是大運和流年對日主的影響狀況，而八字本身的影響力並沒有真的那麼多，這或許也可以說，感情婚姻除了自己的個性有影響，最重要的是何時會遇到誰，當有狀況時自己會如何去決定和選擇，還有彼此間的想法和共識，整體來說是複雜的因素組合，所以不可以單一的去做任何武斷的判斷。

如果說同樣傷官見官的解釋可以差異如此大，那在其他的感情現象，更或是其他的方面，是不是也會有相當不同的解釋？筆者相信有，對很多人來說就很容易既花錢去算命，但卻又被錯誤的解釋給誤導。而就男命來說，即使從前算命師的觀念是男尊女卑，不過還是有一些過時且不合時宜的武斷解釋，明顯會誤導當事人，就感情婚姻方面來說就有幾個說法，像是：凡四柱帶三個丑戌未者，謂之「三腳庫」，男多剋妻。這就是一個所謂判斷剋妻的一個方式，一般守舊且不知變通的算命師就會解釋為此人剋妻或喪妻……但事實上八字本命中如果有丑戌未，筆者的看法就完全不是這樣，八字本命主要是判斷一個人的個人個性和特質，即使搭配到地支是丑戌未，那天干是搭配什麼為何不用去考慮就可以這樣的武斷判斷？為何都不去考慮到大運走勢呢？這是相當不周全的說法，所以這實在是沒有融會貫通只是把古文斷章取義而已，完全沒有緣由和可信度；再者，又有古云：「辰戌丑未，若是重見，骨肉刑悲，父母不足，兄弟異離，親戚情疏，更虧妻子。」故有喪母、剋妻之痛……這是一個剋母又剋妻的解釋，其實和上一個舉例差不多，都是相當武斷且沒理論根據的說法，若是甲乙木日主八字本命辰戌丑未都出現，那並不可以絕對的就這樣去判斷喪母或剋妻，就筆者的看法，因為資訊不足最多也只能說地支土旺，此人或許在工作、財運或是感情方面容易有變動，但是那也要看各柱天干的搭配而定，而且最重要的還要搭配大運一起做判斷，所以當其他搭配都不去考量，就根本無法去做所有判斷，畢竟可能性太多也沒有範圍可言。

以上一些小舉例，就可以發現到八字命理的解釋影響有多大，而一般不了解八字命理的人其實很難去判斷出解釋的對錯，或是適不適合用在現在社會，就筆者個人的解釋方式，感情婚姻當然有它很宿命的部分，但什麼是宿命又該如何解釋？其實現在和從前的社會差異非常大，以前所說的婚姻不好和現在的婚姻不好，判斷的標準也不太一樣，所以所謂的感情婚姻的宿命，主要是去判斷當事人感情婚姻狀況穩不穩定，是否容易因為運勢而感情婚姻受到影響，及影響的多寡可能性，以及可能影響的緣由和原因，是屬於一個有明確範圍及可能性的解釋。現代人獨立自主，大多數都自由民主，自己可以去選擇和決定自己要不要，當然也可以去選擇繼續不繼續，沒有一定的答案，即使同一個命盤的人並不會完全的在同一個時間點去選擇一樣的決定，而同一個命盤的人也不會都是有結婚或離婚，所以在八字的解釋上，也只能去判斷出哪一個運勢或哪一個流年中，此當事人的感情婚姻會比較不穩定，可能會出現變動，或是變動的機率的高低，不過最後的決定者還是當事人。

八字命理有一定的準確度，但它是一種範圍和可能性的判斷，並不適合做太過武斷或絕對的判斷，用客觀的觀點和完全回歸到單純五行生剋來做推論，再加上現代社會人人公平的解釋方式，才會是比較適合的論命方式，那些不合時宜的說法真的應該做些改進。

二、現代的八字感情婚姻解釋

八字論命的規則是用日主來代表一個人，不管是個人的個性特質，或是對於運勢的感受，在代入大運之後就能判斷出各方面的運勢狀況，若再代入流年就能看出每一年的運勢現象。且流年所出現的事件或現象，會讓當事人最有感受，也會影響最大，尤其是工作、財運或感情婚姻方面，所以若可以在問題出現之前，就能知道之後的運勢現象，就可以針對每一年的狀況做些改變或避免，也許對個人來說會是最理想的處理。每一個大運都有它的年限，每個大運會影響十年，所以每十年就會換一個大運，已經過去的大運就讓它過去，不用再去判斷它，所以年紀越大所換的大運就會越多個，也就會發現一件事，當大運變換越多個，其實就明顯有好壞及高低起伏，而且並沒有哪個命盤比盤可以永遠走好運，也不會有人永遠走壞運勢，當然感情婚姻方面也是一樣，有好就會有壞，甚至會比其他方面更會被影響，其實應該說感情婚姻會是比較宿命和緣份的一塊，但是主要還是要看個人，選擇如何做及如何去獲得。

就上一章節裡提到的「剋夫」與「剋妻」，很多人對它的解釋應該也就是字面上可以解釋出的意思，像是會影響到先生或太太，甚至更嚴重的說法，好像會讓先生或太太有嚴重的後果。而這樣的用詞，不可否認也大都來自於算命師，因為這些詞彙的確是一些論命書中有記載的。不管說這些話的算命師，到底功力好不好，到底是不是三腳貓，總之被這樣說的當事人，多少都會有些心理上的影響，且一定不是那麼容易忘記，或更慘的是若已經論及婚嫁，由對方的父母去合八字後，而得到這樣的說法，那更是不可想像會有什麼影響。

而就筆者自己許多年來對八字論命的了解，其實不管是什麼樣的詞彙，大都有它的緣由及用法，有些詞彙甚至不是一般人直覺的解釋，像是七殺、食神、羊刃……等等，其實都有它所代表的意義和解釋，有時候並沒有對與錯，只代表一個解釋而已。對於「剋夫」及「剋妻」這兩個詞看來，的確是像大家的普遍解釋，真的是比較負面的意思，但重點是像這樣「過重」的形容，其實已經「不宜」出現，也不適合用這樣的說法來論命。

若要用現代的方式來論命對於「剋夫」及「剋妻」，則要從原來的意義開始說起，從八字論命的解釋中，如果是女命，那丈夫的代表物是五行中的剋我，如果一個女生是屬甲木，剋我就是庚辛金，因為金剋木，所以庚辛金就甲木的丈夫代表物。如果是所謂剋夫的狀況，那就表示本命的食神或傷官比較旺，就是此人的我生比較旺，木生火，丙丁火就是她的「我生」，我生的解釋是聰明才智和想法，而偏偏在五行循環中，女生的「我生」會剋到「剋我」，也就是這裡的火剋金，所以其實最基本的解釋是，因為我的聰明才智、想法或要求，而使丈夫感覺有壓力。這其實是最原始的緣由，又因為「女子無才便是德」，女生的能力不可以太好，只要在家相夫教子，所以就有所謂「剋夫」一詞的出現，但是現在已經是非常進步的社會了，像這樣「剋夫」或「剋妻」的詞彙，是不是也應該有些進步或改變。能力好、有想法是值得高興的事，為什麼要被冠上這樣的偏見呢？而且筆者覺得這樣的詞彙，實在是過重，且是不太負責任的說法。而且到後來好像演變成，只要算命的說某人「剋夫」，那就會變成是此女什麼命太硬，什麼帶掃把……讓當事人很無辜且冤枉，更不知所以然就要被貼上這樣的標籤。更重要的是，被人這樣說，要忘記還真不容易，所以這實在是一件很不合理的事。

另一個「剋妻」的緣由，就男命來看，妻屬命中的我剋，就是說如果某男生屬木，我剋就是土，因為「木剋土」，所以妻在他的命盤裡的屬性就是戊己土，而要達到「剋妻」的程度，需要木很旺而土太弱，或是地支有沖刑到夫妻宮……意思就是說，若是屬於木剋土的現象，就會變成此人個性太明顯、太固執、太有想法且能力太好，甚至無法接受別人意見、無法溝通，還會很給別人壓力，而就一般而言，要當這樣的人的妻，想必會很辛苦且需要很忍耐，壓力會很大。這樣就是屬於所謂「剋妻」的緣由和解釋。在筆者的看法裡，即使是這樣的個性特質，也是可以好好的溝通和相處，多少做些自我調整，會是比較積極的做法，而不是用一句「剋妻」，這樣武斷的話，就把此人給否定，而且這樣的用詞，也太過重、太過當了，應該的解釋為因比較有想法、求好心切且要求比較高些，所以造成另一半有壓力……會是比較貼切的說法，也比較合理些。

總而言之，個性是所有狀況的原點，不管是「剋夫」或「剋妻」，在八字論命中，主要的情況都是因為自己的能力或個性，或許是所做出的選擇和狀況，而給另一半很大壓力，但是這些都是可以自己好好思考的，如何互相相處，如何好好溝通，那些古代人做不到的事，對現在人來說，根本像家常便飯一樣，市面上甚至到處有相關書籍，教人做人處事、教人如何成功、教人相處，還有許多溝通的方法……等等。甚至進步到，已經不用出門，在家上網就可以得到知識和訊息。其實現在的人普遍學歷都高，都有自己的是非判斷標準，而對另一半的要求也和古代人的要求相去甚遠，以前的女人不能隨便拋頭露面，不能這、不能那，現在哪個人不出門？而且女生相當有競爭力。筆者是覺得，即使被這樣說的時候，其實不用太難過，因為它的緣由並不是這樣的嚴重，只是比較負面的解讀，真的不需要自己也把自己貼標籤，但就要注意互相的相處，就要注意是否會給別人帶來壓力，多幫別人著想。

如果是未婚、單身，且在婚姻不理想的類別中，常會建議晚婚或是過了三十歲之後再談婚姻就會改善很多，其實一部分也是因為人過了三十歲想法自然多多少少會更成熟、更懂事，更知道如何與人相處，所以到時如果決定要走入婚姻，在心理上也比較能成熟的看待問題，這其實是相當重要的原因，並不是因為過三十婚姻就會自動變好，也不是問題會不見，而是改變了一些想法後，許多的問題就不是問題了，許多的狀況也可以解決。總之，重點在於自己想法的改變和成熟，而不是算命師武斷的判斷，因為每種八字都有不只一種的解釋和可能性，只是現象，並不代表絕對會是某一種狀況。所以在現在的社會中，算命還是需要隨著社會的進步，而有所改進，不管是說法或詞彙，甚至應該用比較科學、比較合理的態度去看待它，該質疑的時候，就不應該宿命和迷信，會更理想。

（二）五行判斷與十神解釋

要開始八字論命，首先要先知道每個命例的「日主」為何，因為「日主」所代表的就是自己，不管是個性或基本特質，都是從「日主」來判斷，再加上年柱、月柱和時柱的影響，就能更深入的知道命格如何。

此部分是說明「日主」天干的屬性和角色定義：

甲：陽木。大樹，有實質、堅硬樹幹的樹。

乙：陰木。甲木之外的植物，像是爬藤類、花草類等，屬於軟莖類的植物。

丙：陽火。太陽，照耀大地、給予大地溫暖的太陽。

丁：陰火。溫度，來自各種不同來源的溫度，較無形但可以感覺到。

戊：陽土。高山，或較廣大厚實的土地。

己：陰土。小丘陵、田園或平原。

庚：陽金。旺盛的氣流，或大風、強風，較無形但可以感覺到。

辛：陰金。雲、霧，或柔和的氣流，較無形但可以感覺到。
壬：陽水。大水，汪洋、豪雨、大河、大溪或大湖水，也可以是大水壩之水。
癸：陰水。小水，雨水、霜露、小溪水，甚至是水氣。

八字五行的判斷上，對於感情婚姻的判斷原理，男女有不同的判斷方式，這也可以在五行生剋和十神裡找到規則，舉例來說：五行中的「我剋」是代表男命中的妻與財，也就是男生的感情婚姻和事業財運，而五行中的「剋我」則是代表女命中的夫與官殺，也就是女生的感情婚姻及工作財運。而十神裡的「正偏財」則可代表男命中的感情與婚姻，「官殺」則可以代表女命的夫運和感情婚姻。

當然，要判斷感情婚姻並不是如此的簡單，也不宜用武斷的態度來套用命理公式，因為八字命理相當的多元和複雜，以下就運用八字的基本生剋理論，來對八字的感情婚姻做更深入的分析和解釋。

五行相生：木生火、火生土、土生金、金生水、水生木。

五行相剋：木剋土、土剋水、水剋火、火剋金、金剋木。

一、十神介紹

八字的五行生剋循環，加上陰陽的搭配，一共會有十種現象，也稱為「十神」，而十神有它的名字和意義，所以要先簡單了解何謂十神及其解釋，才能從核心去了解八字的理論和原則，以及各方面的運勢判斷：

正官、七殺：

五行屬性剋日主天干屬性（剋我）。同樣是陽的天干，或同樣是陰的天干，就是七殺；當陽逢遇到陰，或是當陰逢遇陽天干，就是正官。舉例來說：當甲乙木逢遇到庚金時，對甲木來說就是七殺，而對乙木來說就是正官，反之辛金對甲木就是正官，對乙木就是七殺。

正官之古云：「正官端正有權威，光有磊落把人圍，道德理智都全備，心地善良好吃虧，福壽雙全人人敬，要遇財星更為吉，最怕刑傷衝破害，一生做事要委屈，多誹謗財受損，官多體弱身體微，女命官多七殺混，婚前婚後都不隨，男人處膽又怯，一生本時載名輩。」

七殺之古云：「偏官俠義好心腸，性急如火個性強，食神來制方為貴，制服太過反受傷，要遇羊刃命最好，文成武就把名揚，女命殺多無有制，必須晚婚在命上，偏官多身體弱，先智後愚在世上，一生險關不少過，提防身體受殘傷，法官軍人方為好，營造建築也相當。」

正官與七殺的角色解釋：一般來說，正官和七殺在八字裡是剋我，可以說是壓力和規範，而在五行生剋理論裡，比較現代的解釋方式，不會刻意的去區分正官和七殺，因為剋我的定義和角色解釋都可通用，所以在這裡就把正官和七殺做同論。在八字命盤的基本判斷上，女命裡的七殺和正官，可以論為丈夫、感情婚姻、工作事業，以及壓力。而男命裡的七殺與正官，可以論為工作事業、壓力責任，以及小孩子息。

正印、偏印：

五行屬性生日主天干屬性（生我）。同樣是陽的天干，或同樣是陰的天干，就是偏印；當陽逢遇到陰，或是當陰逢遇陽天干，就是正印。舉例來說：當甲乙木逢遇到壬水時，對甲木來說就是偏印，而對乙木來說就是正印，反之癸水對甲木就是正印，對乙木就是偏印。

正印之古云：「正印原來最聰明，智慧慈善命中逢，一身安祥多快樂，福壽雙全家繁榮，學藝超群疾病少，文學教育能成功，美術設計天賦有，生業天賦真是有，若要拖拉難，印要多了不太好，印多勞食費心胸，女命印多必剋子，有子母子必西東。」

偏印之古云：「偏印本是一孀星，一生事業難成功，要遇財星方為好，要遇官星必成凶，憂豫寡孤獨相，爭強好勝好逞能，生來為人無長性，學術研究有成就，星相術理也成功，要論本事真不少，可歎無處去逞能，偏印多了必剋子，交通事故好發生。」

正印與偏印的角色解釋：一般來說，正印和偏印在八字裡是生我，可以解釋為福氣、機會、長輩緣或貴人，而在五行生剋理論裡，比較現代的解釋方式，不會刻意的去區分正印和偏印，因為生我的定義和角色解釋都可通用，所以在這裡就把正印和偏印做同論。在八字命盤上，男女命裡的正印和偏印，都可以論為母親、長輩、福氣、機會和貴人。

比肩、劫財：

五行屬性和日主屬性一樣（同我）。同樣是陽的天干，或同樣是陰的天干，就是比肩；當陽逢遇到陰，或是當陰逢遇陽天干，就是劫財。舉例來說：當甲乙木逢遇到甲木時，對甲木來說就是比肩，而對乙木來說就是劫財，反之乙木對甲木就是劫財，對乙木就是比肩。

比肩之古云：「比肩自尊必特強，爭強好鬥在世上，獨斷專行持己見，出口不怕把人傷，與人相處難合做，多釀不合遭誹謗，一生離家最為好，最好報名把兵當，比肩多了財不忘，好為親朋把財傷，寡情無義先剋父，男剋妻來女剋郎，要遇財官方為好，能成富翁把福享。」

劫財之古云：「傲氣凌人劫財逢，出事為人獨斷行，堅持己見特好勝，多招誹謗損其名，口舌爭訟時常有，好打人間理不平，計畫抱負常常有，掛在嘴邊不實行，貪小失大吝嗇性，好酒好賭破財凶，女遇劫財婚必晚，男遇劫財婚變更，劫財有制方為貴，劫財無制必受窮。」

比肩與劫財的角色解釋：一般來說，比肩和劫財在八字裡是同我，可以說是兄弟姊妹或是朋友，以及人際。而在五行生剋理論裡，比較現代的解釋方式，不會刻意的去區分比肩和劫財，因為同我的定義和角色解釋都可通用，所以在這裡就把比肩和劫財做同論。在八字命盤上，男女命裡的比肩，都可以論為朋友、同事、人際，或兄弟姊妹，甚至是不認識的人，所有屬於同輩的人。

正財、偏財：

日主天干屬性剋的屬性（我剋）。同樣是陽的天干，或同樣是陰的天干，就是偏財；當陽逢遇到陰，或是當陰逢遇陽天干，就是正財。舉例來說：當甲乙木逢遇到戊土時，對甲木來說就是偏財，而對乙木來說就是正財，反之己土對甲木就是正財，對乙木就是偏財。

正財之古云：「正財生人掌財權，為人處事不會偏，明辨事非特豪爽，身旺能成大財團，身弱財多行財地，要在財上起禍端，要行比劫運不錯，進財好似風刮來，經濟管理特緊省，金融財政可做官，正財多了偏財論，好為女人來敗財，正財多了母壽儉，克母克妻命中安。」

偏財之古云：「偏財人緣最為佳，坦誠為人不虛滑，見義勇為多慷慨，淡泊名利把財發，男人風流又豪爽，博得女人喜歡他，一生求財外地好，輝煌事業有發達，生意買賣容易得，金融外交不差啥，要遇劫財不算好，錢財掙了難存下，正印生身方為好，晚年富翁享榮華。」

正財與偏財的角色解釋：一般來說，正財與偏財在八字裡是我剋，可以說是我所要的，及想掌控和掌握的。而在五行生剋理論裡，比較現代的解釋方式，不會刻意的去區分正財和偏財，因為我剋的定義和角色解釋都可通用，所以在這裡就把正財和偏財做同論。在八字命盤上，女命裡的正偏財，可以論為父親、工作事業、財運與投資。而男命裡的正偏財，可以論為父親、老婆、感情婚姻、工作事業和財運及投資。

食神、傷官：

日主天干屬性生的屬性（我生）。同樣是陽的天干，或同樣是陰的天干，就是食神；當陽逢遇到陰，或是當陰逢遇陽天干，就是傷官。舉例來說：當甲乙木逢遇到丙火時，對甲木來說就是食神，而對乙木來說就是傷官，反之丁火對甲木就是傷官，對乙木就是食神。

食神之古云：「食神好似一朵花，日主體胖特發達，財祿豐厚度量大，仁義道德頂屬他，知禮邦順人緣好，音樂宗教藝術家，好歌好舞風流樣，晚年成為經濟家，要遇偏印不太好，從小缺乳餵養大，食神多了方為病，外表光華內裡差，男命剋妻應再娶，女人剋夫必從嫁。」

傷官之古云：「傷官聰明智謀多，多才多藝倒不錯，音樂藝術有成就，設計經濟不用說，心性殘忍氣量窄，一身傲骨不但過，惹事生非好管事，做事總是反覆著，傷官有制官星旺，傷官多了禍也多，女遇傷官婚不順，男傷多了面受剋，與人相處難長久，晚年獨立度生活。」

食神與傷官的角色解釋：一般來說，食神和傷官在八字裡是屬於我生，可以說是我的想法和聰明才智。而在五行生剋理論裡，比較現代的解釋方式，不會刻意的去區分食神和傷官，因為我生的定義和角色解釋都可通用，所以在這裡就把食神和傷官做同論。在八字命盤上，女命裡的食神傷官，可以論為想法、投資或不動產和小孩子息，以及健康方面的狀況。而男命裡的食神，可以論為聰明才智想法、投資及不動產。

二、男女感情婚姻的命理判斷

在八字命理中，要判斷桃花並不只有一種方式，日主天干的逢遇現象，也可以判斷桃花和感情現象，不過要把男女分開來做判斷：

男生：日主天干逢遇到「我剋」，正財和偏財，也就是「甲乙」日主逢遇到「戊己」，和「丙丁」日主逢遇到「庚辛」，和「戊己」日主逢遇到「壬癸」，和「庚辛」日主逢遇到「甲乙」，和「壬癸」日主逢遇到「丙丁」。

◎女生：日主天干逢遇到「剋我」，正官和七殺，也就是「甲乙」日主逢遇到「庚辛」，和「丙丁」日主逢遇到「壬癸」，和「戊己」日主逢遇到「甲乙」，和「庚辛」日主逢遇到「丙丁」，和「壬癸」日主逢遇到「戊己」。

當八字日主逢遇到以上的天干，不管是大運或是流年，可以論成桃花和婚姻感情，當然也可以論工作事業和財運，但這也是論桃花的一種方式，尤其是在流年逢遇到的時候，現象會比較明顯，很可能會有感情變動，不管是結婚或離婚，交往或分手，都是可能發生的狀況，若是地支又遇到桃花時，那就有更多更大的可能性是桃花的現象。不過，基本上，要判斷是否是桃花現象，或者是其他的現象，還是要依個別命盤來做判斷，看命盤的搭配，才能更準確的判斷好壞，和所有可能的現象。

由於男女的感情婚姻判斷方式不相同，以下就依男女來做分類，用八字的基本理論來簡單解說感情婚姻，而在這裡要注意一件重要的事，那就是在八字命理中所有的年齡都是虛歲，也就是實際年齡加上一歲，當然有一些人國曆和農曆生日會相差兩歲，所以比較準確的方式是用立春來判斷，也就是用每一年的國曆二月四日來判斷是否加一歲，如果是生在國曆一月一日到二月三日之間的人，應該都是實歲和虛歲相差兩歲的類型，那就要注意年齡和流年的對照，總之，八字命理是用虛歲來判斷所有年限現象，所以不管是在判斷大運或是流年，都是看虛歲的時間點。

◎男命：

在男命的感情婚姻運裡，主要是從桃花及正偏財來做判斷，當然八字命理是比較複雜的一種算命理論，不過基本的判斷方式在這裡要先做些介紹：

上一節有介紹的十神，裡面的正財和偏財是主要的判斷方式，也就是我剋出天干時，不管是陰或陽天干都是財出天干，對日主來說，八字命盤的婚姻宮是在月柱，而也要加入大運的判斷，如果說走到正偏財出天干的運勢，對此男命來說在這十到二十年裡，他的感情婚姻都會是比較不穩定的現象，且如果說當流年又逢遇到比較有影響的流年時，那在感情婚姻上的變動就會非常的明顯，舉例來說：（如圖1）

此命例是甲戌日，也就是甲木日主的男命，而要判斷他的感情婚姻，首先就要看他的月柱為辛巳，因為辛金對甲木來說是剋我的正官，地支是巳屬於火土，對甲戌日的男命來說

八字本命	虛年歲限	年柱 1至15歲	月柱 16至30歲	日柱(日主) 31至45歲	時柱 46歲之後
	四柱干支	乙 卯	辛 巳	甲 戌	丙 寅

大運	虛年歲限	7歲至18歲	17歲至26歲	27歲至36歲	37歲至46歲	47歲至56歲	57歲至66歲
	干支	庚 辰	己 卯	戊 寅	丁 丑	丙 子	乙 亥

圖1

屬於一般，並沒有特別的好壞，但在大運裡的第二和第三個大運是己卯和戊寅運，是十神裡的正財和偏財出天干，對男命的感情婚姻來說是很不穩定的搭配，也就是說在此人十七歲到三十六歲之間，他的感情狀況很容易是起伏不定，甚至是分分合合的不穩定現象，尤其是當流年如果又出現甲乙木或戊己土的流年時，因為比劫與正偏財的影響，變動就會更加明顯，像是結婚及離婚的狀況，當然這都還是要看個別的當事人自己的選擇，不過從大方向來說，此人在這二十年左右，感情婚姻是屬於不穩定且不理想的狀況，但這兩個運勢過了就會好很多。

另一個相似的判斷方式，就是當流年出現正財或偏財，也容易讓男命的感情婚姻不穩定，尤其是當大運的搭配會讓流年干支的變動較大時，感情婚姻的變動就會更明顯，舉例來說：（如圖２）

此命例是甲辰日的男命，屬於甲木日主，從月柱辛巳來判斷夫妻宮，屬於天干金剋木和地支的火土，對此男命來說屬於一般，並沒有特別的好壞現象，而因他的大運運勢在第三個和第四個大運為甲乙出天干，從二十二歲到四十一歲之間的甲申和乙酉運，也就是比肩和劫財，代表此人在這二十年的運勢裡，會有人際方面的不穩定和變動，如果要判斷感情婚姻方面，這兩個大運並沒有顯示出特別之處，但其實在某些流年的影響下，就會間接的影響到感情婚姻，就像虛歲二十九和三十歲的戊子和己丑年，及三十九和四十歲的戊戌和己亥年，都很可能會出現感情婚姻的變動，而這些感情變動可以包括所有類型的狀況，不管是結婚、離婚、交往或分手都有可能。

而在判斷感情婚姻方面，如果是男命流年逢遇到正財和偏財，且不管大運是否有正偏財或是比劫出天干，也都有可能會出現感

時柱	日柱(日主)	月柱	年柱	虛歲年限	八字本命
46歲之後	31至45歲	16至30歲	1至15歲		
丙 寅	甲 辰	辛 巳	庚 申	四柱干支	

52歲至61歲	42歲至51歲	32歲至41歲	22歲至31歲	12歲至21歲	2歲至11歲	虛歲年限	大運
丁 亥	丙 戌	乙 酉	甲 申	癸 未	壬 午	干 支	

30	29	28	27	26	25	24	23	22	21	20	19	18	17	16	15	14	13	12	11	10	9	8	7	6	5	4	3	2	1	虛歲	流年
己丑	戊子	丁亥	丙戌	乙酉	甲申	癸未	壬午	辛巳	庚辰	己卯	戊寅	丁丑	丙子	乙亥	甲戌	癸酉	壬申	辛未	庚午	己巳	戊辰	丁卯	丙寅	乙丑	甲子	癸亥	壬戌	辛酉	庚申	干支	

60	59	58	57	56	55	54	53	52	51	50	49	48	47	46	45	44	43	42	41	40	39	38	37	36	35	34	33	32	31	虛歲	流年
乙未	戊午	丁巳	丙辰	乙卯	甲寅	癸丑	壬子	辛亥	庚戌	己酉	戊申	丁未	丙午	乙巳	甲辰	癸卯	壬寅	辛丑	庚子	己亥	戊戌	丁酉	丙申	乙未	甲午	癸巳	壬辰	辛卯	庚寅	干支	

圖 2

情婚姻變動，就像第一個命例中，當大運走到丁丑或丙子運，是食傷丙丁出天干，並不是正偏財或比劫，而當流年出現戊己年時，也可能會有感情方面的變動；而第兩個命例中，如果在十二到二十一歲的癸未運，是正印出天干，並不是剛剛說過的正偏財或是比劫，但是如果流年出現戊己年，像是他十九和二十歲的戊寅和己卯年，也很可能會有感情方面的變動，不過因為男命的判斷裡，感情婚姻和財運事業都同論，當然也可能是出現工作事業方面的變動，不一定都會是感情婚姻，那還是要看個別的命例而定。

◎女命：

在女命的感情婚姻運裡，主要是從桃花及官殺來做判斷，當然八字命理是比較複雜的一種算命理論，不過基本的判斷方式在這裡要先做些介紹：

上一節有介紹的十神，裡面的正官和七殺（簡稱官殺）是主要的判斷方式，也就是剋我出天干時，不管是陰或陽天干都可同論，對女命日主來說，八字命盤的婚姻宮是在月柱，而也要加入大運的判斷，如果說走到官殺出天干的運勢，對此女命來說在這十到二十年裡，她的感情婚姻都會是比較不穩定的現象，且如果說當流年又逢遇到比較有影響的流年時，那在

感情婚姻上的變動就會非常的明顯，舉例來說：（如圖3）

此女命日主辛卯日，屬辛金日，也是金較弱的八字命盤，而在她的感情婚姻的判斷，首先就要看月柱，看起來癸卯只會讓她的日主更弱，對她的感情婚姻來說幫助不大，所以基本上也是一般的水準，但在她的大運中可以發現，第三個和第四個運勢丙午和丁未，都是過旺的火過旺的官殺，這也代表此人在虛歲二十一到四十歲之間，感情婚姻的狀況都會不穩定，因為官殺過旺，火剋金的現象過重，所以很容易在這兩個大運中婚姻有變動，當然要細看是哪些時間點，還要搭配流年來判斷，就能更明確看到起伏現象。而這樣的一個命盤搭配，因為辛金太弱又不穩定，所以除了感情婚姻的狀況外，各方面的變動狀況也都要注意，尤其是工作和健康方面。

另一個相似的判斷方式，就是當流年出現正官或七殺，也容易讓女命的感情婚姻不穩定，尤其是當大運的搭配會讓流年干支的變動較大時，感情婚姻的變動就會更明顯，舉例來說：

時柱	日柱(日主)	月柱	年柱	虛年	八字本命
46歲之後	31至45歲	16至30歲	1至15歲	歲限	
癸 巳	辛 卯	癸 卯	丁 巳	四干 柱支	

51歲至60歲	41歲至50歲	31歲至40歲	21歲至30歲	112歲至20歲	1歲至10歲	虛年 歲限	大運
己 酉	戊 申	丁 未	丙 午	乙 巳	甲 辰	干 支	

圖 3

（如圖4）

此女命例是庚辰日，屬於庚金日主，能力相當好，在感情婚姻方面的判斷，月柱戊午屬於非常旺的厚土，對庚辰日來說雖是印旺，但地支的火旺也會讓感情婚姻不穩定，所以基本上是屬於不穩定的感情類型，而再看到她的大運搭配，雖然都沒出現正官和七殺出天干，但因為從第兩個大運庚申開始，一直到癸亥大運金水都過旺，所以當中的流年如果出現官殺，在感情婚姻方面也很容易變動，像是她二十四歲和二十五歲的丙子和丁丑，由於丙丁冬火相當弱，加上大運的庚申金又非常旺，所以丙丁官殺就更顯不穩定，也代表感情婚姻會出現明顯變動；還有接下來的三十四和三十五歲的丙戌和丁亥

時柱	日柱(日主)	月柱	年柱	虛年	八字本命
46歲之後	31至45歲	16至30歲	1至15歲	歲限	
辛 巳	庚 辰	戊 午	癸 丑	四干 柱支	

58歲至67歲	48歲至57歲	38歲至47歲	28歲至37歲	18歲至27歲	8歲至17歲	虛年 歲限	大運
甲 子	癸 亥	壬 戌	辛 酉	庚 申	己 未	干 支	

30	29	28	27	26	25	24	23	22	21	20	19	18	17	16	15	14	13	12	11	10	9	8	7	6	5	4	3	2	1	虛歲	流年
壬午	辛巳	庚辰	己卯	戊寅	丁丑	丙子	乙亥	甲戌	癸酉	壬申	辛未	庚午	己巳	戊辰	丁卯	丙寅	乙丑	甲子	癸亥	壬戌	辛酉	庚申	己未	戊午	丁巳	丙辰	乙卯	甲寅	癸丑	干支	
60	59	58	57	56	55	54	53	52	51	50	49	48	47	46	45	44	43	42	41	40	39	38	37	36	35	34	33	32	31	虛歲	
壬子	辛亥	庚戌	己酉	戊申	丁未	丙午	乙巳	甲辰	癸卯	壬寅	辛丑	庚子	己亥	戊戌	丁酉	丙申	乙未	甲午	癸巳	壬辰	辛卯	庚寅	己丑	戊子	丁亥	丙戌	乙酉	甲申	癸未	干支	

圖4

年，也是差不多的現象，官殺都明顯不穩定容易變動，如果沒有工作方面的變動，也會出現感情婚姻的狀況，像是結婚或離婚的現象，後面還有丙申和丁酉流年，會因為大運壬戌的水旺而不穩定，加上流年的正官桃花，所以此女命的感情婚姻是屬於容易起伏的類型。

基本上，在判斷感情婚姻方面，如果是女命流年逢遇到正官和七殺，且大運是屬於容易影響到官殺的干支搭配，也都有可能會出現感情婚姻變動，就像第兩個命例中，大運都沒有任何官殺出天干，但也不代表感情婚姻就會穩定完美，因為有時候地支的影響力會更大，或是會影響到流年的官殺更多，這些都會有感情方面的影響或變動，不過因為女命的判斷裡，感情婚姻和工作事業都同論，當然也可能是出現工作事業方面的變動，不一定都會是感情婚姻，那還是要看個別的命例及其選擇而定。

◎地支桃花：

接下來要介紹感情婚姻方面，相當重要的一部分，也就是「桃花」，在八字命裡桃花的判斷有一定的方式，且是要從日主的地支來看，男女命盤都適用，只是要在天干上做些分別解釋，而在這裡先簡單介紹一下八字裡的桃花判斷。

在八字的桃花判斷有幾個方式，都是以日主地支為判斷基礎，看看是否在大運或流年，或其他狀況的搭配有逢遇到桃花現象。最原始的桃花公式，是用日主地支來判斷：

◎日主地支為「寅」、「午」、「戌」↓逢遇「卯」

◎日主地支為「巳」、「酉」、「丑」↓逢遇「午」

◎日主地支為「申」、「子」、「辰」↓逢遇「酉」

◎日主地支為「亥」、「卯」、「未」↓逢遇「子」

這個原則不管是在八字裡，或大運或是流年，只要逢遇到相對應的桃花地支，就會有桃花現象。當然，在大運或是流年逢遇到桃花地支時，或是在八字本命裡有出現桃花地支，都有不太相同的解釋，因為還要判斷桃花的天干搭配為何，則會有不同面相的桃花，像是正官桃花、正印桃花、劫財桃花、傷官桃花和正財桃花。都有不同的解釋，而當中有些桃花並不是太理想，反而會出現一些不太好的狀況，也可以說是爛桃花。但以上的判斷公式，是最基本的判斷方式，常常現象也會最明顯，尤其是在流年逢遇到的時候。所以說，從大家的流年運來看，一般流年每三年就會遇到桃花年，但每個遇到桃花年的現象也不會太相同。

舉例來說：（如圖5）

此八字命盤是甲子日的男命，屬甲木日主，日主地支為子，若要判斷桃花地支，則為酉，當八字裡逢遇到酉的時候，就會出現桃花現象，而在這個命盤裡的第兩個大運地支就是酉，且天干出癸水，代表正印出天干的桃花，解釋為有人緣、有貴人且有長輩緣的桃花現象，對甲日主來說是相當好的運勢現象，當然在這十年的大運中異性緣也會很不錯，很可能出現別人介紹的好對象。

另一命例如下：（如圖6）

此命盤是一個戊辰日的女命，屬戊土日主，日主地支是辰，所以對應到的地支桃花是酉，當逢遇到地支酉，則會出現桃花現象，而在這命盤中的第三個大運是辛酉，當然就論

時柱	日柱(日主)	月柱	年柱	虛年歲限	八字本命
46歲之後	31至45歲	16至30歲	1至15歲		
丙 寅	甲 子	辛 未	甲 寅	四柱干支	

56歲至65歲	46歲至55歲	36歲至45歲	26歲至35歲	16歲至25歲	6歲至15歲	虛年歲限	大運
丁 丑	丙 子	乙 亥	甲 戌	癸 酉	壬 申	干 支	

圖5

為桃花，不過這個天干的搭配是辛金，對戊辰日來說是土生金的我生出天干，也就是傷官出天干的桃花，解釋為自作聰明的桃花，或不動產及投資方面的桃花，應該說是自己的想法及做法，主動積極或運用聰明才智，所會出現的好人緣或好異性緣，甚至是不錯的投資結果都可以同論，不過因為土日主的女命不適宜有較多的食傷出天干，所以這個女命也容易出現聰明反被聰明誤的狀況，但是大方向還是屬於好人緣的現象。

三、沖刑害

這個部分主要是探討「地支」對感情運的影響，和前面章節探討十神主要是天干對感情的影響不同，一般來說，天干固然有很直接的影響力，不過地支的威力卻會比天干更為實質，也就是說會明顯影響到現象的程度和規模，所以地支互相之間的作用現象也非常重要。十二地支即：

八字本命	虛年歲限	年柱 1至15歲	月柱 16至30歲	日柱(日主) 31至45歲	時柱 46歲之後
	四柱 干支	戊 午	甲 子	戊 辰	壬 子

大運	虛年歲限	8歲至17歲	18歲至27歲	28歲至37歲	38歲至47歲	48歲至57歲	58歲至67歲
	干支	癸 亥	壬 戌	辛 酉	庚 申	己 未	戊 午

圖 6

寅：代表農曆一月，春季，氣候現象稍冷，生肖別屬虎。
卯：代表農曆二月，春季，氣候現象微涼，生肖別屬兔。
辰：代表農曆三月，春季，氣候現象舒適，生肖別屬龍。
巳：代表農曆四月，夏季，氣候現象稍熱，生肖別屬蛇。
午：代表農曆五月，夏季，氣候現象炎熱，生肖別屬馬。
未：代表農曆六月，夏季，氣候現象燥熱，生肖別屬羊。
申：代表農曆七月，秋季，氣候現象濕熱，生肖別屬猴。
酉：代表農曆八月，秋季，氣候現象微熱，生肖別屬雞。
戌：代表農曆九月，秋季，氣候現象稍涼，生肖別屬狗。
亥：代表農曆十月，冬季，氣候現象濕冷，生肖別屬豬。
子：代表農曆十一月，冬季，氣候現象寒冷，生肖別屬鼠。
丑：代表農曆十二月，冬季，氣候現象嚴寒，生肖別屬牛。

以上簡單介紹十二地支，即從寅到丑代表的農曆一月到十二月，最重要的是十二地支的季節和氣候現象，因為氣候和溫度對五行的影響相當大，也相當的實質，像代表夏季的巳午未，整體氣溫都偏高，所以就會是相當實質的高溫，如果天干出現丙丁火，則丙午或丁未也就非常的高溫燥熱，而如果天干出現壬癸水，則壬午或癸未就顯得相當的水弱；像代表秋季的申酉戌，整體氣候都比較不穩定，對庚辛氣流來說就會很旺盛，但對甲乙木來說就容易被金剋。

接下來要介紹的四個部分，都是八字理論中地支之間的判斷公式。

地支相沖：在八字理論裡地支相沖一共有六組，即「子午沖」、「卯酉沖」、「寅申沖」、「巳亥沖」、「辰戌沖」、和「丑未沖」，所謂地支相沖，簡單來說就是當相沖的兩個地支在同一年限中出現，則就會有相沖的現象發生，而通常地支相沖的影響可大可小，不見得都是不好的變動，有的命盤搭配喜歡地支相沖，不過比較大部分的命盤並不喜歡出現地支相沖，尤其是當天干搭配起來又出現沖剋，則狀況就會加劇，所以天干的搭配也非常重要。而地支相沖如果是發生在日主的地支，當然影響會最大，也最直接，但如果是大運與流年之間的地支相沖，那對日主來說就不一定會有影響。

其實地支的六組相沖，有它簡單的原理和結構，我們不用去硬背公式，只要用理解的方式來了解，相信會更容易學習八字原理，也比較有根據。因為地支通常是代表十兩個月份，最主要的影響力是它的溫度和季節性，從代表農曆一月的寅，一直到代表十二月的丑，一共是十兩個月份，而地支的相沖主要是相距六個月的地支，也會是溫度差異最大的兩個地支，也就是說當溫度差異越大，所產生的相互影響就會越大，舉例來說當十一月的子，逢到五月的午，由於溫度一冷一熱，一冬一夏，所產生的氣候效應也會出現，這就是地支相沖的基本原理，以下就利用圖示來清楚說明地支相沖的循環。（如圖7）

從此圖可以清楚看出地支相沖的循環，都是兩兩相差六個月，就會出現相沖的現象，若日主地支和流年地支出現相沖時，其實影響會較大，如果再加上天干互相之間也是沖剋或正偏財或官殺出天干，那對於感情婚姻則會有相當的影響。

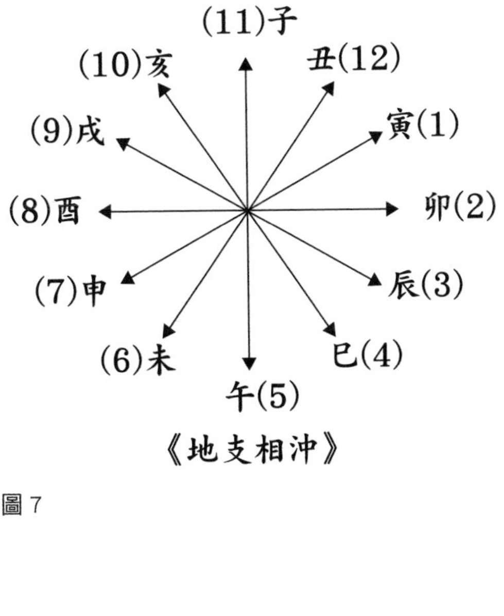

圖7

舉例來說：（如圖8）

此命例是前一個章節裡的女命例，庚辰日戊午月，屬於庚金日主地支是辰，大運走秋冬的金水運，若要判斷地支相沖，她的壬戌大運明顯就是地支的辰戌沖，但因為天干出壬水，和日主搭配屬金生水現象，所以不算不理想，只會有些不穩定，不過若再加入流年來判斷，則丙申和丁酉年就會受到地支相沖所影響，金水不穩定而剋到不穩定的火；而在她三十四歲的丙戌流年，先不管大運為何，日主直接和流年地支相沖，且流年天干的丙火也是日主的七殺，再加上大運辛酉的劫財金旺，讓丙戌更不穩定，所以感情婚姻會出現明顯的變動，要多注意。

地支相刑：在八字理論裡地支相刑一共

時柱	日柱(日主)	月柱	年柱	虛年歲限	八字本命
46歲之後	31至45歲	16至30歲	1至15歲		
辛巳	庚辰	戊午	癸丑	四柱干支	

58歲至67歲	48歲至57歲	38歲至47歲	28歲至37歲	18歲至27歲	8歲至17歲	虛年歲限	大運
甲子	癸亥	壬戌	辛酉	庚申	己未	干支	

30	29	28	27	26	25	24	23	22	21	20	19	18	17	16	15	14	13	12	11	10	9	8	7	6	5	4	3	2	1	虛歲	流年
壬午	辛巳	庚辰	己卯	戊寅	丁丑	丙子	乙亥	甲戌	癸酉	壬申	辛未	庚午	己巳	戊辰	丁卯	丙寅	乙丑	甲子	癸亥	壬戌	辛酉	庚申	己未	戊午	丁巳	丙辰	乙卯	甲寅	癸丑	干支	
60	59	58	57	56	55	54	53	52	51	50	49	48	47	46	45	44	43	42	41	40	39	38	37	36	35	34	33	32	31	虛歲	
壬子	辛亥	庚戌	己酉	戊申	丁未	丙午	乙巳	甲辰	癸卯	壬寅	辛丑	庚子	己亥	戊戌	丁酉	丙申	乙未	甲午	癸巳	壬辰	辛卯	庚寅	己丑	戊子	丁亥	丙戌	乙酉	甲申	癸未	干支	

圖8

有十二種，且分成四種類型：

寅刑巳、巳刑申、申刑寅，為無恩之刑。

未刑丑，丑刑戌，戌刑未，為恃勢之刑。

子刑卯、卯刑子，為無禮之刑。

辰辰、午午、酉酉、亥亥，為自刑。

所謂地支相刑，簡單來說就是當相刑的兩個地支在同一年限中出現，則就會有相刑的現象發生，而地支相刑的影響可大可小，且通常都是不太理想的現象，尤其是出現在日主地支與流年之間的相刑。寅巳申三者所構成的刑，其實在四種類型裡屬於最為嚴重，也比較容易是意外的類型，一般來說，如果在八字本命中包含日主有出現兩個或以上的寅巳申，此人從小到大就容易出現些大大小小的狀況，會感覺不是太順利的人生，而如果在大運或流年出現與日主相刑的地支，則容易有較大的或不預期的狀況，尤其是如果天干又逢到相沖剋，則往往都是不理想的現象。未丑戌三者所構成的刑，比較屬於入庫的相刑，因為未丑戌各別都代表著一個屬性的庫，未是乙木庫、丑是辛金庫、戌是丁火庫，所以這三個互相的刑，就比較是五行之間的沖刑，而要判斷相刑的現象會是刑到哪一個五刑，則就要搭配天干來判斷。子和卯的相刑，則比較著重在感情婚姻方面，古書云：「子卯相刑是謂無禮，子屬水，卯屬木，木能生水，今子母相刑，實是無禮。」因為子的支藏天干是癸水，而卯的支藏天干是乙木，但子卯相生而又存在相刑，這其實要各別判斷現象，有時候子刑卯是因為卯木不需要水，而水又太多，因此會對卯木產生危害，所以稱為子刑卯，或是過旺的乙木去刑到癸水的卯刑子。最後一種自刑，通常也是在日主地支現象會最明顯。古書有云，三刑生於三合，所以可以用比較容易的方式來記憶：

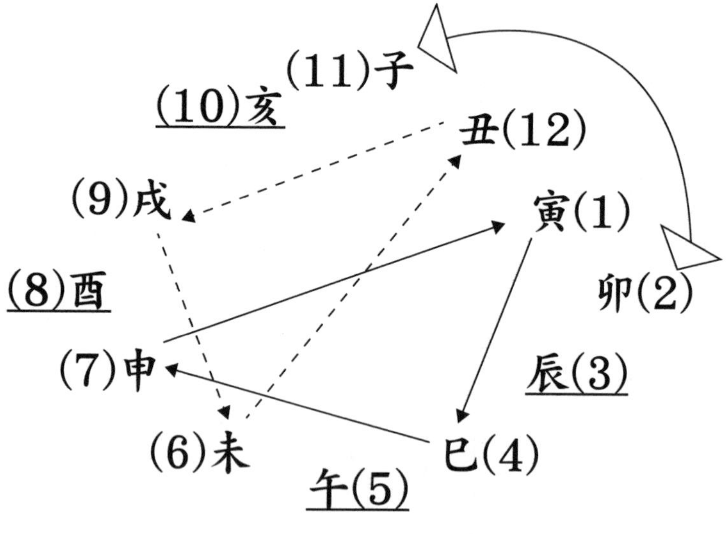

《地支相刑》

圖 9

申子辰（三合）與寅卯辰（三會），則
申刑寅，子刑卯，辰辰自刑。

寅午戌（三合）與巳午未（三會），則
寅刑巳，午午自刑，戌刑未。

巳酉丑（三合）與申酉戌（三會），則
巳刑申，酉酉自刑，丑刑戌。

亥卯未（三合）與亥子丑（三會），則
亥亥自刑，卯刑子，未刑丑。

從此圖（如圖9）可以清楚看出地支相刑的循環，若日主地支和流年地支出現相沖時，其實影響會較大，如果再加上天干互相之間也是沖剋或是正偏財或官殺出天干，對於感情婚姻則會有相當的影響。舉例來說：（如圖10）

此命例是乙卯日生於己亥月的男命，從

時柱	日柱(日主)	月柱	年柱	虛年	八字本命
46歲之後	31至45歲	16至30歲	1至15歲	歲限	
丙 子	乙 卯	己 亥	辛 酉	四干 柱支	

59歲至68歲	49歲至58歲	39歲至48歲	29歲至38歲	19歲至28歲	9歲至18歲	虛年 歲限	大運
癸 巳	甲 午	乙 未	丙 申	丁 酉	戊 戌	干 支	

30	29	28	27	26	25	24	23	22	21	20	19	18	17	16	15	14	13	12	11	10	9	8	7	6	5	4	3	2	1	虛歲	流年
庚寅	己丑	戊子	丁亥	丙戌	乙酉	甲申	癸未	壬午	辛巳	庚辰	己卯	戊寅	丁丑	丙子	乙亥	甲戌	癸酉	壬申	辛未	庚午	己巳	戊辰	丁卯	丙寅	乙丑	甲子	癸亥	壬戌	辛酉	干支	
60	59	58	57	56	55	54	53	52	51	50	49	48	47	46	45	44	43	42	41	40	39	38	37	36	35	34	33	32	31	虛歲	
庚申	乙未	戊午	丁巳	丙辰	乙卯	甲寅	癸丑	壬子	辛亥	庚戌	己酉	戊申	丁未	丙午	乙巳	甲辰	癸卯	壬寅	辛丑	庚子	己亥	戊戌	丁酉	丙申	乙未	甲午	癸巳	壬辰	辛卯	干支	

圖10

大運看起來走逆運從秋到夏，其實是相當不錯的運勢走勢，但會越來越缺水忙碌，而這幾個大運裡並沒有和卯相刑的子，但在虛歲二十八歲的戊子流年，基本上地支子是相刑也是桃花，而且天干戊是乙日主的正財，所以很明顯會是感情婚姻方面的變動。

地支相害：八字的地支相害一共有六組，即「酉戌相害」、「申亥相害」、「子未相害」、「丑午相害」、「寅巳相害」和「卯辰相害」，所謂地支相害，簡單來說就是當相害的兩個地支在同一年限中出現，則就會有相害的現象發生，而通常地支相害的影響可大可小，不見得都是不好的變動，不過比較大部分的命盤並不喜歡出現地支相害，尤其是當天干搭配起來又出現沖剋，則狀況就會加劇，所以天干的搭配也非常重要。而地支相害如果是發生在日主的地支，當然影響會最大，也會最直接。就古書的說法，六合生六害，即：

酉與辰合而戌沖之，故酉與戌害；

申與巳合而亥沖之，故申與亥害；

子與丑合而未沖之，故子與未害；

丑與子合而午沖之，故丑與午害；

寅與亥合而巳沖之，故寅與巳害；
卯與戌合而辰沖之，故卯與辰害。

從此圖（如圖11）可以清楚看出地支相害的循環，若日主地支和流年地支出現相害時，其實影響會較大，如果再加上天干互相之間也是沖剋或是正偏財或官殺出天干，對於感情婚姻則會有相當的影響。舉例來說：

而命例是依前一個章節裡的男命例，甲辰日主生於辛巳月，大運看起來走順運從夏到秋冬，是屬於平順的運勢走勢，這幾個大運裡並沒有和辰相害的卯，但在虛歲三十二歲的辛卯流年，基本上地支子是卯辰相害，而天干出辛是正官，所以很可能有工作財務方面的變動，甚至是感情婚姻方面。

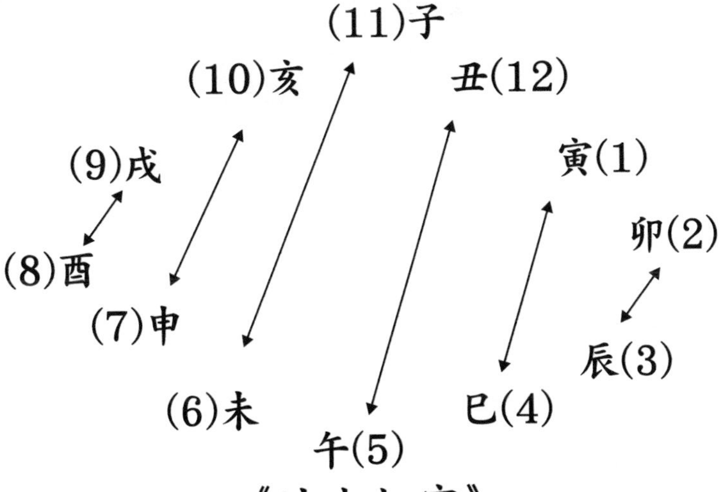

《地支相害》

圖 11

第二章
男命的感情運勢分析

（一）桃花判斷

男命的桃花，在八字裡有一定的判斷方式，前一章節中有介紹過天干和地支的桃花基本判斷，在這裡要再更深入的做探討和解釋，還要增加一些其他的桃花基本觀念，甚至是哪些類型的命盤個人的桃花會比人更多，或是天生的桃花多或少，以及各種天干桃花搭配解釋，都會做更多的介紹和解釋。

一般來說，男命的桃花除了之前介紹的天干和地支的判斷，其實從日主的組合中，也可以單一的就做些基本的桃花旺弱現象判斷，像是日主地支如果是子、午、卯、酉，此人的桃花現象也會比較旺；而通常如果八字的組合比較弱的男命，他的異性緣也會比較好；火日主的男命，因為外相比較好又會說話，相對來說桃花也會比較多些…，這些都會是影響男命桃花旺弱的因素，以下就把判斷男命的桃花旺弱方式做些介紹。

日主單一判斷：其實八字的六十日主，已經可以做些粗略的桃花旺弱判斷，像是日主地支為子、午、卯、酉，則此人的桃花現象會較明顯，像是甲子、甲午、乙卯、乙酉、丙子、丙午、丁卯、丁酉、戊子、己卯、己酉、庚子、辛卯、壬午或癸酉日，這幾個日主的男命都會有不錯的基本桃花現象水準；而其他還有甲辰、甲戌、乙未、丙寅、丙戌、丁未、丁亥、丁丑、戊申、己巳、己未、己亥、己丑、庚寅、辛未、壬辰、壬申、癸未、癸亥日主，也都有會有還不錯的人緣；另外，當八字中的四柱地支，有兩個或以上的桃花地支，基本的桃花條件也會是相當旺的命盤，且越多的子午卯酉地支出現，也就會是越旺的桃花基本條件水準。

一般來說，丙丁日主比較會是外相好的類型，也就是長相不錯的類型，當然也會比較容易有人緣或異性緣；而另外乙、己、辛、癸日主的男命，比較是屬於敏感體貼的類型，因為陰天干日主比較會去注意到一些小地方，或是比較會觀察事物，所以也容易在人際方面受到喜愛或歡迎。

若是八字本命的搭配屬於比較弱的類型，則天生的桃花就會明顯比較多，人緣或異性緣也都會比較好，是屬於人見人愛的類型，但也容易會是感情不穩定的類型，尤其是年柱或月柱是較旺的官殺，此人所呈現出來的個性和特質則比較吸引人，舉例來說：一個丙火日主的男命，如果年柱是壬子相當旺的七殺，月柱又是癸酉相當旺的正官，則此人的八字搭配就相當的弱，是屬於相當弱的丙日主命盤，所以此人的基本個性特質就相當的會幫人著想，溫和體貼及我為人人，有正義感也很會去幫助別人，但也容易來者不拒而造成感情問題。

若是八字本命搭配屬於比較旺的類型，基本的個性特質會是比較主觀自我，也是屬於強勢的一方，對很多自己的目標都會有不計手段，都要達成的毅力和堅持，所以對於感情也是一樣，一旦鎖定目標則會用盡方法和手段去得手，不管是努力不懈或是死纏爛打，有一種使命必達的決心，這類型的人在感情方面也比較會是能心想事成的類型，舉例來說：壬子日的男命，年月柱都相當旺的金水，庚子、庚戌、辛亥或癸丑……這樣的八字本命搭配相當的旺，都會是個性特質明顯的類型。

若大運走勢是比較明顯的桃花運勢，尤其是正偏財出天干的大運，或是官殺出天干的大運，都會是不錯的桃花運勢，不過也容易是不穩定的感情運勢。以下則是較深入的桃花公式說明：

之前一章有提到最原始的桃花公式，用日主地支來判斷：

◎當日主地支為「寅」、「午」、「戌」→逢遇「卯」
◎當日主地支為「巳」、「酉」、「丑」→逢遇「午」
◎當日主地支為「申」、「子」、「辰」→逢遇「酉」
◎當日主地支為「亥」、「卯」、「未」→逢遇「子」

此原則不管是在八字，或大運或是流年裡，都會是桃花的大運或流年，而在這裡要介紹不同的天干搭配，會形成的桃花原因和其現象：

如果是正印出天干的桃花，即甲寅、甲午和甲戌日主逢遇到「癸卯」，及甲申、甲子和甲辰日主逢遇到「癸酉」；乙巳、乙酉和乙丑日主逢遇到「壬午」，及乙亥、乙卯和乙未日主逢遇到「壬子」；丙寅、丙午和丙戌日主逢遇到「乙卯」，及丙申、丙子和丙辰日主逢遇到「乙酉」；丁巳、丁酉和丁丑日主逢遇到「甲午」，及丁亥、丁卯和丁未日主逢遇到「甲子」；戊寅、戊午和戊戌日主逢遇到「丁卯」，及戊申、戊子和戊辰日主逢遇到「丁酉」；己巳、己酉和己丑日主逢遇到「丙午」，及己亥、己卯和己未日主逢遇到「丙子」；庚寅、庚午和庚戌日主逢遇到「己卯」，及庚申、庚子和庚辰日主逢遇到「己酉」；辛巳、辛酉和辛丑日主逢遇到「戊午」，及辛亥、辛卯和辛未日主逢遇到「戊子」；壬寅、壬午和壬戌日主逢遇到「辛卯」，及壬申、壬子和壬辰日主逢遇到「辛酉」；癸巳、癸酉和癸丑日主逢遇到「庚午」，及癸亥、癸卯和癸未日主逢遇到「庚子」，以上這些都是屬於正印出天干的桃花，也就是「生我」出天干的桃花搭配，在男命逢遇到正印出天干的桃花，大都會是很有長輩及上司緣的現象，當然也會是有不錯貴人運的現象，不管是好的機會或是好的對象出現，都很容易是貴人介紹，所以是很不錯的桃花搭配。而在當中的甲乙木日主及戊己土日主，他們的正印桃花則會是所有日主中又更理想的搭配，應該說在男命中會是更明顯的好運勢現象。

如果是傷官出天干的桃花，即甲寅、甲午和甲戌日主逢遇到「丁卯」，及甲申、甲子和甲辰日主逢遇到「丁酉」；乙巳、乙酉和乙丑日主逢遇到「丙午」，及乙亥、乙卯和乙未日主逢遇到「丙子」；丙寅、丙午和丙戌日主逢遇到「己卯」，及丙申、丙子和丙辰日主逢遇到「己酉」；丁巳、丁酉和丁丑日主逢遇到「戊午」，及丁亥、丁卯和丁未日主逢遇到「戊子」；戊寅、戊午和戊戌日主逢遇到「辛卯」，及戊申、戊子和戊辰日主逢遇到「辛酉」；己巳、己酉和己丑日主逢遇到「庚午」，及己亥、己卯和己未日主逢遇到「庚子」；庚寅、庚午和庚戌日主逢遇到「癸卯」，及庚申、庚子和庚辰日主逢遇到「癸酉」；辛巳、辛酉和辛丑日主逢遇到「壬午」，及辛亥、辛卯和辛未日主逢遇到「壬子」；壬寅、壬午和壬戌日主逢遇到「乙卯」，及壬申、壬子和壬辰日主逢遇到「乙酉」；癸巳、癸酉和癸丑日主逢遇到「甲午」，及癸亥、癸卯和癸未日主逢遇到「甲子」，以上這些都是屬於傷官出天干的桃花，也就是「我生」出天干的桃花搭配，在男命逢遇到傷官出天干的桃花，一般的現象大部分都會是個性表現相當聰明體貼，是很有智慧的桃花現象，也就是說會運用自己的聰明才智去獲得好桃花，很能發揮自己能力去獲得不錯的收穫，當然這樣的搭配不見得都一定是和感情有關，其實也很有機會可以在投資或不動產方面獲益，尤其是男命的庚辛金日主及壬癸水日主，他們的傷官桃花會是所有日主之中又更理想的搭配，應該說在男命中的傷官桃花裡，會有更實質或更明顯的現象出現。

如果是劫財出天干的桃花，即甲寅、甲午和甲戌日主逢遇到「乙卯」，及甲申、甲子和甲辰日主逢遇到「乙酉」；乙巳、乙酉和乙丑日主逢遇到「甲午」，及乙亥、乙卯和乙未日主逢遇到「甲子」；丙寅、丙午和丙戌日主逢遇到「丁卯」，及丙申、丙子和丙辰日主逢遇到「丁酉」；丁巳、丁酉和丁丑日主逢遇到「丙午」，及丁亥、丁卯和丁未日主逢遇到「丙子」；戊寅、戊午和戊戌日主逢遇到「己卯」，及戊申、戊子和戊辰日主逢遇到「己酉」；己巳、己酉和己丑日主逢遇到「戊午」，及己亥、己卯和己未日主逢遇到「戊子」；庚寅、庚午和庚戌日主逢遇到「辛卯」，及庚申、庚子和庚辰日主逢遇到「辛酉」；辛巳、辛酉和辛丑日主逢遇到「庚午」，及辛亥、辛卯和辛未日主逢遇到「庚子」；壬寅、壬午和壬戌日主逢遇到「癸卯」，及壬申、壬子和壬辰日主逢遇到「癸酉」；癸巳、癸酉和癸丑日主逢遇到「壬午」，及癸亥、癸卯和癸未日主逢遇到「壬子」，以上這些都是屬於劫財出天干的桃花，也就是「同我」出天干的桃花搭配，在男命逢遇到劫財出天干的桃花，現象是屬於在人際方面運勢不錯的類型，也就是人際運相當好的現象，但是因為是男命的劫財桃花，所以也很可能會有完全相反的狀況，也就是說有一半的機會可能是不理想的現象出現，尤其是在感情方面的影響，因為劫財除了會是貴人之外，也可能會是小人，會去影響到男命的感情婚姻狀況，舉例來說：當一個男命已婚或已有對象，當出現劫財桃花的大運或是流年，則可能會因人際桃花而影響到原本的感情婚姻，尤其是若搭配中又出現財出天干，那很明顯就會有變動出現，像是第三者或外遇之類的狀況；但如果是還未有對象，則劫財桃花就會是相當正面的影響，就會比較是貴人或好對象的現象，不過這些都是大方向的判斷，要準確的了解所有可能性，還是要個別命盤判斷才會更正確。而男命的乙、丁、戊、庚及壬日主，他們的劫財桃花通常都會出現比較明顯的狀況，所以要多注意劫財桃花出現的流年或大運所帶來的影響。

如果是正財出天干的桃花，即甲寅、甲午和甲戌日主逢遇到「己卯」，及甲申、甲子和甲辰日主逢遇到「己酉」；乙巳、乙酉和乙丑日主逢遇到「戊午」，及乙亥、乙卯和乙未日主逢遇到「戊子」；丙寅、丙午和丙戌日主逢遇到「辛卯」，及丙申、丙子和丙辰日主逢遇到「辛酉」；丁巳、丁酉和丁丑日主逢遇到「庚午」，及丁亥、丁卯和丁未日主逢遇到「庚子」；戊寅、戊午和戊戌日主逢遇到「癸卯」，及戊申、戊子和戊辰日主逢遇到「癸酉」；己巳、己酉和己丑日主逢遇到「壬午」，及己亥、己卯和己未日主逢遇到「壬子」；庚寅、庚午和庚戌日主逢遇到「乙卯」，及庚申、庚子和庚辰日主逢遇到「乙酉」；辛巳、辛酉和辛丑日主逢遇到「甲午」，及辛亥、辛卯和辛未日主逢遇到「甲子」；壬寅、壬午和壬戌日主逢遇到「丁卯」，及壬申、壬子和壬辰日主逢遇到「丁酉」；癸巳、癸酉和癸丑日主逢遇到「丙午」，及癸亥、癸卯和癸未日主逢遇到「丙子」，以上這些都是屬於正財出天干的桃花，也就是「我剋」出天干的桃花搭配，在男命逢遇到正財出天干的桃花，現象是屬於在感情婚姻方面運勢不錯的類型，應該說是相當適合有感情婚姻變動的運勢，不過因為是男命的正財桃花，所以變動的現象也可能會是不理想的狀況，也就是說個人的現況和選擇不同，感情變動的影響不一定都讓每個男命都覺得是好變動，畢竟感情的變動有好有壞，當一個男命已婚或已有對象，當出現正財桃花的大運或是流年，很可能會有明顯變動狀況，就直覺來說很可能會是分手或離婚，而這對許多人的看法都會是屬於不理想，尤其是在流年出現正財桃花的男命，但若是還沒有對象，則正財桃花就會是相當好的變動現象，像是出現好對象或結婚。而這些都是大方向的判斷，要準確的了解所有可能性，還是要個別命盤判斷才會更正確。而男命較旺的八字搭配，若逢遇到較弱的正財桃花，或是較弱的八字搭配去逢遇到較旺的正財桃花，也就是旺弱現象差異較大的逢遇，其正財桃花會有比較明顯的變動，像是丙日主逢遇到辛卯、甲日主逢遇到己卯、癸亥日逢遇到丙子、或辛巳日逢遇到甲午……正財桃花的現象會相當明顯。

如果是正官出天干的桃花，即甲寅、甲午和甲戌日主逢遇到「辛卯」，及甲申、甲子和甲辰日主逢遇到「辛酉」；乙巳、乙酉和乙丑日主逢遇到「庚午」，及乙亥、乙卯和乙未日主逢遇到「庚子」；丙寅、丙午和丙戌日主逢遇到「癸卯」，及丙申、丙子和丙辰日主逢遇到「癸酉」；丁巳、丁酉和丁丑日主逢遇到「壬午」，及丁亥、丁卯和丁未日主逢遇到「壬子」；戊寅、戊午和戊戌日主逢遇到「乙卯」，及戊申、戊子和戊辰日主逢遇到「乙酉」；己巳、己酉和己丑日主逢遇到「甲午」，及己亥、己卯和己未日主逢遇到「甲子」；庚寅、庚午和庚戌日主逢遇到「丁卯」，及庚申、庚子和庚辰日主逢遇到「丁酉」；辛巳、辛酉和辛丑日主逢遇到「丙午」，及辛亥、辛卯和辛未日主逢遇到「丙子」；壬寅、壬午和壬戌日主逢遇到「己卯」，及壬申、壬子和壬辰日主逢遇到「己酉」；癸巳、癸酉和癸丑日主逢遇到「戊午」，及癸亥、癸卯和癸未日主逢遇到「戊子」，以上這些都是屬於正官出天干的桃花，也就是「剋我」出天干的桃花搭配，在男命逢遇到正官出天干的桃花，現象是屬於工作事業或子息方面的運勢現象，雖然會感覺有壓力，但個人展現會不錯，當然在當中的人緣和貴人運也會不錯，而感情方面的現象也是不錯的運勢，不過這些都是大方向的判斷，要準確的了解所有可能性，還是要個別命盤判斷才會更正確。而男命的甲、丙、戊、己、辛及癸日主，在他們的正官桃花流年，還要注意健康方面的狀況，尤其是過旺或過弱的八字搭配，可能會有健康方面的變動出現，所以要多注意正官桃花所帶來的影響。

以上是幾種桃花的說明，因為不同的天干搭配，會出現的現象都不相同，桃花的影響和形成原因也會有相異，所以不同的桃花類型對於感情婚姻的影像力也會不一樣，而就廣義的桃花來說，是指人緣、人際關係好，它可以出現在任何關係裡，不單一只是男女感情，可以是和朋友、同事、長官上司，或下屬同僚，甚至是陌生人都可能。就像歌手或演員，就很需要各種桃花，讓各方面的關係都好亦受人喜愛，當然像業務員或是開店者，也都需要各方面的好桃花，才能幫助到人際和生意，所以不見得正財桃花才算好桃花，每種桃花都有一定的重要性。

（二）八字裡的十神相關解說

一、正財與偏財

日主天干屬性剋的五行屬性（我剋）。同樣是陽的天干，或同樣是陰的天干，就是偏財；當陽逢遇到陰，或是當陰逢遇陽天干，就是正財。舉例來說：當甲乙木逢遇到戊土時，對甲木來說就是偏財，而對乙木來說就是正財，反之己土對甲木就是正財，對乙木就是偏財。當「甲乙」日主逢遇到「戊己」；「丙丁」日主逢遇到「庚辛」；「戊己」日主逢遇到「壬癸」；「庚辛」日主逢遇到「甲乙」；「壬癸」日主逢遇到「丙丁」。

一般來說，男命的正偏財除了代表事業工作或財運之外，還代表了感情婚姻，這是八字的基本判斷公式，也所以男命的妻與財屬於同論，當財出天干的時候，可能會是工作財運變動，也可能是感情婚姻出現變動，甚至可能二者都變動，而這是比較單一的說法，因為八字命盤的搭配種類相當多，不見得同屬性的男命都會在同一流年換工作，或結婚、離婚，當然還要再更深入的去判斷才會準確，這也牽涉到了八字命盤的旺弱問題，如何能從同樣的日主屬性中做出不同判斷，其實最重要的是要去了解八字命盤的旺與弱，再加上大運的影響之後，旺弱程度是否也受影響而定，不過在判斷感情婚姻方面，大運和流年的影響其實更多更大，相對也是更宿命的一個部分。而且很多時候，甚至不同日主的天生桃花就有差異，有些日主在八字判斷上就天生比較佔便宜，人緣或桃花就是比別人多，這些也沒有為什麼，或公不公平的問題，很多條件是與生俱來的，不過大運的搭配倒是比較公平，不見得天生桃花多的人運勢就比較優越，反而常常更是會感情多變或不穩定，當然這些都要看是搭配到哪種運勢而定。

通常正財或偏財出天干的時候，並不代表是出現錢財，反而要判斷為錢財出現變動，先不論是進或出，總之都是變動，且男命的財變動也論做感情婚姻變動，所以也可能會是感情婚姻變動，這個觀念一直要提醒讀者或要學習八字的人，所以當財出天干的時候，大部分都會是不理想的狀況，當然也會有些命盤喜歡財出天干，但那些都是在討論工作事業的時候，並不是在討論感情婚姻時。我們知道八字的本命其實已經有好壞區別，有的八字本來就生的比較理想，而有些八字搭配真的是比較辛苦些，不過好命的人不見得好運，感情婚姻也是一樣，似乎也是一種公平，有些八字生的好的人，感情運卻是坎坎坷坷，但也有很多本命搭配不太好的人，感情運卻平平順順，幸福美滿，這些都要從運勢做判斷。以下就介紹男命的正偏財判斷概念，讓讀者能更深入的了解十神現象：

當甲日主逢到戊己土，則是財出天干的現象，但因為戊己是不同規模的土，對甲來說的影響也會不一樣，也因為甲和己會合土，己對甲來說是較弱的薄土，所以當甲剋到己土時，就會剋的更重，所產生的現象也就更明顯更嚴重，當然變動也會更明顯，尤其是己土搭配到較弱的地支，像是己卯、己酉、己亥和己丑，當己天干的組合出現在流年時，變動的可能性就非常的高，如果大運又是戊己土或是甲乙木，則勢必會有明顯狀況，且都會是不理想的變動較多；而甲戊是天干相沖，雖然也是木剋土財出天干，但因為甲和戊同為陽天干，就天干規模來說差不多，所以不見得會像甲剋己那樣的重，當然就要考量到戊土地支的搭配，如果是比較弱的地支，像是戊子、戊戌、戊寅，所出現的變動就會比較明顯，而當流年戊土出天干時，若大運一樣搭配到甲乙木或是戊己土，則也會和己一樣出現明顯變動，但程度會減輕些，應該說己比起戊會更嚴重更實質些。

當乙日主逢到戊己土，和甲一樣是財出天干的現象，但因為戊己是不同規模的土，對乙來說的影響也會不一樣，雖然乙是陰木而戊是陽土，乙木對戊土來說並不會有像甲木一樣程度的剋土，但是就乙木來說，也比較喜歡陽戊土，比較能伸展和發揮，不過如果戊土過旺，乙木就會比較費力，相對也會有明顯變動出現，像是戊午、戊申的旺土，而如果流年出現戊土正財，加上大運是甲木劫財或戊己土，則變動會相當明顯，且比較會是不理想的現象；當天干出現己土，則為乙己天干相沖，也是木剋土財出天干，雖然乙和己同為陰天干，就天干規模來說差不多，但是就木剋土來說，乙木還是比較喜歡戊土，所以乙己相沖的現象就會比較明顯且不理想，如果流年出己土，若大運一樣搭配到甲乙木或是戊己土，則也會出現明顯變動，且比起戊土來說己土流年會更不穩定。

當丙日主逢到庚辛金，則是財出天干的現象，但因為庚辛是不同規模的金，對丙來說的影響也會不一樣，也因為丙和辛會合水，高溫會讓氣流變降雨，辛金對丙來說是較弱的氣流，所以當丙剋辛金時，就會剋的更重，產生的現象也就更明顯，變動也更明顯，尤其是辛金搭配到較弱的地支，像是辛卯、辛巳或辛未。而當辛天干出現在流年時，變動的可能性就非常的高，如果大運又是庚辛金或是丙丁火，則就會有非常明顯的變動現象，且通常都會是不理想的狀況較多；而丙庚是天干相沖，雖然也是火剋金財出天干，但因為丙和庚同為陽天干，就天干規模來說差不多，所以不見得會像丙剋辛那樣的重，不過還要考量到庚金地支的搭配，如果是比較弱的地支，像是庚寅、庚午，所出現的變動就會比較明顯，而當流年庚金出天干，若大運一樣搭配到庚辛金或是丙丁火，則也會和辛一樣出現明顯變動，但程度會稍少些，應該說比起辛金，庚金的力道會比較大，損失相對會比較少。

當丁日主逢到庚辛金，和丙一樣是財出天干的現象，雖然庚辛是不同規模的金，但對丁火來說，雖然丁火和辛金是丁辛天干相沖，但其實比較具有影響力的是氣流的強弱，而不是陰陽的差異，也就是說不管是庚或辛，如果搭配的組合比較旺，像是庚申、庚戌、庚子或辛酉、辛亥、辛丑，氣流會出現明顯不穩定，當然丁火的旺弱也很重要，不過在判斷感情婚姻來說，不管丁火對於庚辛的影響是多或少，都或多或少會有影響，因為丁火比起丙火對於氣流的影響區間較大，也比較沒機會完全沒狀況，所以在這裡不用管金的陰陽規模，只要是流年庚辛出天干，就要注意到變動，尤其是大運又逢遇到庚辛，或是丙丁火的大運，都會對丁的感情造成變動。

當戊日主逢到壬癸水，則是財出天干的現象，但因為壬癸是不同規模的水，對戊來說的影響也會不一樣，也因為戊和癸會合火，如果是較旺的戊土逢遇到偏弱的癸水，則弱水會完全被厚土戊給吸收，尤其是在夏季裡更是無法抵擋的燥熱，所以當戊剋到癸水時，則會剋的相當重，而產生的現象也就更明顯，尤其是當癸水是偏弱的搭配組合，像是癸卯、癸巳和癸未，變動就會更明顯。當癸天干的組合出現在流年時，變動的可能性就非常的高，如果大運又是壬癸水或戊己土，則勢必會有明顯變動狀況；而戊壬是天干相沖，雖然也是土剋水財出天干，但因為戊和壬同為陽天干，就天干規模來說差不多，所以不見得會像戊剋癸那樣的重，當然就要考量到壬水地支的搭配，如果是比較弱的地支，像是壬辰或壬午，則所出現的變動就較明顯，當流年壬水出天干時，若大運一樣搭配到戊己土或是壬癸水，則也會出現明顯變動，不過程度上會減輕些，應該說癸流年的變動會比較實質些。

當己日主逢到壬癸水，和戊一樣是財出天干的現象，但因為壬癸是不同規模的水，對己來說的影響也會不一樣，雖然己是陰土而壬是陽水，但是就己土的喜忌來說，也比較喜歡陽水壬，似乎規模比較大會比較能發揮，不過如果壬水過旺，己土要剋就比較費力，相對也會出現明顯變動，像是壬申、壬子的旺水。如果流年出現壬水正財，加上大運是戊己劫財或壬癸水，則變動會相當明顯，且容易是不理想的變動；當天干出現癸水，則為己癸天干相沖，也是土剋水財出天干，雖然己和癸同為陰天干，就天干規模來說差不多，但是就土剋水來說，己土還是比較喜歡壬水，所以己癸相沖的現象就會比較不理想，如果流年出現癸水，若大運一樣搭配到壬癸水或是戊己土，則會出現相當明顯的變動，且對壬水流年來說更不穩定。

當庚日主逢到甲乙木，則是財出天干的現象，但因為甲乙是不同規模的木，對庚來說的影響也會不一樣，也因為庚和乙會合金，乙對庚來說是很有韌性的陰木，所以當庚剋到乙木時，因為乙木的特質並不會被庚金剋太重，所以現象就不會太嚴重，不過還是要再判斷所搭配的地支而定，如果乙木搭配到較弱的地支，像是乙酉、乙亥和乙丑，其實也不是太好的現象。當乙天干的組合出現在流年時，會出現變動現象但不見得都不理想，但是如果大運又是甲乙木或是庚辛金，則大都是不理想的變動比較多；而庚甲是天干相沖，也是金剋木財出天干，但因為庚和甲同為陽天干，也因為庚金的特質是旺盛的氣流，所以當逢遇到陽木甲時，其實很明顯就會出現金剋木現象，有點硬碰硬的感覺，也無法像乙木一樣可以避過大氣流，所以出現的變動就會比較明顯，當流年甲木出天干時，若大運一樣搭配到庚辛金或是甲乙木，則就會有很明顯的變動，但程度也會比乙木多很多，所以要多注意。

當辛日主逢到甲乙木，和庚一樣是財出天干的現象，但因為甲乙是不同規模的木，對辛來說的影響也會不一樣，雖然辛是陰金而甲是陽木，辛金對甲木來說並不會有像庚金一樣程度的剋木，但是就辛金來說，也比較喜歡陽甲木，比較能伸展和發揮，不過如果甲木過旺，辛金就會比較費力，相對也會有明顯變動出現，像是甲午、甲申的旺木，而如果流年出現甲木正財，加上大運是庚辛金或甲乙木，則變動會相當明顯，且容易會是不理想的現象；當天干出現乙木，則為辛乙天干相沖，也是金剋木財出天干，雖然辛和乙同為陰天干，就天干規模來說差不多，但是就金剋木來說，辛金剋乙木其實現象並不會真的太嚴重，畢竟乙木的特質相當有韌性且不怕金剋，但是如果流年出乙木，加上大運一樣搭配到庚辛金或是甲乙木，則也會出現比較明顯的變動，不過影響程度會比逢到甲木要輕微些。

當壬日主逢到丙丁火，則是財出天干的現象，但因為丙丁是不同規模的火，對壬來說的影響也會不一樣，也因為壬和丁會合木，丁對壬來說是格局較小的陰火，所以當壬剋到丁火時，丁火就會明顯變弱且不穩定，不過對育木來說丁火倒是相當的重要，尤其是較旺的丁火，所以當壬剋到丁時，並不完全是好或壞，應該說變動大但不一定是不好，如果丁火搭配到較弱的地支，像是丁酉、丁亥和丁丑，那就明顯是火較弱被水剋，也不用管大運到底逢到什麼，所產生的現象差異不會太大，明顯是財和感情會不穩定。而當丁天干的組合出現在流年時，如果大運又是丙丁火或是壬癸水，則大都是不理想的現象比較多；而壬丙是天干相沖，也是水剋火財出天干，但因為壬和丙同為陽天干，規模和格局比較相近，所以很容易就會是水火濟濟的現象，其實就不見得不理想，反而有時候是好的運勢現象，但就要看地支搭配而定，通常是較旺的壬水剋到偏旺的丙火，像是丙午、丙申，現象就不會一面倒的被水剋，但如果是偏弱的丙火搭配，則也會是不理想的水剋火現象，而當流年丙火出天干時，若大運一樣搭配到壬癸水或是丙丁火，則就會有很明顯的變動，所以要多注意。

當癸日主逢到丙丁火，和壬一樣是財出天干的現象，但因為丙丁是不同規模的火，對癸來說的影響也會不一樣，雖然癸是陰水而丙是陽火，癸水對丙火來說並不會有像壬水一樣程度的剋火，但是就癸水來說，也比較喜歡陽丙火，比較能發揮，不過如果丙火過旺，癸水就會比較費力，甚至會變成水被火反剋，相對也會有明顯變動出現，像是丙午、丙申的旺火，而如果流年出現丙火正財，加上大運是壬癸水或丙丁火，則變動會相當明顯，且容易會是不理想的現象；當天干出現丁火，則為癸丁天干相沖，也是水剋火財出天干，雖然癸和丁同為陰天干，就天干規模來說差不多，但是就水剋火來說，癸水剋丁火的現象卻會比逢到丙火更明顯，尤其是較弱的丁火，而如果流年出丁火，加上大運一樣搭配到壬癸水或是丙丁火，則也會出現比較明顯的變動，且影響程度很可能會比丙火多。

（三）各日主的感情現象解說

八字判斷感情運的方式有它基本的規則，但其實每個日主在判斷感情運上，還是有些不同，各類別日主的特質和現象，基本上也要做不同的判斷思考，才能真正精準去了解感情運勢的好壞，先前已經介紹了一些關於各日主屬性的基本判斷感情運勢的方式，當然是男女有別。接下來就要做個別日主更深入的解說，讓讀者能依個別命盤去對照，及推測流年感情的運勢現象，而在每個日主的類別解說之後，也會提供每個流年的感情運分數，讓讀者能更容易去了解感情運勢的好與壞。

一、流年感情分數以及範例說明

在這裡是利用數字量化的方式來呈現流年感情運勢，也就是六十干支組合的流年感情運勢給分，每個日主所逢遇到的大運和流年組合，經過簡單計算後，會產生出一個數值，也就代表流年的感情運勢用分數來表現。分數的判斷方式很簡單，越高分就代表感情運勢越理想，而越低分則代表感情運勢越不理想且越不穩定。如果分數是低於50左右，則代表感情運勢其實不穩定或易變動。最後，還會利用範例解說，來舉例說明每個屬性日主的感情運勢分析解釋，才能讓讀者更了解感情運勢判斷的實際步驟。

一般來說，八字論命中有一個相當重要的重點，就是因為流年干支有一定的搭配方式，陽天干會配上陽地支，陰天干也會配上陰地支，重要的是因為天干的循環方式，是同屬性的類別會有先陽再陰，像甲寅年之後是乙卯年，再來會是丙辰和丁巳⋯，所以兩個相同屬性的甲乙木天干之後，會是丙丁火，再來是戊己土和庚辛金及壬癸水，也所以有時候流年會出現的現象，兩個同屬性的流年都可能出現，或是只出現在其中一年，可能是前一年或後一年都可能，八字裡無法百分百去確定會發生的流年，不管是甲或是乙，丙或丁⋯⋯只能說範圍裡的時間都要注意，也因為八字有這樣的狀況，所以判斷感情婚姻事件時，也要用這樣的觀念去判斷，才能更準確。

《甲日主》

以下是甲日主男命，對大運和流年干支的基本現象判斷方式的介紹：

判斷一：當大運逢遇到比肩和劫財（甲乙），代表人際方面容易出現變動，雖不一定絕對會影響到感情婚姻，但其實也不能排除可能性，尤其是比較旺的甲乙干支搭配，像是甲午、甲申，及乙未或乙巳……影響會比較弱的甲乙更明顯。而如果比劫的大運，再逢遇到正財或偏財（戊己）出天干的流年，尤其是正財己，那在這幾個流年裡就會出現感情或婚姻的變動。

判斷二：當大運逢遇到正財和偏財（戊己），代表工作財運或是感情婚姻容易出現變動，雖不一定保證是感情會出狀況，但因為戊己大運通常會是二十年，而當中也勢必會逢遇到甲乙或戊己流年，所以至少就會有三或四次的起伏變動，也所以無法說一定不會是感情婚姻的變動，尤其是若流年又是逢到甲木，則就要很注意到婚姻方面的狀況。

判斷三：當大運走得比較熱，但不是前面提到的甲乙或戊己天干，而是夏運的丙午、丁未、庚午、辛未……因為是比較燥熱的組合，所以會讓甲日主比較忙碌不得閒，雖是屬於不錯的大運運勢，但通常運勢好的男命，相對他的感情婚姻也會出現更多的選擇，或是因為事業順利，婚姻也會比較無法穩定，尤其是當流年逢遇到正偏財戊己，現象會更明顯。

判斷四：其實不管是走哪一個大運，六十干支不管哪個組合，當流年出現正財和偏財的戊己，也都可能會有感情婚姻變動，但這個判斷比較概括，比較無法有太多的準確度，但這個範圍也可以當個參考值，畢竟還是有它的原理和可能性。當甲日主在流年逢遇到正財桃花，也就是己卯或己酉年，則出現感情婚姻的變動的機率就非常的高，所以若是之前就已婚，那就要比較注意到婚姻方面的狀況，但若是未婚，其實很適合選擇進入婚姻，或開始一個新感情。

判斷五：當命盤搭配過於弱，也就是八字和大運的搭配組合會讓日主變過弱，則在感情婚姻方面就容易變動，因為自我比較弱的人，其實很多時候都是屬於被決定的類型，當另一半選擇感情婚姻變動時，這樣的人似乎也沒有其他的選擇，像是逢到金水旺的冬運，對甲日主來說，感情婚姻也容易變不穩定。

以上五個基本判斷，就能準確的判斷出甲日主的感情婚姻狀況，但是或許對很多人來說，這樣的解釋似乎還是不太容易懂，尤其是對於未曾接觸過八字理論的人，可能是更無法進入狀況，所以感情流年E值的輔助印證就更重要。

對甲日主來說，在判斷計算得出的流年分數時，有幾項注意事項，接下來會加入範例來解說，如果我們已經計算出每個流年的感情婚姻分數，假設為E：

當E高於50，甚至比50高很多時，那表示此流年的感情婚姻狀況屬於穩定，當然越高分越理想，甚至可以解釋為越高分越好，不管是所遇的人或狀況都會是比較如願的狀況。

當E高於50，甚至比50高很多時，另一個現象也會是人際人緣相當好，尤其是流年出現地支「卯」與「酉」的各種類型桃花，或是水出天干的流年，對甲日主來說都是不錯的搭配，貴人的現象會出現。

當E低於50，且甚至比50低很多時，那就明顯是感情婚姻狀況不穩定，很可能會出現一些變動的現象，甚至是明顯變動，尤其是逢遇到戊己流年出天干。但要注意的是，所謂的感情變動，不只是分開或離婚，其實也包括了交往或是結婚，因為變動並不代表一定是分或合，應該解釋為目前的狀況出現變化，所以當你未婚或沒對象時，且逢遇到流年分數較低分，也可以是變成有對象或是結婚的選擇，但這些並不是好或壞的判斷，只是一個變動的現象。

當E低於50，且甚至比50低很多時，除了感情婚姻會有變動之外，可能是由於人際而引起，像是甲乙木的流年，甚可能會出現工作財務方面的狀況，特別是對男命來說，因為妻與財同論，所以也很可能出現錢財相關的變動，或是庚辛金的流年則要注意隨之而來的壓力。

當E值接近50，不管是高於或低於，還是有些許的變動性，其實無法完全排除變動的可能性，都還是需要去探討原理和原因，因為有時候當另一半的運勢較低時，就容易被影響到，或者被其他的原因所影響。

後面附錄有提供一個圖表，讀者可以用來填入個人的資料，及所計算出的流年數值，或是一些個人註解，以方便做為參考或是八字命盤原理對照。

・男命甲日主之一（甲寅日、甲午日、甲戌日）

《感情婚姻運的詳細解說》：甲日主一共有六個，也許因為地支的不同會影響到本命的旺弱，但基本上影響比較大的部分會是在個人個性特質上及感情運勢上，其他的方面則地支影響會較小些，不過若同是甲日主，因為地支寅午戌的桃花現象會比較類似，所以在這裡就把甲寅、甲午和甲戌這三個日主一起來做解說。

月柱對日主的感情婚姻有基本的影響力，因為月柱是一般所謂的夫妻宮，而日主雖然有

它一定的基本好壞高低排序，但再加入月柱的判斷之後，則可以看出一個命盤基本的感情婚姻水準。下面則要把各月柱對此三個日主的影響，和各月柱對此三日主的搭配做基本評分判斷，讓讀者從數值的內容對基本的感情好壞程度，有更清楚的了解，且能用數值去對照月柱的干支組合，也能更了解干支的影響現象。所以當甲寅、甲午和甲戌日主，對於月柱的各種干支搭配，它會產生的命盤基本感情高低現象，則代表此人的八字基本感情婚姻的水準，當然這個數值不能代表一切，也不能代表一輩子的感情現象，它只是一個基本的起點，如果要知道一生的感情起伏現象，以及一生的感情好壞走勢，就一定要搭配大運和流年，才能了解後天的影響和現象，也才會是比較準確的判斷。

當甲寅、甲午和甲戌日主，逢到各月柱所產生的

甲寅 55	甲辰 70	甲午 50	甲申 45	甲戌 55	甲子 60
乙卯 70	乙巳 50	乙未 45	乙酉 60	乙亥 60	乙丑 65
丙寅 80	丙辰 75	丙午 70	丙申 80	丙戌 80	丙子 90
丁卯 85	丁巳 65	丁未 60	丁酉 65	丁亥 75	丁丑 80
戊寅 55	戊辰 60	戊午 45	戊申 60	戊戌 55	戊子 65
己卯 65	己巳 50	己未 55	己酉 50	己亥 45	己丑 40
庚寅 90	庚辰 80	庚午 85	庚申 65	庚戌 75	庚子 70
辛卯 95	辛巳 85	辛未 75	辛酉 70	辛亥 65	辛丑 60
壬寅 85	壬辰 90	壬午 80	壬申 85	壬戌 70	壬子 65
癸卯 95	癸巳 75	癸未 70	癸酉 90	癸亥 75	癸丑 60

圖 11-2

感情婚姻基本數值，以下圖表則是依據所有的月柱搭配，及所整理出的數值和解說，提供參考：（如圖 11-2）

天干的地支搭配為「卯」，像是乙卯、丁卯、己卯、辛卯和癸卯，其實對甲寅日、甲午日、甲戌日三者來說，都是屬於桃花搭配，這也代表此人的八字基本搭配裡，本身的桃花就會比較多也比較明顯些，不過這是比較大方向的判斷，也不能完全就這樣單一判斷。

接下來要判斷更重要的部分，也就是大運和流年的感情運勢現象，因為這兩大部分才是真正影響一個人的一生感情現象起落，而在這裡除了會用文字說明之外，當然也會提供感情婚姻數值，再加上簡單計算後，則能得到相當具參考價值的感情流年分數，可以讓讀者更容易了解和判別感情或婚姻現象。

筆者提供一個簡易的計算方式，能讓大家都可以更清楚的了解到，到底感情運勢的好與壞，以及如何去做判斷，且再加上詳細的範例解說，相信就能抓到重點。（如圖 12）

感情婚姻分數計算的說明：

請先利用感情婚姻基本數值（月柱基本分）來做基礎，即先利用命盤裡的日主，依前一個圖表對照出月柱的分數，再依這個圖表（大運與流年）數值來做計算，在這裡的大運和流年都是使用同一圖表來判斷，而計算的公式如下列：

（月柱基本分X 0.1）+（大運數值X 0.2）+（流年數值 X 0.7）

計算出來的數值，其實就是代表流年的感情婚姻狀況，而就分數上來判斷，越高的分數代表此流年的感情婚姻現象越穩定，不過在這裡，並不是絕對完全用分數的高低來做為好壞的判斷，怎麼說呢？因為流年的數值是一個穩定性的參考值，越穩定的感情婚姻現象分數就會越高，而相對的越低的分數所代表的現象就是越有變動。當然感情婚姻的好與壞，其實相當的主觀，或許相同狀況對不同的人來說，會是很不同的評語和感受，好或壞都是可能出現的結論，所以在這裡不

甲寅 50	甲辰 60	甲午 45	甲申 50	甲戌 45	甲子 55
乙卯 70	乙巳 50	乙未 55	乙酉 45	乙亥 50	乙丑 60
丙寅 65	丙辰 70	丙午 60	丙申 65	丙戌 75	丙子 80
丁卯 90	丁巳 80	丁未 65	丁酉 70	丁亥 80	丁丑 75
戊寅 55	戊辰 50	戊午 35	戊申 45	戊戌 40	戊子 35
己卯 20	己巳 30	己未 25	己酉 30	己亥 30	己丑 25
庚寅 65	庚辰 70	庚午 50	庚申 70	庚戌 65	庚子 55
辛卯 80	辛巳 75	辛未 70	辛酉 55	辛亥 70	辛丑 60
壬寅 85	壬辰 80	壬午 90	壬申 85	壬戌 75	壬子 70
癸卯 90	癸巳 85	癸未 80	癸酉 90	癸亥 80	癸丑 75

男命 甲寅 甲午 甲戌 之 大運與流年

圖 12

用好壞來做評論，而是用「穩定」與「不穩定」來做為判斷標準，也會是更客觀更準確的分析方式。

以下則為此類別的舉例說明：（如圖13）

這是一個甲戌日主的男命，生於丁亥月，大運是從丙戌開始的逆運，五歲起運，每十年逢五就會換大運，現在就舉兩個流年感情婚姻計算過程，此人的月柱基本分為75，是屬於還不錯的分數水準，而如果要計算虛歲20歲的流年E，則大運為乙酉（45分），流年甲戌年（45分），代入公式得出的E為48，那表示因為低於50，所以是不太穩定或不太理想的感情狀況，而從八字角色來看，則要注意到甲乙比肩劫財，也就是人際

時柱	日柱(日主)	月柱	年柱	虛歲年限	八字本命
46歲之後	31至45歲	16至30歲	1至15歲	虛歲年限	
戊 辰	甲 戌	丁 亥	乙 卯	四柱干支	

55歲至64歲	45歲至54歲	35歲至44歲	25歲至34歲	15歲至24歲	5歲至14歲	虛歲年限	大運
辛 巳	壬 午	癸 未	甲 申	乙 酉	丙 戌	干支	

30	29	28	27	26	25	24	23	22	21	20	19	18	17	16	15	14	13	12	11	10	9	8	7	6	5	4	3	2	1	虛歲	流年
甲申	癸未	壬午	辛巳	庚辰	己卯	戊寅	丁丑	丙子	乙亥	甲戌	癸酉	壬申	辛未	庚午	己巳	戊辰	丁卯	丙寅	乙丑	甲子	癸亥	壬戌	辛酉	庚申	己未	戊午	丁巳	丙辰	乙卯	干支	
60	59	58	57	56	55	54	53	52	51	50	49	48	47	46	45	44	43	42	41	40	39	38	37	36	35	34	33	32	31	虛歲	
甲寅	癸丑	壬子	辛亥	庚戌	己酉	戊申	丁未	丙午	乙巳	甲辰	癸卯	壬寅	辛丑	庚子	己亥	戊戌	丁酉	丙申	乙未	甲午	癸巳	壬辰	辛卯	庚寅	己丑	戊子	丁亥	丙戌	乙酉	干支	

圖13

對感情桃花的影響；如果要計算虛歲25歲的流年E，則大運為甲申（50分），流年己卯年（20分），代入公式得出的E為31.5，因為低於50，且低的相當多分，所以也明顯是不穩定或不理想的感情狀況，而從八字角色來看，因為己卯剛好是甲戌的正財桃花年，所以要注意到感情桃花的變動，有可能是結婚、離婚或是交往、分手，總之是很明顯的一個感情變動現象。

接下來的圖表就是計算過後所做的整理，一共是三個大運的三十個流年，是第兩個乙酉運、第三個甲申運和第四個癸未運，以及圖表的範例說明。（如圖14）

從此圖表中可以發現，此人的感情大運走勢屬於越來越穩定的現象，從乙酉的45，到甲申的50，及癸未的80，整體來說感情狀況都還算穩定，但特別要注意的是，當逢遇到戊己出天干的流年，明顯都出現偏低的數值，這也代表會有較大的變動現象，不管對此人來說是好或壞，總是要把握或是維持自己理想中的感情婚姻狀況，像是流年己卯，對此人來說是屬於正財桃花，這對男命來說是相當明顯的感情變動現象，比例很高的人甚至會有婚姻變動，或是工作事業的明顯變動，所以如果此人在這之前是已婚，那很可能在這一年會有不理想的婚

	大運　乙酉　(數值：45　)
流年	己巳年 15歲 (數值：30) E值：37.5　注意事項：正財，注意感情變動
	庚午年 16歲 (數值：50) E值：51.5　注意事項：多少會有壓力
	辛未年 17歲 (數值：70) E值：65.5　注意事項：穩定
	壬申年 18歲 (數值：85) E值：76　注意事項：穩定
	癸酉年 19歲 (數值：90) E值：79.5　注意事項：穩定
	甲戌年 20歲 (數值：45) E值：48　注意事項：注意人際的影響
	乙亥年 21歲 (數值：50) E值：51.5　注意事項：注意人際的影響
	丙子年 22歲 (數值：80) E值：72.5　注意事項：穩定
	丁丑年 23歲 (數值：75) E值：69　注意事項：穩定
	戊寅年 24歲 (數值：55) E值：55　注意事項：偏財，注意感情或工作變動
	大運　甲申　(數值：50　)
流年	己卯年 25歲 (數值：20) E值：31.5　注意事項：正財桃花，感情婚姻變動
	庚辰年 26歲 (數值：70) E值：66.5　注意事項：穩定
	辛巳年 27歲 (數值：75) E值：70　注意事項：穩定
	壬午年 28歲 (數值：90) E值：80.5　注意事項：穩定
	癸未年 29歲 (數值：80) E值：73.5　注意事項：穩定
	甲申年 30歲 (數值：50) E值：52.5　注意事項：注意人際的影響
	乙酉年 31歲 (數值：45) E值：49　注意事項：注意人際的影響
	丙戌年 32歲 (數值：75) E值：70　注意事項：穩定
	丁亥年 33歲 (數值：80) E值：73.5　注意事項：穩定
	戊子年 34歲 (數值：35) E值：42　注意事項：偏財，注意感情或工作變動
	大運　癸未　(數值：80　)
流年	己丑年 35歲 (數值：20) E值：37.5　注意事項：正財，注意感情婚姻變動
	庚寅年 36歲 (數值：70) E值：72.5　注意事項：穩定
	辛卯年 37歲 (數值：75) E值：76　注意事項：穩定
	壬辰年 38歲 (數值：90) E值：86.5　注意事項：穩定
	癸巳年 39歲 (數值：80) E值：79.5　注意事項：穩定
	甲午年 40歲 (數值：50) E值：58.5　注意事項：忙碌，人際變動
	乙未年 41歲 (數值：45) E值：55　注意事項：注意人際的影響
	丙申年 42歲 (數值：75) E值：76　注意事項：穩定
	丁酉年 43歲 (數值：80) E值：79.5　注意事項：穩定
	戊戌年 44歲 (數值：35) E值：48　注意事項：偏財，注意婚姻或工作變動

圖 14

姻狀況，但若此人是未婚，而又不排斥早婚，那在此年則很可能會選擇結婚，對他來說也可以說是理想的狀況；而在辛卯年是屬於正官桃花，對此人來說也是不錯的流年，當然不可排除是感情婚姻的變動，不過也很可能是工作事業上的貴人出現，畢竟桃花有好幾種類型。

有幾個數值落在50到70之間，雖然看起來都是高於50，當然都還算理想，但有些現象還是要了解和探討，像是庚午年和乙亥年，及甲申年……都只是超過判斷值，也並不是太高分，在這裡的庚午年因為七殺天干的流年，所以明顯會出現壓力和變動，其實也不能完全排除掉感情上的狀況；而甲申年，數值也不高，由於是比肩出天干，這也代表會因為人際而影響運勢，雖不能說百分百是感情方面的影響，不過也可能影響到各方面，這當然還要看個人的狀況而定，因為即使同命盤的人，也不一定在同一年出現一樣的狀況，但狀況都會在可能的範圍之內。而當中有好幾個流年數值超過70或80，雖然在圖表中只是標示為穩定，但事實上，這幾個流年對此人來說，其實相當理想，不只會是在感情桃花婚姻方面，其實在各方面的運勢上，也都會是相當理想的流年運勢，像是壬癸水出天干的流年，貴人運就相當的好，所以當中若有人介紹不錯的對象，也是非常有可能的事，也可以說是好的桃花現象，畢竟好運的時候，往往都可以心想事成。

・男命甲日主之二（甲辰日、甲申日、甲子日）

《感情婚姻運的詳細解說》：甲日主一共有六個，也許因為地支的不同會影響到本命的旺弱，但基本上影響比較大的部分，會是在個人個性特質上及感情運勢上，其他的方面則地支影響會較小些，不過若同是甲日主，因為地支辰申子的桃花現象會比較類似，所以在這裡就把甲辰，甲申、和甲子這三個日主一起來做解說。

當甲辰、甲申和甲子日主，逢到各月柱所產生的感情婚姻基本數值，以下圖表則是依據所有的月柱搭配，及所整理出的數值和解說，提供參考：（如圖 14-2）

天干的地支搭配為「酉」，像是乙酉、丁酉、

甲 寅 55	甲 辰 70	甲 午 50	甲 申 45	甲 戌 55	甲 子 60
乙 卯 55	乙 巳 50	乙 未 45	乙 酉 75	乙 亥 60	乙 丑 65
丙 寅 80	丙 辰 75	丙 午 70	丙 申 80	丙 戌 80	丙 子 90
丁 卯 70	丁 巳 65	丁 未 60	丁 酉 85	丁 亥 75	丁 丑 80
戊 寅 55	戊 辰 60	戊 午 45	戊 申 60	戊 戌 55	戊 子 65
己 卯 55	己 巳 50	己 未 55	己 酉 70	己 亥 45	己 丑 40
庚 寅 90	庚 辰 80	庚 午 85	庚 申 65	庚 戌 75	庚 子 70
辛 卯 85	辛 巳 85	辛 未 75	辛 酉 85	辛 亥 65	辛 丑 60
壬 寅 85	壬 辰 90	壬 午 80	壬 申 85	壬 戌 70	壬 子 65
癸 卯 85	癸 巳 75	癸 未 70	癸 酉 95	癸 亥 75	癸 丑 60
男命 甲辰 甲申 甲子 之 月柱					

圖 14-2

己酉、辛酉和癸酉，其實對甲辰日、甲申日、甲子日三者來說，都是屬於桃花搭配，這也代表此人的八字基本搭配裡，本身的桃花就會比較多也比較明顯些，不過這是比較大方向的判斷，也不能完全就這樣單一判斷。

接下來要判斷更重要的部分，也就是大運和流年的感情運勢現象，因為這兩大部分才是真正影響一個人的一生感情現象起落，而在這裡除了會用文字說明之外，當然也會提供感情婚姻數值，再加上簡單計算後，則能得到相當具參考價值的感情流年分數，可以讓讀者更容易了解和判別感情或婚姻現象。

筆者提供一個簡易的計算方式，能讓大家都可以更清楚的了解到，到底感情運勢的好與壞，以及如何去做判斷，且再加上詳細的範例解說，相信就能抓到重點。（如圖15）

感情婚姻分數計算的說明：

請先利用感情婚姻基本數值（月柱基本分）來做基礎，即先利用命盤裡的日主，依前一個圖表對照出月柱的分數，再依這個圖表（大運與流年）數值來做計算，在這裡的大運和流

年都是使用同一圖表來判斷，而計算的公式如下列：

（月柱基本分×0.1）＋（大運數值×0.2）＋（流年數值 × 0.7）

所計算出來的數值，其實就是代表流年的感情婚姻狀況，而就分數上來判斷，越高的分數代表此流年的感情婚姻現象越穩定，不過在這裡，並不是絕對完全用分數的高低來做為好壞的判斷，因為流年的數值是一個穩定性的參考值，越穩定的感情婚姻現象分數就會越高，而相對的越低的分數所代表的現象就是越有變動。當然感情婚姻的好與壞，其實相當的主觀，或許相同狀況對不同的人來說，會是很不同的評語和感受，好或壞都是可能出現的結論，所以在這裡不用好與壞來做評論，而是用「穩定」與「不穩定」來做

甲 寅 55	甲 辰 65	甲 午 50	甲 申 45	甲 戌 50	甲 子 55
乙 卯 65	乙 巳 45	乙 未 50	乙 酉 40	乙 亥 55	乙 丑 60
丙 寅 65	丙 辰 70	丙 午 65	丙 申 60	丙 戌 70	丙 子 55
丁 卯 70	丁 巳 75	丁 未 70	丁 酉 70	丁 亥 80	丁 丑 75
戊 寅 40	戊 辰 50	戊 午 30	戊 申 40	戊 戌 45	戊 子 30
己 卯 25	己 巳 35	己 未 25	己 酉 20	己 亥 25	己 丑 30
庚 寅 70	庚 辰 75	庚 午 60	庚 申 70	庚 戌 60	庚 子 65
辛 卯 80	辛 巳 70	辛 未 70	辛 酉 40	辛 亥 70	辛 丑 65
壬 寅 80	壬 辰 85	壬 午 90	壬 申 85	壬 戌 75	壬 子 80
癸 卯 85	癸 巳 90	癸 未 80	癸 酉 40	癸 亥 80	癸 丑 75
男命 甲辰 甲申 甲子 之 大運與流年					

圖 15

為判斷標準，也會是更客觀更準確的分析方式。

以下是此類別的舉例說明：（如圖16）

這是一個甲辰日主的男命，生於乙酉月，大運是從丙戌開始的順運，三歲起運，每十年逢三就會換大運，現在就舉兩個流年感情婚姻計算過程，此人的月柱基本分為75，是屬於還不錯的分數水準，而如果要計算虛歲22歲的流年E，則大運為丁亥（80分），流年辛巳年（70分），代入公式得出的E為72.5，表示因為高於50且高相當多，所以是屬於穩定或相當理想的感情狀況，而從八字角色來看，雖因辛金出天干感覺有壓力，但感情方面會相當理想穩定；如果要計算虛歲25歲的流年E，則大運為戊子（30分），流

時柱	日柱(日主)	月柱	年柱		八字本命
46歲之後	31至45歲	16至30歲	1至15歲	虛年歲限	
癸酉	甲辰	乙酉	庚申	四干柱支	

53歲至62歲	43歲至52歲	33歲至42歲	23歲至32歲	13歲至22歲	3歲至12歲	虛年歲限	大運
辛卯	庚寅	己丑	戊子	丁亥	丙戌	干支	

30	29	28	27	26	25	24	23	22	21	20	19	18	17	16	15	14	13	12	11	10	9	8	7	6	5	4	3	2	1	虛歲	流年
己丑	戊子	丁亥	丙戌	乙酉	甲申	癸未	壬午	辛巳	庚辰	己卯	戊寅	丁丑	丙子	乙亥	甲戌	癸酉	壬申	辛未	庚午	己巳	戊辰	丁卯	丙寅	乙丑	甲子	癸亥	壬戌	辛酉	庚申	干支	
60	59	58	57	56	55	54	53	52	51	50	49	48	47	46	45	44	43	42	41	40	39	38	37	36	35	34	33	32	31	虛歲	
己未	戊午	丁巳	丙辰	乙卯	甲寅	癸丑	壬子	辛亥	庚戌	己酉	戊申	丁未	丙午	乙巳	甲辰	癸卯	壬寅	辛丑	庚子	己亥	戊戌	丁酉	丙申	乙未	甲午	癸巳	壬辰	辛卯	庚寅	干支	

圖16

年甲申年（45分），代入公式得出的E為45，因為低於50，所以也屬於不穩定或不理想的感情狀況，而從八字角色來看，因為流年的甲申屬於比肩，也就是人際所產生的影響，很可能會影響到工作財運或感情婚姻，也可以解釋成犯小人現象。

接下來的圖表就是計算過後所做的整理，一共是三個大運的三十個流年，是第兩個丁亥運、第三個戊子運和第四個己丑運，以及圖表的範例說明。（如圖17）

	大運　丁亥　(數值：80　)
	壬申年 13歲 (數值：85) E值：83　注意事項：穩定
	癸酉年 14歲 (數值：40) E值：51.5　注意事項：正印桃花，注意感情變動
流	甲戌年 15歲 (數值：50) E值：58.5　注意事項：注意人際的影響
	乙亥年 16歲 (數值：55) E值：62　注意事項：穩定
	丙子年 17歲 (數值：55) E值：62　注意事項：穩定
	丁丑年 18歲 (數值：75) E值：76　注意事項：穩定
	戊寅年 19歲 (數值：40) E值：51.5　注意事項：偏財，注意感情或工作變動
年	己卯年 20歲 (數值：25) E值：41　注意事項：正財，注意感情或工作變動
	庚辰年 21歲 (數值：75) E值：76　注意事項：穩定
	辛巳年 22歲 (數值：70) E值：72.5　注意事項：穩定
	大運　戊子　(數值：30　)
	壬午年 23歲 (數值：90) E值：76.5　注意事項：穩定
	癸未年 24歲 (數值：80) E值：69.5　注意事項：穩定
流	甲申年 25歲 (數值：45) E值：45　注意事項：注意人際的影響
	乙酉年 26歲 (數值：40) E值：41.5　注意事項：人際桃花，注意人際的影響
	丙戌年 27歲 (數值：70) E值：62.5　注意事項：穩定
	丁亥年 28歲 (數值：80) E值：69.5　注意事項：穩定
	戊子年 29歲 (數值：30) E值：34.5　注意事項：偏財，注意感情或工作變動
年	己丑年 30歲 (數值：30) E值：34.5　注意事項：正財，注意感情或工作變動
	庚寅年 31歲 (數值：70) E值：62.5　注意事項：穩定
	辛卯年 32歲 (數值：80) E值：69.5　注意事項：穩定
	大運　己丑　(數值：30　)
	壬辰年 33歲 (數值：85) E值：73　注意事項：穩定
	癸巳年 34歲 (數值：90) E值：76.5　注意事項：穩定
流	甲午年 35歲 (數值：50) E值：48.5　注意事項：注意人際的影響
	乙未年 36歲 (數值：50) E值：48.5　注意事項：注意人際的影響
	丙申年 37歲 (數值：60) E值：55.5　注意事項：穩定
	丁酉年 38歲 (數值：70) E值：62.5　注意事項：穩定
	戊戌年 39歲 (數值：45) E值：45　注意事項：偏財，注意感情或工作變動
年	己亥年 40歲 (數值：25) E值：31　注意事項：正財，注意感情或工作變動
	庚子年 41歲 (數值：65) E值：59　注意事項：感覺較有壓力
	辛丑年 42歲 (數值：65) E值：59　注意事項：感覺較有壓力

圖 17

從此圖表中可以發現，此人的感情大運走勢屬於越來越不穩定的現象，從丁亥的80，到戊子的30，及己丑的30，很明顯的當走到戊己出天干的大運數值就低很多，這也代表大方向容易有變動現象，尤其是當流年又出現戊己土或是甲乙木，不穩定現象就會更明顯，像是虛歲二十九和三十歲的戊子和己丑年，E值都只有34.5，就會有相當不穩定的現象，而且不僅可能發生在感情婚姻方面，工作財運也都很可能會有變動，流年的戊己土出天干，對男命來說各方面都是可能變動的範圍，但如果此人是未婚的狀況，其實就很適合在這兩年選擇結婚，若是已婚則要注意到婚姻可能出現的變動。

有幾個數值落在50到70之間，雖然看起來都是高於50，當然都還算理想，但有些現象還是要了解和探討，像是庚子年、辛丑年及丙申年，都是五十幾分也不是太高分，庚子辛丑屬於正官七殺天干的流年，所以明顯會出現壓力和變動，但是也不能完全排除掉感情上的狀況；而甲申年，數值也低於50，雖不是太低分但由於是比肩出天干，代表會因為人際而影響運勢，不能說百分百是感情方面的影響，不過也可能影響到各方面，這些還要看個人的狀況而定，因為即使同命盤的人，也不一定在同一年出現一樣的狀況，只是都會在可能的範圍之內。而若是數值超過六十以上的流年，則屬於相當理想的流年，常常不只是在感情桃花婚姻方面，其實在各方面的運勢上，也都會是相當理想的流年運勢，像是壬癸水出天干的流年，貴人運就相當的好，所以當中若有人介紹不錯的對象，也是非常有可能的事，也可以說是好的桃花現象，好運的時候往往都可以心想事成。

《乙日主》

以下是乙日主男命，對大運和流年干支的基本現象判斷方式的介紹：

判斷一：當大運逢遇到比肩和劫財（乙甲），代表人際方面容易出現變動，雖不一定絕對會影響到感情婚姻，不過也不能排除可能性，尤其是比較旺的甲乙干支搭配，像是甲午、甲申、及乙未或乙巳……影響會比較弱的甲乙更明顯。而如果比劫的大運，再逢遇到正財或偏財（戊己）出天干的流年，尤其是偏財己，則在這幾個流年裡就容易出現感情或婚姻的變動。

判斷二：當大運逢遇到正財和偏財（戊己），代表工作財運或是感情婚姻容易出現變動，雖不一定保證是感情會出狀況，但因為戊己大運通常會是二十年，而當中也勢必會逢遇到甲乙或戊己流年，所以至少就會有三或四次的起伏變動，也所以無法說一定不會是感情婚姻的變動，尤其是若流年又是逢到甲木，則就要很注意到婚姻方面的狀況。

判斷三：當大運走得比較熱，但不是前面提到的甲乙或戊己天干，而是夏運的丙午、丁未、庚午、辛未……因為是比較燥熱的組合，所以會讓乙日主比較忙碌不得閒，雖是屬於不錯的大運運勢，也通常運勢好的男命，但相對的感情婚姻也會出現更多的選擇，也或會因為事業順利，婚姻也比較無法穩定，尤其是當流年逢遇到正偏財戊己，現象會更明顯。

判斷四：其實不管是走哪一個大運，六十干支不管哪個組合，當流年出現正財和偏財的戊己，也都可能會有感情婚姻變動，雖然這個判斷比較概括，但這個範圍也可以當個參考值，畢竟還是有它的原理和可能性。當乙日主在流年逢遇到他的正財桃花，也就是戊子或戊午年，則出現感情婚姻的變動的機率就非常的高，所以若是已婚，那就要注意到婚姻方面的狀況，但若是未婚，其實很適合選擇進入婚姻，或開始新感情。

判斷五：當命盤搭配過於弱，也就是八字和大運的搭配組合會讓日主變過弱，則在感情婚姻方面就容易被變動，因為自我比較弱的人，其實很多時候都是屬於被決定的類型，當另一半選擇感情婚姻變動時，這樣的人似乎也沒有其他的選擇，像是逢到金水旺的冬運，對乙日主來說，感情婚姻也容易變不穩定。

以上五個基本判斷，就能準確的判斷出乙日主的感情婚姻狀況，但是或許對很多人來說，這樣的解釋似乎還是不太容易懂，尤其是對於未曾接觸過八字理論的人，可能是更無法進入狀況，所以感情流年E值的輔助印證就更重要。

對乙日主來說，在判斷計算得出的流年分數時，有幾項注意事項，接下來會加入範例來解說，如果我們已經計算出每個流年的感情婚姻分數，假設為E：

當E高於50，甚至比50高很多時，那表示此流年的感情婚姻狀況屬於穩定，當然越高分越理想，甚至可以解釋為越高分越好，不管是所遇的人或狀況都會是比較如願的狀況。

當E高於50，甚至比50高很多時，另一個現象也會是人際人緣相當好，尤其是流年出現地支「子」與「午」的各種類型桃花，或是水出天干的流年，對乙日主來說都是不錯的搭配，貴人的現象會出現。

當E低於50，且甚至比50低很多時，那就明顯是感情婚姻狀況不穩定，很可能會出現一些變動的現象，甚至是明顯變動，尤其是逢遇到戊己流年出天干。但要注意的是，所謂的感情變動，不只是分開或離婚，其實也包括了交往或是結婚，因為變動並不代表一定是分或合，應該解釋為目前的狀況出現變化，所以當你未婚或沒對象時，且逢遇到流年分數較低分，也可以是變成有對象或是結婚的選擇，但這些並不是好或壞的判斷，只是一個變動的現象。

當E低於50，且甚至比50低很多時，除了感情婚姻會有變動之外，可能是由於人際而引起，像是甲乙木的流年，甚可能會出現工作財務方面的狀況，特別是對男命來說，因為妻與財同論，所以也很可能出現錢財相關的變動，或是庚辛金的流年則要注意隨之而來的壓力。

當E值接近50，不管是高於或低於，還是有些許的變動性，其實無法完全排除變動的可能性，都還是需要去探討原理和原因，因為有時候當另一半的運勢較低時，就容易被影響到，或者被其他的原因所影響。

・男命乙日主之一（乙卯日、乙未日、乙亥日）

《感情婚姻運的詳細解說》：乙日主一共有六個，也許因為地支的不同會影響到本命的旺弱，但基本上影響比較大的部分，會是在個人個性特質上及感情運勢上，其他的方面則地支影響會較小些，不過若同是乙日主，因為地支亥卯未的桃花現象會比較類似，所以在這裡就把乙卯日、乙未日和乙亥日這三個日主一起來做解說。

月柱對日主的感情婚姻有基本的影響力，因為月柱是一般所謂的夫妻宮，而日主雖然有

它一定的基本好壞高低排序，若再加入月柱的判斷之後，則可以看出一個命盤基本的感情婚姻水準。下面則要把各月柱對此三個日主的影響，和各月柱對此三日主的搭配做基本評分判斷，讓讀者從數值的內容對基本的感情好壞程度，有更清楚的了解，且能用數值去對照月柱的干支組合，也能更了解干支的影響現象。所以當乙卯、乙未和乙亥日主，對於月柱的各種干支搭配，它會產生的命盤基本感情高低現象，則代表此人的八字基本感情婚姻的水準，當然這個數值不能代表一切，也不能代表一輩子的感情現象，它只是一個基本的起點，如果要知道一生的感情起伏現象，以及一生的感情好壞走勢，就一定要搭配大運和流年，才能了解後天的影響和現象，也才會是比較準確的判斷。

當乙卯、乙未和乙亥日主，逢到各月柱所產生的感情婚姻基本數值，以下圖表則是依據所有的月柱搭配，及所整理出的數值和解說，提供參考：（如圖18）

天干的地支搭配為「子」，像是甲子、丙子、戊子、庚子和壬子其實對乙卯日、乙未日、乙亥日三者來說，都是屬於桃花搭配，這也代表此人的八字基本搭配裡，本身的桃花就會比較多也比較明顯些，不過這是比較大方向的判斷，也不能完全就這樣單一判斷。

接下來要判斷更重要的部分，也就是大運和流年的感情運勢現象，因為這兩大部分才是真正影響一個人的一生感情現象起落，而在這裡除了會用文字說明之外，當然也會提供感情婚姻數值，再加上簡單計算後，則能得到相當具參考價值的感情流年分數，可以讓讀者更容易了解和判別感情或婚姻現象。

筆者提供一個簡易的計算方式，能讓大家都可以更清楚的了解到，到底感情運勢的好與壞，以及如何去做判斷，且再加上詳細的範例解說，相信就能抓到重點。（如圖19）

感情婚姻分數計算的說明：

請先利用感情婚姻基本數值（月柱基本分）來做基礎，即先利用命盤裡的日主，依前一個圖

甲 寅 50	甲 辰 65	甲 午 60	甲 申 55	甲 戌 65	甲 子 75
乙 卯 65	乙 巳 60	乙 未 55	乙 酉 70	乙 亥 70	乙 丑 65
丙 寅 80	丙 辰 80	丙 午 75	丙 申 80	丙 戌 85	丙 子 95
丁 卯 85	丁 巳 70	丁 未 65	丁 酉 75	丁 亥 80	丁 丑 75
戊 寅 60	戊 辰 70	戊 午 55	戊 申 60	戊 戌 55	戊 子 80
己 卯 70	己 巳 65	己 未 60	己 酉 65	己 亥 60	己 丑 50
庚 寅 90	庚 辰 85	庚 午 80	庚 申 70	庚 戌 75	庚 子 85
辛 卯 95	辛 巳 80	辛 未 75	辛 酉 80	辛 亥 70	辛 丑 65
壬 寅 80	壬 辰 90	壬 午 75	壬 申 85	壬 戌 70	壬 子 75
癸 卯 85	癸 巳 80	癸 未 70	癸 酉 90	癸 亥 75	癸 丑 60
男命 乙卯 乙未 乙亥之 月柱					

圖 18

表對照出月柱的分數，再依這個圖表（大運與流年）數值來做計算，在這裡的大運和流年都是使用同一圖表來判斷，而計算的公式如下列：

（月柱基本分Ｘ0.1）＋（大運數值Ｘ0.2）＋（流年數值Ｘ0.7）

計算出來的數值，其實就是代表流年的感情婚姻狀況，而就分數上來判斷，越高的分數代表此流年的感情婚姻現象越穩定，不過在這裡，並不是絕對用分數的高低來做為好壞的判斷，怎麼說呢？因為流年的數值是一個穩定性的參考值，越穩定的感情婚姻現象分數就會越高，而相對的越低的分數所代表的現象就是越有變動。當然感情婚姻的好與壞，其實相當的主觀，或許相同狀況對不同的人來說，會是很不同的評語和感受，好或壞都是可能出現的結論，所以在這裡不用好

甲 寅 50	甲 辰 65	甲 午 40	甲 申 45	甲 戌 50	甲 子 45
乙 卯 40	乙 巳 60	乙 未 60	乙 酉 40	乙 亥 55	乙 丑 55
丙 寅 65	丙 辰 80	丙 午 50	丙 申 70	丙 戌 70	丙 子 40
丁 卯 85	丁 巳 75	丁 未 65	丁 酉 80	丁 亥 85	丁 丑 80
戊 寅 30	戊 辰 35	戊 午 30	戊 申 40	戊 戌 40	戊 子 20
己 卯 20	己 巳 30	己 未 35	己 酉 30	己 亥 35	己 丑 25
庚 寅 65	庚 辰 75	庚 午 45	庚 申 75	庚 戌 70	庚 子 45
辛 卯 60	辛 巳 80	辛 未 75	辛 酉 55	辛 亥 65	辛 丑 70
壬 寅 80	壬 辰 85	壬 午 90	壬 申 95	壬 戌 75	壬 子 70
癸 卯 85	癸 巳 80	癸 未 80	癸 酉 65	癸 亥 80	癸 丑 75
男命 乙卯 乙未 乙亥 之 大運與流年					

圖 19

壞來做評論，而是用「穩定」與「不穩定」來做為判斷標準，也會是更客觀更準確的分析方式。

以下是此類別的舉例說明：（如圖20）

這是一個乙亥日主的男命，生於乙亥月，大運是從丙子開始的順運，十歲起運，每十年逢到十就會換大運，現在就舉兩個流年感情婚姻計算過程，此人的月柱基分為70，是屬於還不錯的分數水準，而如果要計算虛歲25歲的流年E，則大運為丁丑（80分），流年戊子年（20分），代入公式得出的E為37，那表示因為低於50且低很多，所以是不穩定的感情狀況，從八字的十神角色來看，要注意到是天干正財戊土，加上地支桃花子，所以很明顯會有感情方面的變動，像是結婚

時柱	日柱(日主)	月柱	年柱	虛歲年限	八字本命
46歲之後	31至45歲	16至30歲	1至15歲		
己卯	乙亥	乙亥	甲子	四柱干支	

60歲至69歲	50歲至59歲	40歲至49歲	30歲至39歲	20歲至29歲	10歲至19歲	虛歲年限	大運
辛巳	庚辰	己卯	戊寅	丁丑	丙子	干支	

30	29	28	27	26	25	24	23	22	21	20	19	18	17	16	15	14	13	12	11	10	9	8	7	6	5	4	3	2	1	虛歲	流年
癸巳	壬辰	辛卯	庚寅	己丑	戊子	丁亥	丙戌	乙酉	甲申	癸未	壬午	辛巳	庚辰	己卯	戊寅	丁丑	丙子	乙亥	甲戌	癸酉	壬申	辛未	庚午	己巳	戊辰	丁卯	丙寅	乙丑	甲子	干支	
60	59	58	57	56	55	54	53	52	51	50	49	48	47	46	45	44	43	42	41	40	39	38	37	36	35	34	33	32	31	虛歲	
癸亥	壬戌	辛酉	庚申	己未	戊午	丁巳	丙辰	乙卯	甲寅	癸丑	壬子	辛亥	庚戌	己酉	戊申	丁未	丙午	乙巳	甲辰	癸卯	壬寅	辛丑	庚子	己亥	戊戌	丁酉	丙申	乙未	甲午	干支	

圖 20

或是分手都有可能；如果要計算虛歲31歲的流年E，則大運為戊寅（30分），流年甲午年（40分），代入公式得出的E為41，因為低於50，流年甲午是相當旺的劫財，所以要注意到因人際而影響到感情婚姻，明顯是不穩定或不理想的感情狀況，是相當明顯的一個感情變動流年。

接下來的圖表就是計算過後所做的整理，一共是三個大運的三十個流年，是第兩個丁丑運、第三個戊寅運和第四個己卯運，以及圖表的範例說明。（如圖21）

	大 運　丁丑　(數值：80　)
流年	癸未年 20歲 (數值：80) E值：79　注意事項：穩定，貴人運旺
	甲申年 21歲 (數值：45) E值：54.5　注意事項：注意人際的影響
	乙酉年 22歲 (數值：40) E值：51　注意事項：注意人際的影響
	丙戌年 23歲 (數值：70) E值：72　注意事項：穩定
	丁亥年 24歲 (數值：85) E值：82.5　注意事項：穩定
	戊子年 25歲 (數值：20) E值：37　注意事項：正財桃花，感情婚姻變動
	己丑年 26歲 (數值：25) E值：40.5　注意事項：偏財，注意感情或工作變動
	庚寅年 27歲 (數值：65) E值：68.5　注意事項：穩定
	辛卯年 28歲 (數值：60) E值：65　注意事項：穩定
	壬辰年 29歲 (數值：85) E值：82.5　注意事項：穩定，貴人運旺
	大 運　戊寅　(數值：30　)
流年	癸巳年 30歲 (數值：80) E值：69　注意事項：穩定，貴人運旺
	甲午年 31歲 (數值：40) E值：41　注意事項：注意人際的影響
	乙未年 32歲 (數值：60) E值：55　注意事項：注意人際的影響
	丙申年 33歲 (數值：70) E值：62　注意事項：穩定
	丁酉年 34歲 (數值：80) E值：69　注意事項：穩定
	戊戌年 35歲 (數值：40) E值：41　注意事項：正財，感情婚姻變動
	己亥年 36歲 (數值：35) E值：37.5　注意事項：偏財，注意感情變動
	庚子年 37歲 (數值：45) E值：44.5　注意事項：正官桃花，注意意外狀況
	辛丑年 38歲 (數值：70) E值：62　注意事項：穩定
	壬寅年 39歲 (數值：80) E值：69　注意事項：穩定
	大 運　己卯　(數值：20　)
流年	癸卯年 40歲 (數值：85) E值：70.5　注意事項：穩定
	甲辰年 41歲 (數值：65) E值：56.5　注意事項：注意人際的影響
	乙巳年 42歲 (數值：60) E值：53　注意事項：注意人際的影響
	丙午年 43歲 (數值：50) E值：46　注意事項：忙碌，感情或健康不穩定
	丁未年 44歲 (數值：65) E值：56.5　注意事項：注意感情或健康不穩定
	戊申年 45歲 (數值：40) E值：39　注意事項：正財，感情婚姻變動
	己酉年 46歲 (數值：30) E值：32　注意事項：偏財，感情婚姻變動
	庚戌年 47歲 (數值：70) E值：60　注意事項：穩定
	辛亥年 48歲 (數值：65) E值：56.5　注意事項：有壓力
	壬子年 49歲 (數值：70) E值：60　注意事項：正印桃花，貴人運旺

圖 21

從此圖表中可以發現，此人的感情大運走勢屬於越來越不穩定的現象，從丁丑的80，到戊寅的30，及己卯的20，整體來說感情狀況屬於不太穩定，特別要注意的是，當逢遇到戊己出天干的流年，以及甲乙出天干的流年，明顯都出現偏低的數值，這也代表會有較大的變動現象，不管對此人來說是好或壞，總是要把握或是維持自己理想中的感情婚姻狀況，但如果此人在數值E較低的流年之前已婚，那很可能在逢到低E值時會再出現感情婚姻變動，這就要特別注意。而對乙日主男命來說，當出現戊己財出天干的流年，也很可能是工作財運的變動，當然也可能兩者都有變動出現，都無法排除可能性，所以在各方面也都要多注意，總之偏低的E值很可能在男命的人生中出現大變動或起落。

當中有幾個數值落在50到60之間，雖然看起來都是高於50，當然都還算理想，但有些現象還是要了解和探討，像是甲申、乙酉、乙未、甲辰、乙巳…年，都只是超過判斷值，並不是太高分，在這裡大部分都是出現甲乙比肩劫財出天干，這代表會因為人際而影響運勢，雖不能說百分百是感情方面的影響，不過也可能影響到各方面，這當然還要看個人的狀況而定，因為即使同命盤的人，也不一定在同一年裡出現一模一樣的狀況，不過狀況都會在可能的範圍之內。而當中有好幾個流年數值超過，雖然在圖表中只是標示為穩定，事實上，這幾個流年對此人來說，其實相當的理想，也很可能不只是在感情桃花婚姻方面，其實在各方面的運勢上，也都會是相當理想的流年運勢，像是壬癸水出天干的流年，貴人運就相當的好，所以當中若有人介紹不錯的對象，也是非常有可能的事，也可以說是好的桃花現象，畢竟好運的時候，往往都可以心想事成，在工作財運方面也會是如此。

・男命乙日主之二（乙巳日、乙酉日、乙丑日）

《感情婚姻運的詳細解說》：乙日主天干所搭配一共有六組，因為地支的不同會影響到本命的旺弱，基本上地支影響比較大的部分，會是在個人個性特質上及感情運勢上，而其他的方面則地支的影響會較小些，不過若同是乙日主，因為地支巳酉丑的桃花現象會比較類似，所以在這裡就把乙巳日、乙酉日和乙丑日這三個日主一起來做解說。

當乙巳日、乙酉日和乙丑日，逢到各月柱所產生的感情婚姻基本數值，以下圖表則是依據所有的月柱搭配，及所整理出的數值和解說，提供參考：（如圖22）

天干的地支搭配為「午」，像是甲午、丙午、戊午、庚午和壬午其實對乙巳日、乙酉日和乙丑日三者來說，都是屬於桃花搭配，這也代表此人的八字基本搭配裡，本身的桃花就會比較多也比較明顯些，不過這是比較大方向的判斷，也不能完全就這樣單一判斷。

接下來要判斷更重要的部分，也就是大運和流年的感情運勢現象，因為這兩大部分才真正影響一生感情現象起落，而在這裡除了會用文字說明之外，當然也會提供感情婚姻數值，再加上簡單計算後，則能得到相當具參考價值的感情流年分數，可以讓讀者更容易了解和判別感情或婚姻現象。

筆者提供一個簡易的計算方式，能讓大家都可以更清楚的了解到，到底感情運勢的好與壞，以及如何去做判斷，且再加上詳細的範例解說，相信就能抓到重點。（如圖23）

甲 寅 50	甲 辰 65	甲 午 70	甲 申 55	甲 戌 65	甲 子 70
乙 卯 65	乙 巳 60	乙 未 55	乙 酉 70	乙 亥 70	乙 丑 65
丙 寅 80	丙 辰 80	丙 午 85	丙 申 80	丙 戌 85	丙 子 90
丁 卯 85	丁 巳 70	丁 未 65	丁 酉 75	丁 亥 80	丁 丑 75
戊 寅 60	戊 辰 70	戊 午 70	戊 申 60	戊 戌 55	戊 子 70
己 卯 70	己 巳 65	己 未 60	己 酉 65	己 亥 60	己 丑 50
庚 寅 90	庚 辰 85	庚 午 90	庚 申 70	庚 戌 75	庚 子 75
辛 卯 95	辛 巳 80	辛 未 75	辛 酉 80	辛 亥 70	辛 丑 65
壬 寅 80	壬 辰 90	壬 午 85	壬 申 85	壬 戌 70	壬 子 65
癸 卯 85	癸 巳 80	癸 未 70	癸 酉 90	癸 亥 75	癸 丑 60
男命 乙巳 乙酉 乙丑 之 月柱					

圖 22

感情婚姻分數計算的說明：

請先利用感情婚姻基本數值（月柱基本分）來做基礎，即先利用命盤裡的日主，依前一個圖表對照出月柱的分數，再依這個圖表（大運與流年）數值來做計算，在這裡的大運和流年都是使用同一圖表來判斷，而計算的公式如下列：

（月柱基本分X 0.1）+（大運數值X 0.2）+（流年數值 X 0.7）

計算出來的數值，其實就是代表流年的感情婚姻狀況，而就分數上來判斷，越高的分數代表此流年的感情婚姻現象越穩定，越低的分數則代表越不穩定。在這裡，並不是絕對用分數的高低來做為好壞的判斷，因為流年的數值是一個穩定性的參考值，越穩定的感情婚姻現象分數就會越高，而相對的越低的分數所代表的現象就是越有變動。感情婚

甲 寅 55	甲 辰 60	甲 午 30	甲 申 35	甲 戌 45	甲 子 40
乙 卯 45	乙 巳 55	乙 未 65	乙 酉 45	乙 亥 55	乙 丑 60
丙 寅 70	丙 辰 75	丙 午 45	丙 申 65	丙 戌 75	丙 子 55
丁 卯 80	丁 巳 70	丁 未 65	丁 酉 75	丁 亥 80	丁 丑 85
戊 寅 40	戊 辰 35	戊 午 20	戊 申 35	戊 戌 35	戊 子 30
己 卯 20	己 巳 30	己 未 30	己 酉 25	己 亥 30	己 丑 25
庚 寅 65	庚 辰 75	庚 午 40	庚 申 75	庚 戌 70	庚 子 50
辛 卯 70	辛 巳 80	辛 未 75	辛 酉 50	辛 亥 65	辛 丑 70
壬 寅 75	壬 辰 85	壬 午 80	壬 申 95	壬 戌 75	壬 子 65
癸 卯 80	癸 巳 80	癸 未 80	癸 酉 85	癸 亥 80	癸 丑 70
男命 乙巳 乙酉 乙丑 之 大運與流年					

圖 23

姻的好與壞，其實相當的主觀，或許相同狀況對不同的人來說，會是很不同的評語和感受，好或壞都是可能出現的結論，所以在這裡不用好壞來做評論，而是用「穩定」與「不穩定」來做為判斷標準，也會是更客觀更準確的分析方式。

以下是此類別的舉例說明：（如圖24）

這是一個乙丑日主的男命，生於丁巳月，大運是從丙辰開始的逆運，一歲起運，每十年逢到一就會換大運，現在就舉兩個流年感情婚姻計算過程，此人的月柱基本分為70，是屬於還不錯的分數水準，而如果要計算虛歲26歲的流年E，則大運為甲寅（55分），流年戊子年（30分），代入公式得出的E為39，表示因為低於50且低很多，所以是不穩

時柱	日柱(日主)	月柱	年柱	虛歲年限	八字本命
46歲之後	31至45歲	16至30歲	1至15歲		
戊寅	乙丑	丁巳	癸亥	四柱干支	

51歲至60歲	41歲至50歲	31歲至40歲	21歲至30歲	11歲至20歲	1歲至10歲	虛歲年限	大運
辛亥	壬子	癸丑	甲寅	乙卯	丙辰	干支	

30	29	28	27	26	25	24	23	22	21	20	19	18	17	16	15	14	13	12	11	10	9	8	7	6	5	4	3	2	1	虛歲	流年
壬辰	辛卯	庚寅	己丑	戊子	丁亥	丙戌	乙酉	甲申	癸未	壬午	辛巳	庚辰	己卯	戊寅	丁丑	丙子	乙亥	甲戌	癸酉	壬申	辛未	庚午	己巳	戊辰	丁卯	丙寅	乙丑	甲子	癸亥	干支	
60	59	58	57	56	55	54	53	52	51	50	49	48	47	46	45	44	43	42	41	40	39	38	37	36	35	34	33	32	31	虛歲	
壬戌	辛酉	庚申	己未	戊午	丁巳	丙辰	乙卯	甲寅	癸丑	壬子	辛亥	庚戌	己酉	戊申	丁未	丙午	乙巳	甲辰	癸卯	壬寅	辛丑	庚子	己亥	戊戌	丁酉	丙申	乙未	甲午	癸巳	干支	

圖 24

定的感情狀況，從八字的十神角色來看，要注意到是天干正財戊土，所以很明顯會有感情方面或是工作財運的變動，像是結婚、離婚，交往、分手，換工作或投資變動都有可能；如果要計算虛歲34歲的流年E，則大運為癸丑（70分），流年丙申年（65分），代入公式得出的E為66.5，因為高於50且高出許多，流年丙申是相當旺的傷官，除了感情婚姻穩定之外，在工作或投資方面也相當能有發揮，是不錯獲益的流年。

接下來的圖表就是計算過後所做的整理，一共是三個大運的三十個流年，是第兩個乙卯運、第三個甲寅運和第四個癸丑運，以及圖表的範例說明。（如圖25）

	大運　乙卯　(數值：45　)
流年	癸酉年 11歲 (數值：85) E值：75.5　注意事項：穩定，貴人運旺
	甲戌年 12歲 (數值：45) E值：47.5　注意事項：注意人際的影響
	乙亥年 13歲 (數值：55) E值：54.5　注意事項：注意人際的影響
	丙子年 14歲 (數值：55) E值：54.5　注意事項：傷官弱，注意不預期狀況
	丁丑年 15歲 (數值：85) E值：75.5　注意事項：穩定
	戊寅年 16歲 (數值：40) E值：44　注意事項：正財，感情婚姻變動
	己卯年 17歲 (數值：20) E值：30　注意事項：偏財，注意感情或工作變動
	庚辰年 18歲 (數值：75) E值：68.5　注意事項：穩定
	辛巳年 19歲 (數值：80) E值：72　注意事項：穩定
	壬午年 20歲 (數值：80) E值：72　注意事項：貴人桃花，運勢旺
	大運　甲寅　(數值：55　)
流年	癸未年 21歲 (數值：80) E值：74　注意事項：穩定，貴人運旺
	甲申年 22歲 (數值：35) E值：42.5　注意事項：注意人際的影響
	乙酉年 23歲 (數值：45) E值：49.5　注意事項：注意人際的影響
	丙戌年 24歲 (數值：75) E值：70.5　注意事項：穩定
	丁亥年 25歲 (數值：80) E值：74　注意事項：穩定
	戊子年 26歲 (數值：30) E值：39　注意事項：正財，感情婚姻變動
	己丑年 27歲 (數值：25) E值：35.5　注意事項：偏財，注意感情變動
	庚寅年 28歲 (數值：65) E值：63.5　注意事項：穩定
	辛卯年 29歲 (數值：70) E值：67　注意事項：穩定
	壬辰年 30歲 (數值：85) E值：77.5　注意事項：穩定，貴人運旺
	大運　癸丑　(數值：70　)
流年	癸巳年 31歲 (數值：80) E值：77　注意事項：穩定，忙碌
	甲午年 32歲 (數值：30) E值：42　注意事項：注意人際的影響
	乙未年 33歲 (數值：65) E值：66.5　注意事項：穩定
	丙申年 34歲 (數值：65) E值：66.5　注意事項：穩定
	丁酉年 35歲 (數值：75) E值：73.5　注意事項：穩定
	戊戌年 36歲 (數值：35) E值：45.5　注意事項：正財，感情婚姻變動
	己亥年 37歲 (數值：30) E值：42　注意事項：偏財，感情婚姻變動
	庚子年 38歲 (數值：50) E值：56　注意事項：有壓力
	辛丑年 39歲 (數值：70) E值：70　注意事項：穩定
	壬寅年 40歲 (數值：75) E值：73.5　注意事項：穩定，貴人運旺

圖 25

從此圖表中可以發現，此人的感情大運走勢屬於越來越穩定的現象，從乙卯的45，到甲寅的55，及癸丑的70，整體來說感情狀況是還不錯的走向，但是還是要注意到某些流年的影響，當逢遇到戊己出天干的流年，以及甲乙出天干的流年，明顯都出現偏低的數值，這也代表會有較大的變動現象，不管對此人來說是好或壞，總是要把握或是維持自己理想中的感情婚姻狀況，但如果此人在數值E較低的流年之前已婚，那很可能再逢到低E值時會再出現感情婚姻變動，這就要特別注意。而對乙日主男命來說，當出現戊己財出天干的流年，也很可能是工作財運方面的變動，當然也可能財運與感情兩者都出現變動，也都無法排除可能性，所以在各方面都要多注意，總之偏低的E值很可能在男命的人生中出現比較大的變動或起落。

此命例當中有幾個數值落在50到60之間，雖然看起來都是高於50，當然都還算理想，但有些現象還是要了解和探討，像是丙子或庚子年，都只是超過判斷值，並不是太高分，看起來也可能會有其他狀況出現，或因其他方面的狀況影響到感情婚姻，雖不能說百分百就是感情方面的影響，但也無法排除可能性，不過當然還要看個人的狀況而定，因為即使同命盤的人，也不一定在同一年裡出現一模一樣的狀況。而當中有好幾個流年數值超過70，雖然在圖表中只是標示為穩定，事實上，這幾個流年對此人來說，其實相當的理想，也很可能不只是在感情桃花婚姻方面，其實在各方面的運勢上，也都會是相當理想的流年運勢，像是壬癸水出天干的流年，貴人運就相當的好，所以當中若有人介紹不錯的對象，也是非常有可能的事，也可以說是好的桃花現象，畢竟好運的時候，往往都可以心想事成。

《丙日主》

以下是丙日主男命，對大運和流年干支的基本現象判斷方式的介紹：

判斷一：當大運逢遇到比肩和劫財（丙丁），代表人際方面容易出現變動，雖不一定絕對會影響到感情婚姻，不過也不能排除可能性，尤其是比較旺的丙丁干支搭配，像是丙午、丙申、及丁未或丁巳……影響會比較弱的丙丁更明顯。而如果比劫的大運，再逢遇到正財或偏財（辛庚）出天干的流年，尤其是正財辛，則在這幾個流年裡就容易出現感情或婚姻的變動。

判斷二：當大運逢遇到正財和偏財（辛庚），代表工作財運或是感情婚姻容易出現變動，雖不一定保證是感情會出狀況，但因為庚辛大運通常會是二十年，而當中也勢必會逢遇到丙丁或庚辛流年，所以至少就會有四或五次的起伏變動，也所以無法說一定不會是感情婚姻的變動，尤其是若流年又是逢到庚辛，則就要很注意到婚姻方面的狀況。

判斷三：當大運走得比較熱，但不是前面提到的丙丁或庚辛天干，而是夏運的甲午、乙未、壬午、癸未……因為是比較燥熱的組合，所以會讓丙日主比較忙碌不得閒，雖是屬於不錯的大運運勢，也通常運勢好的男命，但相對的感情婚姻也會出現更多的選擇，也或會因為事業順利，婚姻也比較無法穩定，尤其是當流年逢遇到正偏財庚辛，現象會更明顯。

判斷四：其實不管是走哪一個大運，六十干支不管哪個組合，當流年出現正財和偏財的辛庚，也都可能會有感情婚姻變動，雖然這個判斷比較概括，但這個範圍也可以當個參考值，畢竟還是有它的原理和可能性。當丙日主在流年逢遇到他的正財桃花，也就是辛卯或辛酉年，則出現感情婚姻的變動的機率就非常的高，所以若是已婚，那就要注意到婚姻方面的狀況，但若是未婚，其實很適合選擇進入婚姻，或開始新感情。

判斷五：當命盤搭配過於弱，也就是八字和大運的搭配組合會讓日主變過弱，或是逢遇官殺過旺，則在感情婚姻方面就容易被變動，因為自我比較弱的人，很多時候都是屬於被決定的類型，當另一半選擇感情婚姻變動時，這樣的人似乎也沒有其他的選擇，像是逢到金水旺的秋冬運，對丙日主來說，感情婚姻也容易變不穩定。

以上五個基本判斷，能準確的判斷出丙日主的感情婚姻狀況，但是或許對很多人來說，這樣的解釋似乎還是不太容易懂，尤其是對於未曾接觸過八字理論的人，可能是更無法進入狀況，所以感情流年E值的輔助印證就更重要。

對丙日主來說，在判斷計算得出的流年分數時，有幾項注意事項，接下來會加入範例來解說，如果我們已經計算出每個流年的感情婚姻分數，假設為E：

當E高於50，甚至比50高很多時，那表示此流年的感情婚姻狀況屬於穩定，當然越高分越理想，甚至可以解釋為越高分越好，不管是所遇的人或狀況都會是比較如願的狀況。

當E高於50，甚至比50高很多時，另一個現象也會是人際人緣相當好，尤其是流年出現地支「卯」與「酉」的各種類型桃花，或是木出天干的流年，對丙日主來說都是不錯的搭配，貴人的現象會出現。

當E低於50，且甚至比50低很多時，那就明顯是感情婚姻狀況不穩定，很可能會出現一些變動的現象，甚至是明顯變動，尤其是逢遇到庚辛流年出天干。但要注意的是，所謂的感情變動，不只是分開或離婚，其實也包括了交往或是結婚，因為變動並不代表一定是分或合，應該解釋為目前的狀況出現變化，所以當你未婚或沒對象時，且逢遇到流年分數較低分，也可以是變成有對象或是結婚的選擇，但這些並不是好或壞的判斷，只是一個變動的現象。

當E低於50，且甚至比50低很多時，除了感情婚姻會有變動之外，可能是由於人際而引起，像是丙丁火的流年，甚可能會出現工作財務方面的狀況，特別是對男命來說，因為妻與財同論，所以也很可能出現錢財相關的變動，或是壬癸水的流年則要注意隨之而來的壓力。

當E值接近50，不管是高於或低於，還是有些許的變動性，其實無法完全排除變動的可能性，都還是需要去探討原理和原因，因為有時候當另一半的運勢較低時，就容易被影響到，或者被其他的原因所影響。

・男命丙日主之一（丙寅日、丙午日、丙戌日）

《感情婚姻運的詳細解說》：丙日主天干所搭配一共有六組，因為地支的不同會影響到本命的旺弱，基本上地支影響比較大的部分，會是在個人個性特質上及感情運勢上，而其他的方面則地支的影響會較小些，不過若同是丙日主，因為地支寅午戌的桃花現象會比較類似，所以在這裡就把丙寅日、丙午日和丙戌日這三個日主一起來做解說。

月柱對日主的感情婚姻有基本的影響力，因為月柱是一般所謂的夫妻宮，而日主雖然有它一定的基本好壞高低排序，若再加入月柱的判斷之後，則可以看出一個命盤基本的感情婚姻水準。下面則要把各月柱對此三個日主的影響，和各月柱對此三日主的搭配做基本評分判斷，讓讀者從數值的內容對基本的感情好壞程度，有更清楚的了解，且能用數值去對照月柱的干支組合，也能更了解干支的影響現象。所以當丙寅日、丙午日和丙戌日主，對於月柱的各種干支搭配，它會產生的命盤基本感情高低現象，則代表此人的八字基本感情婚姻的水準，當然這個數值不能代表一切，也不能代表一輩子的感情現象，它只是一個基本的起點，如果要知道一生的感情起伏現象，以及一生的感情好壞走勢，就一定要搭配大運和流年，才能了解後天的影響和現象，也才會是比較準確的判斷。

當丙寅日、丙午日和丙戌日，逢到各月柱所產生的感情婚姻基本數值，以下圖表則是依據所有的月柱搭配，及所整理出的數值和解說，提供參考：（如圖26）

天干的地支搭配為「卯」，像是乙卯、丁卯、己卯、辛卯和癸卯其實對丙寅日、丙午日、和丙戌日三者來說，都是屬於桃花搭配，這也代表此人的八字基本搭配裡，本身的桃花就會比較多也比較明顯些，不過這是比較大方向的判斷，也不能完全就這樣單一判斷。

接下來要判斷更重要的部分，也就是大運和流年的感情運勢現象，因為這兩大部分才真正影響一生感情現象起落，而在這裡除了會用文字說明之外，當然也會提供感情婚姻數值，再加上簡單計算後，則能得到相當具參考價值的感情流年分數，可以讓讀者更容易了解和判別感情或婚姻現象。

筆者提供一個簡易的計算方式，能讓大家都可以更清楚的了解到，到底感情運勢的好與壞，以及如何

甲 寅 70	甲 辰 75	甲 午 60	甲 申 65	甲 戌 70	甲 子 65
乙 卯 80	乙 巳 70	乙 未 65	乙 酉 70	乙 亥 60	乙 丑 70
丙 寅 55	丙 辰 60	丙 午 50	丙 申 55	丙 戌 60	丙 子 65
丁 卯 75	丁 巳 50	丁 未 45	丁 酉 60	丁 亥 65	丁 丑 70
戊 寅 65	戊 辰 70	戊 午 55	戊 申 70	戊 戌 70	戊 子 75
己 卯 75	己 巳 65	己 未 60	己 酉 75	己 亥 65	己 丑 80
庚 寅 65	庚 辰 75	庚 午 70	庚 申 70	庚 戌 75	庚 子 85
辛 卯 75	辛 巳 65	辛 未 60	辛 酉 80	辛 亥 70	辛 丑 80
壬 寅 75	壬 辰 80	壬 午 55	壬 申 85	壬 戌 70	壬 子 85
癸 卯 80	癸 巳 55	癸 未 50	癸 酉 80	癸 亥 80	癸 丑 75

圖 26

去做判斷，且再加上詳細的範例解說，相信就能抓到重點。（如圖27）

感情婚姻分數計算的說明：

請先利用感情婚姻基本數值（月柱基本分）來做基礎，即先利用命盤裡的日主，依前一個圖表對照出月柱的分數，再依這個圖表（大運與流年）數值來做計算，在這裡的大運和流年都是使用同一圖表來判斷，而計算的公式如下列：

（月柱基本分X 0.1）＋（大運數值X 0.2）＋（流年數值 X 0.7）

計算出來的數值，其實就是代表流年的感情婚姻狀況，而就分數上來判斷，越高的分數代表此流年的感情婚姻現象越穩定，越低的分數則代表越不穩定。在這裡，並不是絕對用分數的高低

甲 寅 70	甲 辰 80	甲 午 65	甲 申 75	甲 戌 65	甲 子 70
乙 卯 55	乙 巳 60	乙 未 55	乙 酉 70	乙 亥 75	乙 丑 65
丙 寅 55	丙 辰 65	丙 午 50	丙 申 60	丙 戌 55	丙 子 50
丁 卯 45	丁 巳 60	丁 未 55	丁 酉 50	丁 亥 60	丁 丑 45
戊 寅 70	戊 辰 75	戊 午 60	戊 申 70	戊 戌 65	戊 子 75
己 卯 60	己 巳 70	己 未 65	己 酉 60	己 亥 70	己 丑 70
庚 寅 35	庚 辰 40	庚 午 30	庚 申 30	庚 戌 35	庚 子 30
辛 卯 20	辛 巳 35	辛 未 35	辛 酉 35	辛 亥 40	辛 丑 45
壬 寅 70	壬 辰 75	壬 午 60	壬 申 80	壬 戌 70	壬 子 65
癸 卯 65	癸 巳 60	癸 未 55	癸 酉 70	癸 亥 75	癸 丑 70
男命 丙寅 丙午 丙戌 之 大運與流年					

圖 27

來做為好壞的判斷，因為流年的數值是一個穩定性的參考值，越穩定的感情婚姻現象分數就會越高，而相對的越低的分數所代表的現象就是越有變動。感情婚姻的好與壞，其實相當的主觀，或許相同狀況對不同的人來說，會是很不同的評語和感受，好或壞都是可能出現的結論，所以在這裡不用好壞來做評論，而是用「穩定」與「不穩定」來做為判斷標準，也會是更客觀更準確的分析方式。

以下是此類別的舉例說明：（如圖28）

這是一個丙午日主的男命，生於甲子月，大運是從乙丑寅開始的順運，六歲起運，每十年逢到六就會換大運，現在就舉兩個流年感情婚姻計算過程，此人的月柱基本分為65，是屬於還不錯的分數水準，而如果要計算虛歲24歲

時柱	日柱(日主)	月柱	年柱	虛年歲限	八字本命
46歲之後	31至45歲	16至30歲	1至15歲		
辛卯	丙午	甲子	戊辰	四干柱支	

56歲至65歲	46歲至55歲	36歲至45歲	26歲至35歲	16歲至25歲	6歲至15歲	虛年歲限	大運
庚午	己巳	戊辰	丁卯	丙寅	乙丑	干支	

30	29	28	27	26	25	24	23	22	21	20	19	18	17	16	15	14	13	12	11	10	9	8	7	6	5	4	3	2	1	虛歲	流年
丁酉	丙申	乙未	甲午	癸巳	壬辰	辛卯	庚寅	己丑	戊子	丁亥	丙戌	乙酉	甲申	癸未	壬午	辛巳	庚辰	己卯	戊寅	丁丑	丙子	乙亥	甲戌	癸酉	壬申	辛未	庚午	己巳	戊辰	干支	
60	59	58	57	56	55	54	53	52	51	50	49	48	47	46	45	44	43	42	41	40	39	38	37	36	35	34	33	32	31	虛歲	
丁卯	丙寅	乙丑	甲子	癸亥	壬戌	辛酉	庚申	己未	戊午	丁巳	丙辰	乙卯	甲寅	癸丑	壬子	辛亥	庚戌	己酉	戊申	丁未	丙午	乙巳	甲辰	癸卯	壬寅	辛丑	庚子	己亥	戊戌	干支	

圖 28

的流年E，則大運為丙寅（55分），流年辛卯年（20分），代入公式得出的E為31.5，表示因為低於50且低很多，所以是不穩定的感情狀況，從八字的十神角色來看，要注意到是天干正財桃花辛金，所以很明顯會有感情方面或是工作財運的變動，像是結婚、離婚，交往、分手，換工作或投資變動都有可能；如果要計算虛歲31歲的流年E，則大運為丁卯（45分），流年戊戌年（65分），代入公式得出的E為61，因為高於50且高出許多，流年戊戌是相當旺的傷官，除了感情婚姻穩定之外，在工作或投資方面也相當能有發揮，是不錯的流年。

接下來的圖表就是計算過後所做的整理，一共是三個大運的三十個流年，是第兩個丙寅運、第三個丁卯運和第四個戊辰運，以及圖表的範例說明。（如圖29）

	大 運　丙寅　(數值：55　)
流年	癸未年 16歲 (數值：55) E值：56　注意事項：有壓力
	甲申年 17歲 (數值：75) E值：70　注意事項：穩定，貴人運旺
	乙酉年 18歲 (數值：70) E值：66.5　注意事項：穩定
	丙戌年 19歲 (數值：55) E值：56　注意事項：注意人際的影響
	丁亥年 20歲 (數值：60) E值：59.5　注意事項：注意人際的影響
	戊子年 21歲 (數值：75) E值：70　注意事項：穩定
	己丑年 22歲 (數值：70) E值：66.5　注意事項：穩定
	庚寅年 23歲 (數值：35) E值：42　注意事項：偏財，注意感情變動
	辛卯年 24歲 (數值：20) E值：31.5　注意事項：正財桃花，感情婚姻變動
	壬辰年 25歲 (數值：75) E值：70　注意事項：穩定，運勢旺
	大 運　丁卯　(數值：45　)
流年	癸巳年 26歲 (數值：60) E值：57.5　注意事項：穩定
	甲午年 27歲 (數值：65) E值：61　注意事項：穩定，有貴人
	乙未年 28歲 (數值：55) E值：54　注意事項：有壓力
	丙申年 29歲 (數值：60) E值：57.5　注意事項：注意人際的影響
	丁酉年 30歲 (數值：65) E值：61　注意事項：注意人際的影響
	戊戌年 31歲 (數值：65) E值：61　注意事項：注意健康和感情狀況
	己亥年 32歲 (數值：70) E值：64.5　注意事項：穩定
	庚子年 33歲 (數值：30) E值：36.5　注意事項：偏財，注意感情變動
	辛丑年 34歲 (數值：45) E值：47　注意事項：正財，注意感情變動
	壬寅年 35歲 (數值：70) E值：64.5　注意事項：穩定，有展現
	大 運　戊辰　(數值：75　)
流年	癸卯年 36歲 (數值：65) E值：61　注意事項：穩定，忙碌
	甲辰年 37歲 (數值：80) E值：71.5　注意事項：穩定，貴人運旺
	乙巳年 38歲 (數值：60) E值：57.5　注意事項：忙碌有壓力
	丙午年 39歲 (數值：50) E值：50.5　注意事項：注意人際的影響
	丁未年 40歲 (數值：55) E值：54　注意事項：注意人際的影響
	戊申年 41歲 (數值：70) E值：64.5　注意事項：穩定
	己酉年 42歲 (數值：60) E值：57.5　注意事項：注意健康
	庚戌年 43歲 (數值：35) E值：40　注意事項：偏財，注意感情變動
	辛亥年 44歲 (數值：40) E值：43.5　注意事項：正財，注意感情變動
	壬子年 45歲 (數值：65) E值：61　注意事項：穩定

圖 29

從此圖表中可以發現，此人的感情大運走勢屬於有起伏，但越來越穩定的現象，從丙寅55，到丁卯的45，及戊辰的75，整體來說屬於後面穩定的現象，但是還是要注意到某些流年的影響，當逢遇到庚辛出天干的流年，以及丙丁出天干的流年，明顯都出現偏低的數值，這也代表會有較大的變動現象，不管對此人來說是好或壞，總是要把握或是維持自己理想中的感情婚姻狀況，但如果此人在數值E較低的流年之前已婚，那很可能在逢到低E值時會再出現感情婚姻變動，這就要特別注意。而對丙日主男命來說，當出現庚辛財出天干的流年，也很可能是工作財運方面的變動，當然也可能財運與感情兩者都出現變動，也都無法排除可能性，所以在各方面都要多注意，總之偏低的E值很可能在男命的人生中出現比較大的變動或起落。

此命例當中有幾個數值落在50到60之間，雖然看起來都是高於50，當然都還算理想，但有些現象還是要了解和探討，像是乙未或乙巳年，都只是超過判斷值，並不是太高分，看起來也可能會有其他狀況出現，或因其他方面的狀況影響到感情婚姻，雖不能說百分百就是感情方面的影響，但也無法排除可能性，不過當然還要看個人的狀況而定，因為即使同命盤的人，也不一定在同一年裡出現一模一樣的狀況。而當中有好幾個流年數值超過60，雖然在圖表中只是標示為穩定，事實上，這幾個流年對此人來說，其實相當的理想，也很可能不只是在感情桃花婚姻方面，其實在各方面的運勢上，也都會是相當理想的流年運勢，像是戊己土出天干的流年，除了運勢穩定之外，在工作事業方面也能有所發揮，不過可能會較忙碌。

・男命丙日主之二（丙辰日、丙申日、丙子日）

《感情婚姻運的詳細解說》：丙日主天干所搭配一共有六組，因為地支的不同會影響到本命的旺弱，基本上地支影響比較大的部分，會是在個人個性特質上及感情運勢上，而其他的方面則地支的影響會較小些，不過若同是丙日主，因為地支辰申子的桃花現象會比較類似，所以在這裡就把丙辰日、丙申日和丙子日這三個日主一起來做解說。

當丙辰日、丙申日和丙子日，逢到各月柱所產生的感情婚姻基本數值，以下圖表則是依據所有的月柱搭配，及所整理出的數值和解說，提供參考：（如圖30）

天干的地支搭配為「酉」，像是乙酉、丁酉、己酉、辛酉、和癸酉其實對丙辰日、丙申日、和丙子日三者來說，都是屬於桃花搭配，這也代表此人的八字基本搭配裡，本身的桃花就會比較多也比較明顯些，不過這是比較大方向的判斷，也不能完全就這樣單一判斷。

接下來要判斷更重要的部分，也就是大運和流年的感情運勢現象，因為這兩大部分才真正影響一生感情現象起落，而在這裡除了會用文字說明之外，當然也會提供感情婚姻數值，再加上簡單計算後，則能得到相當具參考價值的感情流年分數，可以讓讀者更容易了解和判別感情或婚姻現象。

筆者提供一個簡易的計算方式，能讓大家都可以更清楚的了解到，到底感情運勢的好與壞，以及如何去做判斷，且再加上詳細的範例解說，相信就能抓到重點。（如圖31）

感情婚姻分數計算的說明：

請先利用感情婚姻基本數值（月柱基本分）來做基礎，即先利用命盤裡的日主，依前一個圖

甲 寅 70	甲 辰 75	甲 午 60	甲 申 65	甲 戌 70	甲 子 65
乙 卯 65	乙 巳 70	乙 未 65	乙 酉 85	乙 亥 60	乙 丑 70
丙 寅 55	丙 辰 60	丙 午 50	丙 申 55	丙 戌 60	丙 子 65
丁 卯 60	丁 巳 50	丁 未 45	丁 酉 50	丁 亥 65	丁 丑 70
戊 寅 65	戊 辰 70	戊 午 55	戊 申 70	戊 戌 70	戊 子 75
己 卯 70	己 巳 65	己 未 60	己 酉 85	己 亥 65	己 丑 80
庚 寅 65	庚 辰 75	庚 午 70	庚 申 70	庚 戌 75	庚 子 85
辛 卯 60	辛 巳 65	辛 未 60	辛 酉 90	辛 亥 70	辛 丑 80
壬 寅 75	壬 辰 80	壬 午 55	壬 申 85	壬 戌 70	壬 子 85
癸 卯 70	癸 巳 55	癸 未 50	癸 酉 90	癸 亥 80	癸 丑 75
男命 丙辰 丙申 丙子 之 月柱					

圖 30

表對照出月柱的分數，再依這個圖表（大運與流年）數值來做計算，在這裡的大運和流年都是使用同一圖表來判斷，而計算的公式如下列：

（月柱基本分X 0.1）+（大運數值X 0.2）+（流年數值 X 0.7）

計算出來的數值，其實就是代表流年的感情婚姻狀況，而就分數上來判斷，越高的分數代表此流年的感情婚姻現象越穩定，越低的分數則代表越不穩定。在這裡，並不是絕對用分數的高低來做為好壞的判斷，因為流年的數值是一個穩定性的參考值，越穩定的感情婚姻現象分數就會越高，而相對的越低的分數所代表的現象就是越有變動。感情婚姻的好與壞，其實相當的主觀，或許相同狀況對不同的人來說，會是很不同的評語和感受，好或壞都是可能出現的結論，所以在這裡不用好壞來做評

甲 寅 70	甲 辰 80	甲 午 65	甲 申 75	甲 戌 65	甲 子 70
乙 卯 60	乙 巳 60	乙 未 55	乙 酉 60	乙 亥 75	乙 丑 65
丙 寅 55	丙 辰 65	丙 午 50	丙 申 60	丙 戌 55	丙 子 50
丁 卯 50	丁 巳 60	丁 未 55	丁 酉 45	丁 亥 60	丁 丑 45
戊 寅 70	戊 辰 75	戊 午 60	戊 申 70	戊 戌 65	戊 子 75
己 卯 65	己 巳 70	己 未 65	己 酉 65	己 亥 70	己 丑 70
庚 寅 35	庚 辰 40	庚 午 30	庚 申 30	庚 戌 35	庚 子 30
辛 卯 30	辛 巳 35	辛 未 35	辛 酉 25	辛 亥 40	辛 丑 45
壬 寅 70	壬 辰 75	壬 午 60	壬 申 80	壬 戌 70	壬 子 65
癸 卯 65	癸 巳 60	癸 未 55	癸 酉 60	癸 亥 75	癸 丑 70
男命 丙辰 丙申 丙子 之 大運與流年					

圖 31

論，而是用「穩定」與「不穩定」來做為判斷標準，也會是更客觀更準確的分析方式。

以下是此類別的舉例說明：（如圖32）

這是一個丙辰日主的男命，生於丁卯月，大運是從戊辰開始的順運，四歲起運，每十年逢到四就會換大運，現在就舉兩個流年感情婚姻計算過程，此人的月柱基本分為60，是屬於普通的分數水準，而如果要計算虛歲21歲的流年E，則大運為己巳（70分），流年甲申年（75分），代入公式得出的E為72.5，表示因為高於50且高很多，所以是相當穩定理想的感情狀況，從八字的十神角色來看，甲申印旺對丙辰日來說相當理想，尤其是貴人運；如果要計算虛歲27歲的流年E，則大運為庚午（30分），流年庚寅年（35分），代入公

時柱	日柱(日主)	月柱	年柱	虛年歲限	八字本命
46歲之後	31至45歲	16至30歲	1至15歲		
甲午	丙辰	丁卯	甲子	四柱干支	

54歲至63歲	44歲至53歲	34歲至43歲	24歲至33歲	14歲至23歲	4歲至13歲	虛年歲限	大運
癸酉	壬申	辛未	庚午	己巳	戊辰	干支	

30	29	28	27	26	25	24	23	22	21	20	19	18	17	16	15	14	13	12	11	10	9	8	7	6	5	4	3	2	1	虛歲	流年
癸巳	壬辰	辛卯	庚寅	己丑	戊子	丁亥	丙戌	乙酉	甲申	癸未	壬午	辛巳	庚辰	己卯	戊寅	丁丑	丙子	乙亥	甲戌	癸酉	壬申	辛未	庚午	己巳	戊辰	丁卯	丙寅	乙丑	甲子	干支	
60	59	58	57	56	55	54	53	52	51	50	49	48	47	46	45	44	43	42	41	40	39	38	37	36	35	34	33	32	31	虛歲	
癸亥	壬戌	辛酉	庚申	己未	戊午	丁巳	丙辰	乙卯	甲寅	癸丑	壬子	辛亥	庚戌	己酉	戊申	丁未	丙午	乙巳	甲辰	癸卯	壬寅	辛丑	庚子	己亥	戊戌	丁酉	丙申	乙未	甲午	干支	

圖32

式得出的E為36.5，因為低於50且低出許多，因為大運庚午是相當弱的庚金，再加上流年庚寅又是相當弱的金，所以很明顯感情婚姻，或是工作財運會有變動出現，像是結婚、離婚，交往、分手，換工作或投資變動都有可能，要多注意。

接下來的圖表就是計算過後所做的整理，一共是三個大運的三十個流年，是第兩個己巳運、第三個庚午運和第四個辛未運，以及圖表的範例說明。（如圖33）

	大 運　己巳　(數值：70　)
流年	丁丑年 14歲 (數值：45) E值：51.5　注意事項：注意人際的影響
	戊寅年 15歲 (數值：70) E值：69　注意事項：穩定
	己卯年 16歲 (數值：65) E值：65.5　注意事項：穩定
	庚辰年 17歲 (數值：40) E值：48　注意事項：偏財，注意感情變動
	辛巳年 18歲 (數值：35) E值：44.5　注意事項：正財，注意感情變動
	壬午年 19歲 (數值：60) E值：62　注意事項：穩定
	癸未年 20歲 (數值：55) E值：58.5　注意事項：忙碌有壓力
	甲申年 21歲 (數值：75) E值：72.5　注意事項：穩定，貴人運旺
	乙酉年 22歲 (數值：60) E值：62　注意事項：穩定
	丙戌年 23歲 (數值：55) E值：58.5　注意事項：注意人際的影響
	大 運　庚午　(數值：30　)
流年	丁亥年 24歲 (數值：60) E值：54　注意事項：注意人際的影響
	戊子年 25歲 (數值：75) E值：64.5　注意事項：穩定，有貴人
	己丑年 26歲 (數值：70) E值：61　注意事項：有壓力
	庚寅年 27歲 (數值：35) E值：36.5　注意事項：偏財，注意感情變動
	辛卯年 28歲 (數值：30) E值：33　注意事項：正財，注意感情變動
	壬辰年 29歲 (數值：75) E值：64.5　注意事項：穩定
	癸巳年 30歲 (數值：60) E值：54　注意事項：穩定有壓力
	甲午年 31歲 (數值：65) E值：57.5　注意事項：印旺不利財運和感情
	乙未年 32歲 (數值：55) E值：50.5　注意事項：注意財運感情變動
	丙申年 33歲 (數值：60) E值：54　注意事項：注意人際的影響
	大 運　辛未　(數值：35　)
流年	丁酉年 34歲 (數值：45) E值：44.5　注意事項：劫財桃花，感情婚姻變動
	戊戌年 35歲 (數值：65) E值：58.5　注意事項：穩定，貴人運旺
	己亥年 36歲 (數值：70) E值：62　注意事項：忙碌有壓力
	庚子年 37歲 (數值：30) E值：34　注意事項：偏財，注意感情變動
	辛丑年 38歲 (數值：45) E值：44.5　注意事項：正財，注意感情變動
	壬寅年 39歲 (數值：70) E值：62　注意事項：有壓力有展現
	癸卯年 40歲 (數值：65) E值：58.5　注意事項：注意健康
	甲辰年 41歲 (數值：80) E值：69　注意事項：穩定，有貴人
	乙巳年 42歲 (數值：60) E值：55　注意事項：有壓力
	丙午年 43歲 (數值：50) E值：48　注意事項：注意人際的影響

圖 33

從此圖表中可以發現，此人的感情大運走勢屬於越來越不穩定的現象，從己巳70，到庚午的30，及辛未的35，整體來說是越來越不穩定及不理想，但是還是要注意到某些流年的影響，當再次逢遇到庚辛出天干的流年，以及丙丁出天干的流年，明顯都出現偏低的數值，這也代表會有較大的變動現象，不管對此人來說是好或壞，總是要把握或是維持自己理想中的感情婚姻狀況，但如果此人在數值E較低的流年之前已婚，那很可能在逢到低E值時會再出現感情婚姻變動，這就要特別注意。而對丙日主男命來說，當出現庚辛財出天干的流年，也很可能是工作財運方面的變動，當然也可能財運與感情兩者都出現變動，也都無法排除可能性，所以在各方面都要多注意，總之偏低的E值很可能在男命的人生中出現比較大的變動或起落。

此命例當中有幾個數值落在50到60之間，雖然看起來都是高於50，當然都還算理想，但有些現象還是要了解和探討，像是壬癸流年，都是超過判斷值，但並不是太高分，看起來也可能會有其他狀況出現，或因其他方面的狀況影響到感情婚姻，雖不能說百分百就是感情方面的影響，但也無法排除可能性，不過當然還要看個人的狀況而定，因為即使同命盤的人，也不一定在同一年裡出現一模一樣的狀況。而當中有好幾個流年數值超過65，雖然在圖表中只是標示為穩定，事實上，這幾個流年對此人來說，其實相當的理想，也很可能不只是在感情桃花婚姻方面，其實在各方面的運勢上，也都會是相當理想的流年運勢，像是甲戌出天干的流年，除了運勢穩定之外，在工作事業方面也能有所發揮，相當順利。

《丁日主》

以下是丁日主男命，對大運和流年干支的基本現象判斷方式的介紹：

判斷一：當大運逢遇到比肩和劫財（丁丙），代表人際方面容易出現變動，雖不一定絕對會影響到感情婚姻，不過也不能排除可能性，尤其是比較旺的丙丁干支搭配，像是丙午、丙申、及丁未或丁巳……影響會比較弱的丙丁更明顯。而如果比劫的大運，再逢遇到正財或偏財（庚辛）出天干的流年，尤其是偏財辛，則在這幾個流年裡就容易出現感情或婚姻的變動。

判斷二：當大運逢遇到正財和偏財（庚辛），代表工作財運或是感情婚姻容易出現變動，雖不一定保證是感情會出狀況，但因為庚辛大運通常會是二十年，而當中也勢必會逢遇到丙丁或庚辛流年，所以至少就會有四或五次的起伏變動，也所以無法說一定不會是感情婚姻的變動，尤其是若流年又是逢到庚辛，則就要很注意到婚姻方面的狀況。

判斷三：當大運走得比較熱，但不是前面提到的丙丁或庚辛天干，而是夏運的甲午、乙未、壬午、癸未……因為是比較燥熱的組合，所以會讓丁日主比較忙碌不得閒，雖是屬於不錯的大運運勢，也通常運勢好的男命，但相對的感情婚姻也會出現更多的選擇，也或會因為事業順利，婚姻也比較無法穩定，尤其是當流年逢遇到正偏財庚辛，現象會更明顯。

判斷四：其實不管是走哪一個大運，六十干支不管哪個組合，當流年出現正財和偏財的庚辛，也都可能會有感情婚姻變動，雖然這個判斷比較概括，但這個範圍也可以當個參考值，畢竟還是有它的原理和可能性。當丁日主在流年逢遇到他的正財桃花，也就是庚午或庚子年，則出現感情婚姻的變動的機率就非常的高，所以若是已婚，那就要注意到婚姻方面的狀況，但若是未婚，其實很適合選擇進入婚姻，或開始新感情。

判斷五：當命盤搭配過於弱，也就是八字和大運的搭配組合會讓日主變過弱，或是逢遇官殺過旺，則在感情婚姻方面就容易被變動，因為自我比較弱的人，很多時候都是屬於被決定的類型，當另一半選擇感情婚姻變動時，這樣的人似乎也沒有其他的選擇，像是逢到金水旺的秋冬運，對丁日主來說，感情婚姻也容易變不穩定。

以上五個基本判斷，能準確的判斷出丁日主的感情婚姻狀況，但是或許對很多人來說，這樣的解釋似乎還是不太容易懂，尤其是對於未曾接觸過八字理論的人，可能是更無法進入狀況，所以感情流年E值的輔助印證就更重要。

對於丁日主來說，在判斷計算出的流年分數時，有幾項注意事項，接下來會加入範例來解說，如果我們已經計算出每個流年的感情婚姻分數，假設為E：

當E高於50，甚至比50高很多時，那表示此流年的感情婚姻狀況屬於穩定，當然越高分越理想，甚至可以解釋為越高分越好，不管是所遇的人或狀況都會是比較如意的狀況。

當E高於50，甚至比50高很多時，另一個現象也會是人際人緣相當好，尤其是流年出現地支「子」與「午」的各種類型桃花，對丁日主來說都會是不穩定的搭配，要注意各方面對感情婚姻的影響。

當E低於50，且甚至比50低很多時，那就明顯是感情婚姻狀況不穩定，很可能會出現一些變動的現象，甚至是明顯變動，尤其是逢遇到庚辛流年出天干。但要注意的是，所謂的感情變動，不只是分開或離婚，其實也包括了交往或是結婚，因為變動可以是分或合，應該解釋為目前的狀況出現變化，所以當你未婚或沒對象時，且逢遇到流年分數較低分，也可以是變成有對象或是結婚的選擇，但這些並不是好或壞的判斷，只是一個變動的現象。

當E低於50，且甚至比50低很多時，除了感情婚姻會有變動之外，可能是由於人際而引起，像是丙丁火的流年，甚可能會出現工作財務方面的狀況，特別是對男命來說，因為妻與財同論，所以也很可能出現錢財相關的變動，或是壬癸水的流年則要注意隨之而來的壓力。

當E值接近50，不管是高於或低於，還是有些許的變動性，其實無法完全排除變動的可能性，都還是需要去探討原理和原因，因為有時候當另一半的運勢較低時，就容易被影響到，或者被其他的原因所影響。

後面附錄有提供一個圖表，讀者可以用來填入個人的資料，及所計算出的流年數值，或是一些個人註解，以方便做為參考或是八字命盤原理對照。

・男命丁日主之一（丁卯日、丁未日、丁亥日）

《感情婚姻運的詳細解說》：丁日主天干所搭配一共有六組，因為地支的不同會影響到本命的旺弱，基本上地支影響比較大的部分，會是在個人個性特質上及感情運勢上，而其他的方面則地支的影響會較小些，不過若同是丁日主，因為地支卯未亥的桃花現象會比較類似，所以在這裡就把丁卯日、丁未日和丁亥日這三個日主一起來做解說。

月柱對日主的感情婚姻有基本的影響力，因為月柱是一般所謂的夫妻宮，而日主雖然有它一定的基本好壞高低排序，若再加入月柱的判斷之後，則可以看出一個命盤基本的感情婚姻水準。下面則要把各月柱對此三個日主的影響，和各月柱對此三日主的搭配做基本評分判斷，讓讀者從數值的內容對基本的感情好壞程度，有更清楚的了解，且能用數值去對照月柱的干支組合，也能更了解干支的影響現象。所以當丁卯日、丁未日和丁亥日主，對於月柱的各種干支搭配，它會產生的命盤基本感情高低現象，則代表此人的八字基本感情婚姻的水準，當然這個數值不能代表一切，也不能代表一輩子的感情現象，它只是一個基本的起點，如果要知道一生的感情起伏現象，以及一生的感情好壞走勢，就一定要搭配大運和流年，才能了解後天的影響和現象，也才會是比較準確的判斷。

當丁卯日、丁未日和丁亥日，逢到各月柱所產生的感情婚姻基本數值，以下圖表則是依據所有的月柱搭配，及所整理出的數值和解說，提供參考：（如圖34）

天干的地支搭配為「子」，像是甲子、丙子、戊子、庚子和壬子其實對丁卯日、丁未日和丁亥日三者來說，都是屬於桃花搭配，這也代表此人的八字基本搭配裡，本身的桃花就會比較多也比較明顯些，不過這是比較大方向的判斷，也不能完全就這樣單一判斷。

接下來要判斷更重要的部分，也就是大運和流年的感情運勢現象，因為這兩大部分才真正影響一生感情現象起落，而在這裡除了會用文字說明之外，當然也會提供感情婚姻數值，再加上簡單計算後，則能得到相當具參考價值的感情流年分數，可以讓讀者更容易了解和判別感情或婚姻現象。

筆者提供一個簡易的計算方式，能讓大家都可以更清楚的了解到，到底感情運勢的好與壞，以及

甲 寅 70	甲 辰 75	甲 午 60	甲 申 65	甲 戌 70	甲 子 80
乙 卯 75	乙 巳 70	乙 未 65	乙 酉 70	乙 亥 65	乙 丑 75
丙 寅 70	丙 辰 60	丙 午 50	丙 申 55	丙 戌 60	丙 子 80
丁 卯 65	丁 巳 55	丁 未 50	丁 酉 65	丁 亥 70	丁 丑 75
戊 寅 70	戊 辰 75	戊 午 60	戊 申 75	戊 戌 70	戊 子 85
己 卯 80	己 巳 70	己 未 65	己 酉 80	己 亥 75	己 丑 75
庚 寅 60	庚 辰 70	庚 午 65	庚 申 65	庚 戌 70	庚 子 80
辛 卯 65	辛 巳 60	辛 未 60	辛 酉 70	辛 亥 75	辛 丑 75
壬 寅 70	壬 辰 75	壬 午 65	壬 申 80	壬 戌 75	壬 子 85
癸 卯 70	癸 巳 65	癸 未 55	癸 酉 85	癸 亥 80	癸 丑 70
男命 丁卯 丁未 丁亥 之 月柱					

圖 34

如何去做判斷，且再加上詳細的範例解說，相信就能抓到重點。（如圖35）

感情婚姻分數計算的說明：

請先利用感情婚姻基本數值（月柱基本分）來做基礎，即先利用命盤裡的日主，依前一個圖表對照出月柱的分數，再依這個圖表（大運與流年）數值來做計算，在這裡的大運和流年都是使用同一圖表來判斷，而計算的公式如下列：

（月柱基本分X 0.1）+（大運數值X 0.2）+（流年數值 X 0.7）

計算出來的數值，其實就是代表流年的感情婚姻狀況，而就分數上來判斷，越高的分數代表此流年的感情婚姻現象越穩定，越低的分數則代表越不穩定。在這裡，並不是用分數的高低來做為好

甲 寅 75	甲 辰 85	甲 午 55	甲 申 80	甲 戌 70	甲 子 65
乙 卯 60	乙 巳 65	乙 未 60	乙 酉 60	乙 亥 75	乙 丑 70
丙 寅 60	丙 辰 65	丙 午 55	丙 申 65	丙 戌 60	丙 子 45
丁 卯 50	丁 巳 60	丁 未 55	丁 酉 50	丁 亥 55	丁 丑 50
戊 寅 70	戊 辰 75	戊 午 65	戊 申 80	戊 戌 75	戊 子 70
己 卯 65	己 巳 70	己 未 70	己 酉 30	己 亥 70	己 丑 75
庚 寅 30	庚 辰 35	庚 午 30	庚 申 25	庚 戌 30	庚 子 20
辛 卯 25	辛 巳 30	辛 未 35	辛 酉 30	辛 亥 40	辛 丑 45
壬 寅 75	壬 辰 80	壬 午 55	壬 申 80	壬 戌 70	壬 子 45
癸 卯 60	癸 巳 65	癸 未 60	癸 酉 70	癸 亥 75	癸 丑 65
男命 丁卯 丁未 丁亥 之 大運與流年					

圖 35

壞的判斷，因為流年的數值是一個穩定性的參考值，越穩定的感情婚姻現象分數就會越高，而越低的分數所代表的現象就是越不穩定。感情婚姻的好與壞，其實相當的主觀，或許相同狀況對不同的人來說，會是很不同的評語和感受，好或壞都是可能出現的結論，所以在這裡不用好壞來做評論，而是用「穩定」與「不穩定」來做為判斷標準，也會是更客觀更準確的分析方式。

以下是此類別的舉例說明：（如圖36）

這是一個丁未日主的男命，生於丁未月，大運是從戊申開始的順運，五歲起運，每十年逢到五就會換大運，現在就舉兩個流年感情婚姻計算過程，此人的月柱基本分為50，是屬於普通的分數水準，而如果要計算虛歲27歲的流

時柱	日柱(日主)	月柱	年柱	虛年	八字本命
46歲之後	31至45歲	16至30歲	1至15歲	歲限	
丙午	丁未	丁未	壬戌	四柱干支	

55歲至64歲	45歲至54歲	35歲至44歲	25歲至34歲	15歲至24歲	5歲至14歲	虛年歲限	大運
癸丑	壬子	辛亥	庚戌	己酉	戊申	干支	

30	29	28	27	26	25	24	23	22	21	20	19	18	17	16	15	14	13	12	11	10	9	8	7	6	5	4	3	2	1	虛歲	流年
辛卯	庚寅	己丑	戊子	丁亥	丙戌	乙酉	甲申	癸未	壬午	辛巳	庚辰	己卯	戊寅	丁丑	丙子	乙亥	甲戌	癸酉	壬申	辛未	庚午	己巳	戊辰	丁卯	丙寅	乙丑	甲子	癸亥	壬戌	干支	
60	59	58	57	56	55	54	53	52	51	50	49	48	47	46	45	44	43	42	41	40	39	38	37	36	35	34	33	32	31	虛歲	
辛酉	庚申	己未	戊午	丁巳	丙辰	乙卯	甲寅	癸丑	壬子	辛亥	庚戌	己酉	戊申	丁未	丙午	乙巳	甲辰	癸卯	壬寅	辛丑	庚子	己亥	戊戌	丁酉	丙申	乙未	甲午	癸巳	壬辰	干支	

圖 36

年E，則大運為庚戌（30分），流年戊子年（70分），代入公式得出的E為60，表示因為高於50且高很多，所以是相當穩定理想的感情狀況，從八字的十神角色來看，戊子對丁卯日來說相當理想，尤其是貴人運；如果要計算虛歲39歲的流年E，則大運為辛亥（40分），流年庚子年（20分），代入公式得出的E為27，因為低於50且低出許多，因為大運辛亥是相當旺的辛金，再加上流年庚子又是正財桃花年，所以很明顯感情婚姻，或是工作財運會有變動出現，像是結婚、離婚，交往、分手，換工作或投資變動都有可能，要多注意。

接下來的圖表就是計算過後所做的整理，一共是三個大運的三十個流年，是第兩個己酉運、第三個庚戌運和第四個辛亥運，以及圖表的範例說明。（如圖37）

	大運　己酉　(數值：55　)
流年	丙子年 15歲 (數值：45) E值：47.5　注意事項：劫財桃花，注意人際的影響
	丁丑年 16歲 (數值：50) E值：51　注意事項：注意人際的影響
	戊寅年 17歲 (數值：70) E值：65　注意事項：穩定
	己卯年 18歲 (數值：65) E值：61.5　注意事項：穩定
	庚辰年 19歲 (數值：35) E值：40.5　注意事項：正財，注意感情變動
	辛巳年 20歲 (數值：30) E值：37　注意事項：偏財，注意感情變動
	壬午年 21歲 (數值：55) E值：54.5　注意事項：忙碌，有壓力
	癸未年 22歲 (數值：60) E值：58　注意事項：工作財運變動
	甲申年 23歲 (數值：80) E值：72　注意事項：穩定，貴人運旺
	乙酉年 24歲 (數值：60) E值：58　注意事項：運勢不穩定
	大運　庚戌　(數值：30　)
流年	丙戌年 25歲 (數值：60) E值：53　注意事項：注意人際的影響
	丁亥年 26歲 (數值：55) E值：49.5　注意事項：注意人際的影響
	戊子年 27歲 (數值：70) E值：60　注意事項：傷官桃花，房地產運旺
	己丑年 28歲 (數值：75) E值：63.5　注意事項：穩定
	庚寅年 29歲 (數值：30) E值：32　注意事項：正財，注意感情變動
	辛卯年 30歲 (數值：25) E值：28.5　注意事項：偏財，注意感情變動
	壬辰年 31歲 (數值：80) E值：67　注意事項：穩定
	癸巳年 32歲 (數值：65) E值：56.5　注意事項：穩定有壓力
	甲午年 33歲 (數值：55) E值：49.5　注意事項：印旺不利財運和感情
	乙未年 34歲 (數值：60) E值：53　注意事項：注意財運感情變動
	大運　辛亥　(數值：40　)
流年	丙申年 35歲 (數值：65) E值：58.5　注意事項：注意人際的影響
	丁酉年 36歲 (數值：50) E值：48　注意事項：注意人際的影響
	戊戌年 37歲 (數值：75) E值：65.5　注意事項：穩定
	己亥年 38歲 (數值：70) E值：62　注意事項：穩定
	庚子年 39歲 (數值：20) E值：27　注意事項：正財桃花，注意感情變動
	辛丑年 40歲 (數值：45) E值：44.5　注意事項：偏財，注意感情變動
	壬寅年 41歲 (數值：75) E值：65.5　注意事項：穩定
	癸卯年 42歲 (數值：60) E值：55　注意事項：忙碌，有壓力
	甲辰年 43歲 (數值：85) E值：72.5　注意事項：穩定，有貴人
	乙巳年 44歲 (數值：65) E值：58.5　注意事項：有壓力

圖 37

從此圖表中可以發現，此人的感情大運走勢屬於越來越不穩定的現象，從己酉55，到庚戌的30，及辛亥的40，整體來說是越來越不穩定及不理想，但是還是要注意到某些流年的影響，當再次逢遇到庚辛出天干的流年，以及丙丁出天干的流年，明顯都出現偏低的數值，這也代表會有較大的變動現象，不管對此人來說是好或壞，總是要把握或是維持自己理想中的感情婚姻狀況，但如果此人在數值E較低的流年之前已婚，那很可能在逢到低E值時會再出現感情婚姻變動，這就要特別注意。而對丁日主男命來說，當出現庚辛財出天干的流年，也很可能是工作財運方面的變動，當然也可能財運與感情兩者都出現變動，也都無法排除可能性，所以在各方面都要多注意，總之偏低的E值很可能在男命的人生中出現比較大的變動或起落。

此命例當中有幾個數值落在50到60之間，雖然看起來都是高於50，當然都還算理想，但有些現象還是要了解和探討，像是壬癸流年，都是超過判斷值，但並不是太高分，看起來也可能會有其他狀況出現，或因其他方面的狀況影響到感情婚姻，雖不能說百分百就是感情方面的影響，但也無法排除可能性，不過當然還要看個人的狀況而定，因為即使同命盤的人，也不一定在同一年裡出現一模一樣的狀況。而當中有好幾個流年數值超過65，雖然在圖表中只是標示為穩定，事實上，這幾個流年對此人來說，其實相當的理想，也很可能不只是在感情桃花婚姻方面，其實在各方面的運勢上，也都會是相當理想的流年運勢，像是甲戌出天干的流年，除了運勢穩定之外，在各方面也能有所發揮。

・男命丁日主之二（丁巳日、丁酉日、丁丑日）

《感情婚姻運的詳細解說》：丁日主天干所搭配一共有六組，因為地支的不同會影響到本命的旺弱，基本上地支影響比較大的部分，會是在個人個性特質上及感情運勢上，而其他的方面則地支的影響會較小些，不過若同是丁日主，因為地支巳酉丑的桃花現象會比較類似，所以在這裡就把丁巳日、丁酉日和丁丑日這三個日主一起來做解說。

當丁巳日、丁酉日和丁丑日，逢到各月柱所產生的感情婚姻基本數值，以下圖表則是依據所有的月柱搭配，及所整理出的數值和解說，提供參考：（如圖38）

天干的地支搭配為「午」，像是甲午、丙午、戊午、庚午和壬午其實對丁巳日、丁酉日和丁丑日三者來說，都是屬於桃花搭配，這也代表此人的八字基本搭配裡，本身的桃花就會比較多也比較明顯些，不過這是比較大方向的判斷，也不能完全就這樣單一判斷。

接下來要判斷更重要的部分，也就是大運和流年的感情運勢現象，因為這兩大部分才真正影響一生感情現象起落，而在這裡除了會用文字說明之外，當然也會提供感情婚姻數值，再加上簡單計算後，則能得到相當具參考價值的感情流年分數，可以讓讀者更容易了解和判別感情或婚姻現象。

筆者提供一個簡易的計算方式，能讓大家都可以更清楚的了解到，到底感情運勢的好與壞，以及如何去做判斷，且再加上詳細的範例解說，相信就能抓到重點。（如圖39）

甲 寅 70	甲 辰 75	甲 午 75	甲 申 65	甲 戌 70	甲 子 70
乙 卯 75	乙 巳 70	乙 未 65	乙 酉 70	乙 亥 65	乙 丑 75
丙 寅 70	丙 辰 60	丙 午 60	丙 申 55	丙 戌 60	丙 子 70
丁 卯 65	丁 巳 55	丁 未 50	丁 酉 65	丁 亥 70	丁 丑 75
戊 寅 70	戊 辰 75	戊 午 70	戊 申 75	戊 戌 70	戊 子 80
己 卯 80	己 巳 70	己 未 65	己 酉 80	己 亥 75	己 丑 75
庚 寅 60	庚 辰 70	庚 午 75	庚 申 65	庚 戌 70	庚 子 70
辛 卯 65	辛 巳 60	辛 未 60	辛 酉 70	辛 亥 75	辛 丑 75
壬 寅 70	壬 辰 75	壬 午 75	壬 申 80	壬 戌 75	壬 子 75
癸 卯 70	癸 巳 65	癸 未 55	癸 酉 85	癸 亥 80	癸 丑 70
男命 丁巳 丁酉 丁丑 之 月柱					

圖 38

感情婚姻分數計算的說明：

請先利用感情婚姻基本數值（月柱基本分）來做基礎，即先利用命盤裡的日主，依前一個圖表對照出月柱的分數，再依這個圖表（大運與流年）數值來做計算，在這裡的大運和流年都是使用同一圖表來判斷，而計算的公式如下列：

（月柱基本分X 0.1）+（大運數值X 0.2）+（流年數值 X 0.7）

計算出來的數值，其實就是代表流年的感情婚姻狀況，而就分數上來判斷，越高的分數代表此流年的感情婚姻現象越穩定，越低的分數則代表越不穩定。在這裡，並不是用分數的高低來做為好壞的判斷，因為流年的數值是一個穩定性的參考值，越穩定的感情婚姻現象分數就會越高，而越低的分數所代表的現象就是越不穩定。感情婚姻的好與

甲 寅 75	甲 辰 85	甲 午 65	甲 申 80	甲 戌 70	甲 子 65
乙 卯 60	乙 巳 65	乙 未 60	乙 酉 60	乙 亥 75	乙 丑 70
丙 寅 60	丙 辰 65	丙 午 45	丙 申 65	丙 戌 60	丙 子 55
丁 卯 50	丁 巳 60	丁 未 55	丁 酉 50	丁 亥 55	丁 丑 50
戊 寅 70	戊 辰 75	戊 午 75	戊 申 80	戊 戌 75	戊 子 80
己 卯 65	己 巳 70	己 未 70	己 酉 30	己 亥 70	己 丑 75
庚 寅 30	庚 辰 35	庚 午 25	庚 申 25	庚 戌 30	庚 子 35
辛 卯 25	辛 巳 30	辛 未 35	辛 酉 30	辛 亥 40	辛 丑 45
壬 寅 75	壬 辰 80	壬 午 55	壬 申 80	壬 戌 70	壬 子 60
癸 卯 60	癸 巳 65	癸 未 60	癸 酉 70	癸 亥 75	癸 丑 65
男命 丁巳 丁酉 丁丑 之 大運與流年					

圖 39

壞，其實相當的主觀，或許相同狀況對不同的人來說，會是很不同的評語和感受，好或壞都是可能出現的結論，所以在這裡不用好壞來做評論，而是用「穩定」與「不穩定」來做為判斷標準，也會是更客觀更準確的分析方式。

以下是此類別的舉例說明：（如圖40）

這是一個丁酉日主的男命，生於癸未月，大運是從甲申開始的順運，五歲起運，每十年逢到五就會換大運，現在就舉兩個流年感情婚姻計算過程，此人的月柱基本分為55，是屬於普通的分數水準，而如果要計算虛歲32歲的流年E，則大運為丙戌（30分），流年辛卯年（25分），代入公式得出的E為35，表示因為低於50且低很多，因為大運丙戌是不穩定的劫財，再加上流年辛卯是偏財出天干，所以很明

時柱	日柱(日主)	月柱	年柱	虛年 歲限	八字本命
46歲之後	31至45歲	16至30歲	1至15歲		
丙 午	丁 酉	癸 未	庚 申	四干 柱支	

55歲至64歲	45歲至54歲	35歲至44歲	25歲至34歲	15歲至24歲	5歲至14歲	虛年 歲限	大運
己 丑	戊 子	丁 亥	丙 戌	乙 酉	甲 申	干 支	

30	29	28	27	26	25	24	23	22	21	20	19	18	17	16	15	14	13	12	11	10	9	8	7	6	5	4	3	2	1	虛歲	流年
己丑	戊子	丁亥	丙戌	乙酉	甲申	癸未	壬午	辛巳	庚辰	己卯	戊寅	丁丑	丙子	乙亥	甲戌	癸酉	壬申	辛未	庚午	己巳	戊辰	丁卯	丙寅	乙丑	甲子	癸亥	壬戌	辛酉	庚申	干支	
60	59	58	57	56	55	54	53	52	51	50	49	48	47	46	45	44	43	42	41	40	39	38	37	36	35	34	33	32	31	虛歲	
己未	戊午	丁巳	丙辰	乙卯	甲寅	癸丑	壬子	辛亥	庚戌	己酉	戊申	丁未	丙午	乙巳	甲辰	癸卯	壬寅	辛丑	庚子	己亥	戊戌	丁酉	丙申	乙未	甲午	癸巳	壬辰	辛卯	庚寅	干支	

圖40

顯感情婚姻，或是工作財運會有變動出現，像是結婚、離婚，交往、分手，換工作或投資變動都有可能，要多注意；如果要計算虛歲35歲的流年E，則大運為丁亥（55分），流年甲午年（65分），代入公式得出的E為62，因為高於50且高出許多，所以是屬於穩定的感情狀況，從八字的十神角色來看，甲午對丁酉日來說是正印桃花，所以貴人運會相當好，可能會讓各方面都受惠，當然也包括感情婚姻。

接下來的圖表就是計算過後所做的整理，一共是三個大運的三十個流年，是第兩個乙酉運、第三個丙戌運和第四個丁亥運，以及圖表的範例說明。（如圖41）

	大運　乙酉　(數值：60　)
流年	甲戌年 15歲 (數值：70) E值：66.5　注意事項：穩定
	乙亥年 16歲 (數值：75) E值：70　注意事項：穩定，有貴人
	丙子年 17歲 (數值：55) E值：56　注意事項：注意人際的影響
	丁丑年 18歲 (數值：50) E值：52.5　注意事項：注意人際的影響
	戊寅年 19歲 (數值：70) E值：66.5　注意事項：穩定
	己卯年 20歲 (數值：65) E值：63　注意事項：穩定，忙碌
	庚辰年 21歲 (數值：35) E值：42　注意事項：正財，注意感情變動
	辛巳年 22歲 (數值：30) E值：38.5　注意事項：偏財，注意感情變動
	壬午年 23歲 (數值：55) E值：56　注意事項：正官桃花，工作感情不穩定
	癸未年 24歲 (數值：60) E值：59.5　注意事項：忙碌，有壓力
	大運　丙戌　(數值：60　)
流年	甲申年 25歲 (數值：80) E值：73.5　注意事項：穩定，有貴人
	乙酉年 26歲 (數值：60) E值：59.5　注意事項：犯小人，注意感情不穩
	丙戌年 27歲 (數值：60) E值：59.5　注意事項：注意人際的影響
	丁亥年 28歲 (數值：55) E值：56　注意事項：注意人際的影響
	戊子年 29歲 (數值：80) E值：73.5　注意事項：穩定
	己丑年 30歲 (數值：75) E值：70　注意事項：穩定
	庚寅年 31歲 (數值：30) E值：38.5　注意事項：正財，注意感情變動
	辛卯年 32歲 (數值：25) E值：35　注意事項：偏財，注意感情變動
	壬辰年 33歲 (數值：80) E值：73.5　注意事項：穩定，有展現
	癸巳年 34歲 (數值：65) E值：63　注意事項：忙碌，有壓力
	大運　丁亥　(數值：55　)
流年	甲午年 35歲 (數值：65) E值：62　注意事項：正印桃花，有貴人
	乙未年 36歲 (數值：60) E值：58.5　注意事項：忙碌
	丙申年 37歲 (數值：65) E值：62　注意事項：注意人際的影響
	丁酉年 38歲 (數值：50) E值：51.5　注意事項：注意人際的影響
	戊戌年 39歲 (數值：75) E值：69　注意事項：穩定
	己亥年 40歲 (數值：70) E值：65.5　注意事項：穩定
	庚子年 41歲 (數值：35) E值：41　注意事項：正財，注意感情變動
	辛丑年 42歲 (數值：45) E值：48　注意事項：偏財，注意感情變動
	壬寅年 43歲 (數值：75) E值：69　注意事項：穩定，有貴人
	癸卯年 44歲 (數值：60) E值：58.5　注意事項：忙碌，有壓力

圖 41

從此圖表中可以發現，此人的感情大運走勢屬於還算穩定的現象，從乙酉60，到丙戌的60，及丁亥的55，整體來說是普通現象，所以某些流年的影響就會比較明顯，當逢遇到庚辛出天干的流年，以及丙丁出天干的流年，明顯都出現偏低或微低的數值，這也代表會出現變動現象，不管對此人來說是好或壞，總是要把握或是維持自己理想中的感情狀況，但如果此人在數值E較低的流年之前已婚，那很可能在逢到低E值時會再出現感情婚姻變動，這就要特別注意。而對丁日主男命來說，當出現庚辛財出天干的流年，也很可能是工作財運方面的變動，當然也可能財運與感情兩者都出現變動，也都無法排除可能性，所以在各方面都要多注意，總之偏低的E值很可能在男命的人生中出現比較大的變動或起落。

此命例當中有幾個數值落在50到60之間，雖然看起來都是高於50，當然都還算理想，但有些現象還是要了解和探討，像是壬癸……流年，都是超過判斷值，但並不是太高分，看起來也可能會有其他狀況出現，或因其他方面的狀況影響到感情婚姻，雖不能說百分百就是感情方面的影響，但也無法排除可能性，不過當然還要看個人的狀況而定，因為即使同命盤的人，也不一定在同一年裡出現一模一樣的狀況。而當中有好幾個流年數值超過65，雖然在圖表中只是標示為穩定，事實上，這幾個流年對此人來說，其實相當的理想，也很可能不只是在感情桃花婚姻方面，其實在各方面的運勢上，也都會是相當理想的流年運勢，像是甲乙戊出天干的流年，除了運勢穩定之外，在各方面都不錯。

《戊日主》

以下是戊日主男命，對大運和流年干支的基本現象判斷方式的介紹：

判斷一：當大運逢遇到比肩和劫財（戊己），代表人際方面容易出現變動，雖不一定絕對會影響到感情婚姻，不過也不能排除可能性，尤其是比較旺的戊己干支搭配，像是戊午、戊申及己未或己巳……影響會比較弱的戊己更明顯。而如果比劫的大運，再逢遇到正財或偏財（癸壬）出天干的流年，尤其是正財癸，則在這幾個流年裡就容易出現感情或婚姻的變動。

判斷二：當大運逢遇到正財和偏財（癸壬），代表工作財運或是感情婚姻容易出現變動，雖不一定保證是感情會出狀況，但因為壬癸大運通常會是二十年，而當中也勢必會逢遇到戊己或壬癸流年，所以至少就會有四或五次的起伏變動，也所以無法說一定不會是感情婚姻的變動，尤其是若流年又是逢到壬癸，則就要很注意到婚姻方面的狀況。

判斷三：當大運走得比較熱，但不是前面提到的戊己或壬癸天干，而是夏運的甲午、乙未、丙午、丁未……因為是比較燥熱的組合，所以會讓戊日主比較忙碌不得閒，雖是屬於不錯的大運運勢，也通常運勢好的男命，但相對的感情婚姻也會出現更多的選擇，也或會因為事業順利，婚姻也比較無法穩定，尤其是當流年逢遇到正偏財癸壬，現象會更明顯。

判斷四：其實不管是走哪一個大運，六十干支不管哪個組合，當流年出現正財和偏財的癸壬，也都可能會有感情婚姻變動，雖然這個判斷比較概括，但這個範圍也可以當個參考值，畢竟還是有它的原理和可能性。當戊日主在流年逢遇到他的正財桃花，也就是癸卯或癸酉年，則出現感情婚姻的變動的機率就非常的高，所以若是已婚，那就要注意到婚姻方面的狀況，但若是未婚，其實很適合選擇進入婚姻，或開始新感情。

判斷五：當命盤搭配過於弱，也就是八字和大運的搭配組合會讓日主變過弱，或是逢遇官殺過旺，則在感情婚姻方面就容易被變動，因為自我比較弱的人，很多時候都是屬於被決定的類型，當另一半選擇感情婚姻變動時，這樣的人似乎也沒有其他的選擇，像是逢到金水旺的秋冬運，對戊日主來說，感情婚姻也容易變不穩定。

以上五個基本判斷，能準確的判斷出戊日主的感情婚姻狀況，但是或許對很多人來說，這樣的解釋似乎還是不太容易懂，尤其是對於未曾接觸過八字理論的人，可能是更無法進入狀況，所以感情流年E值的輔助印證就更重要。

對戊日主來說，在判斷計算得出的流年分數時，有幾項注意事項，接下來會加入範例來解說，如果我們已經計算出每個流年的感情婚姻分數，假設為E：

當E高於50，甚至比50高很多時，那表示此流年的感情婚姻狀況屬於穩定，當然越高分越理想，甚至可以解釋為越高分越好，不管是所遇的人或狀況都會是比較如願的狀況。

當E高於50，甚至比50高很多時，另一個現象也會是人際人緣相當好，尤其是流年出現地支「卯」與「酉」的各種類型桃花，或是丙丁火出天干的流年，對戊日主來說都是不錯的搭配，貴人的現象會出現。

當E低於50，且甚至比50低很多時，那就明顯是感情婚姻狀況不穩定，很可能會出現一些變動的現象，甚至是明顯變動，尤其是逢遇到壬癸流年出天干。但要注意的是，所謂的感情變動，不只是分開或離婚，其實也包括了交往或是結婚，因為變動並不代表一定是分或合，應該解釋為目前的狀況出現變化，所以當你未婚或沒對象時，且逢遇到流年分數較低分，也可以是變成有對象或是結婚的選擇，但這些並不是好或壞的判斷，只是一個變動的現象。

當E低於50，且甚至比50低很多時，除了感情婚姻會有變動之外，可能是由於人際而引起，像是戊己的流年，甚可能會出現工作財務方面的狀況，特別是對男命來說，因為妻與財同論，所以也很可能出現錢財相關的變動，或是甲乙木的流年則要注意隨之而來的壓力。

當E值接近50，不管是高於或低於，還是有些許的變動性，其實無法完全排除變動的可能性，都還是需要去探討原理和原因，因為有時候當另一半的運勢較低時，就容易被影響到，或者被其他的原因所影響。

・男命戊日主之一（戊寅日、戊午日、戊戌日）

《感情婚姻運的詳細解說》：戊日主天干所搭配一共有六組，因為地支的不同會影響到本命的旺弱，基本上地支影響比較大的部分，會是在個人個性特質上及感情運勢上，而其他的方面則地支的影響會較小些，不過若同是戊日主，因為地支寅午戌的桃花現象會比較類似，所以在這裡就把戊寅日、戊午日和戊戌日這三個日主一起來做解說。

月柱對日主的感情婚姻有基本的影響力，因為月柱是一般所謂的夫妻宮，而日主雖然有它一定的基本好壞高低排序，若再加入月柱的判斷之後，則可以看出一個命盤基本的感情婚姻水準。下面則要把各月柱對此三個日主的影響，和各月柱對此三日主的搭配做基本評分判斷，讓讀者從數值的內容對基本的感情好壞程度，有更清楚的了解，且能用數值去對照月柱的干支組合，也能更了解干支的影響現象。所以當戊寅日、戊午日和戊戌日主，對於月柱的各種干支搭配，它會產生的命盤基本感情高低現象，則代表此人的八字基本感情婚姻的水準，當然這個數值不能代表一切，也不能代表一輩子的感情現象，它只是一個基本的起點，如果要知道一生的感情起伏現象，以及一生的感情好壞走勢，就一定要搭配大運和流年，才能了解後天的影響和現象，也才會是比較準確的判斷。

當戊寅日、戊午日、和戊戌日，逢到各月柱所產生的感情婚姻基本數值，以下圖表則是依據所有的月柱搭配，及所整理出的數值和解說，提供參考：（如圖42）

天干的地支搭配為「卯」，像是乙卯、丁卯、己卯、辛卯和癸卯其實對戊寅日、戊午日和戊戌日三者來說，都是屬於桃花搭配，這也代表此人的八字基本搭配裡，本身的桃花就會比較多也比較明顯些，不過這是比較大方向的判斷，也不能完全就這樣單一判斷。

接下來要判斷更重要的部分，也就是大運和流年的感情運勢現象，因為這兩大部分才真

正影響到一生感情現象起落，而在這裡除了會用文字說明之外，當然也會提供感情婚姻數值，再加上簡單計算後，則能得到相當具參考價值的感情流年分數，可以讓讀者更容易了解和判別感情或婚姻現象。

筆者提供一個簡易的計算方式，能讓大家都可以更清楚的了解到，到底感情運勢的好與壞，以及如何去做判斷，且再加上詳細的範例解說，相信就能抓到重點。（如圖43）

感情婚姻分數計算的說明：

請先利用感情婚姻基本數值（月柱基本分）來做基礎，即先利用命盤裡的日主，依前一個圖表對照出月柱的分數，再依這個圖表（大運與流年）數

甲 寅 80	甲 辰 85	甲 午 70	甲 申 75	甲 戌 80	甲 子 75
乙 卯 90	乙 巳 75	乙 未 65	乙 酉 70	乙 亥 75	乙 丑 65
丙 寅 80	丙 辰 70	丙 午 65	丙 申 70	丙 戌 75	丙 子 85
丁 卯 85	丁 巳 75	丁 未 60	丁 酉 75	丁 亥 70	丁 丑 80
戊 寅 55	戊 辰 60	戊 午 45	戊 申 55	戊 戌 60	戊 子 65
己 卯 65	己 巳 50	己 未 45	己 酉 50	己 亥 55	己 丑 60
庚 寅 65	庚 辰 75	庚 午 70	庚 申 75	庚 戌 75	庚 子 80
辛 卯 85	辛 巳 65	辛 未 60	辛 酉 75	辛 亥 75	辛 丑 80
壬 寅 50	壬 辰 65	壬 午 50	壬 申 75	壬 戌 70	壬 子 75
癸 卯 65	癸 巳 50	癸 未 45	癸 酉 70	癸 亥 75	癸 丑 70
男命 戊寅 戊午 戊戌 之 月柱					

圖 42

值來做計算，在這裡的大運和流年都是使用同一圖表來判斷，而計算的公式如下列：

（月柱基本分X 0.1）+（大運數值X 0.2）+（流年數值 X 0.7）

計算出來的數值，其實就是代表流年的感情婚姻狀況，而就分數上來判斷，越高的分數代表此流年的感情婚姻現象越穩定，越低的分數則代表越不穩定。在這裡，並不是用分數的高低來做為好壞的判斷，因為流年的數值是一個穩定性的參考值，越穩定的感情婚姻現象分數就會越高，而越低的分數所代表的現象就是越不穩定。感情婚姻的好與壞，其實相當的主觀，或許相同狀況對不同的人來說，會是很不同的評語和感受，好或壞都是可能出現的結論，所以在這裡不用好壞來做評論，而是用「穩定」與「不穩定」來做為判斷標準，也會是更客觀

甲 寅 65	甲 辰 80	甲 午 75	甲 申 70	甲 戌 65	甲 子 80
乙 卯 60	乙 巳 70	乙 未 70	乙 酉 65	乙 亥 60	乙 丑 70
丙 寅 65	丙 辰 80	丙 午 70	丙 申 75	丙 戌 70	丙 子 80
丁 卯 70	丁 巳 70	丁 未 65	丁 酉 60	丁 亥 75	丁 丑 85
戊 寅 50	戊 辰 60	戊 午 45	戊 申 50	戊 戌 60	戊 子 70
己 卯 45	己 巳 50	己 未 40	己 酉 50	己 亥 55	己 丑 50
庚 寅 70	庚 辰 85	庚 午 60	庚 申 65	庚 戌 70	庚 子 75
辛 卯 85	辛 巳 80	辛 未 75	辛 酉 70	辛 亥 80	辛 丑 70
壬 寅 40	壬 辰 45	壬 午 30	壬 申 45	壬 戌 40	壬 子 35
癸 卯 20	癸 巳 30	癸 未 25	癸 酉 40	癸 亥 35	癸 丑 30
男命 戊寅 戊午 戊戌 之 大運與流年					

圖 43

更準確的分析方式。

以下是此類別的舉例說明：（如圖44）

這是一個戊戌日主的男命，生於壬寅月，大運是從辛丑開始的逆運，兩歲起運，每十年逢到二就會換大運，現在就舉兩個流年感情婚姻計算過程，此人的月柱基本分為50，是屬於普通的分數水準，而如果要計算虛歲23歲的流年E，則大運為己亥（55分），流年己卯年（45分），代入公式得出的E為47.5，表示因為低於50但沒有低很多，因為大運己亥是相當弱的劫財，再加上流年己卯還是不穩定的劫財，所以很容易會因為人際或朋友影響到各方面運勢，也不能排除是感情婚姻或是工作財運；如果要計算虛歲37歲的流年E，則大運為戊戌（60分），流年癸巳年（30分），代入公

時柱	日柱(日主)	月柱	年柱	虛年	八字本命
46歲之後	31至45歲	16至30歲	1至15歲	歲限	
辛 酉	戊 戌	壬 寅	丁 巳	四干 柱支	

52歲至61歲	42歲至51歲	32歲至41歲	22歲至31歲	12歲至21歲	2歲至11歲	虛年 歲限	大運
丙 申	丁 酉	戊 戌	己 亥	庚 子	辛 丑	干 支	

30	29	28	27	26	25	24	23	22	21	20	19	18	17	16	15	14	13	12	11	10	9	8	7	6	5	4	3	2	1	虛歲	流年
丙戌	乙酉	甲申	癸未	壬午	辛巳	庚辰	己卯	戊寅	丁丑	丙子	乙亥	甲戌	癸酉	壬申	辛未	庚午	己巳	戊辰	丁卯	丙寅	乙丑	甲子	癸亥	壬戌	辛酉	庚申	己未	戊午	丁巳	干支	
60	59	58	57	56	55	54	53	52	51	50	49	48	47	46	45	44	43	42	41	40	39	38	37	36	35	34	33	32	31	虛歲	
丙辰	乙卯	甲寅	癸丑	壬子	辛亥	庚戌	己酉	戊申	丁未	丙午	乙巳	甲辰	癸卯	壬寅	辛丑	庚子	己亥	戊戌	丁酉	丙申	乙未	甲午	癸巳	壬辰	辛卯	庚寅	己丑	戊子	丁亥	干支	

圖 44

式得出的E為38，因為低於50且低出許多，所以是屬於不穩定的感情狀況，從八字的十神角色來看，癸巳對戊戌日來說是正財出天干，所以明顯會出現感情方面的不穩定，也要注意因為比肩所引起的狀況，或是工作財運變動。

接下來的圖表就是計算過後所做的整理，一共是三個大運的三十個流年，是第兩個庚子運、第三個己亥運和第四個戊戌運，以及圖表的範例說明。（如圖45）

	大運　庚子　(數值：75　)
流年	戊辰年 12歲 (數值：60) E值：62　注意事項：注意人際的影響
	己巳年 13歲 (數值：50) E值：55　注意事項：注意人際的影響
	庚午年 14歲 (數值：60) E值：62　注意事項：穩定
	辛未年 15歲 (數值：75) E值：72.5　注意事項：穩定
	壬申年 16歲 (數值：45) E值：51.5　注意事項：偏財，注意感情變動
	癸酉年 17歲 (數值：40) E值：48　注意事項：正財，注意感情變動
	甲戌年 18歲 (數值：65) E值：65.5　注意事項：有壓力
	乙亥年 19歲 (數值：60) E值：62　注意事項：忙碌
	丙子年 20歲 (數值：80) E值：76　注意事項：穩定，有貴人
	丁丑年 21歲 (數值：85) E值：79.5　注意事項：穩定
	大運　己亥　(數值：55　)
流年	戊寅年 22歲 (數值：50) E值：51　注意事項：注意人際的影響
	己卯年 23歲 (數值：45) E值：47.5　注意事項：犯小人，注意感情不穩
	庚辰年 24歲 (數值：85) E值：75.5　注意事項：穩定
	辛巳年 25歲 (數值：80) E值：72　注意事項：穩定
	壬午年 26歲 (數值：30) E值：37　注意事項：偏財，注意感情變動
	癸未年 27歲 (數值：25) E值：33.5　注意事項：正財，注意感情變動
	甲申年 28歲 (數值：70) E值：65　注意事項：忙碌，有展現
	乙酉年 29歲 (數值：65) E值：61.5　注意事項：穩定
	丙戌年 30歲 (數值：70) E值：65　注意事項：穩定
	丁亥年 31歲 (數值：75) E值：68.5　注意事項：忙碌，有貴人
	大運　戊戌　(數值：60　)
流年	戊子年 32歲 (數值：70) E值：66　注意事項：注意人際的影響
	己丑年 33歲 (數值：50) E值：52　注意事項：注意人際的影響
	庚寅年 34歲 (數值：70) E值：66　注意事項：穩定
	辛卯年 35歲 (數值：85) E值：76.5　注意事項：傷官桃花，房地產運旺
	壬辰年 36歲 (數值：45) E值：48.5　注意事項：偏財，注意感情變動
	癸巳年 37歲 (數值：30) E值：38　注意事項：正財，注意感情變動
	甲午年 38歲 (數值：75) E值：69.5　注意事項：有壓力，忙碌
	乙未年 39歲 (數值：70) E值：66　注意事項：有展現
	丙申年 40歲 (數值：75) E值：69.5　注意事項：穩定，有貴人
	丁酉年 41歲 (數值：60) E值：59　注意事項：穩定

圖 45

從此圖表中可以發現，此人的感情大運走勢屬於雖有變動但有一定水準的現象，從庚子75，到己亥55，及戊戌60，整體來說是還不錯的現象，但某些流年的影響就會比較明顯，當逢遇到壬癸出天干的流年，以及戊己出天干的流年，明顯都出現偏低或微低的數值，這也代表會出現變動現象，不管對此人來說是好或壞，總是要把握或是維持自己理想中的感情婚姻狀況，但如果此人在數值E較低的流年之前已婚，那很可能在逢到低E值時會再出現感情婚姻變動，這就要特別注意。而對戊日主男命來說，當出現壬癸財出天干的流年，也很可能是工作財運方面的變動，當然也可能財運與感情兩者都出現變動，也都無法排除可能性，所以在各方面都要多注意，總之偏低的E值很可能在男命的人生中出現比較大的變動或起落。

此命例當中有幾個數值落在50到60之間，雖然看起來都是高於50，當然都還算理想，但有些現象還是要了解和探討，像是甲乙……流年，都是超過判斷值，但並不是太高分，看起來也可能會有其他狀況出現，或因其他方面的狀況影響到感情婚姻，雖不能說百分百就是感情方面的影響，但也無法排除可能性，不過當然還要看個人的狀況而定，因為即使同命盤的人，也不一定在同一年裡出現一模一樣的狀況。而當中有好幾個流年數值超過70，雖然在圖表中只是標示為穩定，事實上，這幾個流年對此人來說，其實相當的理想，也很可能不只是

在感情桃花婚姻方面，其實在各方面的運勢上，也都會是相當理想的流年運勢，像是庚辛出天干的流年，除了能有所發揮之外，在投資或不動產方面也會不錯。

‧男命戊日主之二（戊辰日、戊申日、戊子日）

《感情婚姻運的詳細解說》：戊日主天干所搭配一共有六組，因為地支的不同會影響到本命的旺弱，基本上地支影響比較大的部分，會是在個人個性特質上及感情運勢上，而其他的方面則地支的影響會較小些，不過若同是戊日主，因為地支辰申子的桃花現象會比較類似，所以在這裡就把戊辰日、戊申日和戊子日這三個日主一起來做解說。

當戊辰日、戊申日和戊子日，逢到各月柱所產生的感情婚姻基本數值，以下圖表則是依據所有的月柱搭配，及所整理出的數值和解說，提供參考：（如圖46）

天干的地支搭配為「酉」，像是乙酉、丁酉、己酉、辛酉和癸酉其實對戊辰日、戊申日和戊子日三者來說，都是屬於桃花搭配，這也代表此人的八字基本搭配裡，本身的桃花就會比較多也比較明顯些，不過這是比較大方向的判斷，也不能完全就這樣單一判斷。

接下來要判斷更重要的部分，也就是大運和流年的感情運勢現象，因為這兩大部分才真正影響到一生感情現象起落，而在這裡除了會用文字說明之外，當然也會提供感情婚姻數值，再加上簡單計算後，則能得到相當具參考價值的感情流年分數，可以讓讀者更容易了解和判別感情或婚姻現象。

筆者提供一個簡易的計算方式，能讓大家都可以更清楚的了解到，到底感情運勢的好與壞，以及如何去做判斷，且再加上詳細的範例解說，相信就能抓到重點。（如圖47）

感情婚姻分數計算的說明：

請先利用感情婚姻基本數值（月柱基本分）來做基礎，即先利用命盤裡的日主，依前一個圖表對

甲 寅 80	甲 辰 85	甲 午 70	甲 申 75	甲 戌 80	甲 子 75
乙 卯 70	乙 巳 75	乙 未 65	乙 酉 80	乙 亥 75	乙 丑 65
丙 寅 80	丙 辰 70	丙 午 65	丙 申 70	丙 戌 75	丙 子 85
丁 卯 75	丁 巳 75	丁 未 60	丁 酉 85	丁 亥 70	丁 丑 80
戊 寅 55	戊 辰 60	戊 午 45	戊 申 55	戊 戌 60	戊 子 65
己 卯 50	己 巳 50	己 未 45	己 酉 60	己 亥 55	己 丑 60
庚 寅 65	庚 辰 75	庚 午 70	庚 申 75	庚 戌 75	庚 子 80
辛 卯 70	辛 巳 65	辛 未 60	辛 酉 85	辛 亥 75	辛 丑 80
壬 寅 50	壬 辰 65	壬 午 50	壬 申 75	壬 戌 70	壬 子 75
癸 卯 55	癸 巳 50	癸 未 45	癸 酉 80	癸 亥 75	癸 丑 70
男命 戊辰 戊申 戊子 之 月柱					

圖 46

照出月柱的分數，再依這個圖表（大運與流年）數值來做計算，在這裡的大運和流年都是使用同一圖表來判斷，而計算的公式如下列：

（月柱基本分Ｘ0.1）＋（大運數值Ｘ0.2）＋（流年數值 Ｘ0.7）

計算出來的數值，其實就是代表流年的感情婚姻狀況，而就分數上來判斷，越高的分數代表此流年的感情婚姻現象越穩定，越低的分數則代表越不穩定。在這裡，並不是用分數的高低來做為好壞的判斷，因為流年的數值是一個穩定性的參考值，越穩定的感情婚姻現象分數就會越高，而越低的分數所代表的現象就是越不穩定。感情婚姻的好與壞，其實相當的主觀，或許相同狀況對不同的人來說，會是很不同的評語和感受，好或壞都是可能出現的結論，所以在這裡不用好壞來做評論，而是用「穩

甲 寅 60	甲 辰 75	甲 午 75	甲 申 80	甲 戌 65	甲 子 80
乙 卯 55	乙 巳 70	乙 未 70	乙 酉 65	乙 亥 60	乙 丑 70
丙 寅 65	丙 辰 80	丙 午 70	丙 申 75	丙 戌 70	丙 子 80
丁 卯 75	丁 巳 70	丁 未 65	丁 酉 70	丁 亥 75	丁 丑 85
戊 寅 50	戊 辰 60	戊 午 45	戊 申 50	戊 戌 60	戊 子 70
己 卯 60	己 巳 50	己 未 40	己 酉 45	己 亥 55	己 丑 50
庚 寅 70	庚 辰 85	庚 午 60	庚 申 65	庚 戌 70	庚 子 75
辛 卯 80	辛 巳 80	辛 未 75	辛 酉 80	辛 亥 80	辛 丑 70
壬 寅 40	壬 辰 45	壬 午 30	壬 申 45	壬 戌 40	壬 子 35
癸 卯 25	癸 巳 30	癸 未 25	癸 酉 30	癸 亥 40	癸 丑 30
男命 戊辰 戊申 戊子 之 大運與流年					

圖 47

定」與「不穩定」來做為判斷標準，也會是更客觀更準確的分析方式。

以下是此類別的舉例說明：（如圖48）

這是一個戊辰日主的男命，生於丁卯月，大運是從丙寅開始的逆運，九歲起運，每十年逢到九就會換大運，現在就舉兩個流年感情婚姻計算過程，此人的月柱基本分為50，是屬於普通的分數水準，而如果要計算虛歲25歲的流年E，則大運為乙丑（70分），流年癸卯年（25分），代入公式得出的E為39，表示因為低於50但沒有低很多，因為大運乙丑是相當弱的正官，再加上流年癸卯是偏弱的正財，所以明顯會有變動出現，可能是感情婚姻或是工作財運的變動；如果要計

時柱	日柱(日主)	月柱	年柱	虛年歲限	八字本命
46歲之後	31至45歲	16至30歲	1至15歲		
壬子	戊辰	丁卯	己卯	四柱干支	

59歲至68歲	49歲至58歲	39歲至48歲	29歲至38歲	19歲至28歲	9歲至18歲	虛年歲限	大運
辛酉	壬戌	癸亥	甲子	乙丑	丙寅	干支	

30	29	28	27	26	25	24	23	22	21	20	19	18	17	16	15	14	13	12	11	10	9	8	7	6	5	4	3	2	1	虛歲	流年
戊申	丁未	丙午	乙巳	甲辰	癸卯	壬寅	辛丑	庚子	己亥	戊戌	丁酉	丙申	乙未	甲午	癸巳	壬辰	辛卯	庚寅	己丑	戊子	丁亥	丙戌	乙酉	甲申	癸未	壬午	辛巳	庚辰	己卯	干支	
60	59	58	57	56	55	54	53	52	51	50	49	48	47	46	45	44	43	42	41	40	39	38	37	36	35	34	33	32	31	虛歲	
戊寅	丁丑	丙子	乙亥	甲戌	癸酉	壬申	辛未	庚午	己巳	戊辰	丁卯	丙寅	乙丑	甲子	癸亥	壬戌	辛酉	庚申	己未	戊午	丁巳	丙辰	乙卯	甲寅	癸丑	壬子	辛亥	庚戌	己酉	干支	

圖48

算虛歲38歲的流年E，則大運為甲子（80分），流年丙辰年（80分），代入公式得出的E為79.5，因為高於50且高出許多，所以是屬於相當理想的運勢狀況，從八字的十神角色來看，丙辰對戊子日來說是相當好的偏印，貴人運相當理想，除了感情方面穩定，各方面也會不錯。

接下來的圖表就是計算過後所做的整理，一共是三個大運的三十個流年，是第兩個乙丑運、第三個甲子運和第四個癸亥運，以及圖表的範例說明。（如圖49）

	大 運　乙丑　(數值：70　)
流年	丁酉年 19歲 (數值：70) E值：70.5　注意事項：穩定，有貴人
	戊戌年 20歲 (數值：60) E值：63.5　注意事項：注意人際的影響
	己亥年 21歲 (數值：55) E值：60　注意事項：注意人際的影響
	庚子年 22歲 (數值：75) E值：74　注意事項：穩定
	辛丑年 23歲 (數值：70) E值：70.5　注意事項：穩定
	壬寅年 24歲 (數值：40) E值：49.5　注意事項：偏財，注意感情變動
	癸卯年 25歲 (數值：25) E值：39　注意事項：正財，注意感情變動
	甲辰年 26歲 (數值：75) E值：74　注意事項：有壓力，有展現
	乙巳年 27歲 (數值：70) E值：70.5　注意事項：忙碌
	丙午年 28歲 (數值：70) E值：70.5　注意事項：穩定，有貴人
	大 運　甲子　(數值：80　)
流年	丁未年 29歲 (數值：65) E值：69　注意事項：穩定
	戊申年 30歲 (數值：50) E值：58.5　注意事項：注意人際的影響
	己酉年 31歲 (數值：45) E值：55　注意事項：犯小人，注意感情不穩
	庚戌年 32歲 (數值：70) E值：72.5　注意事項：穩定
	辛亥年 33歲 (數值：80) E值：79.5　注意事項：穩定
	壬子年 34歲 (數值：35) E值：48　注意事項：偏財，注意感情變動
	癸丑年 35歲 (數值：30) E值：44.5　注意事項：正財，注意感情變動
	甲寅年 36歲 (數值：60) E值：65.5　注意事項：忙碌，有展現
	乙卯年 37歲 (數值：55) E值：62　注意事項：穩定，有壓力
	丙辰年 38歲 (數值：80) E值：79.5　注意事項：穩定
	大 運　癸亥　(數值：70　)
流年	丁巳年 39歲 (數值：70) E值：70.5　注意事項：穩定
	戊午年 40歲 (數值：45) E值：53　注意事項：注意人際的影響
	己未年 41歲 (數值：40) E值：49.5　注意事項：注意人際的影響
	庚申年 42歲 (數值：65) E值：67　注意事項：穩定
	辛酉年 43歲 (數值：80) E值：77.5　注意事項：傷官桃花，房地產運旺
	壬戌年 44歲 (數值：40) E值：49.5　注意事項：偏財，注意感情變動
	癸亥年 45歲 (數值：40) E值：49.5　注意事項：正財，注意感情變動
	甲子年 46歲 (數值：80) E值：77.5　注意事項：有壓力，忙碌
	乙丑年 47歲 (數值：70) E值：70.5　注意事項：有展現
	丙寅年 48歲 (數值：65) E值：67　注意事項：穩定，有貴人

圖 49

從此圖表中可以發現，此人的感情大運走勢屬於相當穩定且有一定水準的現象，從乙丑70，到甲子80，及癸亥70，整體來說是很不錯的現象，但還是要注意某些流年出現的影響，當逢遇到壬癸出天干的流年，以及戊己出天干的流年，明顯都出現偏低或微低的數值，這也代表會出現變動現象，不管對此人來說是好或壞，總是要把握或是維持自己理想中的感情婚姻狀況，但如果此人在數值E較低的流年之前已婚，那很可能在逢到低E值時會再出現感情婚姻變動，這就要特別注意。而對戊日主男命來說，當出現壬癸財出天干的流年，也很可能是工作財運方面的變動，當然也可能財運與感情兩者都出現變動，也都無法排除可能性，所以在各方面都要多注意，總之偏低的E值很可能在男命的人生中出現比較大的變動或起落。

此命例當中有幾個數值落在50到60之間，雖然看起來都是高於50，當然都還算理想，但有些現象還是要了解和探討，像是甲乙……流年，都是超過判斷值，但並不是太高分，看起來也可能會有其他狀況出現，或因其他方面的狀況影響到感情婚姻，雖不能說百分百就是感情方面的影響，但也無法排除可能性，不過當然還要看個人的狀況而定，因為即使同命盤的人，也不一定在同一年裡出現一模一樣的狀況。而當中有好幾個流年數值超過70，雖然在圖表中只是標示為穩定，事實上，這幾個流年對此人來說，其實相當的理想，也很可能不只是

在感情桃花婚姻方面，其實在各方面的運勢上，也都會是相當理想的流年運勢，除了能有所發揮之外，各方面亦很可能心想事成。

《己日主》

以下是己日主男命，對大運和流年干支的基本現象判斷方式的介紹：

判斷一：當大運逢遇到比肩和劫財（己戊），代表人際方面容易出現變動，雖不一定絕對會影響到感情婚姻，不過也不能排除可能性，尤其是比較旺的戊己干支搭配，像是己未、己酉、及己未或己巳……影響會比弱的戊己更明顯。而如果比劫的大運，再逢遇到正財或偏財（壬癸）出天干的流年，尤其是偏財癸，則在這幾個流年裡就容易出現感情或婚姻的變動。

判斷二：當大運逢遇到正財和偏財（壬癸），代表工作財運或是感情婚姻容易出現變動，雖不一定保證是感情會出狀況，但因為壬癸大運通常會是二十年，而當中也勢必會逢遇到戊己或壬癸流年，所以至少就會有四或五次的起伏變動，也所以無法說一定不會是感情婚姻的變動，尤其是若流年又是逢到壬癸，則就要很注意到婚姻方面的狀況。

判斷三：當大運走得比較熱，但不是前面提到的戊己或壬癸天干，而是夏運的甲午、乙未、丙午、丁未……因為是比較燥熱的組合，所以會讓己日主比較忙碌不得閒，雖是屬於不錯的大運運勢，也通常運勢好的男命，但相對的感情婚姻也會出現更多的選擇，也或會因為事業順利，婚姻也比較無法穩定，尤其是當流年逢遇到正偏財癸壬，現象會更明顯。

判斷四：其實不管是走哪一個大運，六十干支不管哪個組合，當流年出現正財和偏財的壬癸，也都可能會有感情婚姻變動，雖然這個判斷比較概括，但這個範圍也可以當個參考值，畢竟還是有它的原理和可能性。當己日主在流年逢遇到他的正財桃花，也就是壬午或壬子年，則出現感情婚姻的變動的機率就非常的高，所以若是已婚，那就要注意到婚姻方面的狀況，但若是未婚，其實很適合選擇進入婚姻，或開始新感情。

判斷五：當命盤搭配過於弱，也就是八字和大運的搭配組合會讓日主變過弱，或是逢遇官殺過旺，則在感情婚姻方面就容易被變動，因為自我比較弱的人，很多時候都是屬於被決定的類型，當另一半選擇感情婚姻變動時，這樣的人似乎也沒有其他的選擇，像是逢到金水旺的秋冬運，對己日主來說，感情婚姻也容易變不穩定。

以上五個基本判斷，能準確的判斷出己日主的感情婚姻狀況，但是或許對很多人來說，這樣的解釋似乎還是不太容易懂，尤其是對於未曾接觸過八字理論的人，可能是更無法進入狀況，所以感情流年E值的輔助印證就更重要。

對己日主來說，在判斷計算得出的流年分數時，有幾項注意事項，接下來會加入範例來解說，如果我們已經計算出每個流年的感情婚姻分數，假設為E：

當E高於50，甚至比50高很多時，那表示此流年的感情婚姻狀況屬於穩定，當然越高分越理想，甚至可以解釋為越高分越好，不管是所遇的人或狀況都會是比較如願的狀況。

當E高於50，甚至比50高很多時，另一個現象也會是人際人緣相當好，尤其是流年出現地支「午」與「子」的各種類型桃花，或是丙火出天干的流年，對己日主來說都是不錯的搭配，貴人的現象會出現。

當E低於50，且甚至比50低很多時，那就明顯是感情婚姻狀況不穩定，很可能會出現一些變動的現象，甚至是明顯變動，尤其是逢遇到壬癸流年出天干。但要注意的是，所謂的感情變動，不只是分開或離婚，其實也包括了交往或是結婚，因為變動並不代表一定是分或合，應該解釋為目前的狀況出現變化，所以當你未婚或沒對象時，且逢遇到流年分數較低分，也可以是變成有對象或是結婚的選擇，但這些並不是好或壞的判斷，只是一個變動的現象。

當E低於50，且甚至比50低很多時，除了感情婚姻會有變動之外，可能是由於人際而引起，像是戊己的流年，甚可能會出現工作財務方面的狀況，特別是對男命來說，因為妻與財同論，所以也很可能出現錢財相關的變動，或是甲乙木的流年則要注意隨之而來的壓力。

當E值接近50，不管是高於或低於，還是有些許的變動性，其實無法完全排除變動的可能性，都還是需要去探討原理和原因，因為有時候當另一半的運勢較低時，就容易被影響到，或者被其他的原因所影響。

・男命己日主之一（己卯日、己未日、己亥日）

《感情婚姻運的詳細解說》：己日主天干所搭配一共有六組，因為地支的不同會影響到本命的旺弱，基本上地支影響比較大的部分，會是在個人個性特質上及感情運勢上，而其他的方面則地支的影響會較小些，不過若同是己日主，因為地支卯未亥的桃花現象會比較類似，所以在這裡就把己卯日、己未日和己亥日這三個日主一起來做解說。

月柱對日主的感情婚姻有基本的影響力，因為月柱是一般所謂的夫妻宮，而日主雖然有它一定的基本好壞高低排序，若再加入月柱的判斷之後，則可以看出一個命盤基本的感情婚姻水準。下面則要把各月柱對此三個日主的影響，和各月柱對此三日主的搭配做基本評分判斷，讓讀者從數值的內容對基本的感情好壞程度，有更清楚的了解，且能用數值去對照月柱的干支組合，也能更了解干支的影響現象。所以當己卯日、己未日和己亥日主，對於月柱的各種干支搭配，它會產生的命盤基本感情高低現象，則代表此人的八字基本感情婚姻的水準，當然這個數值不能代表一切，也不能代表一輩子的感情現象，它只是一個基本的起點，如果要知道一生的感情起伏現象，以及一生的感情好壞走勢，就一定要搭配大運和流年，才能了解後天的影響和現象，也才會是比較準確的判斷。

當己卯日、己未日和己亥日，逢到各月柱所產生的感情婚姻基本數值，以下圖表則是依據所有的月柱搭配，及所整理出的數值和解說，提供參考：（如圖50）

天干的地支搭配為「子」，像是甲子、丙子、戊子、庚子和壬子其實對己卯日、己未日和己亥日三者來說，都是屬於桃花搭配，這也代表此人的八字基本搭配裡，本身的桃花就會比較多也比較明顯些，不過這是比較大方向的判斷，也不能完全就這樣單一判斷。

接下來要判斷更重要的部分，也就是大運和流年的感情運勢現象，因為這兩大部分才真

正影響到一生感情現象起落，而在這裡除了會用文字說明之外，當然也會提供感情婚姻數值，再加上簡單計算後，則能得到相當具參考價值的感情流年分數，可以讓讀者更容易了解和判別感情或婚姻現象。

筆者提供一個簡易的計算方式，能讓大家都可以更清楚的了解到，到底感情運勢的好與壞，以及如何去做判斷，且再加上詳細的範例解說，相信就能抓到重點。（如圖51）

感情婚姻分數計算的說明：

請先利用感情婚姻基本數值（月柱基本分）來做基礎，即先利用命盤裡的日主，依前一個圖表對照出月柱的分數，再依這個圖表（大運與流年）數

甲 寅 75	甲 辰 80	甲 午 85	甲 申 90	甲 戌 85	甲 子 90
乙 卯 70	乙 巳 75	乙 未 80	乙 酉 70	乙 亥 65	乙 丑 60
丙 寅 75	丙 辰 70	丙 午 65	丙 申 70	丙 戌 75	丙 子 90
丁 卯 80	丁 巳 75	丁 未 70	丁 酉 80	丁 亥 70	丁 丑 75
戊 寅 55	戊 辰 60	戊 午 45	戊 申 50	戊 戌 45	戊 子 60
己 卯 50	己 巳 55	己 未 45	己 酉 50	己 亥 60	己 丑 65
庚 寅 70	庚 辰 75	庚 午 65	庚 申 70	庚 戌 75	庚 子 85
辛 卯 80	辛 巳 70	辛 未 75	辛 酉 70	辛 亥 80	辛 丑 75
壬 寅 80	壬 辰 75	壬 午 60	壬 申 70	壬 戌 65	壬 子 70
癸 卯 60	癸 巳 50	癸 未 55	癸 酉 80	癸 亥 70	癸 丑 65
男命 己卯 己未 己亥 之 月柱					

圖 50

值來做計算，在這裡的大運和流年都是使用同一圖表來判斷，而計算的公式如下列：

（月柱基本分Ｘ 0.1）＋（大運數值Ｘ 0.2）＋（流年數值 Ｘ 0.7）

計算出來的數值，其實就是代表流年的感情婚姻狀況，而就分數上來判斷，越高的分數代表此流年的感情婚姻現象越穩定，越低的分數則代表越不穩定。在這裡，並不是用分數的高低來做為好壞的判斷，因為流年的數值是一個穩定性的參考值，越穩定的感情婚姻現象分數就會越高，而越低的分數所代表的現象就是越不穩定。感情婚姻的好與壞，其實相當的主觀，或許相同狀況對不同的人來說，會是很不同的評語和感受，好或壞都是可能出現的結論，所以在這裡不用好壞來做評論，而是用「穩定」與「不穩定」來做為判斷標準，也會是更客觀

甲 寅 65	甲 辰 75	甲 午 70	甲 申 65	甲 戌 60	甲 子 55
乙 卯 55	乙 巳 65	乙 未 65	乙 酉 55	乙 亥 50	乙 丑 60
丙 寅 65	丙 辰 80	丙 午 70	丙 申 75	丙 戌 70	丙 子 50
丁 卯 70	丁 巳 75	丁 未 65	丁 酉 70	丁 亥 65	丁 丑 60
戊 寅 55	戊 辰 60	戊 午 45	戊 申 50	戊 戌 55	戊 子 40
己 卯 40	己 巳 45	己 未 40	己 酉 45	己 亥 60	己 丑 55
庚 寅 55	庚 辰 75	庚 午 60	庚 申 70	庚 戌 65	庚 子 60
辛 卯 65	辛 巳 65	辛 未 55	辛 酉 45	辛 亥 60	辛 丑 50
壬 寅 40	壬 辰 45	壬 午 30	壬 申 40	壬 戌 35	壬 子 25
癸 卯 30	癸 巳 25	癸 未 20	癸 酉 35	癸 亥 40	癸 丑 35
男命 己卯 己未 己亥 之 大運與流年					

圖 51

更準確的分析方式。

以下是此類別的舉例說明：（如圖52）

這是一個己亥日主的男命，生於甲戌月，大運是從乙亥開始的順運，五歲起運，每十年逢到五就會換大運，現在就舉兩個流年感情婚姻計算過程，此人的月柱基本分為85，是屬於相當好的分數水準，而如果要計算虛歲29歲的流年E，則大運為丁丑（60分），流年壬午年（30分），代入公式得出的E為41.5，表示低於50且有些差距，因為大運丁丑是相當弱的偏印，再加上流年壬午是相當不穩定的正財，所以很明顯會出現感情婚姻或是工作財運的變動；如果要計算虛歲38歲的流年E，則大運為戊寅（55分），流年辛卯年（65分），代入公式得出的E為65，因為高於50且高出許多，所

時柱	日柱(日主)	月柱	年柱	虛年歲限	八字本命
46歲之後	31至45歲	16至30歲	1至15歲		
己巳	己亥	甲戌	甲寅	四柱干支	

55歲至64歲	45歲至54歲	35歲至44歲	25歲至34歲	15歲至24歲	5歲至14歲	虛年歲限	大運
庚辰	己卯	戊寅	丁丑	丙子	乙亥	干支	

30	29	28	27	26	25	24	23	22	21	20	19	18	17	16	15	14	13	12	11	10	9	8	7	6	5	4	3	2	1	虛歲	流年
癸未	壬午	辛巳	庚辰	己卯	戊寅	丁丑	丙子	乙亥	甲戌	癸酉	壬申	辛未	庚午	己巳	戊辰	丁卯	丙寅	乙丑	甲子	癸亥	壬戌	辛酉	庚申	己未	戊午	丁巳	丙辰	乙卯	甲寅	干支	
60	59	58	57	56	55	54	53	52	51	50	49	48	47	46	45	44	43	42	41	40	39	38	37	36	35	34	33	32	31	虛歲	
癸丑	壬子	辛亥	庚戌	己酉	戊申	丁未	丙午	乙巳	甲辰	癸卯	壬寅	辛丑	庚子	己亥	戊戌	丁酉	丙申	乙未	甲午	癸巳	壬辰	辛卯	庚寅	己丑	戊子	丁亥	丙戌	乙酉	甲申	干支	

圖 52

以是屬於相當穩定的感情狀況，從八字的十神角色來看，辛卯對己亥日來說是食神出天干，雖然屬於忙碌的流年，但各方面會是不錯的現象，尤其是在投資方面。

接下來的圖表就是計算過後所做的整理，一共是三個大運的三十個流年，是第兩個丙子運、第三個丁丑運和第四個戊寅運，以及圖表的範例說明。（如圖53）

	大運 丙子 (數值：50)
流年	戊辰年 15歲 (數值：60) E值：60.5 注意事項：注意人際的影響
	己巳年 16歲 (數值：45) E值：50 注意事項：注意人際的影響
	庚午年 17歲 (數值：60) E值：60.5 注意事項：穩定
	辛未年 18歲 (數值：55) E值：57 注意事項：食神弱，運勢不穩定
	壬申年 19歲 (數值：40) E值：46.5 注意事項：正財，注意感情變動
	癸酉年 20歲 (數值：35) E值：43 注意事項：偏財，注意感情變動
	甲戌年 21歲 (數值：60) E值：60.5 注意事項：有壓力，有展現
	乙亥年 22歲 (數值：50) E值：53.5 注意事項：忙碌
	丙子年 23歲 (數值：50) E值：53.5 注意事項：正印桃花，有貴人但變動
	丁丑年 24歲 (數值：60) E值：60.5 注意事項：穩定
	大運 丁丑 (數值：60)
流年	戊寅年 25歲 (數值：55) E值：59 注意事項：注意人際的影響
	己卯年 26歲 (數值：40) E值：48.5 注意事項：犯小人，注意感情不穩定
	庚辰年 27歲 (數值：75) E值：73 注意事項：穩定
	辛巳年 28歲 (數值：65) E值：66 注意事項：穩定
	壬午年 29歲 (數值：30) E值：41.5 注意事項：正財，注意感情變動
	癸未年 30歲 (數值：20) E值：34.5 注意事項：偏財，注意感情變動
	甲申年 31歲 (數值：65) E值：66 注意事項：忙碌，有展現
	乙酉年 32歲 (數值：55) E值：59 注意事項：有壓力
	丙戌年 33歲 (數值：70) E值：69.5 注意事項：穩定
	丁亥年 34歲 (數值：65) E值：66 注意事項：穩定
	大運 戊寅 (數值：55)
流年	戊子年 35歲 (數值：40) E值：47.5 注意事項：犯小人，注意人際的影響
	己丑年 36歲 (數值：55) E值：58 注意事項：注意人際的影響
	庚寅年 37歲 (數值：55) E值：58 注意事項：房地產與投資不穩定
	辛卯年 38歲 (數值：65) E值：65 注意事項：穩定，忙碌
	壬辰年 39歲 (數值：45) E值：51 注意事項：正財，注意感情變動
	癸巳年 40歲 (數值：25) E值：37 注意事項：偏財，注意感情變動
	甲午年 41歲 (數值：70) E值：68.5 注意事項：有壓力，忙碌
	乙未年 42歲 (數值：65) E值：65 注意事項：有展現
	丙申年 43歲 (數值：75) E值：72 注意事項：穩定，有貴人
	丁酉年 44歲 (數值：70) E值：68.5 注意事項：穩定

圖 53

從此圖表中可以發現，此人的感情大運走勢屬於還算穩定的現象，從丙子50，到丁丑60，及戊寅55，整體來說還算有一定水準，但某些流年的影響就會比較明顯，當逢遇到壬癸出天干的流年，以及戊己出天干的流年，明顯都出現偏低或微低的數值，這也代表會出現變動現象，不管對此人來說是好或壞，總是要把握或是維持自己理想中的感情婚姻狀況，但如果此人在數值E較低的流年之前已婚，那很可能在逢到低E值時會再出現感情婚姻變動，這就要特別注意。而對己日主男命來說，當出現壬癸財出天干的流年，也很可能是工作財運方面的變動，當然也可能財運與感情兩者都出現變動，也都無法排除可能性，所以在各方面都要多注意，總之偏低的E值很可能在男命的人生中出現比較大的變動或起落。

此命例當中有幾個數值落在50到65之間，雖然看起來都是高於50，當然都還算理想，但有些現象還是要了解和探討，像是甲乙……流年，都是超過判斷值，但並不是太高分，看起來也可能會有其他狀況出現，或因其他方面的狀況影響到感情婚姻，雖不能說百分百就是感情方面的影響，但也無法排除可能性，不過當然還要看個人的狀況而定，因為即使同命盤的人，也不一定在同一年裡出現一模一樣的狀況。而當中有好幾個流年數值超過70，雖然在圖表中只是標示為穩定，事實上，這幾個流年對此人來說，其實相當的理想，也很可能不只是

在感情桃花婚姻方面，其實在各方面的運勢上，也都會是相當理想的流年運勢，像是丙丁出天干的流年，除了能有所發揮之外，在貴人運方面也會不錯。

‧男命己日主之二（己巳日、己酉日、己丑日）

《感情婚姻運的詳細解說》：己日主天干所搭配一共有六組，因為地支的不同會影響到本命的旺弱，基本上地支影響比較大的部分，會是在個人個性特質上及感情運勢上，而其他的方面則地支的影響會較小些，不過若同是己日主，因為地支巳酉丑的桃花現象會比較類似，所以在這裡就把己巳日、己酉日和己丑日這三個日主一起來做解說。

當己巳日、己酉日和己丑日，逢到各月柱所產生的感情婚姻基本數值，以下圖表則是依據所有的月柱搭配，及所整理出的數值和解說，提供參考：（如圖54）

天干的地支搭配為「午」，像是甲午、丙午、戊午、庚午和壬午其實對己巳日、己酉日和己丑日三者來說，都是屬於桃花搭配，這也代表此人的八字基本搭配裡，本身的桃花就會比較多也比較明顯些，不過這是比較大方向的判斷，也不能完全就這樣單一判斷。

接下來要判斷更重要的部分，也就是大運和流年的感情運勢現象，因為這兩大部分才真正影響到一生感情現象起落，而在這裡除了會用文字說明之外，當然也會提供感情婚姻數值，再加上簡單計算後，則能得到相當具參考價值的感情流年分數，可以讓讀者更容易了解和判別感情或婚姻現象。

筆者提供一個簡易的計算方式，能讓大家都可以更清楚的了解到，到底感情運勢的好與壞，以及如何去做判斷，且再加上詳細的範例解說，相信就能抓到重點。（如圖55）

感情婚姻分數計算的說明：

請先利用感情婚姻基本數值（月柱基本分）來做基礎，即先利用命盤裡的日主，依前一個圖

甲 寅 75	甲 辰 80	甲 午 95	甲 申 90	甲 戌 85	甲 子 80
乙 卯 70	乙 巳 75	乙 未 80	乙 酉 70	乙 亥 65	乙 丑 60
丙 寅 75	丙 辰 70	丙 午 80	丙 申 70	丙 戌 75	丙 子 80
丁 卯 80	丁 巳 75	丁 未 70	丁 酉 80	丁 亥 70	丁 丑 75
戊 寅 55	戊 辰 60	戊 午 55	戊 申 50	戊 戌 45	戊 子 50
己 卯 50	己 巳 55	己 未 45	己 酉 50	己 亥 60	己 丑 65
庚 寅 70	庚 辰 75	庚 午 80	庚 申 70	庚 戌 75	庚 子 80
辛 卯 80	辛 巳 70	辛 未 75	辛 酉 70	辛 亥 80	辛 丑 75
壬 寅 80	壬 辰 75	壬 午 80	壬 申 70	壬 戌 65	壬 子 55
癸 卯 60	癸 巳 50	癸 未 55	癸 酉 80	癸 亥 70	癸 丑 65
男命 己巳 己酉 己丑 之 月柱					

圖54

表對照出月柱的分數，再依這個圖表（大運與流年）數值來做計算，在這裡的大運和流年都是使用同一圖表來判斷，而計算的公式如下列：

（月柱基本分X 0.1）＋（大運數值X 0.2）＋（流年數值 X 0.7）

計算出來的數值，其實就是代表流年的感情婚姻狀況，而就分數上來判斷，越高的分數代表此流年的感情婚姻現象越穩定，越低的分數則代表越不穩定。在這裡，並不是用分數的高低來做為好壞的判斷，因為流年的數值是一個穩定性的參考值，越穩定的感情婚姻現象分數就會越高，而越低的分數所代表的現象就是越不穩定。感情婚姻的好與壞，其實相當的主觀，或許相同狀況對不同的人來說，會是很不同的評語和感受，好或壞都是可能出現的結論，所以在這裡不用好壞來做評論，而是用「穩

甲 寅 65	甲 辰 75	甲 午 55	甲 申 65	甲 戌 60	甲 子 70
乙 卯 55	乙 巳 65	乙 未 65	乙 酉 55	乙 亥 50	乙 丑 60
丙 寅 65	丙 辰 80	丙 午 75	丙 申 75	丙 戌 70	丙 子 60
丁 卯 70	丁 巳 75	丁 未 65	丁 酉 70	丁 亥 65	丁 丑 60
戊 寅 55	戊 辰 60	戊 午 35	戊 申 50	戊 戌 55	戊 子 45
己 卯 40	己 巳 45	己 未 40	己 酉 45	己 亥 60	己 丑 55
庚 寅 55	庚 辰 75	庚 午 50	庚 申 70	庚 戌 65	庚 子 70
辛 卯 65	辛 巳 65	辛 未 55	辛 酉 45	辛 亥 60	辛 丑 50
壬 寅 40	壬 辰 45	壬 午 20	壬 申 40	壬 戌 35	壬 子 30
癸 卯 30	癸 巳 25	癸 未 20	癸 酉 35	癸 亥 40	癸 丑 35
男命 己巳 己酉 己丑 之 大運與流年					

圖 55

定」與「不穩定」來做為判斷標準，也會是更客觀更準確的分析方式。

以下是此類別的舉例說明：（如圖56）

這是一個己酉日主的男命，生於戊辰月，大運是從丁卯開始的逆運，兩歲起運，每十年逢到二就會換大運，現在就舉兩個流年感情婚姻計算過程，此人的月柱基本分為60，是屬於普通的分數水準，而如果要計算虛歲24歲的流年E，則大運為乙丑（60分），流年壬午年（20分），代入公式得出的E為32，表示因為低於50且低很多，大運乙丑是相當弱的七殺，再加上流年壬午是正財桃花，所以明顯會有感情的變動，甚至是工作財運變動；如果要計算虛歲29歲的流年E，則大

時柱	日柱(日主)	月柱	年柱	虛年	八字本命
46歲之後	31至45歲	16至30歲	1至15歲	歲限	
壬 申	己 酉	戊 辰	己 未	四干 柱支	

52歲至61歲	42歲至51歲	32歲至41歲	22歲至31歲	12歲至21歲	2歲至11歲	虛年 歲限	大運
壬 戌	癸 亥	甲 子	乙 丑	丙 寅	丁 卯	干 支	

30	29	28	27	26	25	24	23	22	21	20	19	18	17	16	15	14	13	12	11	10	9	8	7	6	5	4	3	2	1	虛歲	流年
戊子	丁亥	丙戌	乙酉	甲申	癸未	壬午	辛巳	庚辰	己卯	戊寅	丁丑	丙子	乙亥	甲戌	癸酉	壬申	辛未	庚午	己巳	戊辰	丁卯	丙寅	乙丑	甲子	癸亥	壬戌	辛酉	庚申	己未	干支	
60	59	58	57	56	55	54	53	52	51	50	49	48	47	46	45	44	43	42	41	40	39	38	37	36	35	34	33	32	31	虛歲	
戊午	丁巳	丙辰	乙卯	甲寅	癸丑	壬子	辛亥	庚戌	己酉	戊申	丁未	丙午	乙巳	甲辰	癸卯	壬寅	辛丑	庚子	己亥	戊戌	丁酉	丙申	乙未	甲午	癸巳	壬辰	辛卯	庚寅	己丑	干支	

圖56

運為乙丑（60分），流年丁亥年（65分），代入公式得出的E為63.5，因為高於50且高出許多，所以是屬於相當穩定的運勢狀況，從八字的十神角色來看，丁亥對己丑日來說雖是相當弱的偏印，但在感情運方面影響不大，且會有不錯的貴人運。

接下來的圖表就是計算過後所做的整理，一共是三個大運的三十個流年，是第兩個丙寅運、第三個乙丑運和第四個甲子運，以及圖表的範例說明。（如圖57）

	大 運　丙寅　(數值：65　)
流年	庚午年 12歲 (數值：50) E值：54　注意事項：傷官弱，展現不穩定
	辛未年 13歲 (數值：55) E值：57.5　注意事項：食神弱，運勢不穩定
	壬申年 14歲 (數值：40) E值：47　注意事項：正財，注意感情變動
	癸酉年 15歲 (數值：35) E值：43.5　注意事項：偏財，注意感情變動
	甲戌年 16歲 (數值：60) E值：61　注意事項：有壓力，有展現
	乙亥年 17歲 (數值：50) E值：54　注意事項：忙碌
	丙子年 18歲 (數值：60) E值：61　注意事項：穩定，有貴人
	丁丑年 19歲 (數值：60) E值：61　注意事項：穩定
	戊寅年 20歲 (數值：55) E值：57.5　注意事項：注意人際的影響
	己卯年 21歲 (數值：40) E值：47　注意事項：注意人際的影響
	大 運　乙丑　(數值：60　)
流年	庚辰年 22歲 (數值：75) E值：70.5　注意事項：穩定
	辛巳年 23歲 (數值：65) E值：63.5　注意事項：穩定
	壬午年 24歲 (數值：20) E值：32　注意事項：正財，注意感情變動
	癸未年 25歲 (數值：20) E值：32　注意事項：偏財，注意感情變動
	甲申年 26歲 (數值：65) E值：63.5　注意事項：忙碌，有展現
	乙酉年 27歲 (數值：55) E值：56.5　注意事項：有壓力
	丙戌年 28歲 (數值：70) E值：67　注意事項：穩定
	丁亥年 29歲 (數值：65) E值：63.5　注意事項：穩定
	戊子年 30歲 (數值：45) E值：49.5　注意事項：犯小人，注意人際的影響
	己丑年 31歲 (數值：55) E值：56.5　注意事項：注意人際的影響
	大 運　甲子　(數值：70　)
流年	庚寅年 32歲 (數值：55) E值：58.5　注意事項：房地產與投資不穩定
	辛卯年 33歲 (數值：65) E值：65.5　注意事項：穩定，忙碌
	壬辰年 34歲 (數值：45) E值：51.5　注意事項：正財，注意感情變動
	癸巳年 35歲 (數值：25) E值：37.5　注意事項：偏財，注意感情變動
	甲午年 36歲 (數值：55) E值：58.5　注意事項：有壓力，忙碌
	乙未年 37歲 (數值：65) E值：65.5　注意事項：有展現
	丙申年 38歲 (數值：75) E值：72.5　注意事項：穩定，有貴人
	丁酉年 39歲 (數值：70) E值：69　注意事項：穩定
	戊戌年 40歲 (數值：55) E值：58.5　注意事項：注意人際的影響
	己亥年 41歲 (數值：60) E值：62　注意事項：注意人際的影響

圖 57

從此圖表中可以發現，此人的感情大運走勢屬於越來越穩定的現象，從丙寅65，到乙丑60，及甲子70，整體來說是很不錯的走勢，但還是要注意某些流年出現的影響，當逢遇到壬癸出天干的流年，以及戊己出天干的流年，明顯都出現偏低或微低的數值，這也代表會出現變動現象，不管對此人來說是好或壞，總是要把握或是維持自己理想中的感情婚姻狀況，但如果此人在數值E較低的流年之前已婚，那很可能在逢到低E值時會再出現感情婚姻變動，這就要特別注意。而對己日主男命來說，當出現壬癸財出天干的流年，也很可能是工作財運方面的變動，當然也可能財運與感情兩者都出現變動，也都無法排除可能性，所以在各方面都要多注意，總之偏低的E值很可能在男命的人生中出現比較大的變動或起落。

此命例當中有幾個數值落在50到65之間，雖然看起來都是高於50，當然都還算理想，但有些現象還是要了解和探討，像是甲乙……流年，都是超過判斷值，但並不是太高分，看起來也可能會有其他狀況出現，或因其他方面的狀況影響到感情婚姻，雖不能說百分百就是感情方面的影響，但也無法排除可能性，不過當然還要看個人的狀況而定，因為即使同命盤的人，也不一定在同一年裡出現一模一樣的狀況。而當中有好幾個流年數值超過65，雖然在圖表中只是標示為穩定，事實上，這幾個流年對此人來說，其實相當的理想，也很可能不只是

在感情桃花婚姻方面，其實在各方面的運勢上，也都會是相當理想的流年運勢。

《庚日主》

以下是庚日主男命，對大運和流年干支的基本現象判斷方式的介紹：

判斷一：當大運逢遇到比肩和劫財（庚辛），代表人際方面容易出現變動，雖不一定絕對會影響到感情婚姻，不過也不能排除可能性，尤其是比較旺的庚辛干支搭配，像是庚申、辛酉及庚戌或辛亥……影響會比弱的庚辛更明顯。而如果比劫的大運，再逢遇到正財或偏財（乙甲）出天干的流年，尤其是正財乙，就容易出現感情或婚姻的變動。

判斷二：當大運逢遇到正財和偏財（乙甲），代表工作財運或是感情婚姻容易出現變動，雖不一定保證是感情會出狀況，但因為甲乙大運通常會是二十年，而當中也勢必會逢遇到庚辛或甲乙流年，所以至少就會有四或五次的起伏變動，也所以無法說一定不會是感情婚姻的變動，尤其是若流年又是逢到庚辛，則就要很注意到婚姻方面的狀況。

判斷三：當大運走得比較冷，但不是前面提到的甲乙或庚辛天干，而是冬運的丙子、丁丑、壬子……因為是比較偏冷的組合，也會讓庚金的規模現象不穩定，雖然對庚日主來說是不錯的大運運勢，但對於感情婚姻方面卻會是不理想的搭配。

判斷四：其實不管是走哪一個大運，六十干支不管哪個組合，當流年出現正財和偏財的乙甲，也都可能會有感情婚姻變動，雖然這個判斷比較概括，但這個範圍會是相當有用的參考值，畢竟還是有它的原理和可能性。當庚日主在流年逢遇到他的正財桃花，也就是乙卯或乙酉年，則出現感情婚姻的變動的機率就非常的高，所以若是已婚，那就要注意到婚姻方面的狀況，但若是未婚，其實很適合選擇進入婚姻，或開始新感情。

判斷五：當命盤搭配過於弱，也就是八字和大運的搭配組合會讓日主變過弱，或是逢遇官殺過旺，則在感情婚姻方面就容易被變動，因為自我比較弱的人，很多時候都是屬於被決定的類型，當另一半選擇感情婚姻變動時，這樣的人似乎也沒有其他的選擇，像是逢到火土旺的夏運，對庚日主來說，感情婚姻也容易變不穩定。

以上五個基本判斷，能準確的判斷出庚日主的感情婚姻狀況，但是或許對很多人來說，這樣的解釋似乎還是不太容易懂，尤其是對於未曾接觸過八字理論的人，可能是更無法進入狀況，所以感情流年E值的輔助印證就更重要。

對庚日主來說，在判斷計算得出的流年分數時，有幾項注意事項，接下來會加入範例來解說，如果我們已經計算出每個流年的感情婚姻分數，假設為E：

當E高於50，甚至比50高很多時，那表示此流年的感情婚姻狀況屬於穩定，當然越高分越理想，甚至可以解釋為越高分越好，不管是所遇的人或狀況都會是比較如願的狀況。

當E高於50，甚至比50高很多時，另一個現象也會是人際人緣相當好，尤其是流年出現地支「卯」與「酉」的各種類型桃花，或是戊己出天干的流年，對庚日主來說都是不錯的搭配，貴人的現象會出現。

當E低於50，且甚至比50低很多時，那就明顯是感情婚姻狀況不穩定，很可能會出現一些變動的現象，尤其是逢遇到甲乙流年出天干。但要注意到，所謂的感情變動，不只是分開或離婚，其實也包括了交往或是結婚，因為變動並不代表一定是分或合，應該解釋為目前的狀況出現變化，所以當你未婚或沒對象時，且逢遇到流年分數較低分，也可以是變成有對象或是結婚的選擇，但這些並不是好或壞的判斷，只是一個變動的現象。

當E低於50，且甚至比50低很多時，除了感情婚姻會有變動之外，可能是由於人際而引起，像是庚辛的流年，甚至可能會出現工作財務方面的狀況，特別是對男命來說，因為妻與財同論，所以也很可能出現錢財相關的變動，或是丙丁火的流年則要注意隨之而來的壓力。

當E值接近50，不管是高於或低於，還是有些許的變動性，其實無法完全排除變動的可能性，都還是需要去探討原理和原因，因為有時候當另一半的運勢較低時，就容易被影響到，或者被其他的原因所影響。

・男命庚日主之一（庚寅日、庚午日、庚戌日）

《感情婚姻運的詳細解說》：庚日主天干所搭配一共有六組，因為地支的不同會影響到本命的旺弱，基本上地支影響比較大的部分，會是在個人個性特質上及感情運勢上，而其他的方面則地支的影響會較小些，不過若同是庚日主，因為地支寅午戌的桃花現象會比較類似，所以在這裡就把庚寅日、庚午日和庚戌日這三個日主一起來做解說。

月柱對日主的感情婚姻有基本的影響力，因為月柱是一般所謂的夫妻宮，而日主雖然有它一定的基本好壞高低排序，若再加入月柱的判斷之後，則可以看出一個命盤基本的感情婚姻水準。下面則要把各月柱對此三個日主的影響，和各月柱對此三日主的搭配做基本評分判斷，讓讀者從數值的內容對基本的感情好壞程度，有更清楚的了解，且能用數值去對照月柱的干支組合，也能更了解干支的影響現象。所以當庚寅日、庚午日和庚戌日主，對於月柱的各種干支搭配，它會產生的命盤基本感情高低現象，則代表此人的八字基本感情婚姻的水準，當然這個數值不能代表一切，也不能代表一輩子的感情現象，它只是一個基本的起點，如果要知道一生的感情起伏現象，以及一生的感情好壞走勢，就一定要搭配大運和流年，才能了解後天的影響和現象，也才會是比較準確的判斷。

當庚寅日、庚午日和庚戌日，逢到各月柱所產生的感情婚姻基本數值，以下圖表則是依據所有的月柱搭配，及所整理出的數值和解說，提供參考：（如圖58）

天干的地支搭配為「卯」，像是乙卯、丁卯、己卯、辛卯和癸卯其實對庚寅日、庚午日和庚戌日三者來說，都是屬於桃花搭配，這也代表此人的八字基本搭配裡，本身的桃花就會比較多也比較明顯些，不過這是比較大方向的判斷，也不能完全就這樣單一判斷。

接下來要判斷更重要的部分，也就是大運和流年的感情運勢現象，因為這兩大部分才真

正影響到一生感情現象起落，而在這裡除了會用文字說明之外，當然也會提供感情婚姻數值，再加上簡單計算後，則能得到相當具參考價值的感情流年分數，可以讓讀者更容易了解和判別感情或婚姻現象。

筆者提供一個簡易的計算方式，能讓大家都可以更清楚的了解到，到底感情運勢的好與壞，以及如何去做判斷，且再加上詳細的範例解說，相信就能抓到重點。（如圖59）

感情婚姻分數計算的說明：

請先利用感情婚姻基本數值（月柱基本分）來做基礎，即先利用命盤裡的日主，依前一個圖表對照出月柱的分數，再依這個圖表（大運與流年）數值來做計算，在這裡的大運和流年都是使

甲寅60	甲辰70	甲午65	甲申70	甲戌65	甲子60
乙卯75	乙巳75	乙未70	乙酉75	乙亥60	乙丑55
丙寅75	丙辰80	丙午70	丙申75	丙戌65	丙子80
丁卯80	丁巳70	丁未65	丁酉70	丁亥60	丁丑65
戊寅80	戊辰85	戊午65	戊申80	戊戌75	戊子70
己卯75	己巳60	己未60	己酉65	己亥55	己丑50
庚寅60	庚辰55	庚午65	庚申45	庚戌50	庚子45
辛卯70	辛巳60	辛未70	辛酉50	辛亥55	辛丑50
壬寅80	壬辰85	壬午80	壬申75	壬戌70	壬子65
癸卯90	癸巳80	癸未85	癸酉80	癸亥65	癸丑60
男命 庚寅 庚午 庚戌 之 月柱					

圖58

用同一圖表來判斷，而計算的公式如下列：

（月柱基本分Ｘ0.1）＋（大運數值Ｘ0.2）＋（流年數值 Ｘ0.7）

計算出來的數值，其實就是代表流年的感情婚姻狀況，而就分數上來判斷，越高的分數代表此流年的感情婚姻現象越穩定，越低的分數則代表越不穩定。在這裡，並不是用分數的高低來做為好壞的判斷，因為流年的數值是一個穩定性的參考值，越穩定的感情婚姻現象分數就會越高，而越低的分數所代表的現象就是越不穩定。感情婚姻的好與壞，其實相當的主觀，或許相同狀況對不同的人來說，會是很不同的評語和感受，好或壞都是可能出現的結論，所以在這裡不用好壞來做評論，而是用「穩定」與「不穩定」來做為判斷標準，也會是更客觀更準確的分析方式。

甲 寅 35	甲 辰 40	甲 午 25	甲 申 35	甲 戌 30	甲 子 80
乙 卯 20	乙 巳 35	乙 未 40	乙 酉 30	乙 亥 35	乙 丑 70
丙 寅 65	丙 辰 75	丙 午 65	丙 申 70	丙 戌 75	丙 子 60
丁 卯 55	丁 巳 70	丁 未 70	丁 酉 75	丁 亥 80	丁 丑 75
戊 寅 75	戊 辰 90	戊 午 70	戊 申 85	戊 戌 80	戊 子 70
己 卯 50	己 巳 70	己 未 65	己 酉 70	己 亥 65	己 丑 60
庚 寅 75	庚 辰 65	庚 午 60	庚 申 55	庚 戌 60	庚 子 55
辛 卯 40	辛 巳 60	辛 未 65	辛 酉 60	辛 亥 55	辛 丑 60
壬 寅 80	壬 辰 85	壬 午 75	壬 申 80	壬 戌 70	壬 子 65
癸 卯 50	癸 巳 65	癸 未 60	癸 酉 75	癸 亥 75	癸 丑 70
男命 庚寅 庚午 庚戌 之 大運與流年					

圖 59

以下是此類別的舉例說明：（如圖60）

這是一個庚寅日主的男命，生於丁未月，大運是從丙午開始的逆運，三歲起運，每十年逢到三就會換大運，現在就舉兩個流年感情婚姻計算過程，此人的月柱基本分為65，是屬於普通的分數水準，而如果要計算虛歲25歲的流年E，則大運為甲辰（40分），流年辛酉年（60分），代入公式得出的E為56.5，表示高於50但高出不多，因為大運甲辰是相當旺的偏財，再加上流年辛酉是相當旺的劫財，所以很可能會因為人際而影響到感情婚姻或是工作財運；如果要計算虛歲36歲的流年E，則大運為癸卯（50分），流年壬申年（80分），代入公式得出的E為72.5，因為高於50且高出許多，所以是屬於相當穩定的感情狀況，從八字的十

時柱	日柱(日主)	月柱	年柱	虛年	八字本命
46歲之後	31至45歲	16至30歲	1至15歲	歲限	
丙 子	庚 寅	丁 未	丁 酉	四干 柱支	

53歲至62歲	43歲至52歲	33歲至42歲	23歲至32歲	13歲至22歲	3歲至12歲	虛年 歲限	大運
辛 丑	壬 寅	癸 卯	甲 辰	乙 巳	丙 午	干 支	

30	29	28	27	26	25	24	23	22	21	20	19	18	17	16	15	14	13	12	11	10	9	8	7	6	5	4	3	2	1	虛歲	流年
丙寅	乙丑	甲子	癸亥	壬戌	辛酉	庚申	己未	戊午	丁巳	丙辰	乙卯	甲寅	癸丑	壬子	辛亥	庚戌	己酉	戊申	丁未	丙午	乙巳	甲辰	癸卯	壬寅	辛丑	庚子	己亥	戊戌	丁酉	干支	
60	59	58	57	56	55	54	53	52	51	50	49	48	47	46	45	44	43	42	41	40	39	38	37	36	35	34	33	32	31	虛歲	
丙申	乙未	甲午	癸巳	壬辰	辛卯	庚寅	己丑	戊子	丁亥	丙戌	乙酉	甲申	癸未	壬午	辛巳	庚辰	己卯	戊寅	丁丑	丙子	乙亥	甲戌	癸酉	壬申	辛未	庚午	己巳	戊辰	丁卯	干支	

圖60

神角色來看，壬申對庚日主來說是相當理想的食神，雖然屬於忙碌的流年，但各方面會是不錯的現象，尤其是在財運方面。

接下來的圖表就是計算過後所做的整理，一共是三個大運的三十個流年，是第兩個乙巳運、第三個甲辰運和第四個癸卯運，以及圖表的範例說明。（如圖61）

	大 運　乙巳　(數值：35　)
流年	己酉年 13歲 (數值：70) E值：62.5　注意事項：穩定
	庚戌年 14歲 (數值：60) E值：55.5　注意事項：注意人際的影響
	辛亥年 15歲 (數值：55) E值：52　注意事項：注意人際的影響
	壬子年 16歲 (數值：65) E值：59　注意事項：有壓力，有展現
	癸丑年 17歲 (數值：70) E值：62.5　注意事項：穩定
	甲寅年 18歲 (數值：35) E值：38　注意事項：偏財，注意感情變動
	乙卯年 19歲 (數值：20) E值：27.5　注意事項：正財桃花，注意感情變動
	丙辰年 20歲 (數值：75) E值：66　注意事項：穩定
	丁巳年 21歲 (數值：70) E值：62.5　注意事項：忙碌，有壓力
	戊午年 22歲 (數值：70) E值：62.5　注意事項：穩定
	大 運　甲辰　(數值：40　)
流年	己未年 23歲 (數值：65) E值：60　注意事項：穩定
	庚申年 24歲 (數值：55) E值：53　注意事項：注意人際的影響
	辛酉年 25歲 (數值：60) E值：56.5　注意事項：注意人際的影響
	壬戌年 26歲 (數值：70) E值：63.5　注意事項：穩定
	癸亥年 27歲 (數值：75) E值：67　注意事項：穩定，不動產運旺
	甲子年 28歲 (數值：25) E值：32　注意事項：偏財，注意感情變動
	乙丑年 29歲 (數值：30) E值：35.5　注意事項：正財，注意感情變動
	丙寅年 30歲 (數值：65) E值：60　注意事項：注意人際的影響
	丁卯年 31歲 (數值：55) E值：53　注意事項：犯小人，注意人際的影響
	戊辰年 32歲 (數值：90) E值：77.5　注意事項：穩定
	大 運　癸卯　(數值：50　)
流年	己巳年 33歲 (數值：70) E值：65.5　注意事項：穩定，忙碌
	庚午年 34歲 (數值：60) E值：58.5　注意事項：注意人際的影響
	辛未年 35歲 (數值：65) E值：62　注意事項：注意人際的影響
	壬申年 36歲 (數值：80) E值：72.5　注意事項：穩定，運勢旺
	癸酉年 37歲 (數值：75) E值：69　注意事項：穩定
	甲戌年 38歲 (數值：30) E值：37.5　注意事項：偏財，注意感情變動
	乙亥年 39歲 (數值：35) E值：41　注意事項：正財，注意感情變動
	丙子年 40歲 (數值：60) E值：58.5　注意事項：有壓力，注意健康
	丁丑年 41歲 (數值：75) E值：69　注意事項：穩定
	戊寅年 42歲 (數值：75) E值：69　注意事項：穩定

圖 61

從此圖表中可以發現，此人的感情大運走勢屬於越來越穩定的現象，從乙巳35，到甲辰40，及癸卯50，整體來說越來越理想，但某些流年的影響還是要注意，當逢遇到甲乙出天干的流年，以及庚辛出天干的流年，明顯都出現偏低或微低的數值，這也代表會出現變動現象，不管對此人來說是好或壞，總是要把握或是維持自己理想中的感情婚姻狀況，但如果此人在數值E較低的流年之前已婚，那很可能在逢到低E值時會再出現感情婚姻變動，這就要特別注意。而對庚日主男命來說，當出現甲乙財出天干的流年，也很可能是工作財運方面的變動，當然也可能財運與感情兩者都出現變動，也都無法排除可能性，所以在各方面都要多注意，總之偏低的E值很可能在男命的人生中出現比較大的變動或起落。

此命例當中有幾個數值落在50到65之間，雖然看起來都是高於50，當然都還算理想，但有些現象還是要了解和探討，像是丙丁……流年，都是超過判斷值，但並不是太高分，看起來也可能會有其他狀況出現，或因其他方面的狀況影響到感情婚姻，雖不能說百分百就是感情方面的影響，但也無法排除可能性，不過當然還要看個人的狀況而定，因為即使同命盤的人，也不一定在同一年裡出現一模一樣的狀況。而當中有好幾個流年數值超過70，雖然在圖表中只是標示為穩定，事實上，這幾個流年對此人來說，其實相當的理想，也很可能不只是在感情桃花婚姻方面，其實在各方面的運勢上，也都會是相當理想的流年運勢。

・男命庚日主之二（庚辰日、庚申日、庚子日）

《感情婚姻運的詳細解說》：庚日主天干所搭配一共有六組，因為地支的不同會影響到本命的旺弱，基本上地支影響比較大的部分，會是在個人個性特質上及感情運勢上，而其他的方面則地支的影響會較小些，不過若同是庚日主，因為地支辰申子的桃花現象會比較類似，所以在這裡就把庚辰日、庚申日和庚子日這三個日主一起來做解說。

當庚辰日、庚申日和庚子日，逢到各月柱所產生的感情婚姻基本數值，以下圖表則是依據所有的月柱搭配，及所整理出的數值和解說，提供參考：（如圖62）

天干的地支搭配為「酉」，像是乙酉、丁酉、己酉、辛酉和癸酉其實對庚辰日、庚申日和庚子日三者來說，都是屬於桃花搭配，這也代表此人的八

甲寅60	甲辰70	甲午65	甲申70	甲戌65	甲子60
乙卯70	乙巳75	乙未70	乙酉85	乙亥60	乙丑55
丙寅75	丙辰80	丙午70	丙申75	丙戌65	丙子80
丁卯70	丁巳70	丁未65	丁酉80	丁亥60	丁丑65
戊寅80	戊辰85	戊午65	戊申80	戊戌75	戊子70
己卯65	己巳60	己未60	己酉75	己亥55	己丑50
庚寅60	庚辰55	庚午65	庚申45	庚戌50	庚子45
辛卯65	辛巳60	辛未70	辛酉60	辛亥55	辛丑50
壬寅80	壬辰85	壬午80	壬申75	壬戌70	壬子65
癸卯85	癸巳80	癸未85	癸酉90	癸亥65	癸丑60
男命 庚辰 庚申 庚子 之 月柱					

圖62

字基本搭配裡，本身的桃花就會比較多也比較明顯些，不過這是比較大方向的判斷，也不能完全就這樣單一判斷。

接下來要判斷更重要的部分，也就是大運和流年的感情運勢現象，因為這兩大部分才真正影響到一生感情現象起落，而在這裡除了會用文字說明之外，當然也會提供感情婚姻數值，再加上簡單計算後，則能得到相當具參考價值的感情流年分數，可以讓讀者更容易了解和判別感情或婚姻現象。

筆者提供一個簡易的計算方式，能讓大家都可以更清楚的了解到，到底感情運勢的好與壞，以及如何去做判斷，且再加上詳細的範例解說，相信就能抓到重點。（如圖63）

感情婚姻分數計算的說明：

請先利用感情婚姻基本數值（月柱基本分）來做基礎，即先利用命盤裡的日主，依前一個圖表對照出月柱的分數，再依這個圖表（大運與流年）數值來做計算，在這裡的大運和流年都是使用同一圖表來判斷，而計算的公式如下列：

（月柱基本分Ｘ 0.1）＋（大運數值Ｘ 0.2）＋（流年數值 Ｘ 0.7）

計算出來的數值，其實就是代表流年的感情婚姻狀況，而就分數上來判斷，越高的分數代表此流年的感情婚姻現象越穩定，越低的分數則代表越不穩定。在這裡，並不是用分數的高低來做為好壞的判斷，因為流年的數值是一個穩定性的參考值，越穩定的感情婚姻現象分數就會越高，而越低的分數所代表的現象就是越不穩定。感情婚姻的好與壞，其實相當的主觀，或許相同狀況對不同的人來說，會是很不同的評語和感受，好或壞都是可能出現的結論，所以在這裡不用好壞來做評論，而是用「穩定」與「不穩定」來做為判斷標準，也會是更客觀更準確的分析方式。

以下是此類別的舉例說明：（如圖64）

這是一個庚申日主的男命，生於戊寅月，大運是從己卯開始的順運，六歲起運，每十年逢到六就會換大運，現在就舉兩個流年感情婚姻計算過程，此人的月柱基本分為80，是屬於相當理想的分數水準，而如果要計算虛歲26歲的流年E，則大運為辛

甲寅 35	甲辰 40	甲午 25	甲申 35	甲戌 30	甲子 80
乙卯 20	乙巳 35	乙未 40	乙酉 30	乙亥 35	乙丑 70
丙寅 65	丙辰 75	丙午 65	丙申 70	丙戌 75	丙子 60
丁卯 55	丁巳 70	丁未 70	丁酉 75	丁亥 80	丁丑 75
戊寅 75	戊辰 90	戊午 70	戊申 85	戊戌 80	戊子 70
己卯 50	己巳 70	己未 65	己酉 70	己亥 65	己丑 60
庚寅 75	庚辰 65	庚午 60	庚申 55	庚戌 60	庚子 55
辛卯 40	辛巳 60	辛未 65	辛酉 60	辛亥 55	辛丑 60
壬寅 80	壬辰 85	壬午 75	壬申 80	壬戌 70	壬子 65
癸卯 50	癸巳 65	癸未 60	癸酉 75	癸亥 75	癸丑 70
男命 庚辰 庚申 庚子 之 大運與流年					

圖 63

巳（60分），流年乙酉年（30分），代入公式得出的E為41，表示因為低於50且低很多，大運辛巳是偏弱的劫財，再加上流年乙酉是正財桃花，所以明顯會有感情的變動，甚至是工作財運變動；如果要計算虛歲39歲的流年E，則大運為壬午（75分），流年戊戌年（80分），代入公式得出的E為79，因為高於50且高出許多，所以是屬於相當穩定的運勢狀況，從八字的十神角色來看，戊戌對庚申日來說雖是相當旺的偏印，會有不錯的貴人運，且在各方面都會有不錯的影響，運勢相當穩定。

接下來的圖表就是計算過後所做的整理，一共是三個大運的三十個流年，是第兩個庚辰運、第三個辛巳運和第四個壬午運，以及圖表的範例說明。（如圖65）

時柱	日柱(日主)	月柱	年柱		八字本命
46歲之後	31至45歲	16至30歲	1至15歲	虛年歲限	
戊寅	庚申	戊寅	庚申	四柱干支	

56歲至65歲	46歲至55歲	36歲至45歲	26歲至35歲	16歲至25歲	6歲至15歲	虛年歲限	大運
甲申	癸未	壬午	辛巳	庚辰	己卯	干支	

30	29	28	27	26	25	24	23	22	21	20	19	18	17	16	15	14	13	12	11	10	9	8	7	6	5	4	3	2	1	虛歲	流年
己丑	戊子	丁亥	丙戌	乙酉	甲申	癸未	壬午	辛巳	庚辰	己卯	戊寅	丁丑	丙子	乙亥	甲戌	癸酉	壬申	辛未	庚午	己巳	戊辰	丁卯	丙寅	乙丑	甲子	癸亥	壬戌	辛酉	庚申	干支	
60	59	58	57	56	55	54	53	52	51	50	49	48	47	46	45	44	43	42	41	40	39	38	37	36	35	34	33	32	31	虛歲	
己未	戊午	丁巳	丙辰	乙卯	甲寅	癸丑	壬子	辛亥	庚戌	己酉	戊申	丁未	丙午	乙巳	甲辰	癸卯	壬寅	辛丑	庚子	己亥	戊戌	丁酉	丙申	乙未	甲午	癸巳	壬辰	辛卯	庚寅	干支	

圖64

	大運　庚辰　(數值：65　)
流年	乙亥年 16歲 (數值：35) E值：45.5　注意事項：正財，注意感情變動
	丙子年 17歲 (數值：60) E值：63　注意事項：有壓力
	丁丑年 18歲 (數值：75) E值：73.5　注意事項：穩定
	戊寅年 19歲 (數值：75) E值：73.5　注意事項：穩定
	己卯年 20歲 (數值：50) E值：56　注意事項：注意小人
	庚辰年 21歲 (數值：65) E值：66.5　注意事項：注意人際的影響
	辛巳年 22歲 (數值：60) E值：63　注意事項：注意人際的影響
	壬午年 23歲 (數值：75) E值：73.5　注意事項：穩定，投資運理想
	癸未年 24歲 (數值：60) E值：63　注意事項：穩定，忙碌
	甲申年 25歲 (數值：35) E值：45.5　注意事項：偏財，注意感情變動
	大運　辛巳　(數值：60　)
流年	乙酉年 26歲 (數值：30) E值：41　注意事項：正財桃花，注意感情變動
	丙戌年 27歲 (數值：75) E值：72.5　注意事項：穩定
	丁亥年 28歲 (數值：80) E值：76　注意事項：穩定，忙碌
	戊子年 29歲 (數值：70) E值：69　注意事項：穩定
	己丑年 30歲 (數值：65) E值：65.5　注意事項：注意小人
	庚寅年 31歲 (數值：75) E值：72.5　注意事項：注意人際的影響
	辛卯年 32歲 (數值：40) E值：48　注意事項：注意人際的影響
	壬辰年 33歲 (數值：85) E值：79.5　注意事項：穩定，有展現
	癸巳年 34歲 (數值：65) E值：65.5　注意事項：穩定
	甲午年 35歲 (數值：25) E值：37.5　注意事項：偏財，注意感情變動
	大運　壬午　(數值：75　)
流年	乙未年 36歲 (數值：40) E值：51　注意事項：正財，注意感情變動
	丙申年 37歲 (數值：70) E值：72　注意事項：有壓力，忙碌
	丁酉年 38歲 (數值：75) E值：75.5　注意事項：穩定
	戊戌年 39歲 (數值：80) E值：79　注意事項：穩定
	己亥年 40歲 (數值：65) E值：68.5　注意事項：穩定
	庚子年 41歲 (數值：55) E值：61.5　注意事項：注意人際的影響
	辛丑年 42歲 (數值：60) E值：65　注意事項：注意人際的影響
	壬寅年 43歲 (數值：80) E值：79　注意事項：穩定，運勢旺
	癸卯年 44歲 (數值：50) E值：58　注意事項：注意健康
	甲辰年 45歲 (數值：40) E值：51　注意事項：偏財，注意感情變動

圖 65

從此圖表中可以發現，此人的感情大運走勢屬於穩定且有一定水準的現象，從庚辰65，到辛巳60，及壬午70，整體來說是很不錯的走勢，但還是要注意某些流年出現的影響，當逢遇到甲乙出天干的流年，以及庚辛出天干的流年，明顯都出現偏低或微低的數值，這也代表會出現變動現象，不管對此人來說是好或壞，總是要把握或是維持自己理想中的感情婚姻狀況，但如果此人在數值E較低的流年之前已婚，那很可能在逢到低E值時會再出現感情婚姻變動，這就要特別注意。而對庚日主男命來說，當出現甲乙財出天干的流年，也很可能是工作財運方面的變動，當然也可能財運與感情兩者都出現變動，也都無法排除可能性，所以在各方面都要多注意，總之偏低的E值很可能在男命的人生中出現比較大的變動或起落。

此命例當中有幾個數值落在50到65之間，雖然看起來都是高於50，當然都還算理想，但有些現象還是要了解和探討，像是己癸……流年，都是超過判斷值，但並不是太高分，看起來也可能會有其他狀況出現，或因其他方面的狀況影響到感情婚姻，雖不能說百分百就是感情方面的影響，但也無法排除可能性，不過當然還要看個人的狀況而定，因為即使同命盤的人，也不一定在同一年裡出現一模一樣的狀況。而當中有好幾個流年數值超過65，雖然在圖表中只是標示為穩定，事實上，這幾個流年對此人來說，其實相當的理想，也很可能不只是在感情桃花婚姻方面，其實在各方面的運勢上也都會是不錯的流年運勢。

《辛日主》

以下是辛日主男命，對大運和流年干支的基本現象判斷方式的介紹：

判斷一：當大運逢遇到比肩和劫財（辛庚），代表人際方面容易出現變動，雖不一定絕對會影響到感情婚姻，不過也不能排除可能性，尤其是比較旺的庚辛干支搭配，像是庚申、辛酉及庚戌或辛亥……影響會比弱的庚辛更明顯。而如果比劫的大運，再逢遇到正財或偏財（甲乙）出天干的流年，尤其是正財甲，就容易出現感情或婚姻的變動。

判斷二：當大運逢遇到正財和偏財（甲乙），代表工作財運或是感情婚姻容易出現變動，雖不一定保證是感情會出狀況，但因為甲乙大運通常會是二十年，而當中也勢必會逢遇到庚辛或甲乙流年，所以至少就會有四或五次的起伏變動，也所以無法說一定不會是感情婚姻的變動，尤其是若流年又是逢到庚辛，則就要很注意到婚姻方面的狀況。

判斷三：當大運走得比較熱，但不是前面提到的甲乙或庚辛天干，而是夏運的丙午、丁未壬午……因為是比較偏熱的組合，也會讓辛金的現象不穩定，雖然對辛日主來說是不錯的大運運勢，但對於感情婚姻方面卻會是不理想的搭配。

判斷四：其實不管是走哪一個大運，六十干支不管哪個組合，當流年出現正財和偏財的甲乙，也都可能會有感情婚姻變動，雖然這個判斷比較概括，但這個範圍會是相當有用的參考值，畢竟還是有它的原理和可能性。當辛日主在流年逢遇到他的正財桃花，也就是甲午或甲子年，則出現感情婚姻的變動的機率就非常的高，所以若是已婚，那就要注意到婚姻方面的狀況，但若是未婚，其實很適合選擇進入婚姻，或開始新感情。

判斷五：當命盤搭配過於弱，也就是八字和大運的搭配組合會讓日主變過弱，或是逢遇官殺過旺，則在感情婚姻方面就容易被變動，因為自我比較弱的人，很多時候都是屬於被決定的類型，當另一半選擇感情婚姻變動時，這樣的人似乎也沒有其他的選擇，像是逢到火土旺的夏運，對辛日主來說，感情婚姻也容易變不穩定。

以上五個基本判斷，能準確的判斷出辛日主的感情婚姻狀況，但是或許對很多人來說，這樣的解釋似乎還是不太容易懂，尤其是對於未曾接觸過八字理論的人，可能是更無法進入狀況，所以感情流年E值的輔助印證就更重要。

對辛日主來說，在判斷計算得出的流年分數時，有幾項注意事項，接下來會加入範例來解說，如果我們已經計算出每個流年的感情婚姻分數，假設為E：

當E高於50，甚至比50高很多時，那表示此流年的感情婚姻狀況屬於穩定，當然越高分越理想，甚至可以解釋為越高分越好，不管是所遇的人或狀況都會是比較如願的狀況。

當E高於50，甚至比50高很多時，另一個現象也會是人際人緣相當好，尤其是流年出現地支「子」與「午」的各種類型桃花，或是戊己出天干的流年，對辛日主來說都是不錯的搭配，貴人的現象會出現。

當E低於50，且甚至比50低很多時，就明顯是感情婚姻狀況不穩定，很可能會出現一些變動的現象，尤其是逢遇到甲乙流年出天干。但要注意到，所謂的感情變動，不只是分開或離婚，其實也包括了交往或是結婚，因為變動並不代表一定是分或合，應該解釋為目前的狀況出現變化，所以當你未婚或沒對象時，且逢遇到流年分數較低分，也可以是變成有對象或是結婚的選擇，但這些並不是好或壞的判斷，只是一個變動的現象。

當E低於50，且甚至比50低很多時，除了感情婚姻會有變動之外，可能是由於人際而引起，像是庚辛的流年，甚至可能會出現工作財務方面的狀況，特別是對男命來說，因為妻與財同論，所以也很可能出現錢財相關的變動，或是丙丁火的流年則要注意隨之而來的壓力。

當E值接近50，不管是高於或低於，還是有些許的變動性，其實無法完全排除變動的可能性，都還是需要去探討原理和原因，因為有時候當另一半的運勢較低時，就容易被影響到，或者被其他的原因所影響。

• 男命辛日主之一（辛卯日、辛未日、辛亥日）

《感情婚姻運的詳細解說》：辛日主天干所搭配一共有六組，因為地支的不同會影響到本命的旺弱，基本上地支影響比較大的部分，會是在個人個性特質上及感情運勢上，而其他的方面則地支的影響會較小些，不過若同是辛日主，因為地支卯未亥的桃花現象會比較類似，所以在這裡就把辛卯日、辛未日和辛亥日這三個日主一起來做解說。

月柱對日主的感情婚姻有基本的影響力，因為月柱是一般所謂的夫妻宮，而日主雖然有它一定的基本好壞高低排序，若再加入月柱的判斷之後，則可以看出一個命盤基本的感情婚姻水準。下面則要把各月柱對此三個日主的影響，和各月柱對此三日主的搭配做基本評分判斷，讓讀者從數值的內容對基本的感情好壞程度，有更清楚的了解，且能用數值去對照月柱的干支組合，也能更了解干支的影響現象。所以當辛卯日、辛未日和辛亥日主，對於月柱的各種干支搭配，它會產生的命盤基本感情高低現象，則代表此人的八字基本感情婚姻的水準，當然這個數值不能代表一切，也不能代表一輩子的感情現象，它只是一個基本的起點，如果要知道一生的感情起伏現象，以及一生的感情好壞走勢，就一定要搭配大運和流年，才能了解後天的影響和現象，也才會是比較準確的判斷。

當辛卯日、辛未日和辛亥日，逢到各月柱所產生的感情婚姻基本數值，以下圖表則是依據所有的月柱搭配，及所整理出的數值和解說，提供參考：（如圖66）

天干的地支搭配為「子」，像是甲子、丙子、戊子、庚子和壬子其實對辛卯日、辛未日和辛亥日三者來說，都是屬於桃花搭配，這也代表此人的八字基本搭配裡，本身的桃花就會比較多也比較明顯些，不過這是比較大方向的判斷，也不能完全就這樣單一判斷。

接下來要判斷更重要的部分，也就是大運和流年的感情運勢現象，因為這兩大部分才真

正影響到一生感情現象起落，而在這裡除了會用文字說明之外，當然也會提供感情婚姻數值，再加上簡單計算後，則能得到相當具參考價值的感情流年分數，可以讓讀者更容易了解和判別感情或婚姻現象。

筆者提供一個簡易的計算方式，能讓大家都可以更清楚的了解到，到底感情運勢的好與壞，以及如何去做判斷，且再加上詳細的範例解說，相信就能抓到重點。（如圖67）

感情婚姻分數計算的說明：

請先利用感情婚姻基本數值（月柱基本分）來做基礎，即先利用命盤裡的日主，依前一個圖表對照出月柱的分數，再依這個圖表（大運與流年）數值來做計算，在這裡的大運和流年都是使用同一

甲 寅 65	甲 辰 75	甲 午 70	甲 申 75	甲 戌 70	甲 子 85
乙 卯 75	乙 巳 70	乙 未 75	乙 酉 65	乙 亥 60	乙 丑 60
丙 寅 75	丙 辰 80	丙 午 70	丙 申 75	丙 戌 70	丙 子 90
丁 卯 80	丁 巳 70	丁 未 65	丁 酉 70	丁 亥 65	丁 丑 70
戊 寅 80	戊 辰 85	戊 午 65	戊 申 75	戊 戌 75	戊 子 85
己 卯 75	己 巳 65	己 未 60	己 酉 70	己 亥 65	己 丑 60
庚 寅 65	庚 辰 65	庚 午 70	庚 申 45	庚 戌 50	庚 子 60
辛 卯 75	辛 巳 60	辛 未 65	辛 酉 50	辛 亥 55	辛 丑 50
壬 寅 80	壬 辰 85	壬 午 80	壬 申 75	壬 戌 70	壬 子 80
癸 卯 85	癸 巳 80	癸 未 85	癸 酉 80	癸 亥 70	癸 丑 65
男命 辛卯 辛未 辛亥 之 月柱					

圖 66

圖表來判斷，而計算的公式如下列：

（月柱基本分Ｘ 0.1）＋（大運數值Ｘ 0.2）＋（流年數值 Ｘ 0.7）

計算出來的數值，其實就是代表流年的感情婚姻狀況，而就分數上來判斷，越高的分數代表此流年的感情婚姻現象越穩定，越低的分數則代表越不穩定。在這裡，並不是用分數的高低來做為好壞的判斷，因為流年的數值是一個穩定性的參考值，越穩定的感情婚姻現象分數就會越高，而越低的分數所代表的現象就是越不穩定。感情婚姻的好與壞，其實相當的主觀，或許相同狀況對不同的人來說，會是很不同的評語和感受，好或壞都是可能出現的結論，所以在這裡不用好壞來做評論，而是用「穩定」與「不穩定」來做為判斷標準，也會是更客觀更準確的分析方式。

甲 寅 30	甲 辰 35	甲 午 25	甲 申 30	甲 戌 25	甲 子 15
乙 卯 35	乙 巳 40	乙 未 30	乙 酉 25	乙 亥 30	乙 丑 30
丙 寅 60	丙 辰 75	丙 午 60	丙 申 65	丙 戌 70	丙 子 45
丁 卯 65	丁 巳 70	丁 未 65	丁 酉 60	丁 亥 75	丁 丑 70
戊 寅 75	戊 辰 80	戊 午 65	戊 申 90	戊 戌 85	戊 子 70
己 卯 50	己 巳 65	己 未 70	己 酉 60	己 亥 70	己 丑 65
庚 寅 55	庚 辰 65	庚 午 60	庚 申 45	庚 戌 55	庚 子 40
辛 卯 45	辛 巳 55	辛 未 55	辛 酉 50	辛 亥 60	辛 丑 55
壬 寅 85	壬 辰 90	壬 午 55	壬 申 85	壬 戌 75	壬 子 50
癸 卯 80	癸 巳 85	癸 未 75	癸 酉 65	癸 亥 80	癸 丑 75
男命 辛卯 辛未 辛亥 之 大運與流年					

圖 67

以下是此類別的舉例說明：（如圖68）

這是一個辛卯日主的男命，生於丁卯月，大運是從丙寅開始的逆運，六歲起運，每十年逢到六就會換大運，現在就舉兩個流年感情婚姻計算過程，此人的月柱基本分為80，是屬於相當理想的水準，而如果要計算虛歲27歲的流年E，則大運為甲子（15分），流年乙酉年（25分），代入公式得出的E為28.5，表示低於50且低很多，因為大運甲子是偏弱的正財，再加上流年乙酉也是偏弱偏財，正財偏財都出天干，所以很明顯會出現感情婚姻，甚至是工作財運的變動；如果要計算虛歲40歲的流年E，則大運為癸亥（80分），流年戊戌年（85分），代入公式得出的E為83.5，因為高於50且高出許多，所以是屬於相當穩定的感情狀況，從八

時柱	日柱(日主)	月柱	年柱	虛年	八字本命
46歲之後	31至45歲	16至30歲	1至15歲	歲限	
壬	辛	丁	己	四干	
辰	卯	卯	未	柱支	

56歲至65歲	46歲至55歲	36歲至45歲	26歲至35歲	16歲至25歲	6歲至15歲	虛年歲限	大運
辛	壬	癸	甲	乙	丙	干	
酉	戌	亥	子	丑	寅	支	

30	29	28	27	26	25	24	23	22	21	20	19	18	17	16	15	14	13	12	11	10	9	8	7	6	5	4	3	2	1	虛歲	流年
戊子	丁亥	丙戌	乙酉	甲申	癸未	壬午	辛巳	庚辰	己卯	戊寅	丁丑	丙子	乙亥	甲戌	癸酉	壬申	辛未	庚午	己巳	戊辰	丁卯	丙寅	乙丑	甲子	癸亥	壬戌	辛酉	庚申	己未	干支	
60	59	58	57	56	55	54	53	52	51	50	49	48	47	46	45	44	43	42	41	40	39	38	37	36	35	34	33	32	31	虛歲	
戊午	丁巳	丙辰	乙卯	甲寅	癸丑	壬子	辛亥	庚戌	己酉	戊申	丁未	丙午	乙巳	甲辰	癸卯	壬寅	辛丑	庚子	己亥	戊戌	丁酉	丙申	乙未	甲午	癸巳	壬辰	辛卯	庚寅	己丑	干支	

圖68

字的十神角色來看，戊戌對辛日主來說是相當理想的正印，貴人運相當理想，各方面的運勢都會是不錯的現象。

接下來的圖表就是計算過後所做的整理，一共是三個大運的三十個流年，是第兩個乙丑運、第三個甲子運和第四個癸亥運，以及圖表的範例說明。（如圖69）

	大運　乙丑　(數值：30)
流年	甲戌年 16歲 (數值：25) E值：31.5　注意事項：正財，注意感情變動
	乙亥年 17歲 (數值：30) E值：35　注意事項：偏財，注意感情變動
	丙子年 18歲 (數值：45) E值：45.5　注意事項：有壓力
	丁丑年 19歲 (數值：70) E值：63　注意事項：穩定
	戊寅年 20歲 (數值：75) E值：66.5　注意事項：穩定
	己卯年 21歲 (數值：50) E值：49　注意事項：注意小人
	庚辰年 22歲 (數值：65) E值：59.5　注意事項：注意人際的影響
	辛巳年 23歲 (數值：55) E值：52.5　注意事項：注意人際的影響
	壬午年 24歲 (數值：55) E值：52.5　注意事項：注意健康
	癸未年 25歲 (數值：75) E值：66.5　注意事項：穩定，忙碌
	大運　甲子　(數值：15)
流年	甲申年 26歲 (數值：30) E值：32　注意事項：正財，注意感情變動
	乙酉年 27歲 (數值：25) E值：28.5　注意事項：偏財，注意感情變動
	丙戌年 28歲 (數值：70) E值：60　注意事項：穩定
	丁亥年 29歲 (數值：75) E值：63.5　注意事項：穩定，忙碌
	戊子年 30歲 (數值：70) E值：60　注意事項：正印桃花，貴人運旺
	己丑年 31歲 (數值：65) E值：56.5　注意事項：注意小人
	庚寅年 32歲 (數值：55) E值：49.5　注意事項：注意人際的影響
	辛卯年 33歲 (數值：45) E值：42.5　注意事項：注意人際的影響
	壬辰年 34歲 (數值：90) E值：74　注意事項：穩定，有展現
	癸巳年 35歲 (數值：85) E值：70.5　注意事項：穩定
	大運　癸亥　(數值：80)
流年	甲午年 36歲 (數值：25) E值：41.5　注意事項：正財，注意感情變動
	乙未年 37歲 (數值：30) E值：45　注意事項：偏財，注意感情變動
	丙申年 38歲 (數值：65) E值：69.5　注意事項：穩定，有壓力
	丁酉年 39歲 (數值：60) E值：66　注意事項：穩定
	戊戌年 40歲 (數值：85) E值：83.5　注意事項：穩定
	己亥年 41歲 (數值：70) E值：73　注意事項：穩定
	庚子年 42歲 (數值：40) E值：52　注意事項：注意人際的影響
	辛丑年 43歲 (數值：55) E值：62.5　注意事項：注意人際的影響
	壬寅年 44歲 (數值：85) E值：83.5　注意事項：穩定，運勢旺
	癸卯年 45歲 (數值：80) E值：80　注意事項：穩定，忙碌

圖 69

從此圖表中可以發現，此人的感情大運走勢起伏相當大，但後面屬於穩定的運勢，從乙丑30，到甲子15，及癸亥80，整體來說後面越來越理想，不過某些流年的影響還是要注意，當逢遇到甲乙出天干的流年，以及庚辛出天干的流年，明顯都出現偏低或微低的數值，這也代表會出現變動現象，不管對此人來說是好或壞，總是要把握或是維持自己理想中的感情婚姻狀況，但如果此人在數值E較低的流年之前已婚，那很可能在逢到低E值時會再出現感情婚姻變動，這就要特別注意。而對辛日主男命來說，當出現甲乙財出天干的流年，也很可能是工作財運方面的變動，當然也可能財運與感情兩者都出現變動，也都無法排除可能性，所以在各方面都要多注意，總之偏低的E值很可能在男命的人生中出現比較大的變動或起落。

此命例當中有幾個數值落在50到65之間，雖然看起來都是高於50，當然都還算理想，但有些現象還是要了解和探討，像是丙己……流年，大都是超過判斷值，但並不是太高分，看起來也可能會有其他狀況出現，或因其他方面的狀況影響到感情婚姻，雖不能說百分百就是感情方面的影響，但也無法排除可能性，不過當然還要看個人的狀況而定，因為即使同命盤的人，也不一定在同一年裡出現一模一樣的狀況。而當中有好幾個流年數值超過70，雖然在圖表中只是標示為穩定，事實上，這幾個流年對此人來說，其實相當的理想，也很可能不只是在感情桃花婚姻方面，其實在各方面的運勢上，也都會是相當理想的流年運勢。

‧男命辛日主之二（辛巳日、辛酉日、辛丑日）

《感情婚姻運的詳細解說》：辛日主天干所搭配一共有六組，因為地支的不同會影響到本命的旺弱，基本上地支影響比較大的部分，會是在個人個性特質上及感情運勢上，而其他的方面則地支的影響會較小些，不過若同是辛日主，因為地支巳酉丑的桃花現象會比較類似，所以在這裡就把辛巳日、辛酉日和辛丑日這三個日主一起來做解說。

當辛巳日、辛酉日和辛丑日，逢到各月柱所產生的感情婚姻基本數值，以下圖表則是依據所有的月柱搭配，及所整理出的數值和解說，提供參考：（如圖70）

天干的地支搭配為「午」，像是甲午、丙午、戊午、庚午和壬午其實對辛巳日、辛酉日和辛丑日三者來說，都是屬於桃花搭配，這也代表此人的八字基本搭配裡，本身的桃花就會比較多也比較明顯些，不過這是比較大方向的判斷，也不能完全就這樣單一判斷。

接下來要判斷更重要的部分，也就是大運和流年的感情運勢現象，因為這兩大部分才真

正影響到一生感情現象起落，而在這裡除了會用文字說明之外，當然也會提供感情婚姻數值，再加上簡單計算後，則能得到相當具參考價值的感情流年分數，可以讓讀者更容易了解和判別感情或婚姻現象。

在此筆者提供一個簡易的計算方式，能讓大家都可以更清楚的了解到，到底感情運勢的好與壞，以及如何去做判斷，且再加上詳細的範例解說，相信就能抓到重點。（如圖71）

感情婚姻分數計算的說明：

請先利用感情婚姻基本數值（月柱基本分）來做基礎，即先利用命盤裡的日主，依前一個圖表對照出月柱的分數，再依這個圖表（大運與流年）數

甲 寅 65	甲 辰 75	甲 午 80	甲 申 75	甲 戌 70	甲 子 75
乙 卯 75	乙 巳 70	乙 未 75	乙 酉 65	乙 亥 60	乙 丑 60
丙 寅 75	丙 辰 80	丙 午 80	丙 申 75	丙 戌 70	丙 子 80
丁 卯 80	丁 巳 70	丁 未 65	丁 酉 70	丁 亥 65	丁 丑 70
戊 寅 80	戊 辰 85	戊 午 75	戊 申 75	戊 戌 75	戊 子 80
己 卯 75	己 巳 65	己 未 60	己 酉 70	己 亥 65	己 丑 60
庚 寅 65	庚 辰 65	庚 午 80	庚 申 45	庚 戌 50	庚 子 45
辛 卯 75	辛 巳 60	辛 未 65	辛 酉 50	辛 亥 55	辛 丑 50
壬 寅 80	壬 辰 85	壬 午 90	壬 申 75	壬 戌 70	壬 子 70
癸 卯 85	癸 巳 80	癸 未 85	癸 酉 80	癸 亥 70	癸 丑 65
男命 辛巳 辛酉 辛丑 之 月柱					

圖 70

值來做計算，在這裡的大運和流年都是使用同一圖表來判斷，而計算的公式如下列：

（月柱基本分Ｘ 0.1）＋（大運數值Ｘ 0.2）＋（流年數值 Ｘ 0.7）

計算出來的數值，其實就是代表流年的感情婚姻狀況，而就分數上來判斷，越高的分數代表此流年的感情婚姻現象越穩定，越低的分數則代表越不穩定。在這裡，並不是用分數的高低來做為好壞的判斷，因為流年的數值是一個穩定性的參考值，越穩定的感情婚姻現象分數就會越高，而越低的分數所代表的現象就是越不穩定。感情婚姻的好與壞，其實相當的主觀，或許相同狀況對不同的人來說，會是很不同的評語和感受，好或壞都是可能出現的結論，所以在這裡不用好壞來做評論，而是用「穩定」與「不穩定」來做為判斷標準，也會是更客觀

甲 寅 30	甲 辰 35	甲 午 15	甲 申 30	甲 戌 25	甲 子 25
乙 卯 35	乙 巳 40	乙 未 30	乙 酉 25	乙 亥 30	乙 丑 30
丙 寅 60	丙 辰 75	丙 午 50	丙 申 65	丙 戌 70	丙 子 55
丁 卯 65	丁 巳 70	丁 未 65	丁 酉 60	丁 亥 75	丁 丑 70
戊 寅 75	戊 辰 80	戊 午 55	戊 申 90	戊 戌 85	戊 子 75
己 卯 50	己 巳 65	己 未 70	己 酉 60	己 亥 70	己 丑 65
庚 寅 55	庚 辰 65	庚 午 50	庚 申 45	庚 戌 55	庚 子 50
辛 卯 45	辛 巳 55	辛 未 55	辛 酉 50	辛 亥 60	辛 丑 55
壬 寅 85	壬 辰 90	壬 午 45	壬 申 85	壬 戌 75	壬 子 65
癸 卯 80	癸 巳 85	癸 未 75	癸 酉 65	癸 亥 80	癸 丑 75
男命 辛巳 辛酉 辛丑 之 大運與流年					

圖 71

更準確的分析方式。

以下是此類別的舉例說明：（如圖72）

這是一個辛丑日主的男命，生於戊戌月，大運是從己亥開始的順運，七歲起運，每十年逢到七就會換大運，現在就舉兩個流年感情婚姻計算過程，此人的月柱基本分為75，是屬於相當理想的分數水準，而如果要計算虛歲29歲的流年E，則大運為辛丑（55分），流年甲申年（30分），代入公式得出的E為39.5，表示因為低於50 且低很多，大運辛丑是相當旺的比肩，再加上流年甲申是正財出天干，所以明顯會有感情的變動，甚至是工作財運變動；如果要計算虛歲37歲的流年E，則大運為壬寅（85分），流年壬辰年（90分），代入公式得出的E為87.5，因為高

時柱	日柱(日主)	月柱	年柱		八字本命
46歲之後	31至45歲	16至30歲	1至15歲	虛歲年限	
庚寅	辛丑	戊戌	丙辰	四柱干支	

57歲至66歲	47歲至56歲	37歲至46歲	27歲至36歲	17歲至26歲	7歲至16歲	虛歲年限	大運
甲辰	癸卯	壬寅	辛丑	庚子	己亥	干支	

30	29	28	27	26	25	24	23	22	21	20	19	18	17	16	15	14	13	12	11	10	9	8	7	6	5	4	3	2	1	虛歲	流年
乙酉	甲申	癸未	壬午	辛巳	庚辰	己卯	戊寅	丁丑	丙子	乙亥	甲戌	癸酉	壬申	辛未	庚午	己巳	戊辰	丁卯	丙寅	乙丑	甲子	癸亥	壬戌	辛酉	庚申	己未	戊午	丁巳	丙辰	干支	
60	59	58	57	56	55	54	53	52	51	50	49	48	47	46	45	44	43	42	41	40	39	38	37	36	35	34	33	32	31	虛歲	
乙卯	甲寅	癸丑	壬子	辛亥	庚戌	己酉	戊申	丁未	丙午	乙巳	甲辰	癸卯	壬寅	辛丑	庚子	己亥	戊戌	丁酉	丙申	乙未	甲午	癸巳	壬辰	辛卯	庚寅	己丑	戊子	丁亥	丙戌	干支	

圖 72

於50且高出許多，所以是屬於相當穩定的運勢狀況，從八字的十神角色來看，壬寅加上壬辰對辛丑日來說雖是相當有用的傷官，會有不錯的投資運，各方面運勢都相當穩定。

接下來的圖表就是計算過後所做的整理，一共是三個大運的三十個流年，是第兩個庚子運、第三個辛丑運和第四個壬寅運，以及圖表的範例說明。（如圖73）

	大 運　庚子　(數值：50　)
流年	壬申年 17歲 (數值：85) E值：77　注意事項：穩定，運勢旺
	癸酉年 18歲 (數值：65) E值：63　注意事項：穩定
	甲戌年 19歲 (數值：25) E值：35　注意事項：正財，注意感情變動
	乙亥年 20歲 (數值：30) E值：38.5　注意事項：偏財，注意感情變動
	丙子年 21歲 (數值：55) E值：56　注意事項：有壓力
	丁丑年 22歲 (數值：70) E值：66.5　注意事項：穩定
	戊寅年 23歲 (數值：75) E值：70　注意事項：穩定
	己卯年 24歲 (數值：50) E值：52.5　注意事項：注意小人
	庚辰年 25歲 (數值：65) E值：63　注意事項：注意人際的影響
	辛巳年 26歲 (數值：55) E值：56　注意事項：注意人際的影響
	大 運　辛丑　(數值：55　)
流年	壬午年 27歲 (數值：45) E值：50　注意事項：傷官桃花，注意變動
	癸未年 28歲 (數值：75) E值：71　注意事項：穩定
	甲申年 29歲 (數值：30) E值：39.5　注意事項：正財，注意感情變動
	乙酉年 30歲 (數值：25) E值：36　注意事項：偏財，注意感情變動
	丙戌年 31歲 (數值：70) E值：67.5　注意事項：穩定，有壓力
	丁亥年 32歲 (數值：75) E值：71　注意事項：穩定
	戊子年 33歲 (數值：75) E值：71　注意事項：穩定，有貴人
	己丑年 34歲 (數值：65) E值：64　注意事項：穩定
	庚寅年 35歲 (數值：55) E值：57　注意事項：注意人際的影響
	辛卯年 36歲 (數值：45) E值：50　注意事項：注意人際的影響
	大 運　壬寅　(數值：85　)
流年	壬辰年 37歲 (數值：90) E值：87.5　注意事項：穩定，投資運旺
	癸巳年 38歲 (數值：85) E值：84　注意事項：穩定
	甲午年 39歲 (數值：15) E值：35　注意事項：正財桃花，注意感情變動
	乙未年 40歲 (數值：30) E值：45.5　注意事項：偏財，注意感情變動
	丙申年 41歲 (數值：65) E值：70　注意事項：穩定，有壓力
	丁酉年 42歲 (數值：60) E值：66.5　注意事項：穩定
	戊戌年 43歲 (數值：85) E值：84　注意事項：穩定
	己亥年 44歲 (數值：70) E值：73.5　注意事項：穩定
	庚子年 45歲 (數值：50) E值：59.5　注意事項：注意人際的影響
	辛丑年 46歲 (數值：55) E值：63　注意事項：注意人際的影響

圖 73

從此圖表中可以發現，此人的感情大運走勢屬於越來越穩定，從庚子50，到辛丑55，及壬寅85，整體來說是很不錯的走勢，但還是要注意某些流年出現的影響，當逢遇到甲乙出天干的流年，以及庚辛出天干的流年，明顯都出現偏低或微低的數值，這也代表會出現變動現象，不管對此人來說是好或壞，總是要把握或是維持自己理想中的感情婚姻狀況，但如果此人在數值E較低的流年之前已婚，那很可能在逢到低E值時會再出現感情婚姻變動，這就要特別注意。而對辛日主男命來說，當出現甲乙財出天干的流年，也很可能是工作財運方面的變動，當然也可能財運與感情兩者都出現變動，也都無法排除可能性，所以在各方面都要多注意，總之偏低的E值很可能在男命的人生中出現比較大的變動或起落。

此命例當中有幾個數值落在50到65之間，雖然看起來都是高於50，當然都還算理想，但有些現象還是要了解和探討，像是丙丁……流年，都是超過判斷值，並不是太高分，看起來也可能會有其他狀況出現，或因其他方面的狀況影響到感情婚姻，雖不能說百分百就是感情方面的影響，但也無法排除可能性，不過當然還要看個人的狀況而定，因為即使同命盤的人，也不一定在同一年裡出現一模一樣的狀況。而當中有好幾個流年數值超過70，雖然在圖表中只是標示為穩定，事實上，這幾個流年對此人來說，其實相當的理想，也很可能不只是在感情桃花婚姻方面，其實在各方面的運勢上也都會不錯。

《壬日主》

以下是壬日主男命，對大運和流年干支的基本現象判斷方式的介紹：

判斷一：當大運逢遇到比肩和劫財（壬癸），代表人際方面容易出現變動，雖不一定絕對會影響到感情婚姻，不過也不能排除可能性，尤其是比較旺的壬癸干支搭配，像是壬申、壬子及壬戌或癸亥……影響會比弱的壬癸更明顯。而如果比劫的大運，再逢遇到正財或偏財（丁丙）出天干的流年，尤其是正財丁，就容易出現感情或婚姻的變動。

判斷二：當大運逢遇到正財和偏財（丁丙），代表工作財運或是感情婚姻容易出現變動，雖不一定保證是感情會出狀況，但因為丙丁大運通常會是二十年，而當中也勢必會逢遇到壬癸或丙丁流年，所以至少就會有四或五次的起伏變動，也所以無法說一定不會是感情婚姻的變動，尤其是若流年又是逢到丙丁，則就要很注意到婚姻方面的狀況。

判斷三：當大運走得比較熱，但不是前面提到的丙丁或壬癸天干，而是夏運的庚午、辛未、戊午……因為是比較偏熱的組合，也會讓壬水的現象不穩定，雖然對壬日主來說是很不錯的大運運勢，但對於感情婚姻方面卻會是不穩定的搭配。

判斷四：其實不管是走哪一個大運，六十干支不管哪個組合，當流年出現正財和偏財的丁丙，也都可能會有感情婚姻變動，雖然這個判斷比較概括，但這個範圍會是相當有用的參考值，畢竟還是有它的原理和可能性。當壬日主在流年逢遇到他的正財桃花，也就是丁卯或丁酉年，則出現感情婚姻的變動的機率就非常的高，所以若是已婚，那就要注意到婚姻方面的狀況，但若是未婚，其實很適合選擇進入婚姻，或開始新感情。

判斷五：當命盤搭配過於弱，也就是八字和大運的搭配組合會讓日主變過弱，或是逢遇官殺過旺，則在感情婚姻方面就容易被變動，因為自我比較弱的人，很多時候都是屬於被決定的類型，當另一半選擇感情婚姻變動時，這樣的人似乎也沒有其他的選擇，像是逢到火土旺的夏運，對壬日主來說，感情婚姻也容易不穩定。

以上五個基本判斷，能準確的判斷出壬日主的感情婚姻狀況，但是或許對很多人來說，這樣的解釋似乎還是不太容易懂，尤其是對於未曾接觸過八字理論的人，可能是更無法進入狀況，所以感情流年E值的輔助印證就更重要。

對壬日主來說，在判斷計算得出的流年分數時，有幾項注意事項，接下來會加入範例來解說，如果我們已經計算出每個流年的感情婚姻分數，假設為E：

當E高於50，甚至比50高很多時，那表示此流年的感情婚姻狀況屬於穩定，當然越高分越理想，甚至可以解釋為越高分越好，不管是所遇的人或狀況都會是比較如願的狀況。

當E高於50，甚至比50高很多時，另一個現象也會是人際人緣相當好，尤其是流年出現地支「卯」與「酉」的各種類型桃花，或是庚辛出天干的流年，對壬日主來說都是不錯的搭配，貴人的現象會出現。

當E低於50，且甚至比50低很多時，就明顯是感情婚姻狀況不穩定，很可能會出現一些變動的現象，尤其是逢遇到丙丁流年出天干。但要注意到，所謂的感情變動，不只是分開或離婚，其實也包括了交往或是結婚，因為變動並不代表一定是分或合，應該解釋為目前的狀況出現變化，所以當你未婚或沒對象時，且逢遇到流年分數較低分，也可以是變成有對象或是結婚的選擇，但這些並不是好或壞的判斷，只是一個變動的現象。

當E低於50，且甚至比50低很多時，除了感情婚姻會有變動之外，可能是由於人際而引起，像是壬癸的流年，甚至可能會出現工作財務方面的狀況，特別是對男命來說，因為妻與財同論，所以也很可能出現錢財相關的變動，或是戊己土的流年則要注意隨之而來的壓力。

當E值接近50，不管是高於或低於，還是有些許的變動性，其實無法完全排除變動的可能性，都還是需要去探討原理和原因，因為有時候當另一半的運勢較低時，就容易被影響到，或者被其他的原因所影響。

・男命壬日主之一（壬寅日、壬午日、壬戌日）

《感情婚姻運的詳細解說》：壬日主天干所搭配一共有六組，因為地支的不同會影響到本命的旺弱，基本上地支影響比較大的部分，會是在個人個性特質上及感情運勢上，而其他的方面則地支的影響會較小些，不過若同是壬日主，因為地支卯未亥的桃花現象會比較類似，所以在這裡就把壬寅日、壬午日和壬戌日這三個日主一起來做解說。

月柱對日主的感情婚姻有基本的影響力，因為月柱是一般所謂的夫妻宮，而日主雖然有它一定的基本好壞高低排序，若再加入月柱的判斷之後，則可以看出一個命盤基本的感情婚姻水準。下面則要把各月柱對此三個日主的影響，和各月柱對此三日主的搭配做基本評分判斷，讓讀者從數值的內容對基本的感情好壞程度，有更清楚的了解，且能用數值去對照月柱的干支組合，也能更了解干支的影響現象。所以當壬寅日、壬午日和壬戌日主，對於月柱的各種干支搭配，它會產生的命盤基本感情高低現象，則代表此人的八字基本感情婚姻的水準，當然這個數值不能代表一切，也不能代表一輩子的感情現象，它只是一個基本的起點，如果要知道一生的感情起伏現象，以及一生的感情好壞走勢，就一定要搭配大運和流年，才能了解後天的影響和現象，也才會是比較準確的判斷。

當壬寅日、壬午日和壬戌日，逢到各月柱所產生的感情婚姻基本數值，以下圖表則是依據所有的月柱搭配，及所整理出的數值和解說，提供參考：（如圖74）

天干的地支搭配為「卯」，像是乙卯、丁卯、

甲寅75	甲辰85	甲午75	甲申80	甲戌70	甲子65
乙卯80	乙巳80	乙未70	乙酉65	乙亥60	乙丑55
丙寅65	丙辰60	丙午55	丙申65	丙戌70	丙子75
丁卯80	丁巳65	丁未60	丁酉70	丁亥65	丁丑70
戊寅75	戊辰80	戊午70	戊申80	戊戌75	戊子70
己卯70	己巳70	己未65	己酉65	己亥70	己丑60
庚寅75	庚辰80	庚午75	庚申60	庚戌70	庚子75
辛卯85	辛巳75	辛未70	辛酉70	辛亥75	辛丑70
壬寅60	壬辰65	壬午70	壬申60	壬戌50	壬子45
癸卯70	癸巳70	癸未65	癸酉70	癸亥45	癸丑50
男命 壬寅 壬午 壬戌 之 月柱					

圖 74

己卯、辛卯和癸卯其實對壬寅日、壬午日、和壬戌日三者來說，都是屬於桃花搭配，這也代表此人的八字基本搭配裡，本身的桃花就會比較多也比較明顯些，不過這是比較大方向的判斷，也不能完全就這樣單一判斷。

接下來要判斷更重要的部分，也就是大運和流年的感情運勢現象，因為這兩大部分才真正影響到一生感情現象起落，而在這裡除了會用文字說明之外，當然也會提供感情婚姻數值，再加上簡單計算後，則能得到相當具參考價值的感情流年分數，可以讓讀者更容易了解和判別感情或婚姻現象。

筆者提供一個簡易的計算方式，能讓大家都可以更清楚的了解到，到底感情運勢的好與壞，以及如何去做判斷，且再加上詳細的範例解說，相信就能抓到重點。（如圖75）

感情婚姻分數計算的說明：

請先利用感情婚姻基本數值（月柱基本分）來做基礎，即先利用命盤裡的日主，依前一個圖表對照出月柱的分數，再依這個圖表（大運與流年）數值來做計算，在這裡的大運和流

年都是使用同一圖表來判斷，而計算的公式如下列：

（月柱基本分Ｘ0.1）＋（大運數值Ｘ0.2）＋（流年數值 Ｘ 0.7）

計算出來的數值，其實就是代表流年的感情婚姻狀況，而就分數上來判斷，越高的分數代表此流年的感情婚姻現象越穩定，越低的分數則代表越不穩定。在這裡，並不是用分數的高低來做為好壞的判斷，因為流年的數值是一個穩定性的參考值，越穩定的感情婚姻現象分數就會越高，而越低的分數所代表的現象就是越不穩定。感情婚姻的好與壞，其實相當的主觀，或許相同狀況對不同的人來說，會是很不同的評語和感受，好或壞都是可能出現的結論，所以在這裡不用好壞來做評論，而是用「穩定」與「不穩定」來做為判斷標準，也會是更客觀

甲 寅 75	甲 辰 85	甲 午 65	甲 申 75	甲 戌 70	甲 子 60
乙 卯 50	乙 巳 65	乙 未 70	乙 酉 70	乙 亥 60	乙 丑 55
丙 寅 40	丙 辰 45	丙 午 35	丙 申 40	丙 戌 35	丙 子 30
丁 卯 25	丁 巳 50	丁 未 45	丁 酉 35	丁 亥 30	丁 丑 35
戊 寅 70	戊 辰 85	戊 午 70	戊 申 80	戊 戌 75	戊 子 60
己 卯 40	己 巳 60	己 未 65	己 酉 55	己 亥 50	己 丑 55
庚 寅 60	庚 辰 70	庚 午 55	庚 申 60	庚 戌 65	庚 子 50
辛 卯 45	辛 巳 55	辛 未 60	辛 酉 65	辛 亥 60	辛 丑 55
壬 寅 50	壬 辰 60	壬 午 50	壬 申 65	壬 戌 60	壬 子 45
癸 卯 40	癸 巳 55	癸 未 60	癸 酉 60	癸 亥 65	癸 丑 55
男命 壬寅 壬午 壬戌 之 大運與流年					

圖 75

更準確的分析方式。

以下是此類別的舉例說明：（如圖76）

這是一個壬寅日主的男命，生於庚申月，大運是從辛酉開始的順運，八歲起運，每十年逢到八就會換大運，現在就舉兩個流年感情婚姻計算過程，此人的月柱基本分為60，是屬於相當理想的水準，而如果要計算虛歲20歲的流年E，則大運為壬戌（50分），流年丁亥年（30分），代入公式得出的E為37，表示低於50且低很多，因為大運壬戌是偏旺的比肩，再加上流年丁亥是偏弱正財，正財被比肩明顯影響不穩定，所以很明顯會出現感情婚姻，甚至是工作財運的變動；如果要計算虛歲37歲的流年E，則大運為癸亥（40分），流年甲辰年（85分），代入公式得出的E為73.5，因為高於50

時柱	日柱(日主)	月柱	年柱	虛年歲限	八字本命
46歲之後	31至45歲	16至30歲	1至15歲		
丙午	壬寅	庚申	戊辰	四柱干支	

58歲至67歲	48歲至57歲	38歲至47歲	28歲至37歲	18歲至27歲	8歲至17歲	虛年歲限	大運
丙寅	乙丑	甲子	癸亥	壬戌	辛酉	干支	

30	29	28	27	26	25	24	23	22	21	20	19	18	17	16	15	14	13	12	11	10	9	8	7	6	5	4	3	2	1	虛歲	流年
丁酉	丙申	乙未	甲午	癸巳	壬辰	辛卯	庚寅	己丑	戊子	丁亥	丙戌	乙酉	甲申	癸未	壬午	辛巳	庚辰	己卯	戊寅	丁丑	丙子	乙亥	甲戌	癸酉	壬申	辛未	庚午	己巳	戊辰	干支	
60	59	58	57	56	55	54	53	52	51	50	49	48	47	46	45	44	43	42	41	40	39	38	37	36	35	34	33	32	31	虛歲	
丁卯	丙寅	乙丑	甲子	癸亥	壬戌	辛酉	庚申	己未	戊午	丁巳	丙辰	乙卯	甲寅	癸丑	壬子	辛亥	庚戌	己酉	戊申	丁未	丙午	乙巳	甲辰	癸卯	壬寅	辛丑	庚子	己亥	戊戌	干支	

圖 76

且高出許多，所以是屬於相當穩定的感情狀況，從八字的十神角色來看，甲辰對壬日主來說是相當理想的食神，投資運相當理想，各方面的運勢都會是不錯的現象。

接下來的圖表就是計算過後所做的整理，一共是三個大運的三十個流年，是第兩個壬戌運、第三個癸亥運和第四個甲子運，以及圖表的範例說明。（如圖77）

	大運　壬戌　(數值：50　)
流	乙酉年18歲(數值：70) E值：65　注意事項：穩定
	丙戌年19歲(數值：35) E值：40.5　注意事項：偏財，注意感情變動
	丁亥年20歲(數值：30) E值：37　注意事項：正財，注意感情變動
	戊子年21歲(數值：60) E值：58　注意事項：穩定，有貴人
	己丑年22歲(數值：55) E值：54.5　注意事項：注意工作與健康
年	庚寅年23歲(數值：60) E值：58　注意事項：穩定
	辛卯年24歲(數值：45) E值：47.5　注意事項：注意小人
	壬辰年25歲(數值：55) E值：54.5　注意事項：注意人際的影響
	癸巳年26歲(數值：45) E值：47.5　注意事項：注意人際的影響
	甲午年27歲(數值：65) E值：61.5　注意事項：穩定
	大運　癸亥　(數值：40　)
流	乙未年28歲(數值：70) E值：63　注意事項：穩定
	丙申年29歲(數值：40) E值：42　注意事項：偏財，注意感情變動
	丁酉年30歲(數值：35) E值：38.5　注意事項：正財，注意感情變動
	戊戌年31歲(數值：75) E值：66.5　注意事項：穩定
	己亥年32歲(數值：50) E值：49　注意事項：有壓力，忙碌
年	庚子年33歲(數值：50) E值：49　注意事項：運勢不穩定
	辛丑年34歲(數值：55) E值：52.5　注意事項：注意工作財運
	壬寅年35歲(數值：50) E值：49　注意事項：注意人際的影響
	癸卯年36歲(數值：40) E值：42　注意事項：劫財桃花，注意人際的影響
	甲辰年37歲(數值：85) E值：73.5　注意事項：穩定
	大運　甲子　(數值：60　)
流	乙巳年38歲(數值：65) E值：63.5　注意事項：穩定
	丙午年39歲(數值：30) E值：39　注意事項：偏財，注意感情變動
	丁未年40歲(數值：35) E值：42.5　注意事項：正財，注意感情變動
	戊申年41歲(數值：80) E值：74　注意事項：穩定
	己酉年42歲(數值：55) E值：56.5　注意事項：運勢不穩定
年	庚戌年43歲(數值：65) E值：63.5　注意事項：穩定，有貴人
	辛亥年44歲(數值：60) E值：63　注意事項：穩定
	壬子年45歲(數值：45) E值：49.5　注意事項：注意人際的影響
	癸丑年46歲(數值：55) E值：56.5　注意事項：注意人際的影響
	甲寅年47歲(數值：75) E值：70.5　注意事項：穩定，投資運旺

圖 77

從此圖表中可以發現，此人的感情大運走勢有些起伏，但後面屬於穩定的運勢，從壬戌50，到癸亥40，及甲子60，整體來說後面越來越理想，不過某些流年的影響還是要注意，當逢遇到丙丁出天干的流年，以及壬癸出天干的流年，明顯都出現偏低或微低的數值，這也代表會出現變動現象，不管對此人來說是好或壞，總是要把握或是維持自己理想中的感情婚姻狀況，但如果此人在數值E較低的流年之前已婚，那很可能在逢到低E值時會再出現感情婚姻變動，這就要特別注意。而對壬日主男命來說，當出現丙丁財出天干的流年，也很可能是工作財運方面的變動，當然也可能財運與感情兩者都出現變動，也都無法排除可能性，所以在各方面都要多注意，總之偏低的E值很可能在男命的人生中出現比較大的變動或起落。

此命例當中有幾個數值落在50到65之間，雖然看起來都是高於50，當然都還算理想，但有些現象還是要了解和探討，像是庚辛……流年，大都是超過判斷值，但並不是太高分，看起來也可能會有其他狀況出現，或因其他方面的狀況影響到感情婚姻，雖不能說百分百就是感情方面的影響，但也無法排除可能性，不過當然還要看個人的狀況而定，因為即使同命盤的人，也不一定在同一年裡出現一模一樣的狀況。而當中有好幾個流年數值超過70，雖然在圖表中只是標示為穩定，事實上，這幾個流年對此人來說，其實相當的理想，也很可能不只是在感情桃花婚姻方面，其實在各方面的運勢上，也都會是相當理想的流年運勢。

・男命壬日主之二（壬辰日、壬申日、壬子日）

《感情婚姻運的詳細解說》：壬日主天干所搭配一共有六組，因為地支的不同會影響到本命的旺弱，基本上地支影響比較大的部分，會是在個人個性特質上及感情運勢上，而其他的方面則地支的影響會較小些，不過若同是壬日主，因為地支辰申子的桃花現象會比較類似，所以在這裡就把壬辰日、壬申日和壬子日這三個日主一起來做解說。

當壬辰日、壬申日和壬子日，逢到各月柱所產生的感情婚姻基本數值，以下圖表則是依據所有的月柱搭配，及所整理出的數值和解說，提供參考：（如圖78）

天干的地支搭配為「酉」，像是乙酉、丁酉、己酉、辛酉和癸酉其實對壬辰日、壬申日和壬子日三者來說，都是屬於桃花搭配，這也代表此人的八字基本搭配裡，本身的桃花就會比較多也比較明顯些，不過這是比較大方向的判斷，也不能完全就這樣單一判斷。

接下來要判斷更重要的部分，也就是大運和流年的感情運勢現象，因為這兩大部分才真

正影響到一生感情現象起落，而在這裡除了會用文字說明之外，當然也會提供感情婚姻數值，再加上簡單計算後，則能得到相當具參考價值的感情流年分數，可以讓讀者更容易了解和判別感情或婚姻現象。

在此筆者提供一個簡易的計算方式，能讓大家都可以更清楚的了解到，到底感情運勢的好與壞，以及如何去做判斷，且再加上詳細的範例解說，相信就能抓到重點。（如圖79）

感情婚姻分數計算的說明：

請先利用感情婚姻基本數值（月柱基本分）來做基礎，即先利用命盤裡的日主，依前一個圖表對照出月柱的分數，再依這個圖表（大運與流年）數值來做計算，在這裡的大運和流年都是使用同一圖

甲 寅 75	甲 辰 85	甲 午 75	甲 申 80	甲 戌 70	甲 子 65
乙 卯 70	乙 巳 80	乙 未 70	乙 酉 85	乙 亥 60	乙 丑 55
丙 寅 65	丙 辰 60	丙 午 55	丙 申 65	丙 戌 70	丙 子 75
丁 卯 70	丁 巳 65	丁 未 60	丁 酉 80	丁 亥 65	丁 丑 70
戊 寅 75	戊 辰 80	戊 午 70	戊 申 80	戊 戌 75	戊 子 70
己 卯 55	己 巳 70	己 未 65	己 酉 75	己 亥 70	己 丑 60
庚 寅 75	庚 辰 80	庚 午 75	庚 申 60	庚 戌 70	庚 子 75
辛 卯 80	辛 巳 75	辛 未 70	辛 酉 75	辛 亥 75	辛 丑 70
壬 寅 60	壬 辰 65	壬 午 70	壬 申 60	壬 戌 50	壬 子 45
癸 卯 65	癸 巳 70	癸 未 65	癸 酉 75	癸 亥 45	癸 丑 50
男命 壬辰 壬申 壬子 之 月柱					

圖 78

表來判斷，而計算的公式如下列：

（月柱基本分X 0.1）+（大運數值X 0.2）+（流年數值 X 0.7）

計算出來的數值，其實就是代表流年的感情婚姻狀況，而就分數上來判斷，越高的分數代表此流年的感情婚姻現象越穩定，越低的分數則代表越不穩定。在這裡，並不是用分數的高低來做為好壞的判斷，因為流年的數值是一個穩定性的參考值，越穩定的感情婚姻現象分數就會越高，而越低的分數所代表的現象就是越不穩定。感情婚姻的好與壞，其實相當的主觀，或許相同狀況對不同的人來說，會是很不同的評語和感受，好或壞都是可能出現的結論，所以在這裡不用好壞來做評論，而是用「穩定」與「不穩定」來做為判斷標準，也會是更客觀更準確的分析方式。

甲寅 75	甲辰 85	甲午 65	甲申 75	甲戌 70	甲子 60
乙卯 60	乙巳 65	乙未 70	乙酉 45	乙亥 60	乙丑 55
丙寅 40	丙辰 45	丙午 35	丙申 40	丙戌 35	丙子 30
丁卯 30	丁巳 50	丁未 45	丁酉 25	丁亥 30	丁丑 35
戊寅 70	戊辰 85	戊午 70	戊申 80	戊戌 75	戊子 60
己卯 50	己巳 60	己未 65	己酉 55	己亥 50	己丑 55
庚寅 60	庚辰 70	庚午 55	庚申 60	庚戌 65	庚子 50
辛卯 50	辛巳 55	辛未 60	辛酉 55	辛亥 60	辛丑 55
壬寅 50	壬辰 60	壬午 50	壬申 65	壬戌 60	壬子 45
癸卯 55	癸巳 55	癸未 60	癸酉 40	癸亥 65	癸丑 55
男命 壬辰 壬申 壬子 之 大運與流年					

圖 79

以下是此類別的舉例說明：（如圖80）

這是一個壬申日主的男命，生於甲寅月，大運是從癸丑開始的逆運，三歲起運，每十年逢到三就會換大運，現在就舉兩個流年感情婚姻計算過程，此人的月柱基本分為75，是屬於相當理想的分數水準，而如果要計算虛歲25歲的流年E，則大運為辛亥（60分），流年丁亥年（30分），代入公式得出的E為40.5，表示因為低於50且低很多，大運辛亥是相當旺的正印，再加上流年丁亥是相當弱的正財出天干，所以明顯會有感情的變動，甚至是工作財運變動；如果要計算虛歲36歲的流年E，則大運為庚戌（65分），流年戊戌年（75分），代入公式得出的E為73，因為高於50且高出許多，所以是屬於相當穩定的運勢狀況，從八字

時柱	日柱(日主)	月柱	年柱	虛年	八字本命
46歲之後	31至45歲	16至30歲	1至15歲	歲限	
乙 巳	壬 申	甲 寅	癸 亥	四干 柱支	

53歲至62歲	43歲至52歲	33歲至42歲	23歲至32歲	13歲至22歲	3歲至12歲	虛年 歲限	大運
戊 申	己 酉	庚 戌	辛 亥	壬 子	癸 丑	干 支	

30	29	28	27	26	25	24	23	22	21	20	19	18	17	16	15	14	13	12	11	10	9	8	7	6	5	4	3	2	1	虛歲	流年
壬辰	辛卯	庚寅	己丑	戊子	丁亥	丙戌	乙酉	甲申	癸未	壬午	辛巳	庚辰	己卯	戊寅	丁丑	丙子	乙亥	甲戌	癸酉	壬申	辛未	庚午	己巳	戊辰	丁卯	丙寅	乙丑	甲子	癸亥	干支	
60	59	58	57	56	55	54	53	52	51	50	49	48	47	46	45	44	43	42	41	40	39	38	37	36	35	34	33	32	31	虛歲	
壬戌	辛酉	庚申	己未	戊午	丁巳	丙辰	乙卯	甲寅	癸丑	壬子	辛亥	庚戌	己酉	戊申	丁未	丙午	乙巳	甲辰	癸卯	壬寅	辛丑	庚子	己亥	戊戌	丁酉	丙申	乙未	甲午	癸巳	干支	

圖 80

的十神角色來看，流年戊戌對大運庚戌和壬申日來說是相當理想的厚土，各方面運勢都會相當穩定。

接下來的圖表就是計算過後所做的整理，一共是三個大運的三十個流年，是第兩個壬子運、第三個辛亥運和第四個庚戌運，以及圖表的範例說明。（如圖81）

	大運　　壬子　（數值：45）
流年	乙亥年 13歲（數值：60）E植：58.5 注意事項：穩定
	丙子年 14歲（數值：30）E植：37.5 注意事項：偏財，注意感情變動
	丁丑年 15歲（數值：35）E植：41 注意事項：正財，注意感情變動
	戊寅年 16歲（數值：70）E植：65.5 注意事項：穩定，有貴人
	己卯年 17歲（數值：50）E植：51.5 注意事項：忙碌，運勢不穩定
	庚辰年 18歲（數值：70）E植：65.5 注意事項：穩定
	辛巳年 19歲（數值：55）E植：55 注意事項：注意小人
	壬午年 20歲（數值：40）E植：44.5 注意事項：注意人際影響
	癸未年 21歲（數值：45）E植：48 注意事項：注意人際影響
	甲申年 22歲（數值：75）E植：69 注意事項：穩定
	大運　　辛亥　（數值：60）
流年	乙酉年 23歲（數值：45）E植：51 注意事項：傷官桃花，注意健康
	丙戌年 24歲（數值：35）E植：44 注意事項：偏財，注意感情變動
	丁亥年 25歲（數值：30）E植：40.5 注意事項：正財，注意感情變動
	戊子年 26歲（數值：60）E植：61.5 注意事項：穩定
	己丑年 27歲（數值：55）E植：58 注意事項：有壓力，忙碌
	庚寅年 28歲（數值：60）E植：61.5 注意事項：穩定
	辛卯年 29歲（數值：50）E植：54.5 注意事項：注意小人
	壬辰年 30歲（數值：60）E植：61.5 注意事項：注意人際影響
	癸巳年 31歲（數值：50）E植：54.5 注意事項：注意人際影響
	甲午年 32歲（數值：65）E植：65 注意事項：穩定
	大運　　庚戌　（數值：65）
流年	乙未年 33歲（數值：70）E植：69.5 注意事項：穩定
	丙申年 34歲（數值：40）E植：48.5 注意事項：偏財，注意感情變動
	丁酉年 35歲（數值：25）E植：38 注意事項：正財，注意感情變動
	戊戌年 36歲（數值：75）E植：73 注意事項：穩定
	己亥年 37歲（數值：50）E植：55.5 注意事項：運勢不穩定
	庚子年 38歲（數值：50）E植：55.5 注意事項：注意投資和健康
	辛丑年 39歲（數值：55）E植：59 注意事項：穩定
	壬寅年 40歲（數值：50）E植：55.5 注意事項：注意人際影響
	癸卯年 41歲（數值：45）E植：52 注意事項：注意人際影響
	甲辰年 42歲（數值：85）E植：80 注意事項：穩定，投資運旺

圖 81

從此圖表中可以發現，此人的感情大運走勢屬於越來越穩定，從壬子45，到辛亥60，及庚戌65，整體來說是很不錯的走勢，但還是要注意某些流年出現的影響，當逢遇到丙丁出天干的流年，以及壬癸出天干的流年，明顯都出現偏低或微低的數值，這也代表會出現變動現象，不管對此人來說是好或壞，總是要把握或是維持自己理想中的感情婚姻狀況，但如果此人在數值E較低的流年之前已婚，那很可能在逢到低E值時會再出現感情婚姻變動，這就要特別注意。而對壬日主男命來說，當出現丙丁財出天干的流年，也很可能是工作財運方面的變動，當然也可能財運與感情兩者都出現變動，也都無法排除可能性，所以在各方面都要多注意，總之偏低的E值很可能在男命的人生中出現比較大的變動或起落。

此命例當中有幾個數值落在50到60之間，雖然看起來都是高於50，當然都還算理想，但有些現象還是要了解和探討，像是乙己……流年，都是超過判斷值，並不是太高分，看起來也可能會有其他狀況出現，或因其他方面的狀況影響到感情婚姻，雖不能說百分百就是感情方面的影響，但也無法排除可能性，不過當然還要看個人的狀況而定，因為即使同命盤的人，也不一定在同一年裡出現一模一樣的狀況。而當中有好幾個流年數值超過60，或是更高分，雖然在圖表中只是標示為穩定，事實上，這幾個流年對此人來說，其實相當的理想，也很可能不只是在感情桃花婚姻方面，其實在各方面的運勢上都會不錯。

《癸日主》

以下是癸日主男命，對大運和流年干支的基本現象判斷方式的介紹：

判斷一：當大運逢遇到比肩和劫財（癸壬），代表人際方面容易出現變動，雖不一定絕對會影響到感情婚姻，不過也不能排除可能性，尤其是比較旺的壬癸干支搭配，像是壬申、壬子及壬戌或癸亥……影響會比弱的壬癸更明顯。而如果比劫的大運，再逢遇到正財或偏財（丙丁）出天干的流年，尤其是正財丙，則容易出現感情或婚姻的變動。

判斷二：當大運逢遇到正財和偏財（丙丁），代表工作財運或是感情婚姻容易出現變動，雖不一定保證是感情會出狀況，但因為丙丁大運通常會是二十年，而當中也勢必會逢遇到壬癸或丙丁流年，所以至少就會有四或五次的起伏變動，也所以無法說一定不會是感情婚姻的變動，尤其是若流年又是逢到丙丁，則就要很注意到婚姻方面的狀況。

判斷三：當大運走得比較熱，但不是前面提到的丙丁或壬癸天干，而是夏運的庚午、辛未、戊午……因為是比較偏熱的組合，也會讓癸水的現象不穩定，雖然對癸日主來說是很不錯的大運運勢，但對於感情婚姻方面卻會是不穩定的搭配。

判斷四：其實不管是走哪一個大運，六十干支不管哪個組合，當流年出現正財和偏財的丙丁，也都可能會有感情婚姻變動，雖然這個判斷比較概括，但這個範圍會是相當有用的參考值，畢竟還是有它的原理和可能性。當癸日主在流年逢遇到他的正財桃花，也就是丙子或丙午年，則出現感情婚姻的變動的機率就非常的高，所以若是已婚，那就要注意到婚姻方面的狀況，但若是未婚，其實很適合選擇進入婚姻，或開始新感情。

判斷五：當命盤搭配過於弱，也就是八字和大運的搭配組合會讓日主變過弱，或是逢遇官殺過旺，則在感情婚姻方面就容易被變動，因為自我比較弱的人，很多時候都是屬於被決定的類型，當另一半選擇感情婚姻變動時，這樣的人似乎也沒有其他的選擇，像是逢到火土旺的夏運，對癸日主來說，感情婚姻也容易不穩定。

以上五個基本判斷，能準確的判斷出癸日主的感情婚姻狀況，但是或許對很多人來說，這樣的解釋似乎還是不太容易懂，尤其是對於未曾接觸過八字理論的人，可能是更無法進入狀況，所以感情流年E值的輔助印證就更重要。

對癸日主來說，在判斷計算得出的流年分數時，有幾項注意事項，接下來會加入範例來解說，如果我們已經計算出每個流年的感情婚姻分數，假設為E：

當E高於50，甚至比50高很多時，那表示此流年的感情婚姻狀況屬於穩定，當然越高分越理想，甚至可以解釋為越高分越好，不管是所遇的人或狀況都會是比較如願的狀況。

當E高於50，甚至比50高很多時，另一個現象也會是人際人緣相當好，尤其是流年出現地支「子」與「午」的各種類型桃花，或是庚辛出天干的流年，對壬日主來說都是不錯的搭配，貴人的現象會出現。

當E低於50，且甚至比50低很多時，就明顯是感情婚姻狀況不穩定，很可能會出現一些變動的現象，尤其是逢遇到丙丁流年出天干。但要注意到，所謂的感情變動，不只是分開或離婚，其實也包括了交往或是結婚，因為變動並不代表一定是分或合，應該解釋為目前的狀況出現變化，所以當你未婚或沒對象時，且逢遇到流年分數較低分，也可以是變成有對象或是結婚的選擇，但這些並不是好或壞的判斷，只是一個變動的現象。

當E低於50，且甚至比50低很多時，除了感情婚姻會有變動之外，可能是由於人際而引起，像是壬癸的流年，甚至可能會出現工作財務方面的狀況，特別是對男命來說，因為妻與財同論，所以也很可能出現錢財相關的變動，或是戊己土的流年則要注意隨之而來的壓力。

當E值接近50，不管是高於或低於，還是有些許的變動性，其實無法完全排除變動的可能性，都還是需要去探討原理和原因，因為有時候當另一半的運勢較低時，就容易被影響到，或者被其他的原因所影響。

・男命癸日主之一（癸卯日、癸未日、癸亥日）

《感情婚姻運的詳細解說》：癸日主天干所搭配一共有六組，因為地支的不同會影響到本命的旺弱，基本上地支影響比較大的部分，會是在個人個性特質上及感情運勢上，而其他的方面則地支的影響會較小些，不過若同是壬日主，因為地支卯未亥的桃花現象會比較類似，所以在這裡就把癸卯日、癸未日和癸亥日這三個日主一起來做解說。

月柱對日主的感情婚姻有基本的影響力，因為月柱是一般所謂的夫妻宮，而日主雖然有它一定的基本好壞高低排序，若再加入月柱的判斷之後，則可以看出一個命盤基本的感情婚姻水準。下面則要把各月柱對此三個日主的影響，和各月柱對此三日主的搭配做基本評分判斷，讓讀者從數值的內容對基本的感情好壞程度，有更清楚的了解，且能用數值去對照月柱的干支組合，也能更了解干支的影響現象。所以當癸卯日、癸未日和癸亥日主，對於月柱的各種干支搭配，它會產生的命盤基本感情高低現象，則代表此人的八字基本感情婚姻的水準，當然這個數值不能代表一切，也不能代表一輩子的感情現象，它只是一個基本的起點，如果要知道一生的感情起伏現象，以及一生的感情好壞走勢，就一定要搭配大運和流年，才能了解後天的影響和現象，也才會是比較準確的判斷。

當癸卯日、癸未日和癸亥日，逢到各月柱所產生的感情婚姻基本數值，以下圖表則是依據所有的月柱搭配，及所整理出的數值和解說，提供參考：（如圖82）

天干的地支搭配為「子」，像是甲子、丙子、

甲 寅 75	甲 辰 80	甲 午 75	甲 申 75	甲 戌 70	甲 子 75
乙 卯 70	乙 巳 75	乙 未 70	乙 酉 65	乙 亥 60	乙 丑 55
丙 寅 65	丙 辰 55	丙 午 50	丙 申 60	丙 戌 65	丙 子 70
丁 卯 70	丁 巳 60	丁 未 55	丁 酉 65	丁 亥 60	丁 丑 60
戊 寅 80	戊 辰 85	戊 午 75	戊 申 85	戊 戌 80	戊 子 90
己 卯 70	己 巳 75	己 未 70	己 酉 70	己 亥 75	己 丑 65
庚 寅 75	庚 辰 75	庚 午 70	庚 申 60	庚 戌 65	庚 子 80
辛 卯 80	辛 巳 70	辛 未 75	辛 酉 70	辛 亥 70	辛 丑 75
壬 寅 60	壬 辰 65	壬 午 60	壬 申 55	壬 戌 50	壬 子 55
癸 卯 65	癸 巳 70	癸 未 65	癸 酉 70	癸 亥 55	癸 丑 50
男命 癸卯 癸未 癸亥 之 月柱					

圖 82

戊子、庚子和壬子其實對癸卯日、癸未日和癸亥日三者來說，都是屬於桃花搭配，這也代表此人的八字基本搭配裡，本身的桃花就會比較多也比較明顯些，不過這是比較大方向的判斷，也不能完全就這樣單一判斷。

接下來要判斷更重要的部分，也就是大運和流年的感情運勢現象，因為這兩大部分才真正影響到一生感情現象起落，而在這裡除了會用文字說明之外，當然也會提供感情婚姻數值，再加上簡單計算後，則能得到相當具參考價值的感情流年分數，可以讓讀者更容易了解和判別感情或婚姻現象。

在這裡筆者提供一個簡易的計算方式，能讓大家都可以更清楚的了解到，到底感情運勢的好與壞，以及如何去做判斷，且再加上詳細的範例解說，相信就能抓到重點。（如圖83）

感情婚姻分數計算的說明：

請先利用感情婚姻基本數值（月柱基本分）來做基礎，即先利用命盤裡的日主，依前一個圖表對照出月柱的分數，再依這個圖表（大運與流年）數值來做計算，在這裡的大運和流

年都是使用同一圖表來判斷，而計算的公式如下列：

（月柱基本分X 0.1）＋（大運數值X 0.2）＋（流年數值 X 0.7）

計算出來的數值，其實就是代表流年的感情婚姻狀況，而就分數上來判斷，越高的分數代表此流年的感情婚姻現象越穩定，越低的分數則代表越不穩定。在這裡，並不是用分數的高低來做為好壞的判斷，因為流年的數值是一個穩定性的參考值，越穩定的感情婚姻現象分數就會越高，而越低的分數所代表的現象就是越不穩定。感情婚姻的好與壞，其實相當的主觀，或許相同狀況對不同的人來說，會是很不同的評語和感受，好或壞都是可能出現的結論，所以在這裡不用好壞來做評論，而是用「穩定」與「不穩定」來做為判斷標準，也會是更客觀

甲 寅 80	甲 辰 90	甲 午 70	甲 申 80	甲 戌 75	甲 子 55
乙 卯 65	乙 巳 70	乙 未 75	乙 酉 60	乙 亥 65	乙 丑 65
丙 寅 35	丙 辰 40	丙 午 35	丙 申 35	丙 戌 40	丙 子 20
丁 卯 30	丁 巳 45	丁 未 40	丁 酉 30	丁 亥 35	丁 丑 30
戊 寅 70	戊 辰 85	戊 午 75	戊 申 80	戊 戌 75	戊 子 45
己 卯 50	己 巳 70	己 未 70	己 酉 55	己 亥 65	己 丑 60
庚 寅 65	庚 辰 75	庚 午 60	庚 申 65	庚 戌 70	庚 子 40
辛 卯 50	辛 巳 60	辛 未 65	辛 酉 55	辛 亥 60	辛 丑 65
壬 寅 60	壬 辰 70	壬 午 55	壬 申 70	壬 戌 65	壬 子 40
癸 卯 55	癸 巳 60	癸 未 60	癸 酉 50	癸 亥 70	癸 丑 60
男命 癸卯 癸未 癸亥 之 大運與流年					

圖 83

更準確的分析方式。

以下是此類別的舉例說明：（如圖84）

這是一個癸未日主的男命，生於戊辰月，大運是從己巳開始的順運，五歲起運，每十年逢到五就會換大運，現在就舉兩個流年感情婚姻計算過程，此人的月柱基本分為85，是屬於相當理想的水準，而如果要計算虛歲24歲的流年E，則大運為庚午（60分），流年丁亥年（35分），代入公式得出的E為45，表示低於50，因為大運庚午是偏弱的正印，再加上流年丁亥是偏弱偏財，正印和正財都明顯不穩定，所以會出現感情婚姻的變動，甚至是工作財運的變動；如果要計算虛歲31歲的流年E，則大運為辛未（65分），流年甲午年（70分），代入公式得出的E為70.5，因為高於50且高出許

時柱	日柱(日主)	月柱	年柱	虛年	八字本命
46歲之後	31至45歲	16至30歲	1至15歲	歲限	
癸 亥	癸 未	戊 辰	甲 子	四干 柱支	

55歲至64歲	45歲至54歲	35歲至44歲	25歲至34歲	15歲至24歲	5歲至14歲	虛年 歲限	大運
甲 戌	癸 酉	壬 申	辛 未	庚 午	己 巳	干 支	

30	29	28	27	26	25	24	23	22	21	20	19	18	17	16	15	14	13	12	11	10	9	8	7	6	5	4	3	2	1	虛歲	流年
癸巳	壬辰	辛卯	庚寅	己丑	戊子	丁亥	丙戌	乙酉	甲申	癸未	壬午	辛巳	庚辰	己卯	戊寅	丁丑	丙子	乙亥	甲戌	癸酉	壬申	辛未	庚午	己巳	戊辰	丁卯	丙寅	乙丑	甲子	干支	
60	59	58	57	56	55	54	53	52	51	50	49	48	47	46	45	44	43	42	41	40	39	38	37	36	35	34	33	32	31	虛歲	
癸亥	壬戌	辛酉	庚申	己未	戊午	丁巳	丙辰	乙卯	甲寅	癸丑	壬子	辛亥	庚戌	己酉	戊申	丁未	丙午	乙巳	甲辰	癸卯	壬寅	辛丑	庚子	己亥	戊戌	丁酉	丙申	乙未	甲午	干支	

圖 84

多，所以是屬於相當穩定的感情狀況，從八字的十神角色來看，甲午對癸日主來說是相當理想的傷官，投資運相當理想，各方面的運勢都會是不錯的現象。

接下來的圖表就是計算過後所做的整理，一共是三個大運的三十個流年，是第兩個庚午運、第三個辛未運和第四個壬申運，以及圖表的範例說明。（如圖85）

	大 運　庚午　(數值：60　)
流年	戊寅年 15歲 (數值：70) E值：69.5　注意事項：穩定，有貴人
	己卯年 16歲 (數值：50) E值：55.5　注意事項：忙碌，運勢不穩定
	庚辰年 17歲 (數值：75) E值：73　注意事項：穩定
	辛巳年 18歲 (數值：60) E值：62.5　注意事項：穩定
	壬午年 19歲 (數值：55) E值：59　注意事項：注意人際的影響
	癸未年 20歲 (數值：45) E值：52　注意事項：注意人際的影響
	甲申年 21歲 (數值：80) E值：76.5　注意事項：穩定，不動產運旺
	乙酉年 22歲 (數值：60) E值：62.5　注意事項：穩定
	丙戌年 23歲 (數值：40) E值：48.5　注意事項：正財，注意感情變動
	丁亥年 24歲 (數值：35) E值：45　注意事項：偏財，注意感情變動
	大 運　辛未　(數值：65　)
流年	戊子年 25歲 (數值：45) E值：53　注意事項：正官桃花，注意各方面變動
	己丑年 26歲 (數值：60) E值：63.5　注意事項：有壓力，忙碌
	庚寅年 27歲 (數值：65) E值：67　注意事項：穩定
	辛卯年 28歲 (數值：50) E值：56.5　注意事項：注意小人
	壬辰年 29歲 (數值：65) E值：67　注意事項：注意人際的影響
	癸巳年 30歲 (數值：55) E值：60　注意事項：注意人際的影響
	甲午年 31歲 (數值：70) E值：70.5　注意事項：穩定，有展現
	乙未年 32歲 (數值：75) E值：74　注意事項：穩定，忙碌
	丙申年 33歲 (數值：35) E值：46　注意事項：正財，注意感情變動
	丁酉年 34歲 (數值：30) E值：42.5　注意事項：偏財，注意感情變動
	大 運　壬申　(數值：60　)
流年	戊戌年 35歲 (數值：75) E值：73　注意事項：穩定
	己亥年 36歲 (數值：65) E值：66　注意事項：穩定
	庚子年 37歲 (數值：40) E值：48.5　注意事項：注意小人
	辛丑年 38歲 (數值：65) E值：66　注意事項：穩定
	壬寅年 39歲 (數值：60) E值：62.5　注意事項：注意人際的影響
	癸卯年 40歲 (數值：50) E值：55.5　注意事項：注意人際的影響
	甲辰年 41歲 (數值：90) E值：83.5　注意事項：穩定，投資運旺
	乙巳年 42歲 (數值：70) E值：69.5　注意事項：穩定
	丙午年 43歲 (數值：35) E值：45　注意事項：正財，注意感情變動
	丁未年 44歲 (數值：40) E值：48.5　注意事項：偏財，注意感情變動

圖 85

從此圖表中可以發現，此人的感情大運走勢屬於穩定的運勢，從庚午60，到辛未65，及壬申60，整體來說穩定，不過某些流年的影響還是要注意，當逢遇到丙丁出天干的流年，以及癸出天干的流年，明顯都出現偏低或微低的數值，這也代表會出現變動現象，不管對此人來說是好或壞，總是要把握或是維持自己理想中的感情婚姻狀況，但如果此人在數值E較低的流年之前已婚，那很可能在逢到低E值時會再出現感情婚姻變動，這就要特別注意。而對癸日主男命來說，當出現丙丁財出天干的流年，也很可能是工作財運方面的變動，當然也可能財運與感情兩者都出現變動，也都無法排除可能性，所以在各方面都要多注意，總之偏低的E值很可能在男命的人生中出現比較大的變動或起落。

此命例當中有幾個數值落在50到65之間，雖然看起來都是高於50，當然都還算理想，但有些現象還是要了解和探討，像是庚辛……流年，大都是超過判斷值，但並不是太高分，看起來也可能會有其他狀況出現，或因其他方面的狀況影響到感情婚姻，雖不能說百分百就是感情方面的影響，但也無法排除可能性，不過當然還要看個人的狀況而定，因為即使同命盤的人，也不一定在同一年裡出現一模一樣的狀況。而當中有好幾個流年數值超過70，雖然在圖表中只是標示為穩定，事實上，這幾個流年對此人來說，其實相當的理想，也很可能不只是在感情桃花婚姻方面，其實在各方面的運勢上，也都會是相當理想的流年運勢。

‧男命癸日主之二（癸巳日、癸酉日、癸丑日）

《感情婚姻運的詳細解說》：癸日主天干所搭配一共有六組，因為地支的不同會影響到本命的旺弱，基本上地支影響比較大的部分，會是在個人個性特質上及感情運勢上，而其他的方面則地支的影響會較小些，不過若同是癸日主，因為地支巳酉丑的桃花現象會比較類似，所以在這裡就把癸巳日、癸酉日和癸丑日這三個日主一起來做解說。

當癸巳日、癸酉日和癸丑日，逢到各月柱所產生的感情婚姻基本數值，以下圖表則是依據所有的月柱搭配，及所整理出的數值和解說，提供參考：（如圖86）

天干的地支搭配為「午」，像是甲午、丙午、戊午、庚午和壬午其實對癸巳日、癸酉日和癸丑日三者來說，都是屬於桃花搭配，這也代表此人的八字基本搭配裡，本身的桃花就會比較多也比較明顯些，不過這是比較大方向的判斷，也不能完全就這樣單一判斷。

接下來要判斷更重要的部分，也就是大運和流年的感情運勢現象，因為這兩大部分才真

正影響到一生感情現象起落，而在這裡除了會用文字說明之外，當然也會提供感情婚姻數值，再加上簡單計算後，則能得到相當具參考價值的感情流年分數，可以讓讀者更容易了解和判別感情或婚姻現象。

筆者提供一個簡易的計算方式，能讓大家都可以更清楚的了解到，到底感情運勢的好與壞，以及如何去做判斷，且再加上詳細的範例解說，相信就能抓到重點。（如圖87）

感情婚姻分數計算的說明：

請先利用感情婚姻基本數值（月柱基本分）來做基礎，即先利用命盤裡的日主，依前一個圖表對照出月柱的分數，再依這個圖表（大運與流年）數值來做計算，在這裡的大運和流年都是使用同一圖

甲 寅 75	甲 辰 80	甲 午 80	甲 申 75	甲 戌 70	甲 子 65
乙 卯 70	乙 巳 75	乙 未 70	乙 酉 65	乙 亥 60	乙 丑 55
丙 寅 65	丙 辰 55	丙 午 60	丙 申 60	丙 戌 65	丙 子 65
丁 卯 70	丁 巳 60	丁 未 55	丁 酉 65	丁 亥 60	丁 丑 60
戊 寅 80	戊 辰 85	戊 午 80	戊 申 85	戊 戌 80	戊 子 85
己 卯 70	己 巳 75	己 未 70	己 酉 70	己 亥 75	己 丑 65
庚 寅 75	庚 辰 75	庚 午 80	庚 申 60	庚 戌 65	庚 子 70
辛 卯 80	辛 巳 70	辛 未 75	辛 酉 70	辛 亥 70	辛 丑 75
壬 寅 60	壬 辰 65	壬 午 70	壬 申 55	壬 戌 50	壬 子 45
癸 卯 65	癸 巳 70	癸 未 65	癸 酉 70	癸 亥 55	癸 丑 50
男命 癸巳 癸酉 癸丑 之 月柱					

圖 86

表來判斷，而計算的公式如下列：

（月柱基本分 X 0.1）＋（大運數值 X 0.2）＋（流年數值 X 0.7）

計算出來的數值，其實就是代表流年的感情婚姻狀況，而就分數上來判斷，越高的分數代表此流年的感情婚姻現象越穩定，越低的分數則代表越不穩定。在這裡，並不是用分數的高低來做為好壞的判斷，因為流年的數值是一個穩定性的參考值，越穩定的感情婚姻現象分數就會越高，而越低的分數所代表的現象就是越不穩定。感情婚姻的好與壞，其實相當的主觀，或許相同狀況對不同的人來說，會是很不同的評語和感受，好或壞都是可能出現的結論，所以在這裡不用好壞來做評論，而是用「穩定」與「不穩定」來做為判斷標準，也會是更客觀更準確的分析方式。

甲寅 80	甲辰 90	甲午 60	甲申 80	甲戌 75	甲子 60
乙卯 65	乙巳 70	乙未 75	乙酉 50	乙亥 65	乙丑 65
丙寅 35	丙辰 40	丙午 25	丙申 35	丙戌 40	丙子 30
丁卯 30	丁巳 45	丁未 40	丁酉 30	丁亥 35	丁丑 30
戊寅 70	戊辰 85	戊午 55	戊申 80	戊戌 75	戊子 60
己卯 50	己巳 70	己未 70	己酉 55	己亥 65	己丑 60
庚寅 65	庚辰 75	庚午 50	庚申 65	庚戌 70	庚子 60
辛卯 50	辛巳 60	辛未 65	辛酉 55	辛亥 60	辛丑 65
壬寅 60	壬辰 70	壬午 45	壬申 70	壬戌 65	壬子 55
癸卯 55	癸巳 60	癸未 60	癸酉 50	癸亥 70	癸丑 60
男命 癸巳 癸酉 癸丑 之 大運與流年					

圖 87

以下是此類別的舉例說明：（如圖88）

這是一個癸巳日主的男命，生於己酉月，大運是從癸戊申開始的逆運，八歲起運，每十年逢到八就會換大運，現在就舉兩個流年感情婚姻計算過程，此人的月柱基本分為70，是屬於還不錯的分數水準，而如果要計算虛歲31歲的流年E，則大運為丙午（25分），流年丁亥年（35分），代入公式得出的E為36.5，表示因為低於50且低很多，大運丙午是相當旺的正財，再加上流年丁亥是相當弱的偏財出天干，正偏財都出天干，所以明顯會有感情的變動，甚至是工作財運變動；如果要計算虛歲39歲的流年E，則大運為乙巳（70分），流年乙未年（75分），代入公式得出的E為73.5，因為高於50且高出許多，所以是屬於相當穩定的運勢

時柱	日柱(日主)	月柱	年柱	虛年 歲限	八字本命
46歲之後	31至45歲	16至30歲	1至15歲		
辛 酉	癸 巳	己 酉	丁 巳	四干 柱支	

58歲至67歲	48歲至57歲	38歲至47歲	28歲至37歲	18歲至27歲	8歲至17歲	虛年 歲限	大運
癸 卯	甲 辰	乙 巳	丙 午	丁 未	戊 申	干 支	

30	29	28	27	26	25	24	23	22	21	20	19	18	17	16	15	14	13	12	11	10	9	8	7	6	5	4	3	2	1	虛歲	流年
丙戌	乙酉	甲申	癸未	壬午	辛巳	庚辰	己卯	戊寅	丁丑	丙子	乙亥	甲戌	癸酉	壬申	辛未	庚午	己巳	戊辰	丁卯	丙寅	乙丑	甲子	癸亥	壬戌	辛酉	庚申	己未	戊午	丁巳	干支	
60	59	58	57	56	55	54	53	52	51	50	49	48	47	46	45	44	43	42	41	40	39	38	37	36	35	34	33	32	31	虛歲	
丙辰	乙卯	甲寅	癸丑	壬子	辛亥	庚戌	己酉	戊申	丁未	丙午	乙巳	甲辰	癸卯	壬寅	辛丑	庚子	己亥	戊戌	丁酉	丙申	乙未	甲午	癸巳	壬辰	辛卯	庚寅	己丑	戊子	丁亥	干支	

圖 88

狀況，從八字的十神角色來看，流年乙未和大運乙巳和都是癸日主的食神，且是相當旺的食神又拱一個地支午，代表流年現象是食傷生財，投資運和不動產運都相當好，但會比較忙碌不得閒。

接下來的圖表就是計算過後所做的整理，一共是三個大運的三十個流年，是第兩個丁未運、第三個丙午運和第四個乙巳運，以及圖表的範例說明。（如圖89）

	大運　丁未　(數值：40　)
流年	甲戌年 18歲 (數值：75) E值：67.5　注意事項：穩定
	乙亥年 19歲 (數值：65) E值：60.5　注意事項：穩定
	丙子年 20歲 (數值：30) E值：36　注意事項：正財，注意感情變動
	丁丑年 21歲 (數值：30) E值：36　注意事項：偏財，注意感情變動
	戊寅年 22歲 (數值：70) E值：64　注意事項：穩定，有貴人
	己卯年 23歲 (數值：50) E值：50　注意事項：忙碌，運勢不穩定
	庚辰年 24歲 (數值：75) E值：67.5　注意事項：穩定
	辛巳年 25歲 (數值：60) E值：57　注意事項：注意小人
	壬午年 26歲 (數值：45) E值：46.5　注意事項：注意人際的影響
	癸未年 27歲 (數值：50) E值：50　注意事項：注意人際的影響
	大運　丙午　(數值：25　)
流年	甲申年 28歲 (數值：80) E值：68　注意事項：穩定
	乙酉年 29歲 (數值：50) E值：47　注意事項：注意健康與感情變動
	丙戌年 30歲 (數值：40) E值：40　注意事項：正財，注意感情變動
	丁亥年 31歲 (數值：35) E值：36.5　注意事項：偏財，注意感情變動
	戊子年 32歲 (數值：60) E值：54　注意事項：工作財運不穩定
	己丑年 33歲 (數值：60) E值：54　注意事項：有壓力，忙碌
	庚寅年 34歲 (數值：65) E值：57.5　注意事項：穩定
	辛卯年 35歲 (數值：50) E值：47　注意事項：注意小人
	壬辰年 36歲 (數值：65) E值：57.5　注意事項：注意人際的影響
	癸巳年 37歲 (數值：55) E值：50.5　注意事項：注意人際的影響
	大運　乙巳　(數值：70　)
流年	甲午年 38歲 (數值：60) E值：63　注意事項：穩定
	乙未年 39歲 (數值：75) E值：73.5　注意事項：穩定
	丙申年 40歲 (數值：35) E值：45.5　注意事項：正財，注意感情變動
	丁酉年 41歲 (數值：30) E值：42　注意事項：偏財，注意感情變動
	戊戌年 42歲 (數值：75) E值：73.5　注意事項：穩定
	己亥年 43歲 (數值：65) E值：66.5　注意事項：穩定
	庚子年 44歲 (數值：60) E值：63　注意事項：穩定
	辛丑年 45歲 (數值：65) E值：66.5　注意事項：穩定
	壬寅年 46歲 (數值：55) E值：59.5　注意事項：注意人際的影響
	癸卯年 47歲 (數值：45) E值：52.5　注意事項：注意人際的影響

圖 89

從此圖表中可以發現，此人的感情大運走勢屬於前面不穩定和後面相當穩定，從丁未40，到丙午25，及乙巳70，整體來說感情方面是後勢看好的運勢，不過還是要注意某些流年出現的影響，當逢遇到丙丁出天干的流年，以及壬癸出天干的流年，明顯都出現偏低或微低的數值，這也代表會出現變動現象，不管對此人來說是好或壞，總是要把握或是維持自己理想中的感情婚姻狀況，但如果此人在數值E較低的流年之前已婚，那很可能在逢到低E值時會再出現感情婚姻變動，這就要特別注意。而對癸日主男命來說，當出現丙丁財出天干的流年，也很可能是工作財運方面的變動，當然也可能財運與感情兩者都出現變動，也都無法排除可能性，所以在各方面都要多注意，總之偏低的E值很可能在男命的人生中出現比較大的變動或起落。

此命例當中有幾個數值落在50到65之間，雖然看起來都是高於50，當然都還算理想，但有些現象還是要了解和探討，像是己庚……流年，都是超過判斷值，並不是太高分，看起來也可能會有其他狀況出現，或因其他方面的狀況影響到感情婚姻，雖不能說百分百就是感情方面的影響，但也無法排除可能性，不過當然還要看個人的狀況而定，因為即使同命盤的人，也不一定在同一年裡出現一模一樣的狀況。而當中有好幾個流年數值超過65，或是更高分，雖然在圖表中只是標示為穩定，事實上，這幾個流年對此人來說，其實相當的理想，也很可能不只是在感情桃花婚姻方面，其實在各方面的運勢上都會不錯。

第三章
女命的感情運勢分析

（一）桃花判斷

女命的桃花，在八字裡有一定的判斷方式，前一章節中有介紹過天干和地支的桃花基本判斷，在這裡要再更深入的做探討和解釋，還要增加一些其他的桃花基本觀念，甚至是哪些類型的命盤個人的桃花會比人更多，或是天生的桃花多或少，以及各種天干桃花搭配解釋，都會做更多的介紹和解釋。

一般來說，女命的桃花除了之前介紹的天干和地支的判斷，其實從日主的組合中，也可以單一的就做些基本的桃花旺弱現象判斷，像是日主地支如果是子、午、卯、酉，此人的桃花現象也會比較旺；而通常如果八字的組合比較弱的女命，她的異性緣也會比較好；火日主的女命，因為外貌比較好又會說話，相對來說桃花也會比較多些……這些都會是影響女命桃花旺弱的因素，以下就把判斷女命的桃花旺弱方式做些介紹。

日主單一判斷：其實八字的六十日主，已經可以做些粗略的桃花旺弱判斷，像是日主地支為子、午、卯、酉，則此人的桃花現象會較明顯，像是甲子、乙卯、乙酉、丙子、丁卯、丁酉、戊子、己卯、己酉、庚子、辛卯、壬午或癸酉日，這幾個日主的女命都會有不錯的基本桃花現象水準；而其他還有甲辰、甲戌、乙未、丙寅、丙戌、丁未、丁亥、丁丑、戊申、己巳、己未、己亥、己丑、庚寅、辛未、壬辰、壬申、癸未、癸亥日主，也都有會有還不錯的人緣；另外，當八字中的四柱地支，有兩個或以上的桃花地支，基本的桃花條件也會是相當旺的命盤，且越多的子、午、卯、酉地支出現，也就會是越旺的桃花基本條件水準。

一般來說，丙丁日主比較會是外貌好的類型，也就是長相不錯的類型，當然也會比較容易有人緣或異性緣；而另外乙、己、辛、癸日主的女命，比較是屬於敏感體貼的類型，因為陰天干日主比較會去注意到一些小地方，或是比較會觀察事物，所以也容易在人際方面受到喜愛或歡迎。

若是八字本命的搭配屬於比較弱的類型，則天生的桃花就會明顯比較多，人緣或異性緣也都會比較好，是屬於人見人愛的類型，但也容易會是感情不穩定的類型，尤其是年柱或月柱是較旺的官殺，此人所呈現出來的個性和特質則比較吸引人，舉例來說：一個丙火日主的女命，如果年柱是壬子相當旺的七殺，月柱又是癸酉相當旺的正官，則此人的八字搭配就相當的弱，是屬於相當弱的丙日主命盤，所以此人的基本個性特質就相當的會幫人著想、溫和體貼及我為人人，有正義感也很會去幫助別人，但也容易來者不拒而造成感情問題。

若是八字本命搭配屬於比較旺的類型，基本的個性特質會是比較主觀自我，也是屬於強勢的一方，對很多自己的目標有不管任何手段，都要達成的毅力和堅持，所以對於感情也是一樣，一旦鎖定目標則會用盡方法和手段去得手，不管是努力不懈或是死纏爛打，有一種使命必達的決心，這類型的人在感情方面也比較會是能心想事成的類型，舉例來說：己巳日的女命，年月柱都相當旺的火土，八字本命搭配相當的旺，都會是個性特質明顯的類型。

若大運走勢是比較明顯的桃花運勢，尤其是官殺出天干的大運，或是食傷出天干的大運，都會是不錯的桃花運勢，不過也容易是不穩定的感情運勢。以下則是較深入的桃花公式說明：

之前一章有提到最原始的桃花公式，用日主地支來判斷：

◎當日主地支為「寅」、「午」、「戌」↓逢遇「卯」

◎當日主地支為「巳」、「酉」、「丑」↓逢遇「午」

◎當日主地支為「申」、「子」、「辰」→逢遇「酉」

◎當日主地支為「亥」、「卯」、「未」→逢遇「子」

此原則不管是在八字，或大運或是流年裡，都會是桃花的大運或流年，而在這裡要介紹不同的天干搭配，會形成的桃花原因和其現象：

如果是正印出天干的桃花，即甲寅、甲午和甲戌日主逢遇到「癸卯」，及甲申、甲子和甲辰日主逢遇到「癸酉」；乙巳、乙酉和乙丑日主逢遇到「壬午」，及乙亥、乙卯和乙未日主逢遇到「壬子」；丙寅、丙午和丙戌日主逢遇到「乙卯」，及丙申、丙子和丙辰日主逢遇到「乙酉」；丁巳、丁酉和丁丑日主逢遇到「甲午」，及丁亥、丁卯和丁未日主逢遇到「甲子」；戊寅、戊午和戊戌日主逢遇到「丁卯」，及戊申、戊子和戊辰日主逢遇到「丁酉」；己巳、己酉和己丑日主逢遇到「丙午」，及己亥、己卯和己未日主逢遇到「丙子」；庚寅、庚午和庚戌日主逢遇到「己卯」，及庚申、庚子和庚辰日主逢遇到「己酉」；辛巳、辛酉和辛丑日主逢遇到「戊午」，及辛亥、辛卯和辛未日主逢遇到「戊子」；壬寅、壬午和壬戌日主逢遇到「辛卯」，及壬申、壬子和壬辰日主逢遇到「辛酉」；癸巳、癸酉和癸丑日主逢遇到「庚午」，及癸亥、癸卯和癸未日主逢遇到「庚子」，以上這些都是屬於正印出天干的桃花，也就是「生我」出天干的桃花搭配，在女命逢遇到正印出天干的桃花，大都會是很有長輩及上司緣的現象，當然也會有不錯的貴人運現象，不管是好的機會或是好的對象出現，都很容易是貴人介紹，所以是很不錯的桃花搭配。而在當中的甲乙木日主及壬癸水日主，她們的正印桃花則會是所有日主中又更理想的搭配，應該說在女命中會是更明顯的好運勢現象。

如果是傷官出天干的桃花，即甲寅、甲午和甲戌日主逢遇到「丁卯」，及甲申、甲子和甲辰日主逢遇到「丁酉」；乙巳、乙酉和乙丑日主逢遇到「丙午」，及乙亥、乙卯和乙未日主逢遇到「丙子」；丙寅、丙午和丙戌日主逢遇到「己卯」，及丙申、丙子和丙辰日主逢遇到「己酉」；丁巳、丁酉和丁丑日主逢遇到「戊午」，及丁亥、丁卯和丁未日主逢遇到「戊子」；戊寅、戊午和戊戌日主逢遇到「辛卯」，及戊申、戊子和戊辰日主逢遇到「辛酉」；己巳、己酉和己丑日主逢遇到「庚午」，及己亥、己卯和己未日主逢遇到「庚子」；庚寅、庚午和庚戌日主逢遇到「癸卯」，及庚申、庚子和庚辰日主逢遇到「癸酉」；辛巳、辛酉和辛丑日主逢遇到「壬午」，及辛亥、辛卯和辛未日主逢遇到「壬子」；壬寅、壬午和壬戌日主逢遇到「乙卯」，及壬申、壬子和壬辰日主逢遇到「乙酉」；癸巳、癸酉和癸丑日主逢遇到「甲午」，及癸亥、癸卯和癸未日主逢遇到「甲子」，以上這些都是屬於傷官出天干的桃花，也就是「我生」出天干的桃花搭配，在女命逢遇到傷官出天干的桃花，一般的現象大部分都會是個性表現相當聰明體貼，是很有智慧的桃花現象，也就是說會運用自己的聰明才智去獲得好桃花，很能發揮自己能力去獲得不錯的收穫，當然這樣的搭配不見得都一定是和感情有關，其實也很有機會可以在投資或不動產方面獲益，尤其是女命的庚辛金日主及壬癸水日主，她們的傷官桃花會是所有日主之中又更理想的搭配，應該說在女命中的傷官桃花裡，會有更實質或更明顯的現象出現。

如果是劫財出天干的桃花，即甲寅、甲午和甲戌日主逢遇到「乙卯」，及甲申、甲子和甲辰日主逢遇到「乙酉」；乙巳、乙酉和乙丑日主逢遇到「甲午」，及乙亥、乙卯和乙未日主逢遇到「甲子」；丙寅、丙午和丙戌日主逢遇到「丁卯」，及丙申、丙子和丙辰日主逢遇到「丁酉」；丁巳、丁酉和丁丑日主逢遇到「丙午」，及丁亥、丁卯和丁未日主逢遇到「丙子」；戊寅、戊午和戊戌日主逢遇到「己卯」，及戊申、戊子和戊辰日主逢遇到「己酉」；己巳、己酉和己丑日主逢遇到「戊午」，及己亥、己卯和己未日主逢遇到「戊子」；庚寅、庚午和庚戌日主逢遇到「辛卯」，及庚申、庚子和庚辰日主逢遇到「辛酉」；辛巳、辛酉和辛丑日主逢遇到「庚午」，及辛亥、辛卯和辛未日主逢遇到「庚子」；壬寅、壬午和壬戌日主逢遇到「癸卯」，及壬申、壬子和壬辰日主逢遇到「癸酉」；癸巳、癸酉和癸丑日主逢遇到「壬午」，及癸亥、癸卯和癸未日主逢遇到「壬子」，以上這些都是屬於劫財出天干的桃花，也就是「同我」出天干的桃花搭配，在女命逢遇到劫財出天干的桃花，現象是屬於在人際方面運勢不錯的類型，也就是人際運相當好的現象，但是也可能會有完全相反的狀況，譬如說已婚女命逢遇到劫財桃花，很可能會出現第三者或外遇之類的狀況，不過如果沒有對象，則劫財桃花就會是相當正面的影響，就會是人際的貴人或從朋友變情人的現象，不過這些都是大方向的判斷，要準確的了解所有可能性，還是要個別命盤判斷才會更正確。而女命的乙、丁、戊、庚及壬日主，她們的劫財桃花通常都會出現比較明顯的狀況，所以要多注意劫財桃花出現的流年或大運所帶來的影響。

如果是正財出天干的桃花，即甲寅、甲午和甲戌日主逢遇到「己卯」，及甲申、甲子和甲辰日主逢遇到「己酉」；乙巳、乙酉和乙丑日主逢遇到「戊午」，及乙亥、乙卯和乙未日主逢遇到「戊子」；丙寅、丙午和丙戌日主逢遇到「辛卯」，及丙申、丙子和丙辰日主逢遇到「辛酉」；丁巳、丁酉和丁丑日主逢遇到「庚午」，及丁亥、丁卯和丁未日主逢遇到「庚子」；戊寅、戊午和戊戌日主逢遇到「癸卯」，及戊申、戊子和戊辰日主逢遇到「癸酉」；己巳、己酉和己丑日主逢遇到「壬午」，及己亥、己卯和己未日主逢遇到「壬子」；庚寅、庚午和庚戌日主逢遇到「乙卯」，及庚申、庚子和庚辰日主逢遇到「乙酉」；辛巳、辛酉和辛丑日主逢遇到「甲午」，及辛亥、辛卯和辛未日主逢遇到「甲子」；壬寅、壬午和壬戌日主逢遇到「丁卯」，及壬申、壬子和壬辰日主逢遇到「丁酉」；癸巳、癸酉和癸丑日主逢遇到「丙午」，及癸亥、癸卯和癸未日主逢遇到「丙子」，以上這些都是屬於正財出天干的桃花，也就是「我剋」出天干的桃花搭配，在女命逢遇到正財出天干的桃花，是屬於在感情婚姻方面運勢還不錯的類型，在工作財運方面則會不錯，但是當一個女命已婚或已有對象，則很可能會有明顯變動狀況，也可能會出現另一半外遇的狀況，所以對女命來說正財桃花並不都是好桃花，很容易就會有明顯變動。而女命較旺的八字搭配，若逢遇到較弱的正財桃花，或是較弱的八字搭配去逢遇到較旺的正財桃花，也就是旺弱現象差異較大的逢遇，其正財桃花會有比較明顯的變動，像是丙日主逢遇到辛卯、甲日主逢遇到己卯、癸亥日逢遇到丙子，或辛巳日逢遇到甲午……正財桃花的現象會相當明顯。

如果是正官出天干的桃花，即甲寅、甲午和甲戌日主逢遇到「辛卯」，及甲申、甲子和甲辰日主逢遇到「辛酉」；乙巳、乙酉和乙丑日主逢遇到「庚午」，及乙亥、乙卯和乙未日主逢遇到「庚子」；丙寅、丙午和丙戌日主逢遇到「癸卯」，及丙申、丙子和丙辰日主逢遇到「癸酉」；丁巳、丁酉和丁丑日主逢遇到「壬午」，及丁亥、丁卯和丁未日主逢遇到「壬子」；戊寅、戊午和戊戌日主逢遇到「乙卯」，及戊申、戊子和戊辰日主逢遇到「乙酉」；己巳、己酉和己丑日主逢遇到「甲午」，及己亥、己卯和己未日主逢遇到「甲子」；庚寅、庚午和庚戌日主逢遇到「丁卯」，及庚申、庚子和庚辰日主逢遇到「丁酉」；辛巳、辛酉和辛丑日主逢遇到「丙午」，及辛亥、辛卯和辛未日主逢遇到「丙子」；壬寅、壬午和壬戌日主逢遇到「己卯」，及壬申、壬子和壬辰日主逢遇到「己酉」；癸巳、癸酉和癸丑日主逢遇到「戊午」，及癸亥、癸卯和癸未日主逢遇到「戊子」，以上這些都是屬於正官出天干的桃花，也就是「剋我」出天干的桃花搭配，在女命逢遇到正官出天干的桃花，現象是屬於感情婚姻變動的現象，雖然有可能也出現工作事業方面的變動，但主要還是以感情變動為主，所以要注意到感情婚姻方面的問題，當然很適合選擇婚姻，但是無法排除離婚或分手的現象。而女命的甲、丙、戊、己、辛及癸日主，在她們的正官桃花流年，還要注意健康方面的狀況，尤其是過旺或過弱的八字搭配，可能會有健康方面的變動出現，所以要多注意正官桃花所帶來的影響。

以上是幾種桃花的說明，因為不同的天干搭配，會出現的現象都不相同，桃花的影響和形成原因也會有相異，所以不同的桃花類型對於感情婚姻的影響力也會不一樣，而就廣義的桃花來說，是指人緣、人際關係好，它可以出現在任何關係裡，不單一只是男女感情，可以是和朋友、同事、長官上司，或下屬同僚，甚至是陌生人都可能。就像歌手或演員，就很需要各種桃花，讓各方面的關係都好亦受人喜愛，當然像業務員或是開店者，也都需要各方面的好桃花，才能幫助到人際和生意，所以不見得正財桃花才算好桃花，每種桃花都有一定的重要性。

（二）八字裡的十神相關解說

一、正官與七殺

逢遇剋日主天干屬性的五行屬性（我剋）。同樣是陽的天干，或同樣是陰的天干，就是七殺；當陽逢遇到陰，或是當陰逢遇陽天干，就是正官。舉例來說：當甲乙木逢遇到庚金時，對甲木來說就是七殺，而對乙木來說就是正官，反之辛金對甲木就是正官，對乙木就是七殺。當「甲乙」日主逢遇到「庚辛」；「丙丁」日主逢遇到「壬癸」；「戊己」日主逢遇到「甲乙」；「庚辛」日主逢遇到「丙丁」；「壬癸」日主逢遇到「戊己」。

一般來說，女命的正官七殺除了代表感情婚姻之外，還代表了事業工作或財運，這是八字的基本判斷公式，也所以女命的夫與壓力屬於同論，當官殺出天干的時候，可能會是工作財運變動，也可能是感情婚姻出現變動，甚至可能二者都變動，而這是比較單一的說法，因為八字命盤的搭配種類相當多，不見得同屬性的女命都會在同一流年換工作，或結婚、離婚，當然還要再更深入的去判斷才會準確，這也牽涉到了八字命盤的旺弱問題，如何能從同樣的日主屬性中做出不同判斷，其實最重要的是要去了解八字命盤的旺與弱，再加上大運的影響之後，旺弱程度是否也受影響而定，不過在判斷感情婚姻方面，大運和流年的影響其實更多更大，相對也是更宿命的一個部分。而且很多時候，甚至不同日主的天生桃花就有差異，有些日主在八字判斷上就天生比較佔便宜，人緣或桃花就是比別人多，這些也沒有為什麼，或公不公平的問題，很多條件是與生俱來的，不過大運的搭配倒是比較公平，不見得天生桃花多的人運勢就比較優越，反而常常更是會感情多變或不穩定，當然這些都要看是搭配到哪種運勢而定。

通常正官或七殺出天干的時候，對女命來說主要是壓力和限制，來源大部分是來自感情婚姻或工作事業。我們知道八字的本命其實已經有好壞區別，有的八字本來就生的比較理想，而有些八字搭配真的是比較辛苦些，不過好命的人不見得好運，感情婚姻也是一樣，似乎也是一種公平，有些八字生的好的人，感情運卻是坎坎坷坷，但也有很多本命搭配不太好的人，感情運卻平平順順、幸福美滿，這些都要從運勢做判斷。以下就介紹女命的正七殺判斷概念，讓讀者能更深入的了解十神現象：

當甲日主逢到庚辛金，是官殺出天干的現象，但因為庚辛是不同規模的金，對甲來說的影響也會不一樣，也因為甲和庚相沖，所以當甲日主逢到庚金出天干的大運或流年，很容易就會出現變動現象，不管是感情婚姻或是工作財運，甚至是預期外的意外狀況，因為甲庚相沖在所有的天干主合中是比較嚴重的搭配，也要注意到健康方面或是官司方面的問題，尤其是逢到較旺的庚辛，現象會特別明顯，像是庚申、庚戌、庚子或辛酉、辛亥及辛丑，且在流年裡出現則勢必會有明顯變動，所以可以主動做些變動，會比較能預期。

當乙日主逢到庚辛金，和甲一樣是官殺出天干的現象，但因為庚辛是不同規模的金，對乙來說的影響也會不一樣，雖然乙是陰木而庚是陽土，但乙木遇到庚金會有合金的現象，但辛金和乙木就是相沖，所以對乙日主來說，庚天干比較會有貴人相助，而辛出天干則會感覺更有壓力，不過較旺的庚辛金對乙日主來說會是相當有壓力和明顯變動，像是庚申、庚戌、庚子或辛酉、辛亥及辛丑，若是在流年則變動現象就會相當明顯，尤其是在感情婚姻方面，還有工作財運或是健康運勢；而如果大運是庚辛金，流年逢到甲乙比劫，則也會有明顯變動，且很容易因別人而影響，可以解讀為犯小人。

當丙日主逢到壬癸水，是官殺出天干的現象，但因為壬癸是不同規模的水，對丙來說的影響也會不一樣，也因為壬和丙會相沖，水和火互相衝擊，不同規模的水火會造成不同的結果，當水旺火弱時則火就會更弱更不穩定，像是壬子遇到丙子，丙子就明顯會更弱更不穩定，女命的感情婚姻就會有明顯變動；若是水弱遇到火旺，水反而會被火剋，像是丙午逢到壬午，女命的官殺變弱且不穩定，相同的變動也會很明顯，但可能會出現在各方面，當然也很可能會包含感情婚姻。如果大運是逢到壬癸水，代表此女命的感情婚姻運屬於不穩定，容易受到各方面的影響，而流年又逢到壬癸官殺再出天干，明顯會出現變動，就要很小心注意，但是也很適合在這樣的流年選擇婚姻，或是交往新對象，更或是變動工作。

當丁日主逢到壬癸水，和丙一樣是官殺出天干的現象，雖然壬癸是不同規模的水，但對丁火來說，丁和癸天干相沖，但丁和壬卻是會合木，也許壬水對丁火來說也會有水剋火的現象，不過壬水對丁火也會是貴人和文昌，雖有壓力但卻會有好的展現，所以會是好的壓力和正官，在感情的影響方面也是，雖有變動但並不算糟，而癸水對丁火來說是相沖，所以變動會比較直接且比較明顯。當水和火互相衝擊，不同規模的水火會造成不同的結果，當水旺火弱時則火就會更弱更不穩定，像是癸亥遇到丁亥，丁火就明顯更弱更不穩定，女命的感情婚姻就明顯會出現變動，但如果是火旺遇到水弱，像是癸未遇到丁未，則水更弱更不穩定，對女命來說各方面都可能會變動，但不排除是感情婚姻的變動。

當戊日主逢到甲乙木，則是官殺出天干的現象，但因為甲乙是不同規模的木，對戊來說的影響也會不一樣，因為戊和甲是相沖，甲木對戊土來說是相當重的七殺，所以影響力也相當大，尤其是流年遇到較旺的甲木，像是甲寅、甲午、甲申，對戊日主的女命來說感情婚姻就明顯會有變動，或是工作財運也很可能會變動；當戊土逢到乙木，基本上也是木剋土現象，對戊土來說是正官也是壓力，不過規模就沒有甲木那麼大，但是在感情上也有一定的影響力，不見得會比甲木少，要看地支的搭配來判斷。對戊土來說基本上比較喜歡甲木，雖然壓力比較多，但是卻更有展現和發揮，畢竟木是展現，官殺剛好是展現，其實是好也是壞，也許能找到一個相當體面的另一半，但所得到的壓力很可能會更多，所以戊日主的女命在感情婚姻方面，很多基本條件和現象都會比較不理想或不穩定。當大運逢到甲乙木，基本的感情婚姻現象就不是太穩定，若再加上流年又出現甲乙木，則變動就勢必會發生。

當己日主逢到甲乙木，和戊一樣是官殺出天干的現象，但因為甲乙是不同規模的木，對己來說的影響也會不一樣，雖然己是陰土而甲是陽木，但是就己土的喜忌來說，也比較喜歡陽木甲，即使壓力會比較大，規模也不太能相比較，己卻也比較能發揮，且甲和己合土，而乙和己是相沖。在感情婚姻方面，甲對己來說其實是比較有影響力，應該說當逢到甲的流年，己日主女命的感情婚姻的變動就會相當明顯，但在乙流年的變動現象就會小許多，但也不能排除不發生變動。當己日主逢到較旺的甲木大運，整體來說感情婚姻的方面就比較不穩定，如果在流年又逢到甲乙木，或是庚辛金，甚至是戊己土，都有可能會影想到感情婚姻狀況；或是當流年出現甲乙木流年，先不管大運是不是木出天干，其實就已經可能會出現感情婚姻的變動，當然也可能會是工作財運或是健康方面的變動。

當庚日主逢到丙丁火，是官殺出天干的現象，但因為丙丁是不同規模的火，對庚來說的影響也會不一樣，且也因為庚和丙相沖，所以丙對庚的影響就會相當大，雖不能說丁對庚沒有影響，還是要看地支的搭配組合來判斷。金的基本特質其實和其他的五行屬性不同，當逢到火旺，庚金會因為火煉金而變旺盛，也會變不穩定，或是變弱變成金生水，所以庚金是相當活潑不穩定的特性，也所以當庚金逢到丙丁火，就會是不穩定的來源，女命的感情婚姻也會受到影響和變動，尤其是較旺的火，像是丙午、丙申、丙辰及丁未、丁巳……都是不穩定的搭配。如果大運走到丙丁火運，其實是屬於不穩定的感情婚姻運勢，很容易就會出現變動，特別是又逢到流年也是丙丁火或是庚辛金，更或是壬癸水都會是變動的流年。

當辛日主逢到丙丁火，和庚一樣是官殺出天干的現象，但因為丙丁是不同規模的火，對辛來說的影響也會不一樣，因為辛和丙會合水，當辛逢到丙天干會被合為水，表示辛金會明顯變弱不穩定，感情婚姻則會明顯被影響，而丁對辛來說是相沖，其實也是讓辛不穩定的原因，尤其是較旺的丁組合，會讓辛日主更不穩定，像是丁未、丁巳。辛日主的女命相當有辛日主的特質，屬於有氣質有品味，對自己相當有要求，也相當有韌性和毅力的類型，當逢遇到丙丁火旺的大運，明顯就會感覺更有壓力和限制，但情緒方面容易出現不穩定和不抗壓，也會影響到感情婚姻方面，或是工作財運方面及健康，因為辛日主的特性不喜歡官殺，所以大部分走官殺運的辛日主，都會是不太理想的運勢現象，而當流年逢到丙丁火，則要很小心各方面的變動，當然女命的感情婚姻也會是主要被影響的一塊。

當壬日主逢到戊己土，是官殺出天干的現象，但因為戊己是不同規模的土，對壬來說的影響也會不一樣，雖然戊土的規模較大，對壬來說的土剋水也會比較重，不過因為戊土對壬來說是比較有功能的厚土，所以壬水比較喜歡戊土，也比較會有貴人運，但己土的規模較小，對壬水來說雖被剋的規模比較小，但其實己土蓄水的功能比較不理想，反而不是好官殺，對女命的感情婚姻來說也會比較不理想。一般來說，當壬日主的女命逢到夏運，雖然是相當好的運勢，但是因夏季的火土旺盛，所以感情婚姻方面也容易不穩定，如果又逢到戊己土出天干的大運，則就要注意某些流年出現的影響，像是戊己土或是火及水，都可能出現影響，但是如果走秋冬運的壬日主，逢遇到戊己的大運，反而論為好運，感情婚姻反而是穩定的現象，不過還是要注意到流年產生的影響。如果大運逢到比較弱的己土，因為薄土擋水效果不好，反而會讓己土變弱不穩定，所以當走己運時，感情婚姻現象會更不穩定。

當癸日主逢到戊己土，和壬一樣是官殺出天干的現象，但因為戊己是不同規模的土，對癸來說的影響也會不一樣，雖然癸是陰水而戊是陽土，但戊和癸會合火，癸被戊合走，所以當癸遇到戊時的影響會比較明顯，但己和癸是相沖，所以也不能忽略己土的影響力，像是比較旺的己土己巳和己未就相當有力量，對癸水來說也是相當大的壓力，而女命的感情婚姻也明顯會受到影響。一般而言，癸日主的女命基本的感情條件還不錯，只要不是過旺的搭配或過冷的運勢，感情婚姻就會是穩定的現象，但是如果大運走到戊和己且是旺的土，那感情婚姻運勢就會是不穩定的類型，尤其是如果流年又逢到較旺的土或火，則會明顯變動。當癸日主的女命走到桃花年，像是丙子、戊子、甲子、壬午、庚午……其實感情婚姻的變動會很明顯。

（三）各日主的感情現象解說

八字判斷感情運的方式有它基本的規則，但其實每個日主在判斷感情運上，還是有些不同，各類別日主的特質和現象，基本上也要做不同的判斷思考，才能真正精準去了解感情運勢的好壞，先前已經介紹了一些關於各日主屬性的基本判斷感情運勢的方式，當然是男女有別。接下來就要做個別日主更深入的解說，讓讀者能依個別命盤去對照，及推測流年感情的運勢現象，而在每個日主的類別解說之後，也會提供每個流年的感情運分數，讓讀者能更容易去了解感情運勢的好與壞。

一、流年感情分數以及範例說明

在這裡是利用數字量化的方式來呈現流年感情運勢，也就是六十干支組合的流年感情運勢給分，每個日主所逢遇到的大運和流年組合，經過簡單計算後，會產生出一個數值，也就代表流年的感情運勢用分數來表現。分數的判斷方式很簡單，越高分就代表感情運勢越理想，而越低分則代表感情運勢越不理想且越不穩定。如果分數是低於50左右，則代表感情運勢其實不穩定或易變動。最後，還會利用範例解說，來舉例說明每個屬性日主的感情運勢分析解釋，才能讓讀者更了解感情運勢判斷的實際步驟。

一般來說，八字論命中有一個相當重要的重點，就是因為流年干支有一定的搭配方式，陽天干會配上陽地支，陰天干也會配上陰地支，重要的是因為天干的循環方式，是同屬性的類別會有先陽再陰，像甲寅年之後是乙卯年，再來會是丙辰和丁巳……所以兩個相同屬性的甲乙木天干之後，會是丙丁火，再來是戊己土和庚辛金及壬癸水，也所以有時候流年會出現的現象，兩個同屬性的流年都可能出現，或是只出現在其中一年，可能是前一年或後一年都可能，八字裡無法百分百去確定會發生的流年，不管是甲或是乙，丙或丁……只能說範圍裡的時間都要注意，也因為八字有這樣的狀況，所以判斷感情婚姻事件時，也要用這樣的觀念去判斷，才能更準確。

《甲日主》

以下是甲日主女命，對大運和流年干支的基本現象判斷方式的介紹：

判斷一：當大運逢遇到比肩和劫財（甲乙），人際方面容易出現變動，雖不一定絕對會影響到感情婚姻，但其實也不能排除可能性，尤其是比較旺的甲乙干支搭配，像是甲午、甲申、及乙未或乙巳……影響會比較弱的甲乙更明顯。而如果比劫的大運，再逢遇到正官或七殺（庚辛）出天干的流年，就會出現感情或婚姻的變動。

判斷二：當大運逢遇到正官和七殺（庚辛），代表工作財運或是感情婚姻容易出現變動，雖不一定是感情會出狀況，但因為庚辛大運通常會是二十年，當中也勢必會逢遇到丙丁或壬癸流年，所以至少就會有四次左右的起伏變動，雖無法說一定會是感情婚姻的變動，但還是要注意到婚姻方面的狀況。

判斷三：當大運走得比較冷，但不是前面提到的甲乙或庚辛天干，而是秋冬運的丙子、丁丑、戊子、己亥……因為是比較溼冷的組合，所以會讓甲日主比較有壓力且辛苦，相對感情婚姻也會出現更多的不穩定，或是因為工作財運影響到其他方面，婚姻也會比較不穩定，尤其是當流年逢遇到官殺庚辛，現象會更明顯。

判斷四：其實不管是走哪一個大運，六十干支不管哪個組合，當流年出現正官和七殺的庚辛，也都可能會有感情婚姻變動，但這個判斷比較概括，比較無法有太多的準確度，但這個範圍也可以當個參考值，畢竟還是有它的原理和可能性。當這甲日主在流年逢遇到正官桃花，也就是辛卯或辛酉年，則出現感情婚姻的變動的機率就非常的高，所以若是之前就已婚，那就要比較注意到婚姻方面的狀況，但若是未婚，其實很適合選擇進入婚姻，或開始一段新感情。

判斷五：當命盤搭配過於弱，也就是八字和大運的搭配組合會讓日主變過弱，則在感情婚姻方面就容易變動，因為自我比較弱的人，其實很多時候都是屬於被決定的類型，當另一半選擇感情婚姻變動時，這樣的人似乎也沒有其他的選擇，像是逢到金水旺的冬運，對甲日主來說，感情婚姻也容易變不穩定。

以上五個基本判斷，就能準確的判斷出甲日主的感情婚姻狀況，但是或許對很多人來說，這樣的解釋似乎還是不太容易懂，尤其是對於未曾接觸過八字理論的人，可能是更無法進入狀況，所以感情流年E值的輔助印證就更重要。

對甲日主來說，在判斷計算得出的流年分數時，有幾項注意事項，接下來會加入範例來解說，如果我們已經計算出每個流年的感情婚姻分數，假設為E：

當E高於50，甚至比50高很多時，那表示此流年的感情婚姻狀況屬於穩定，當然越高分越理想，甚至可以解釋為越高分越好，不管是所遇的人或狀況都會是比較如願的狀況。

當E高於50，甚至比50高很多時，另一個現象也會是人際人緣相當好，尤其是流年出現地支「卯」與「酉」的各種類型桃花，或是木出天干的流年，對此甲日主來說都是不錯的搭配，貴人的現象會出現。

當E低於50，且甚至比50低很多時，那就明顯是感情婚姻狀況不穩定，很可能會出現一些變動的現象，甚至是明顯變動，尤其是逢遇到庚辛流年出天干。但要注意的是，所謂的感情變動，不只是分開或離婚，其實也包括了交往或是結婚，因為變動並不代表一定是分或合，應該解釋為目前的狀況出現變化，所以當妳未婚或沒對象時，且逢遇到流年分數較低分，也可以是變成有對象或是結婚的選擇，但這些並不是好或壞的判斷，只是一個變動的現象。

當E低於50，且甚至比50低很多時，除了感情婚姻會有變動之外，可能是由於人際而引起，像是甲乙木的流年，也可能會出現工作財務方面的狀況，對女命來說，因為夫與工作事業同論，所以也很可能出現錢財相關的變動，或是隨之而來的壓力。

當E值接近50，不管是高於或低於，還是有些許的變動性，其實無法完全排除變動的可能性，都還是需要去探討原理和原因，因為有時候當另一半的運勢較低時，就容易被影響到，或者被其他的原因所影響。

在後面附錄有提供一個圖表，讀者可以用來填入個人的資料，及所計算出的流年數值，或是一些個人註解，以方便做為參考或是八字命盤原理對照。

・女命甲日主之一（甲寅日、甲午日、甲戌日）

《感情婚姻運的詳細解說》：甲日主一共有六個，也許因為地支的不同會影響到本命的旺弱，但基本上影響比較大的部分會是在個人個性特質上及感情運勢上，其他的方面則地支影響會較小些，不過若同是甲日主，因為地支寅午戌的桃花現象會比較類似，所以在這裡就把甲寅、甲午和甲戌這三個日主一起來做解說。

月柱對日主的感情婚姻有基本的影響力，因為月柱是一般所謂的夫妻宮，而日主雖然有

它一定的基本好壞高低排序，但再加入月柱的判斷之後，則可以看出一個命盤基本的感情婚姻水準。下面則要把各月柱對此三個日主的影響，和各月柱對此三日主的搭配做基本評分判斷，讓讀者從數值的內容對基本的感情好壞程度，有更清楚的了解，且能用數值去對照月柱的干支組合，也能更了解干支的影響現象。所以當甲寅、甲午和甲戌日主，對於月柱的各種干支搭配，它會產生的命盤基本感情高低現象，則代表此人的八字基本感情婚姻的水準，當然這個數值不能代表一切，也不能代表一輩子的感情現象，它只是一個基本的起點，如果要知道一生的感情起伏現象，以及一生的感情好壞走勢，就一定要搭配大運和流年，才能了解後天的影響和現象，也才會是比較準確的判斷。

當甲寅、甲午和甲戌日主，逢到各月柱所產生的感情婚姻基本數值，以下圖表則是依據所有的月柱搭配，及所整理出的數值和解說，提供參考：（如圖90）

天干的地支搭配為「卯」，像是乙卯、丁卯、己卯、辛卯和癸卯，其實對甲寅日、甲午日、甲戌日三者來說，都是屬於桃花搭配，這也代表此人的八字基本搭配裡，本身的桃花就會比較多也比較明顯些，不過這是比較大方向的判斷，也不能完全就這樣單一判斷。

接下來要判斷更重要的部分，也就是大運和流年的感情運勢現象，因為這兩大部分才是真正影響一個人的一生感情現象起落，而在這裡除了會用文字說明之外，當然也會提供感情婚姻數值，再加上簡單計算後，則能得到相當具參考價值的感情流年分數，可以讓讀者更容易了解和判別感情或婚姻現象。

筆者提供一個簡易的計算方式，能讓大家都可以更清楚的了解到，到底感情運勢的好與壞，以及如何去做判斷，且再加上詳細的範例解說，相信就能抓到重點。（如圖91）

感情婚姻分數計算的說明：

請先利用感情婚姻基本數值（月柱基本分）來

甲 寅 55	甲 辰 70	甲 午 50	甲 申 60	甲 戌 65	甲 子 70
乙 卯 75	乙 巳 60	乙 未 55	乙 酉 80	乙 亥 60	乙 丑 65
丙 寅 75	丙 辰 75	丙 午 65	丙 申 70	丙 戌 80	丙 子 85
丁 卯 80	丁 巳 60	丁 未 65	丁 酉 85	丁 亥 70	丁 丑 80
戊 寅 55	戊 辰 60	戊 午 45	戊 申 50	戊 戌 55	戊 子 60
己 卯 65	己 巳 45	己 未 50	己 酉 70	己 亥 45	己 丑 50
庚 寅 80	庚 辰 85	庚 午 80	庚 申 65	庚 戌 70	庚 子 75
辛 卯 90	辛 巳 80	辛 未 85	辛 酉 80	辛 亥 65	辛 丑 60
壬 寅 85	壬 辰 90	壬 午 85	壬 申 85	壬 戌 70	壬 子 75
癸 卯 90	癸 巳 80	癸 未 70	癸 酉 95	癸 亥 75	癸 丑 65
女命 甲寅 甲午 甲戌 之 月柱					

圖 90

做基礎，即先利用命盤裡的日主，依前一個圖表對照出月柱的分數，再依這個圖表（大運與流年）數值來做計算，在這裡的大運和流年都是使用同一圖表來判斷，而計算的公式如下列：

（月柱基本分X 0.1）+（大運數值X 0.2）+（流年數值 X 0.7）

計算出來的數值，其實就是代表流年的感情婚姻狀況，而就分數上來判斷，越高的分數代表此流年的感情婚姻現象越穩定，不過在這裡，並不是絕對完全用分數的高低來做為好壞的判斷，這是因為流年的數值是一個穩定性的參考值，越穩定的感情婚姻現象分數就會越高，而相對的越低的分數所代表的現象就是越有變動。當然感情婚姻的好與壞，其實相當的主觀，或許相同狀況對不同的人來說，會是很不同的評語和感受，好或壞都是可能出現的

甲 寅 50	甲 辰 60	甲 午 45	甲 申 50	甲 戌 45	甲 子 55
乙 卯 75	乙 巳 50	乙 未 55	乙 酉 45	乙 亥 50	乙 丑 60
丙 寅 65	丙 辰 70	丙 午 60	丙 申 65	丙 戌 75	丙 子 80
丁 卯 90	丁 巳 75	丁 未 70	丁 酉 80	丁 亥 80	丁 丑 85
戊 寅 55	戊 辰 70	戊 午 55	戊 申 50	戊 戌 60	戊 子 65
己 卯 30	己 巳 55	己 未 65	己 酉 55	己 亥 50	己 丑 50
庚 寅 35	庚 辰 45	庚 午 30	庚 申 35	庚 戌 25	庚 子 20
辛 卯 30	辛 巳 35	辛 未 40	辛 酉 30	辛 亥 35	辛 丑 25
壬 寅 75	壬 辰 75	壬 午 85	壬 申 90	壬 戌 75	壬 子 70
癸 卯 80	癸 巳 85	癸 未 80	癸 酉 95	癸 亥 80	癸 丑 75
女命 甲寅 甲午 甲戌 之 大運與流年					

圖 91

結論，所以在這裡不用好壞來做評論，而是用「穩定」與「不穩定」來做為判斷標準，也會是更客觀更準確的分析方式。

以下則為此類別的舉例說明：（如圖92）

這是一個甲戌日主的女命，生於辛丑月，大運是從庚子開始的逆運，六歲起運，每十年逢六就會換大運，現在就舉兩個流年感情婚姻計算過程，此人的月柱基本分為60，是屬於普通的分數水準，而如果要計算虛歲26歲的流年E，則大運為戊戌（60分），流年辛卯年（30分），代入公式得出的E為39，那表示因為低於50且低相當多，所以是不穩定的感情狀況，從八字十神的角色來看，因為辛卯是甲戌日的正官桃花，對女命來說感

時柱	日柱(日主)	月柱	年柱	虛歲年限	八字本命
46歲之後	31至45歲	16至30歲	1至15歲		
癸酉	甲戌	辛丑	丙寅	四柱干支	

56歲至65歲	46歲至55歲	36歲至45歲	26歲至35歲	16歲至25歲	6歲至15歲	虛歲年限	大運
乙未	丙申	丁酉	戊戌	己亥	庚子	干支	

30	29	28	27	26	25	24	23	22	21	20	19	18	17	16	15	14	13	12	11	10	9	8	7	6	5	4	3	2	1	虛歲	流年
乙未	甲午	癸巳	壬辰	辛卯	庚寅	己丑	戊子	丁亥	丙戌	乙酉	甲申	癸未	壬午	辛巳	庚辰	己卯	戊寅	丁丑	丙子	乙亥	甲戌	癸酉	壬申	辛未	庚午	己巳	戊辰	丁卯	丙寅	干支	
60	59	58	57	56	55	54	53	52	51	50	49	48	47	46	45	44	43	42	41	40	39	38	37	36	35	34	33	32	31	虛歲	
乙丑	甲子	癸亥	壬戌	辛酉	庚申	己未	戊午	丁巳	丙辰	乙卯	甲寅	癸丑	壬子	辛亥	庚戌	己酉	戊申	丁未	丙午	乙巳	甲辰	癸卯	壬寅	辛丑	庚子	己亥	戊戌	丁酉	丙申	干支	

圖 92

情婚姻的變動就相當大，要注意到有可能是結婚、離婚或是交往、分手，總之是很明顯的一個感情變動現象；如果要計算虛歲37歲的流年E，則大運為丁酉（80分），流年壬寅年（75分），代入公式得出的E為74.5，因為高於50，且高的相當多分，所以是相當穩定的感情狀況，壬寅對甲日主來說是相當好的偏印，會有很不錯的貴人運，在各方面的運勢也會不錯。

接下來的圖表就是計算過後所做的整理，一共是三個大運的三十個流年，是第兩個己亥運、第三個戊戌運和第四個丁酉運，以及圖表的範例說明。（如圖93）

	大運　己亥　(數值：50　)
流年	辛巳年 16歲 (數值：35) E值：40.5　注意事項：正官，注意感情變動
	壬午年 17歲 (數值：85) E值：75.5　注意事項：穩定，有展現
	癸未年 18歲 (數值：80) E值：72　注意事項：穩定，忙碌
	甲申年 19歲 (數值：50) E值：51　注意事項：注意人際的影響
	乙酉年 20歲 (數值：45) E值：47.5　注意事項：犯小人，注意人際的影響
	丙戌年 21歲 (數值：75) E值：68.5　注意事項：穩定
	丁亥年 22歲 (數值：80) E值：72　注意事項：穩定
	戊子年 23歲 (數值：65) E值：61.5　注意事項：工作財運不穩定
	己丑年 24歲 (數值：50) E值：51　注意事項：忙碌，有壓力
	庚寅年 25歲 (數值：35) E值：40.5　注意事項：七殺，注意感情變動
	大運　戊戌　(數值：60　)
流年	辛卯年 26歲 (數值：30) E值：39　注意事項：正官桃花，注意感情變動
	壬辰年 27歲 (數值：75) E值：70.5　注意事項：穩定，運勢旺
	癸巳年 28歲 (數值：85) E值：77.5　注意事項：穩定，有貴人
	甲午年 29歲 (數值：45) E值：49.5　注意事項：注意人際的影響
	乙未年 30歲 (數值：55) E值：56.5　注意事項：注意人際的影響
	丙申年 31歲 (數值：65) E值：63.5　注意事項：穩定
	丁酉年 32歲 (數值：80) E值：74　注意事項：穩定
	戊戌年 33歲 (數值：60) E值：60　注意事項：工作財運不穩定
	己亥年 34歲 (數值：50) E值：53　注意事項：忙碌，有壓力
	庚子年 35歲 (數值：20) E值：32　注意事項：七殺，注意感情變動
	大運　丁酉　(數值：80　)
流年	辛丑年 36歲 (數值：25) E值：39.5　注意事項：正官，注意感情變動
	壬寅年 37歲 (數值：75) E值：74.5　注意事項：穩定，運勢旺
	癸卯年 38歲 (數值：80) E值：78　注意事項：穩定，有貴人
	甲辰年 39歲 (數值：60) E值：64　注意事項：注意人際的影響
	乙巳年 40歲 (數值：50) E值：57　注意事項：注意人際的影響
	丙午年 41歲 (數值：60) E值：64　注意事項：穩定，忙碌
	丁未年 42歲 (數值：70) E值：71　注意事項：穩定，不動產運旺
	戊申年 43歲 (數值：50) E值：57　注意事項：工作財運不穩定
	己酉年 44歲 (數值：55) E值：60.5　注意事項：忙碌，有壓力
	庚戌年 45歲 (數值：25) E值：39.5　注意事項：七殺，注意感情變動

圖 93

從此圖表中可以發現，此人的感情大運走勢屬於越來越穩定的現象，從己亥的50，到戊戌的60，及丁酉的80，整體來說感情狀況相當穩定，但特別要注意的是，當逢遇到庚辛出天干的流年，明顯都出現偏低的數值，這也代表會有較大的變動現象，不管對此人來說是好或壞，總是要把握或是維持自己理想中的感情婚姻狀況，比例很高的人會有婚姻變動，或是工作事業的明顯變動，所以如果此人在這之前是已婚，那很可能在這幾個年會有不理想的婚姻狀況，但若此人是未婚，而又不排斥早婚，那在正官桃花年或是庚辛年，則很可能會選擇結婚，對她來說也可以說是理想的狀況。

有幾個數值落在50到60之間，雖然看起來都是高於50，當然都還算理想，但有些現象還是要了解和探討，像是戊己出天干的流年，其實也不能完全排除掉感情上的狀況，不過也可能影響到各方面，這當然還要看個人的狀況而定，因為即使同命盤的人，也不一定在同一年出現一樣的狀況，但狀況都會在可能的範圍之內。而當中有好幾個流年數值超過60，雖然在圖表中只是簡單標示為穩定加上短評，但事實上，這幾個流年對此人來說，其實相當理想，不只會是在感情桃花婚姻方面，其實在各方面的運勢上，也都會是相當理想的流年運勢，像是壬癸水出天干的流年，貴人運就相當的好，所以當中若有人介紹不錯的對象，也是非常有可能的事，畢竟好運的時候，往往都可以心想事成。

‧女命甲日主之二（甲辰日、甲申日、甲子日）

《感情婚姻運的詳細解說》：甲日主一共有六個，也許因為地支的不同會影響到本命的旺弱，但基本上影響比較大的部分，會是在個人個性特質上及感情運勢上，其他的方面則地支影響會較小些，不過若同是甲日主，因為地支辰申子的桃花現象會比較類似，所以在這裡就把甲辰、甲申和甲子這三個日主一起來做解說。

當甲辰、甲申和甲子日主，逢到各月柱所產生的感情婚姻基本數值，以下圖表則是依據所有的月柱搭配，及所整理出的數值和解說，提供參考：（如圖94）

天干的地支搭配為「酉」，像是乙酉、丁酉、己酉、辛酉和癸酉，其實對甲辰日、甲申日、甲子日三者來說，都是屬於桃花搭配，這也代表此人的八字基本搭配裡，本身的桃花就會比較多也比較明顯些，不過這是比較大方向的判斷，也不能完全就這樣單一判斷。

接下來要判斷更重要的部分，也就是大運和流年的感情運勢現象，因為這兩大部分才是真正影響一個人的一生感情現象起落，而在這裡除了會用文字說明之外，當然也會提供感情婚姻數值，再加上簡單計算後，則能得到相當具參考價值的感情流年分數，可以讓讀者更容易了解和判別感情或婚姻現象。

筆者提供一個簡易的計算方式，能讓大家都可以更清楚的了解到，到底感情運勢的好與壞，以及如何去做判斷，且再加上詳細的範例解說，相信就能抓到重點。（如圖95）

感情婚姻分數計算的說明：

請先利用感情婚姻基本數值（月柱基本分）來做基礎，即先利用命盤裡的日主，依前一個圖表對照出月柱的分數，再依這個圖表（大運與流年）數

甲 寅 55	甲 辰 70	甲 午 50	甲 申 60	甲 戌 65	甲 子 70
乙 卯 65	乙 巳 60	乙 未 55	乙 酉 75	乙 亥 60	乙 丑 65
丙 寅 75	丙 辰 75	丙 午 65	丙 申 70	丙 戌 80	丙 子 85
丁 卯 75	丁 巳 60	丁 未 65	丁 酉 75	丁 亥 70	丁 丑 80
戊 寅 55	戊 辰 60	戊 午 45	戊 申 50	戊 戌 55	戊 子 60
己 卯 70	己 巳 45	己 未 50	己 酉 65	己 亥 45	己 丑 50
庚 寅 80	庚 辰 85	庚 午 80	庚 申 65	庚 戌 70	庚 子 75
辛 卯 85	辛 巳 80	辛 未 85	辛 酉 75	辛 亥 65	辛 丑 60
壬 寅 85	壬 辰 90	壬 午 85	壬 申 85	壬 戌 70	壬 子 75
癸 卯 85	癸 巳 80	癸 未 70	癸 酉 90	癸 亥 75	癸 丑 65
女命 甲辰 甲申 甲子 之 月柱					

圖 94

值來做計算，在這裡的大運和流年都是使用同一圖表來判斷，而計算的公式如下列：

（月柱基本分X 0.1）＋（大運數值X 0.2）＋（流年數值 X 0.7）

所計算出來的數值，其實就是代表流年的感情婚姻狀況，而就分數上來判斷，越高的分數代表此流年的感情婚姻現象越穩定，不過在這裡，並不是絕對完全用分數的高低來做為好壞的判斷，因為流年的數值是一個穩定性的參考值，越穩定的感情婚姻現象分數就會越高，而相對的越低的分數所代表的現象就是越有變動。當然感情婚姻的好與壞，其實相當的主觀，或許相同狀況對不同的人來說，會是很不同的評語和感受，好或壞都是可能出現的結論，所以在這裡不用好與壞來做評論，而是用「穩定」與「不穩定」來做為判斷標準，也會是更客觀

甲 寅 55	甲 辰 65	甲 午 50	甲 申 45	甲 戌 50	甲 子 55
乙 卯 65	乙 巳 45	乙 未 50	乙 酉 40	乙 亥 55	乙 丑 60
丙 寅 65	丙 辰 70	丙 午 65	丙 申 60	丙 戌 70	丙 子 55
丁 卯 70	丁 巳 75	丁 未 70	丁 酉 60	丁 亥 80	丁 丑 75
戊 寅 40	戊 辰 50	戊 午 60	戊 申 55	戊 戌 60	戊 子 55
己 卯 25	己 巳 35	己 未 55	己 酉 30	己 亥 50	己 丑 45
庚 寅 40	庚 辰 35	庚 午 25	庚 申 30	庚 戌 35	庚 子 20
辛 卯 35	辛 巳 40	辛 未 35	辛 酉 20	辛 亥 30	辛 丑 25
壬 寅 80	壬 辰 85	壬 午 90	壬 申 85	壬 戌 75	壬 子 80
癸 卯 85	癸 巳 90	癸 未 80	癸 酉 30	癸 亥 80	癸 丑 75
女命 甲辰 甲申 甲子 之 大運與流年					

圖 95

更準確的分析方式。

以下是此類別的舉例說明：（如圖96）

這是一個甲申日主的女命，生於癸未月，大運是從壬午開始的逆運，一歲起運，每十年逢一就會換大運，現在就舉兩個流年感情婚姻計算過程，此人的月柱基本分為70，是屬於還不錯的分數水準，而如果要計算虛歲23歲的流年E，則大運為庚辰（35分），流年壬午年（90分），代入公式得出的E為77，表示因為高於50且高相當多，所以是屬於穩定或相當理想的感情狀況，而從八字十神的角色來看，壬午流年對甲日主來說是相當有貴人運，但是因為水比較弱，所以也會比率忙碌些，但運勢相當穩定理想；如果要計算虛歲32歲的流年E，則大運為己卯（25分），流年辛卯年（35分），

時柱	日柱(日主)	月柱	年柱	虛歲年限	八字本命
46歲之後	31至45歲	16至30歲	1至15歲		
癸酉	甲申	癸未	庚申	四柱干支	

51歲至60歲	41歲至50歲	31歲至40歲	21歲至30歲	11歲至20歲	1歲至10歲	虛歲年限	大運
丁丑	戊寅	己卯	庚辰	辛巳	壬午	干支	

30	29	28	27	26	25	24	23	22	21	20	19	18	17	16	15	14	13	12	11	10	9	8	7	6	5	4	3	2	1	虛歲	流年
己丑	戊子	丁亥	丙戌	乙酉	甲申	癸未	壬午	辛巳	庚辰	己卯	戊寅	丁丑	丙子	乙亥	甲戌	癸酉	壬申	辛未	庚午	己巳	戊辰	丁卯	丙寅	乙丑	甲子	癸亥	壬戌	辛酉	庚申	干支	
60	59	58	57	56	55	54	53	52	51	50	49	48	47	46	45	44	43	42	41	40	39	38	37	36	35	34	33	32	31	虛歲	
己未	戊午	丁巳	丙辰	乙卯	甲寅	癸丑	壬子	辛亥	庚戌	己酉	戊申	丁未	丙午	乙巳	甲辰	癸卯	壬寅	辛丑	庚子	己亥	戊戌	丁酉	丙申	乙未	甲午	癸巳	壬辰	辛卯	庚寅	干支	

圖 96

代入公式得出的E為36.5，因為低於50且低相當多，所以是屬於不穩定的感情狀況，而從八字十神的角色來看，因為流年的辛卯是相當弱的正官，所以很明顯有感情婚姻或是工作財運的變動。

接下來的圖表就是計算過後所做的整理，一共是三個大運的三十個流年，是第兩個辛巳運、第三個庚辰運和第四個己卯運，以及圖表的範例說明。（如圖97）

	大 運　辛巳　(數值：40　)
流年	庚午年 11歲 (數值：25) E值：32.5　注意事項：七殺，注意感情變動
	辛未年 12歲 (數值：35) E值：39.5　注意事項：正官，注意感情變動
	壬申年 13歲 (數值：85) E值：74.5　注意事項：穩定
	癸酉年 14歲 (數值：30) E值：36　注意事項：正印桃花，感情不穩定
	甲戌年 15歲 (數值：50) E值：50　注意事項：注意人際的影響
	乙亥年 16歲 (數值：55) E值：53.5　注意事項：犯小人，注意人際的影響
	丙子年 17歲 (數值：55) E值：53.5　注意事項：食神弱，感情與健康不穩定
	丁丑年 18歲 (數值：75) E值：67.5　注意事項：穩定
	戊寅年 19歲 (數值：40) E值：43.5　注意事項：工作財運不穩定
	己卯年 20歲 (數值：25) E值：32.5　注意事項：正財，運勢不穩定
	大 運　庚辰　(數值：35　)
流年	庚辰年 21歲 (數值：35) E值：38.5　注意事項：七殺，注意感情變動
	辛巳年 22歲 (數值：40) E值：42　注意事項：正官，注意感情變動
	壬午年 23歲 (數值：90) E值：77　注意事項：穩定，有展現
	癸未年 24歲 (數值：80) E值：70　注意事項：穩定，忙碌
	甲申年 25歲 (數值：45) E值：45.5　注意事項：注意人際的影響
	乙酉年 26歲 (數值：40) E值：42　注意事項：犯小人，注意人際的影響
	丙戌年 27歲 (數值：70) E值：63　注意事項：穩定
	丁亥年 28歲 (數值：80) E值：70　注意事項：穩定
	戊子年 29歲 (數值：55) E值：52.5　注意事項：工作財運不穩定
	己丑年 30歲 (數值：45) E值：45.5　注意事項：忙碌，有壓力
	大 運　己卯　(數值：25　)
流年	庚寅年 31歲 (數值：40) E值：40　注意事項：七殺，注意感情變動
	辛卯年 32歲 (數值：35) E值：36.5　注意事項：正官，注意感情變動
	壬辰年 33歲 (數值：85) E值：71.5　注意事項：穩定，運勢旺
	癸巳年 34歲 (數值：90) E值：75　注意事項：穩定，有貴人
	甲午年 35歲 (數值：50) E值：47　注意事項：注意人際的影響
	乙未年 36歲 (數值：50) E值：47　注意事項：注意人際的影響
	丙申年 37歲 (數值：60) E值：54　注意事項：不動產運不穩定
	丁酉年 38歲 (數值：60) E值：54　注意事項：傷官弱，感情與健康不穩定
	戊戌年 39歲 (數值：60) E值：54　注意事項：工作財運不穩定
	己亥年 40歲 (數值：50) E值：47　注意事項：工作財運變動，有壓力

圖 97

從此圖表中可以發現，此人的感情走勢屬於越來越不穩定的現象，從辛巳的40，到庚辰的35，及己卯的25，很明顯的越來越低分，尤其是當流年出現庚辛金或是甲乙木，不穩定現象就會更明顯，可能發生在感情婚姻方面，工作財運也都很可能會有變動，而且當流年的戊己土出天干，對女命來說各方面都是可能變動的範圍。如果在庚辛的流年，此人是未婚的狀況，其實很適合在低分年選擇結婚，若是已婚則要注意到婚姻可能出現的變動。

有幾個數值落在50到60之間，雖然看起來都是高於50，當然都還算理想，但有些現象還是要了解和探討，像是丙丁出天干的流年，也可能會出現壓力和變動，且也不能完全排除感情上的狀況，這些還要看個人的狀況而定，因為即使同命盤的人，也不一定在同一年出現一樣的狀況，只是都會在可能的範圍之內。而若是數值超過60以上的流年，則屬於相當理想的流年，常常不只是在感情桃花婚姻方面，其實在各方面的運勢上，也都會是相當理想的流年運勢，像是壬癸水出天干的流年，貴人運就相當的好，好運的時候往往都可以心想事成。

《乙日主》

以下是乙日主女命，對大運和流年干支的基本現象判斷方式的介紹：

判斷一：當大運逢遇到比肩和劫財（乙甲），人際方面容易出現變動，雖然並不絕對影響到感情婚姻，但其實也不能排除可能性，尤其是比較旺的甲乙干支搭配，像是甲午、甲申，及乙未或乙巳……會比弱的甲乙更明顯。而如果比劫大運，再逢遇到正官或七殺（庚辛）出天干的流年，在這幾個流年裡就會出現感情或婚姻的變動。

判斷二：當大運逢遇到正官和七殺（庚辛），工作財運或是感情婚姻容易出現變動，雖不保證是感情會出狀況，但因為庚辛大運通常會是二十年，當中也勢必會逢遇到甲乙或庚辛流年，所以至少就會有四次左右的起伏變動，所以也無法排除是感情婚姻的變動，尤其是流年又逢到庚辛，則就要很注意到婚姻方面的狀況。

判斷三：當大運走得比較冷，但不是前面提到的甲乙或庚辛天干，而是秋冬運的丙子、丁丑、戊子、己亥……因為是比較溼冷的組合，所以會讓乙日主比較有壓力且辛苦，相對感情婚姻也會出現更多的不穩定，或是因為工作財運影響到其他方面，婚姻也會比較不穩定，尤其是當流年逢遇到官殺庚辛，現象會更明顯。

判斷四：其實不管是走哪一個大運，六十干支不管哪個組合，當流年出現正官和七殺的庚辛，都可能會有感情婚姻變動，雖然這個判斷比較概括，比較無法有太多的準確度，但這個範圍也可以當個參考值，畢竟還是有它的原理和可能性。當這乙日主在流年逢遇到正官桃花，也就是庚子或庚午年，則出現感情婚姻的變動的機率就非常的高，所以若是之前就已婚，那就要比較注意到婚姻方面的狀況，但若是未婚，其實很適合選擇進入婚姻，或開始一段新感情。

判斷五：當命盤搭配過於弱，也就是八字和大運的搭配組合會讓日主變過弱，則在感情婚姻方面就容易變動，因為自我比較弱的人，其實很多時候都是屬於被決定的類型，當另一半選擇感情婚姻變動時，這樣的人似乎也沒有其他的選擇，像是逢到金水旺的冬運，對乙日主來說，感情婚姻也容易變不穩定。

以上五個基本判斷，就能準確的判斷出乙日主的感情婚姻狀況，但是或許對很多人來說，這樣的解釋似乎還是不太容易懂，尤其是對於未曾接觸過八字理論的人，可能是更無法進入狀況，所以感情流年E值的輔助印證就更重要。

對乙日主來說，在判斷計算得出的流年分數時，有幾項注意事項，接下來會加入範例來解說，如果我們已經計算出每個流年的感情婚姻分數，假設為E：

當E高於50，甚至比50高很多時，那表示此流年的感情婚姻狀況屬於穩定，當然越高分越理想，甚至可以解釋為越高分越好，不管是所遇的人或狀況都會是比較如願的狀況。

當E高於50，甚至比50高很多時，另一個現象也會是人際人緣相當好，尤其是流年出現地支「子」與「午」的各種類型桃花，或是木出天干的流年，對乙日主來說都是不錯的搭配，貴人的現象會出現。

當E低於50，且甚至比50低很多時，則明顯是感情婚姻狀況不穩定，很可能會出現一些變動的現象，尤其是逢遇到庚辛流年出天干。但要注意的是，所謂的感情變動，不只是分開或離婚，其實也包括了交往或是結婚，因為變動並不代表一定是分或合，應該解釋為目前的狀況出現變化，所以當妳未婚或沒對象時，且逢遇到流年分數較低分，也可以是變成有對象或是結婚的選擇，但這些並不是好或壞的判斷，只是一個變動的現象。

當E低於50，且甚至比50低很多時，除了感情婚姻會有變動之外，可能是由於人際而引起，像是甲乙木的流年，甚可能會出現工作財務方面的狀況，對女命來說，因為夫與工作事業同論，所以也很可能出現錢財相關的變動，或是隨之而來的壓力。

當E值接近50，不管是高於或低於，還是有些許的變動性，其實無法完全排除變動的可能性，都還是需要去探討原理和原因，因為有時候當另一半的運勢較低時，就容易被影響到，或者被其他的原因所影響。

後面附錄有提供一個圖表，讀者可以用來填入個人的資料，及所計算出的流年數值，或是一些個人註解，以方便做為參考或是八字命盤原理對照。

• 女命乙日主之一（乙卯日、乙未日、乙亥日）

《感情婚姻運的詳細解說》：乙日主一共有六個，也許因為地支的不同會影響到本命的旺弱，但影響比較大的部分會是在個人個性特質上及感情運勢上，其他的方面則地支影響會較小些，不過若同是乙日主，因為地支卯未亥的桃花現象會比較類似，所以在這裡就把乙卯、乙未和乙亥這三個日主一起來做解說。

月柱對日主的感情婚姻有基本的影響力，因為月柱是一般所謂的夫妻宮，而日主雖然有它一定的基本好壞高低排序，但再加入月柱的判斷之後，則可以看出一個命盤基本的感情婚姻水準。下面則要把各月柱對此三個日主的影響，和各月柱對此三日主的搭配做基本評分判斷，讓讀者從數值的內容對基本的感情好壞程度，有更清楚的了解，且能用數值去對照月柱的干支組合，也能更了解干支的影響現象。所以當乙卯、乙未和乙亥日主，對於月柱的各種干支搭配，它會產生的命盤基本感情高低現象，則代表此人的八字基本感情婚姻的水準，當然這個數值不能代表一切，也不能代表一輩子的感情現象，它只是一個基本的起點，如果要知道一生的感情起伏現象，以及一生的感情好壞走勢，就一定要搭配大運和流年，才能了解後天的影響和現象，也才會是比較準確的判斷。

當乙卯、乙未和乙亥日主，逢到各月柱所產生的感情婚姻基本數值，以下圖表則是依據所有的月柱搭配，及所整理出的數值和解說，提供參考：（如圖98）

甲 寅 60	甲 辰 75	甲 午 70	甲 申 65	甲 戌 70	甲 子 80
乙 卯 75	乙 巳 65	乙 未 60	乙 酉 80	乙 亥 65	乙 丑 70
丙 寅 75	丙 辰 70	丙 午 65	丙 申 65	丙 戌 70	丙 子 90
丁 卯 85	丁 巳 65	丁 未 60	丁 酉 75	丁 亥 80	丁 丑 75
戊 寅 65	戊 辰 65	戊 午 55	戊 申 55	戊 戌 60	戊 子 70
己 卯 70	己 巳 55	己 未 60	己 酉 70	己 亥 55	己 丑 65
庚 寅 80	庚 辰 90	庚 午 75	庚 申 70	庚 戌 75	庚 子 90
辛 卯 85	辛 巳 80	辛 未 75	辛 酉 80	辛 亥 70	辛 丑 75
壬 寅 80	壬 辰 95	壬 午 85	壬 申 90	壬 戌 75	壬 子 90
癸 卯 85	癸 巳 80	癸 未 75	癸 酉 95	癸 亥 85	癸 丑 75
女命 乙卯 乙未 乙亥 之 月柱					

圖 98

月柱如果逢遇到地支搭配為「子」，像是甲子、丙子、戊子、庚子和壬子，其實對乙卯日、乙未日、乙亥日三者來說，都是屬於桃花搭配，這也代表此人的八字基本搭配裡，本身的桃花就會比較多也比較明顯些，不過這是比較大方向的判斷，也不能完全就這樣單一判斷。接下來要判斷更重要的部分，也就是大運和流年的感情運勢現象，因為這兩大部分才是真正影響一生的感情現象起落，而在這裡除了會用文字說明之外，當然也會提供感情婚姻數值，再加上簡單計算後，則能得到相當具參考價值的感情流年分數，可以讓讀者更容易了解和判別感情或婚姻現象。

筆者提供一個簡易的計算方式，能讓大家都可以更清楚的了解到，到底感情運勢的好與壞，以及如何去做判斷，且再加上詳細的範例解說，相信就能抓到重點。（如圖99）

感情婚姻分數計算的說明：

請先利用感情婚姻基本數值（月柱基本分）來做基礎，即先利用命盤裡的日主，依前一個圖表對照出月柱的分數，再依這個圖表（大運與流年）數值來做計算，在這裡的大運和流年都是使用同一圖表來判斷，而計算的公式如下列：

（月柱基本分X 0.1）+（大運數值X 0.2）+（流年數值 X 0.7）

計算出來的數值，其實就是代表流年的感情婚姻狀況，而就分數上來判斷，越高的分數代表此流年的感情婚姻現象越穩定，不過在這裡，並不是絕對完全用分數的高低來做為好壞的判斷，這是因為流年的數值是一個穩定性的參考值，越穩定的感情婚姻現象分數就會越高，而相對的越低的分數所代表的現象就是越有變動。當然感情婚姻的好與壞，其實相當的主觀，或許相同狀況對不同的人來說，會是很不同的評語和感受，好或壞都是可能出現的結論，所以在這裡不用好壞來做評論，而是用「穩定」與「不穩定」來做為判斷標準，也會是更客觀更準確的分析方式。

以下則為此類別的舉例說明：（如圖100）

甲寅 50	甲辰 65	甲午 45	甲申 45	甲戌 50	甲子 45
乙卯 45	乙巳 60	乙未 60	乙酉 35	乙亥 55	乙丑 55
丙寅 65	丙辰 80	丙午 40	丙申 70	丙戌 70	丙子 30
丁卯 85	丁巳 80	丁未 70	丁酉 75	丁亥 85	丁丑 80
戊寅 30	戊辰 35	戊午 55	戊申 50	戊戌 60	戊子 45
己卯 20	己巳 30	己未 60	己酉 45	己亥 55	己丑 50
庚寅 45	庚辰 35	庚午 30	庚申 35	庚戌 40	庚子 20
辛卯 35	辛巳 40	辛未 45	辛酉 30	辛亥 35	辛丑 25
壬寅 80	壬辰 85	壬午 70	壬申 95	壬戌 75	壬子 40
癸卯 75	癸巳 80	癸未 80	癸酉 70	癸亥 85	癸丑 75
女命 乙卯 乙未 乙亥 之 大運與流年					

圖 99

這是一個乙卯日主的女命，生於癸酉月，大運是從壬申開始的逆運，四歲起運，每十年逢四就會換大運，現在就舉兩個流年感情婚姻計算過程，此人的月柱基本分為95，是屬於相當好的分數水準，而如果要計算虛歲28歲的流年E，則大運為庚午（30分），流年辛卯年（35分），代入公式得出的E為40，表示因為低於50且低許多，所以是不穩定的感情狀況，從八字十神的角色來看，辛卯是乙卯日的七殺，加上大運庚午是正官，官殺都出天干，對女命來說感情婚姻的變動會相當明顯，結婚、離婚或是交往、分手，都是可能的現象；如果要計算虛歲39歲的流年E，則大運為己巳（30分），流年壬寅年（80分），代入公式得出的E為71.5，因為高於50，且高的相當多分，所以是

時柱	日柱(日主)	月柱	年柱	虛歲年限	八字本命
46歲之後	31至45歲	16至30歲	1至15歲		
乙酉	乙卯	癸酉	甲子	四柱干支	

54歲至63歲	44歲至53歲	34歲至43歲	24歲至33歲	14歲至23歲	4歲至13歲	虛歲年限	大運
丁卯	戊辰	己巳	庚午	辛未	壬申	干支	

30	29	28	27	26	25	24	23	22	21	20	19	18	17	16	15	14	13	12	11	10	9	8	7	6	5	4	3	2	1	虛歲	流年
癸巳	壬辰	辛卯	庚寅	己丑	戊子	丁亥	丙戌	乙酉	甲申	癸未	壬午	辛巳	庚辰	己卯	戊寅	丁丑	丙子	乙亥	甲戌	癸酉	壬申	辛未	庚午	己巳	戊辰	丁卯	丙寅	乙丑	甲子	干支	
60	59	58	57	56	55	54	53	52	51	50	49	48	47	46	45	44	43	42	41	40	39	38	37	36	35	34	33	32	31	虛歲	
癸亥	壬戌	辛酉	庚申	己未	戊午	丁巳	丙辰	乙卯	甲寅	癸丑	壬子	辛亥	庚戌	己酉	戊申	丁未	丙午	乙巳	甲辰	癸卯	壬寅	辛丑	庚子	己亥	戊戌	丁酉	丙申	乙未	甲午	干支	

圖 100

相當穩定的感情狀況，壬寅對乙日主來說是相當好的正印，會有很不錯的貴人運，在各方面的運勢也會相當理想。

接下來的圖表就是計算過後所做的整理，一共是三個大運的三十個流年，是第兩個辛未運、第三個庚午運和第四個己巳運，以及圖表的範例說明。（如圖 101）

	大 運　辛未　(數值：45　)
流年	丁丑年 14歲 (數值：80) E值：74.5　注意事項：穩定
	戊寅年 15歲 (數值：30) E值：39.5　注意事項：感情影響學業財運
	己卯年 16歲 (數值：20) E值：32.5　注意事項：感情影響學業財運
	庚辰年 17歲 (數值：35) E值：43　注意事項：正官，注意感情變動
	辛巳年 18歲 (數值：40) E值：46.5　注意事項：七殺，注意感情變動
	壬午年 19歲 (數值：70) E值：67.5　注意事項：穩定，忙碌
	癸未年 20歲 (數值：80) E值：74.5　注意事項：穩定，忙碌
	甲申年 21歲 (數值：45) E值：32　注意事項：注意人際的影響
	乙酉年 22歲 (數值：35) E值：43　注意事項：犯小人，注意人際的影響
	丙戌年 23歲 (數值：70) E值：67.5　注意事項：穩定
	大 運　庚午　(數值：30　)
流年	丁亥年 24歲 (數值：85) E值：75　注意事項：穩定
	戊子年 25歲 (數值：45) E值：47　注意事項：正財桃花，工作財運變動
	己丑年 26歲 (數值：50) E值：50.5　注意事項：工作財運影響感情
	庚寅年 27歲 (數值：45) E值：47　注意事項：正官，注意感情變動
	辛卯年 28歲 (數值：35) E值：40　注意事項：七殺，注意感情變動
	壬辰年 29歲 (數值：85) E值：75　注意事項：穩定，有展現
	癸巳年 30歲 (數值：80) E值：71.5　注意事項：穩定
	甲午年 31歲 (數值：45) E值：47　注意事項：注意人際的影響
	乙未年 32歲 (數值：60) E值：57.5　注意事項：注意人際的影響
	丙申年 33歲 (數值：70) E值：64.5　注意事項：穩定
	大 運　己巳　(數值：30　)
流年	丁酉年 34歲 (數值：75) E值：68　注意事項：穩定
	戊戌年 35歲 (數值：60) E值：57.5　注意事項：工作財運不穩定
	己亥年 36歲 (數值：55) E值：54　注意事項：忙碌，有壓力
	庚子年 37歲 (數值：20) E值：29.5　注意事項：正官桃花，注意感情變動
	辛丑年 38歲 (數值：25) E值：62.5　注意事項：七殺，注意感情變動
	壬寅年 39歲 (數值：80) E值：71.5　注意事項：穩定，運勢旺
	癸卯年 40歲 (數值：75) E值：68　注意事項：穩定，有貴人
	甲辰年 41歲 (數值：65) E值：61　注意事項：注意人際的影響
	乙巳年 42歲 (數值：60) E值：57.5　注意事項：注意人際的影響
	丙午年 43歲 (數值：40) E值：43.5　注意事項：傷官旺，注意健康

圖 101

從此圖表中可以發現，此人的感情大運走勢屬於不穩定的現象，從辛未的45，到庚午的30，及己巳的30，整體來說感情狀況不是太穩定，且容易被流年影響，當逢遇到庚辛出天干的流年，明顯都出現偏低的數值，這也代表會有較大的變動現象，不管對此人來說是好或壞，總是要把握或是維持自己理想中的感情婚姻狀況，比例很高的人會有婚姻變動，或是工作事業的明顯變動，所以如果此人在這之前是已婚，那很可能在這幾個年會有不理想的婚姻狀況，但若此人是未婚，則很可能會選擇結婚或是開始一段感情。

有幾個數值落在50到60之間，雖然看起來都是高於50，當然都還算理想，但有些現象還是要了解和探討，像是甲乙比劫出天干和財戊己出天干的流年，其實也不能完全排除掉感情上的狀況，這當然還要看個人的狀況而定，因為即使同命盤的人，也不一定在同一年出現一樣的狀況，但狀況都會在可能的範圍之內。而當中有好幾個流年數值超過65，雖然在圖表中只是簡單標示為穩定加上短評，但事實上，這幾個流年對此人來說，其實相當理想，像是壬癸水出天干的流年，貴人運就相當的好，因為好運的時候，往往都可以心想事成。

・女命乙日主之二（乙巳日、乙酉日、乙丑日）

《感情婚姻運的詳細解說》：乙日主一共有六個，也許因為地支的不同會影響到本命的旺弱，但影響比較大的部分，會是在個人個性特質上及感情運勢上，其他的方面則地支影響會較小些，不過若同是乙日主，因為地支巳酉丑的桃花現象會比較類似，所以在這裡就把乙巳、乙酉和乙丑這三個日主一起來做解說。

當乙巳、乙酉和乙丑日主，逢到各月柱所產生的感情婚姻基本數值，以下圖表則是依據所有的月柱搭配，及所整理出的數值和解說，提供參考：（如圖 102）

月柱如果逢遇到地支搭配為「午」，像是甲午、

甲 寅 60	甲 辰 75	甲 午 80	甲 申 65	甲 戌 70	甲 子 75
乙 卯 75	乙 巳 65	乙 未 60	乙 酉 80	乙 亥 65	乙 丑 70
丙 寅 75	丙 辰 70	丙 午 75	丙 申 65	丙 戌 70	丙 子 85
丁 卯 85	丁 巳 65	丁 未 60	丁 酉 75	丁 亥 80	丁 丑 75
戊 寅 65	戊 辰 65	戊 午 70	戊 申 55	戊 戌 60	戊 子 60
己 卯 70	己 巳 55	己 未 60	己 酉 70	己 亥 55	己 丑 65
庚 寅 80	庚 辰 90	庚 午 85	庚 申 70	庚 戌 75	庚 子 80
辛 卯 85	辛 巳 80	辛 未 75	辛 酉 80	辛 亥 70	辛 丑 75
壬 寅 80	壬 辰 95	壬 午 95	壬 申 90	壬 戌 75	壬 子 85
癸 卯 85	癸 巳 80	癸 未 75	癸 酉 95	癸 亥 85	癸 丑 75
女命 乙巳 乙酉 乙丑 之 月柱					

圖 102

丙午、戊午、庚午和壬午，其實對乙巳日、乙酉日、乙丑日三者來說，都是屬於桃花搭配，這也代表此人的八字基本搭配裡，本身的桃花就會比較多也比較明顯些，不過這是比較大方向的判斷，也不能完全就這樣單一判斷。

接下來要判斷更重要的部分，也就是大運和流年的感情運勢現象，因為這兩大部分才是真正影響一生感情現象的起落，而在這裡除了會用文字說明之外，當然也會提供感情婚姻數值，再加上簡單計算後，則能得到相當具參考價值的感情流年分數，可以讓讀者更容易了解和判別感情或婚姻現象。

筆者提供一個簡易的計算方式，能讓大家都可以更清楚的了解到，到底感情運勢的好與壞，以及如何去做判斷，且再加上詳細的範例解說，相信就能抓到重點。（如圖 103）

感情婚姻分數計算的說明：

請先利用感情婚姻基本數值（月柱基本分）來做基礎，即先利用命盤裡的日主，依前一個圖表對照出月柱的分數，再依這個圖表（大運與流年）數值來做計算，在這裡的大運和流

年都是使用同一圖表來判斷，而計算的公式如下列：

（月柱基本分X 0.1）＋（大運數值X 0.2）＋（流年數值 X 0.7）

所計算出來的數值，其實就是代表流年的感情婚姻狀況，而就分數上來判斷，越高的分數代表此流年的感情婚姻現象越穩定，不過在這裡，並不是絕對完全用分數的高低來做為好壞的判斷，因為流年的數值是一個穩定性的參考值，越穩定的感情婚姻現象分數就會越高，而相對的越低的分數所代表的現象就是越有變動。當然感情婚姻的好與壞，其實相當的主觀，或許相同狀況對不同的人來說，會是很不同的評語和感受，好或壞都是可能出現的結論，所以在這裡不用好與壞來做評論，而是用「穩定」與「不穩定」來做為判斷標準，也會是更客觀

甲 寅 55	甲 辰 60	甲 午 40	甲 申 50	甲 戌 45	甲 子 45
乙 卯 50	乙 巳 55	乙 未 65	乙 酉 45	乙 亥 55	乙 丑 60
丙 寅 70	丙 辰 75	丙 午 35	丙 申 65	丙 戌 75	丙 子 35
丁 卯 75	丁 巳 80	丁 未 70	丁 酉 70	丁 亥 80	丁 丑 85
戊 寅 55	戊 辰 60	戊 午 55	戊 申 50	戊 戌 60	戊 子 45
己 卯 40	己 巳 55	己 未 60	己 酉 45	己 亥 60	己 丑 50
庚 寅 40	庚 辰 35	庚 午 25	庚 申 30	庚 戌 35	庚 子 25
辛 卯 35	辛 巳 40	辛 未 45	辛 酉 35	辛 亥 40	辛 丑 30
壬 寅 75	壬 辰 85	壬 午 70	壬 申 90	壬 戌 75	壬 子 45
癸 卯 65	癸 巳 80	癸 未 80	癸 酉 75	癸 亥 85	癸 丑 70
女命 乙巳 乙酉 乙丑 之 大運與流年					

圖 103

更準確的分析方式。

以下是此類別的舉例說明：（如圖104）

這是一個乙丑日主的女命，生於丁酉月，大運是從丙申開始的逆運，一歲起運，每十年逢一就會換大運，現在就舉兩個流年感情婚姻計算過程，此人的月柱基本分為75，是屬於還不錯的分數水準，而如果要計算虛歲26歲的流年E，則大運為甲午（40分），流年辛巳年（40分），代入公式得出的E為43.5，表示因為低於50且低相當多，所以是屬於不穩定的感情狀況，而從八字十神的角色來看，因為流年的辛巳是相當弱的七殺，所以很明顯有感情婚姻或是工作財運的變動；如果要計算虛歲37歲的流年E，則大運為癸巳（80分），流年壬辰年（85分），代入公式得出的E為83，因為高於

時柱	日柱(日主)	月柱	年柱	虛年歲限	八字本命
46歲之後	31至45歲	16至30歲	1至15歲		
戊 寅	乙 丑	丁 酉	丙 辰	四干 柱支	

51歲至60歲	41歲至50歲	31歲至40歲	21歲至30歲	11歲至20歲	1歲至10歲	虛年歲限	大運
辛 卯	壬 辰	癸 巳	甲 午	乙 未	丙 申	干 支	

30	29	28	27	26	25	24	23	22	21	20	19	18	17	16	15	14	13	12	11	10	9	8	7	6	5	4	3	2	1	虛歲	流年
乙 酉	甲 申	癸 未	壬 午	辛 巳	庚 辰	己 卯	戊 寅	丁 丑	丙 子	乙 亥	甲 戌	癸 酉	壬 申	辛 未	庚 午	己 巳	戊 辰	丁 卯	丙 寅	乙 丑	甲 子	癸 亥	壬 戌	辛 酉	庚 申	己 未	戊 午	丁 巳	丙 辰	干支	
60	59	58	57	56	55	54	53	52	51	50	49	48	47	46	45	44	43	42	41	40	39	38	37	36	35	34	33	32	31	虛歲	
乙 卯	甲 寅	癸 丑	壬 子	辛 亥	庚 戌	己 酉	戊 申	丁 未	丙 午	乙 巳	甲 辰	癸 卯	壬 寅	辛 丑	庚 子	己 亥	戊 戌	丁 酉	丙 申	乙 未	甲 午	癸 巳	壬 辰	辛 卯	庚 寅	己 丑	戊 子	丁 亥	丙 戌	干支	

圖104

50且高相當多，所以是屬相當理想的運勢狀況，而從八字十神的角色來看，因為流年的壬辰是相當好的正印，所以各方面的運勢都會不錯，貴人運明顯，當然也包含感情婚姻方面。

接下來的圖表就是計算過後所做的整理，一共是三個大運的三十個流年，是第兩個乙未運、第三個甲午運和第四個癸巳運，以及圖表的範例說明。（如圖105）

	大運　乙未　(數值：65　)
流年	丙寅年 11歲 (數值：70) E值：69.5　注意事項：穩定
	丁卯年 12歲 (數值：75) E值：73　注意事項：穩定
	戊辰年 13歲 (數值：60) E值：62.5　注意事項：穩定
	己巳年 14歲 (數值：65) E值：66　注意事項：穩定
	庚午年 15歲 (數值：25) E值：38　注意事項：正官桃花，注意感情變動
	辛未年 16歲 (數值：45) E值：52　注意事項：七殺，注意感情變動
	壬申年 17歲 (數值：90) E值：83.5　注意事項：穩定，運勢旺
	癸酉年 18歲 (數值：75) E值：69.5　注意事項：穩定，忙碌
	甲戌年 19歲 (數值：45) E值：52　注意事項：注意人際的影響
	乙亥年 20歲 (數值：55) E值：59　注意事項：犯小人，注意人際的影響
	大運　甲午　(數值：40　)
流年	丙子年 21歲 (數值：35) E值：40　注意事項：傷官弱，感情與健康不穩定
	丁丑年 22歲 (數值：85) E值：75　注意事項：穩定
	戊寅年 23歲 (數值：55) E值：54　注意事項：正財，工作財運變動
	己卯年 24歲 (數值：40) E值：43.5　注意事項：工作財運影響感情
	庚辰年 25歲 (數值：35) E值：40　注意事項：正官，注意感情變動
	辛巳年 26歲 (數值：40) E值：43.5　注意事項：七殺，注意感情變動
	壬午年 27歲 (數值：70) E值：64.5　注意事項：穩定，有展現
	癸未年 28歲 (數值：80) E值：71.5　注意事項：穩定，忙碌
	甲申年 29歲 (數值：50) E值：50.5　注意事項：注意人際的影響
	乙酉年 30歲 (數值：45) E值：47　注意事項：犯小人，注意人際的影響
	大運　癸巳　(數值：80　)
流年	丙戌年 31歲 (數值：75) E值：76　注意事項：穩定
	丁亥年 32歲 (數值：80) E值：79.5　注意事項：穩定
	戊子年 33歲 (數值：45) E值：55　注意事項：工作財運不穩定
	己丑年 34歲 (數值：50) E值：58.5　注意事項：忙碌，有壓力
	庚寅年 35歲 (數值：40) E值：51.5　注意事項：正官，注意感情變動
	辛卯年 36歲 (數值：35) E值：48　注意事項：七殺，注意感情變動
	壬辰年 37歲 (數值：85) E值：83　注意事項：穩定，運勢旺
	癸巳年 38歲 (數值：80) E值：79.5　注意事項：穩定，有貴人
	甲午年 39歲 (數值：40) E值：51.5　注意事項：注意人際的影響
	乙未年 40歲 (數值：65) E值：69　注意事項：注意人際的影響

圖 105

從此圖表中可以發現，此人的感情走勢屬於越來越穩定的現象，從乙未的65，到甲午的40，及癸巳的80，很明顯前面不穩定但後面穩定，而當流年出現庚辛金或是甲乙木，不穩定現象就會更明顯，可能發生在感情婚姻方面，工作財運也都很可能會有變動，而且當流年的戊己土出天干，對女命來說各方面都是可能變動的範圍。如果在庚辛的流年，此人是未婚的狀況，其實很適合在低分年選擇結婚，若是已婚則要注意到婚姻可能出現的變動。

有幾個數值落在50到60之間，雖然看起來都是高於50，當然都還算理想，但有些現象還是要了解和探討，像是戊己出天干的流年，也可能會出現壓力和變動，且也不能完全排除感情上的狀況，這些還要看個人的狀況而定，因為即使同命盤的人，也不一定在同一年出現一樣的狀況，只是都會在可能的範圍之內。而若是數值超過60以上的流年，則屬於穩定的流年，常常不只是在感情桃花婚姻方面，其實在各方面的運勢上，也都會是理想的流年運勢，像是壬癸水出天干的流年，貴人運就相當的好，各方面也會不錯。

《丙日主》

以下是丙日主女命，對大運和流年干支的基本現象判斷方式的介紹：

判斷一：當大運逢遇到比肩和劫財（丙丁），人際方面容易出現變動，雖不一定絕對會影響到感情婚姻，但其實也不能排除可能性，尤其是比較旺的丙丁干支搭配，像是丙午、丙申，及丁未或丁巳……會比較弱的丙丁更明顯。而如果比劫的大運，再逢遇到正官或七殺（癸壬）出天干的流年，就會出現感情或婚姻的變動。

判斷二：當大運逢遇到正官和七殺（癸壬），代表工作財運或是感情婚姻容易出現變動，雖不一定是感情會出狀況，但因為壬癸大運通常會是二十年，當中也勢必會逢遇到丙丁或壬癸流年，所以至少就會有四次左右的起伏變動，雖無法說一定會是感情婚姻的變動，但還是要注意到婚姻方面的狀況。

判斷三：當大運走得比較冷，但不是前面提到的壬癸或丙丁天干，而是秋冬運的戊子、己丑、庚子、辛亥……因為是比較溼冷的組合，所以會讓丙日主比較有壓力且辛苦，相對感情婚姻也會出現更多的不穩定，或是因為工作財運影響到其他方面，婚姻也會比較不穩定，尤其是當流年逢遇到官殺壬癸，現象會更明顯。

判斷四：其實不管是走哪一個大運，六十干支不管哪個組合，當流年出現正官和七殺的壬癸，都可能會有感情婚姻變動，雖然這個判斷比較概括，比較無法有太多的準確度，不過這個範圍也可以當個參考值，畢竟還是有它的原理和可能性。當這丙日主在流年逢遇到正官桃花，也就是癸卯或癸酉年，則出現感情婚姻的變動的機率就非常的高，所以若是之前就已婚，那就要比較注意到婚姻方面的狀況，但若是未婚，其實很適合選擇進入婚姻，或開始一段新感情。

判斷五：當命盤搭配過於弱，也就是八字和大運的搭配組合會讓日主變過弱，則在感情婚姻方面就容易變動，因為自我比較弱的人，其實很多時候都是屬於被決定的類型，當另一半選擇感情婚姻變動時，這樣的人似乎也沒有其他的選擇，像是逢到金水旺的冬運，對丙日主來說，感情婚姻也容易變不穩定。

以上五個基本判斷，就能準確的判斷出丙日主的感情婚姻狀況，但是或許對很多人來說，這樣的解釋似乎還是不太容易懂，尤其是對於未曾接觸過八字理論的人，可能是更無法進入狀況，所以感情流年Ｅ值的輔助印證就更重要。

對丙日主來說，在判斷計算得出的流年分數時，有幾項注意事項，接下來會加入範例來解說，如果我們已經計算出每個流年的感情婚姻分數，假設為Ｅ：

當E高於50，甚至比50高很多時，那表示此流年的感情婚姻狀況屬於穩定，當然越高分越理想，甚至可以解釋為越高分越好，不管是所遇的人或狀況都會是比較如願的狀況。

當E高於50，甚至比50高很多時，另一個現象也會是人際人緣相當好，尤其是流年出現地支「卯」與「酉」的各種類型桃花，或是木出天干的流年，對丙日主來說都是不錯的搭配，貴人的現象會出現。

當E低於50，且甚至比50低很多時，明顯是感情婚姻狀況不穩定，很可能會出現一些變動的現象，尤其是逢遇到壬癸流年出天干。但要注意的是，所謂的感情變動，不只是分開或離婚，其實也包括了交往或是結婚，因為變動並不代表一定是分或合，應該解釋為目前的狀況出現變化，所以當你未婚或沒對象時，且逢遇到流年分數較低分，也可以是變成有對象或是結婚的選擇，但這些並不是好或壞的判斷，只是一個變動的現象。

當E低於50，且甚至比50低很多時，除了感情婚姻會有變動之外，可能是由於人際而引起，像是壬癸的流年，也可能會出現工作財務方面的狀況，對女命來說，因為夫與工作事業同論，所以也很可能出現錢財相關的變動，或是隨之而來的壓力。

當E值接近50，不管是高於或低於，還是有些許的變動性，其實無法完全排除變動的可能性，都還是需要去探討原理和原因，因為有時候當另一半的運勢較低時，就容易被影響到，或者被其他的原因所影響。

• 女命丙日主之一（丙寅日、丙午日、丙戌日）

《感情婚姻運的詳細解說》：丙日主一共有六個，也許因為地支的不同會影響到本命的旺弱，但基本上影響比較大的部分會是在個人個性特質上及感情運勢上，其他的方面則地支影響會較小些，不過若同是丙日主，因為地支寅午戌的桃花現象會比較類似，所以在這裡就把丙寅、丙午和丙戌這三個日主一起來做解說。

月柱對日主的感情婚姻有基本的影響力，因為月柱是一般所謂的夫妻宮，而日主雖然有它一定的基本好壞高低排序，但再加入月柱的判斷之後，則可以看出一個命盤基本的感情婚姻水準。下面則要把各月柱對此三個日主的影響，和各月柱對此三日主的搭配做基本評分判斷，讓讀者從數值的內容對基本的感情好壞程度，有更清楚的了解，且能用數值去對照月柱的干支組合，也能更了解干支的影響現象。所以當丙寅、丙午和丙戌日主，對於月柱的各種干支搭配，它會產生的命盤基本感情高低現象，則代表此人的八字基本感情婚姻的水準，當然這個數值不能代表一切，也不能代表一輩子的感情現象，它只是一個基本的起點，如果要知道一生的感情起伏現象，以及一生的感情好壞走勢，就一定要搭配大運和流年，才能了解後天的影響和現象，也才會是比較準確的判斷。

當丙寅、丙午和丙戌日主，逢到各月柱所產生的感情婚姻基本數值，以下圖表則是依據所有的月柱搭配，及所整理出的數值和解說，提供參考：（如圖106）

天干的地支搭配為「卯」，像是乙卯、丁卯、己卯、辛卯和癸卯，其實對丙寅日、丙午日、丙戌日三者來說，都是屬於桃花搭配，這也代表此人的八字基本搭配裡，本身的桃花就會比較多也比較明

甲 寅 60	甲 辰 70	甲 午 55	甲 申 65	甲 戌 60	甲 子 70
乙 卯 75	乙 巳 60	乙 未 50	乙 酉 75	乙 亥 70	乙 丑 75
丙 寅 70	丙 辰 70	丙 午 50	丙 申 65	丙 戌 60	丙 子 80
丁 卯 75	丁 巳 50	丁 未 45	丁 酉 70	丁 亥 70	丁 丑 75
戊 寅 60	戊 辰 55	戊 午 45	戊 申 50	戊 戌 55	戊 子 65
己 卯 80	己 巳 60	己 未 50	己 酉 60	己 亥 65	己 丑 70
庚 寅 70	庚 辰 65	庚 午 55	庚 申 60	庚 戌 65	庚 子 75
辛 卯 80	辛 巳 60	辛 未 50	辛 酉 70	辛 亥 75	辛 丑 80
壬 寅 75	壬 辰 80	壬 午 60	壬 申 75	壬 戌 70	壬 子 85
癸 卯 80	癸 巳 55	癸 未 50	癸 酉 80	癸 亥 80	癸 丑 75
女命 丙寅 丙午 丙戌 之 月柱					

圖 106

顯些，不過這是比較大方向的判斷，也不能完全就這樣單一判斷。

接下來要判斷更重要的部分，也就是大運和流年的感情運勢現象，因為這兩大部分才是真正影響一生感情現象的起落，而在這裡除了會用文字說明之外，當然也會提供感情婚姻數值，再加上簡單計算後，則能得到相當具參考價值的感情流年分數，可以讓讀者更容易了解和判別感情或婚姻現象。

筆者提供一個簡易的計算方式，能讓大家都可以更清楚的了解到，到底感情運勢的好與壞，以及如何去做判斷，且再加上詳細的範例解說，相信就能抓到重點。（如圖 107）

甲寅 65	甲辰 70	甲午 60	甲申 75	甲戌 65	甲子 80
乙卯 55	乙巳 60	乙未 55	乙酉 70	乙亥 75	乙丑 65
丙寅 55	丙辰 65	丙午 50	丙申 60	丙戌 55	丙子 50
丁卯 45	丁巳 60	丁未 55	丁酉 55	丁亥 60	丁丑 45
戊寅 55	戊辰 65	戊午 40	戊申 50	戊戌 55	戊子 55
己卯 40	己巳 50	己未 45	己酉 55	己亥 60	己丑 70
庚寅 50	庚辰 55	庚午 40	庚申 50	庚戌 55	庚子 60
辛卯 40	辛巳 50	辛未 45	辛酉 45	辛亥 65	辛丑 65
壬寅 30	壬辰 40	壬午 25	壬申 35	壬戌 40	壬子 25
癸卯 25	癸巳 35	癸未 30	癸酉 30	癸亥 35	癸丑 35
女命 丙寅 丙午 丙戌 之 大運與流年					

圖 107

感情婚姻分數計算的說明：

請先利用感情婚姻基本數值（月柱基本分）來做基礎，即先利用命盤裡的日主，依前一個圖表對照出月柱的分數，再依這個圖表（大運與流年）數值來做計算，在這裡的大運和流年都是使用同一圖表來判斷，而計算的公式如下列：

（月柱基本分X 0.1）+（大運數值X 0.2）+（流年數值 X 0.7）

計算出來的數值，其實就是代表流年的感情婚姻狀況，而就分數上來判斷，越高的分數代表此流年的感情婚姻現象越穩定，不過在這裡，並不是絕對完全用分數的高低來做為好壞的判斷，這是因為流年的數值是一個穩定性的參考值，越穩定的感情婚姻現象分數就會越高，而相對的越低的分數所代表的現象就是越有變動。當然感情婚姻的好與壞，其實相當的主觀，或許相同狀況對不同的人來說，會是很不同的評語和感受，好或壞都是可能出現的結論，所以在這裡不用好壞來做評論，而是用「穩定」與「不穩定」來做為判斷標準，也會是更客觀更準確的分析方式。

以下則為此類別的舉例說明：（如圖 108）

這是一個丙戌日主的女命，生於乙酉月，大運是從甲申開始的逆運，一歲起運，每十年逢一就會換大運，現在就舉兩個流年感情婚姻計算過程，此人的月柱基本分為75，是屬於不錯的分數水準，而如果要計算虛歲23歲的流年E，則大運為壬午（25分），流年也是壬午年（25分），代入公式得出的E為30，那表示因為低於50且低相當多，所以是不穩定的感情狀況，從八字十神的角色來看，因為大運和流年都是壬午的七殺，對女命來說感情婚姻的變動會相當大，有可能是結婚、離婚或是交往、分手，總之會是很明顯的一個感情變動現象；如果要計算虛歲35歲的流年E，則大運為辛巳（50分），流年甲午年（60分），代入公式得出的E為59.5，因為

時柱	日柱(日主)	月柱	年柱	虛年	八字本命
46歲之後	31至45歲	16至30歲	1至15歲	歲限	
壬 辰	丙 戌	乙 酉	庚 申	四干 柱支	

51歲至60歲	41歲至50歲	31歲至40歲	21歲至30歲	11歲至20歲	1歲至10歲	虛年 歲限	大運
己 卯	庚 辰	辛 巳	壬 午	癸 未	甲 申	干 支	

30	29	28	27	26	25	24	23	22	21	20	19	18	17	16	15	14	13	12	11	10	9	8	7	6	5	4	3	2	1	虛歲	流年
己丑	戊子	丁亥	丙戌	乙酉	甲申	癸未	壬午	辛巳	庚辰	己卯	戊寅	丁丑	丙子	乙亥	甲戌	癸酉	壬申	辛未	庚午	己巳	戊辰	丁卯	丙寅	乙丑	甲子	癸亥	壬戌	辛酉	庚申	干支	
60	59	58	57	56	55	54	53	52	51	50	49	48	47	46	45	44	43	42	41	40	39	38	37	36	35	34	33	32	31	虛歲	
己未	戊午	丁巳	丙辰	乙卯	甲寅	癸丑	壬子	辛亥	庚戌	己酉	戊申	丁未	丙午	乙巳	甲辰	癸卯	壬寅	辛丑	庚子	己亥	戊戌	丁酉	丙申	乙未	甲午	癸巳	壬辰	辛卯	庚寅	干支	

圖108

高於50，雖高不多分，但甲午對丙日主來說是不錯的偏印，所以會有不錯的貴人現象，相信各方面的運勢也會不錯。

接下來的圖表就是計算過後所做的整理，一共是三個大運的三十個流年，是第兩個癸未運、第三個壬午運和第四個辛巳運，以及圖表的範例說明。（如圖109）

	大運　癸未　(數值：30　)
流年	庚午年 11歲 (數值：40) E值：41.5　注意事項：注意健康
	辛未年 12歲 (數值：45) E值：45　注意事項：注意健康或意外狀況
	壬申年 13歲 (數值：35) E值：38　注意事項：七殺，注意感情變動
	癸酉年 14歲 (數值：30) E值：34.5　注意事項：正官，注意感情變動
	甲戌年 15歲 (數值：65) E值：59　注意事項：穩定
	乙亥年 16歲 (數值：75) E值：66　注意事項：穩定，有貴人
	丙子年 17歲 (數值：50) E值：48.5　注意事項：注意人際的影響
	丁丑年 18歲 (數值：45) E值：45　注意事項：注意人際的影響
	戊寅年 19歲 (數值：50) E值：48.5　注意事項：食神不穩定，學業工作變動
	己卯年 20歲 (數值：40) E值：41.5　注意事項：傷官桃花，注意感情與健康
	大運　壬午　(數值：25　)
流年	庚辰年 21歲 (數值：55) E值：51　注意事項：工作財運不穩定
	辛巳年 22歲 (數值：50) E值：47.5　注意事項：工作財運不穩定影響感情
	壬午年 23歲 (數值：25) E值：30　注意事項：正官，注意感情變動
	癸未年 24歲 (數值：30) E值：33.5　注意事項：七殺，注意感情變動
	甲申年 25歲 (數值：75) E值：65　注意事項：穩定
	乙酉年 26歲 (數值：70) E值：61.5　注意事項：穩定
	丙戌年 27歲 (數值：55) E值：44　注意事項：注意人際的影響
	丁亥年 28歲 (數值：60) E值：54.5　注意事項：注意人際的影響
	戊子年 29歲 (數值：55) E值：51　注意事項：食神不穩定，工作變動
	己丑年 30歲 (數值：70) E值：61.5　注意事項：有壓力，忙碌
	大運　辛巳　(數值：50　)
流年	庚寅年 31歲 (數值：50) E值：52.5　注意事項：工作財運不穩定
	辛卯年 32歲 (數值：40) E值：45.5　注意事項：正財桃花，感情變動
	壬辰年 33歲 (數值：40) E值：45.5　注意事項：七殺，注意感情變動
	癸巳年 34歲 (數值：35) E值：42　注意事項：正官，注意感情變動
	甲午年 35歲 (數值：60) E值：59.5　注意事項：穩定，貴人運旺
	乙未年 36歲 (數值：55) E值：56　注意事項：穩定
	丙申年 37歲 (數值：60) E值：59.5　注意事項：注意人際的影響
	丁酉年 38歲 (數值：55) E值：56　注意事項：注意人際的影響
	戊戌年 39歲 (數值：55) E值：56　注意事項：注意健康
	己亥年 40歲 (數值：60) E值：59.5　注意事項：穩定

圖 109

從此圖表中可以發現，此人的感情大運走勢屬於不穩定的現象，從癸未的30，到壬午的25，及辛巳的50，整體來說感情狀況起伏相當大，流年的影響也很明顯，當逢遇到庚辛壬癸出天干的流年，明顯都出現偏低的數值，這也代表會有較大的變動現象，不管對此人來說是好或壞，總是要把握或是維持自己理想中的感情婚姻狀況，很可能會因各方面的狀況而影響到感情婚姻。

有幾個數值落在50到60之間，雖然看起來都是高於50，當然都還算理想，但有些現象還是要了解和探討，像是戊己出天干的流年，其實也不能完全排除掉感情上的狀況，不過也可能影響到各方面，這當然還要看個人的狀況而定，因為即使同命盤的人，也不一定在同一年出現一樣的狀況，但狀況都會在可能的範圍之內。而當中有幾個流年數值超過60，雖然在圖表中只是簡單標示為穩定加上短評，但事實上，這幾個流年對此人來說還算穩定，不只會是在感情桃花婚姻方面，其實在各方面的運勢上，也都會是理想的流年運勢。

•女命丙日主之二（丙辰日、丙申日、丙子日）

《感情婚姻運的詳細解說》：丙日主一共有六個，也許因為地支的不同會影響到本命的旺弱，但基本上影響比較大的部分，會是在個人個性特質上及感情運勢上，其他的方面則地支影響會較小些，不過若同是丙日主，因為地支辰申子的桃花現象會比較類似，所以在這裡就把丙辰、丙申和丙子這三個日主一起來做解說。月柱對日主的感情婚姻有基本的影響力，因為月柱是一般所謂的夫妻宮，而日主雖然有它一定的基本好壞高低排序，但再加入月柱的判斷之後，則可以看出一個命盤基本的感情婚姻水準。

當丙辰、丙申和丙子日主，逢到各月柱所產生的感情婚姻基本數值，以下圖表則是依據所有的月柱搭配，及所整理出的數值和解說，提供參考：（如圖110）

天干的地支搭配為「酉」，像是乙酉、丁酉、己酉、辛酉和癸酉，其實對丙辰日、丙申日、丙子

甲寅60	甲辰70	甲午55	甲申65	甲戌60	甲子70
乙卯65	乙巳60	乙未50	乙酉60	乙亥70	乙丑75
丙寅70	丙辰70	丙午50	丙申65	丙戌60	丙子80
丁卯65	丁巳50	丁未45	丁酉85	丁亥70	丁丑75
戊寅60	戊辰55	戊午45	戊申50	戊戌55	戊子65
己卯70	己巳60	己未50	己酉75	己亥65	己丑70
庚寅70	庚辰65	庚午55	庚申60	庚戌65	庚子75
辛卯75	辛巳60	辛未50	辛酉80	辛亥75	辛丑80
壬寅75	壬辰80	壬午60	壬申75	壬戌70	壬子85
癸卯70	癸巳55	癸未50	癸酉90	癸亥80	癸丑75
女命 丙辰 丙申 丙子 之 月柱					

圖 110

日三者來說，都是屬於桃花搭配，這也代表此人的八字基本搭配裡，本身的桃花就會比較多也比較明顯些，不過這是比較大方向的判斷，也不能完全就這樣單一判斷。

接下來要判斷更重要的部分，也就是大運和流年的感情運勢現象，因為這兩大部分才是真正影響一個人的一生感情現象起落，而在這裡除了會用文字說明之外，當然也會提供感情婚姻數值，再加上簡單計算後，則能得到相當具參考價值的感情流年分數，可以讓讀者更容易了解和判別感情或婚姻現象。

筆者提供一個簡易的計算方式，能讓大家都可以更清楚的了解到，到底感情運勢的好與壞，以及如何去做判斷，且再加上詳細的範例解說，相信就能抓到重點。（如圖111）

甲 寅 50	甲 辰 60	甲 午 45	甲 申 55	甲 戌 50	甲 子 45
乙 卯 50	乙 巳 55	乙 未 60	乙 酉 40	乙 亥 55	乙 丑 50
丙 寅 55	丙 辰 60	丙 午 50	丙 申 65	丙 戌 55	丙 子 40
丁 卯 50	丁 巳 65	丁 未 60	丁 酉 45	丁 亥 50	丁 丑 45
戊 寅 40	戊 辰 55	戊 午 40	戊 申 45	戊 戌 50	戊 子 35
己 卯 35	己 巳 40	己 未 35	己 酉 20	己 亥 30	己 丑 40
庚 寅 60	庚 辰 70	庚 午 55	庚 申 60	庚 戌 65	庚 子 50
辛 卯 50	辛 巳 55	辛 未 60	辛 酉 55	辛 亥 60	辛 丑 55
王 寅 50	王 辰 60	王 午 50	王 申 65	王 戌 60	王 子 45
癸 卯 55	癸 巳 55	癸 未 60	癸 酉 40	癸 亥 65	癸 丑 55
女命 王辰 王申 王子 之 大運與流年					

圖 111

感情婚姻分數計算的說明：

請先利用感情婚姻基本數值（月柱基本分）來做基礎，即先利用命盤裡的日主，依前一個圖表對照出月柱的分數，再依這個圖表（大運與流年）數值來做計算，在這裡的大運和流年都是使用同一圖表來判斷，而計算的公式如下列：

（月柱基本分X 0.1）＋（大運數值X 0.2）＋（流年數值 X 0.7）

所計算出來的數值，其實就是代表流年的感情婚姻狀況，而就分數上來判斷，越高的分數代表此流年的感情婚姻現象越穩定，不過在這裡，並不是絕對完全用分數的高低來做為好壞的判斷，因為流年的數值是一個穩定性的參考值，越穩定的感情婚姻現象分數就會越高，而相對的越低的分數所代表的現象就是越有變動。當然感情婚姻的好與壞，其實相當的主觀，或許相同狀況對不同的人來說，會是很不同的評語和感受，好或壞都是可能出現的結論，所以在這裡不用好與壞來做評論，而是用「穩定」與「不穩定」來做為判斷標準，也會是更客觀更準確的分析方式。

以下是此類別的舉例說明：（如圖112）

這是一個丙子日主的女命，生於甲寅月，大運是從乙卯開始的順運，六歲起運，每十年逢六就會換大運，現在就舉兩個流年感情婚姻計算過程，此人的月柱基本分為60，是屬於不錯的分數水準，而如果要計算虛歲20歲的流年E，則大運為丙辰（65分），流年壬午年（25分），代入公式得出的E為36.5，因為低於50且低相當多，所以是屬於不穩定的感情狀況，而從八字十神的角色來看，因為流年的壬午是相當弱的七殺，所以很明顯有感情婚姻或是工作財運的變動；如果要計算虛歲32歲的流年E，則大運為丁巳（60分），流年甲午年（60分），代入公式得出的E為60，表示因為高於

時柱	日柱(日主)	月柱	年柱	虛年歲限	八字本命
46歲之後	31至45歲	16至30歲	1至15歲		
庚寅	丙子	甲寅	癸亥	四柱干支	

56歲至65歲	46歲至55歲	36歲至45歲	26歲至35歲	16歲至25歲	6歲至15歲	虛年歲限	大運
庚申	己未	戊午	丁巳	丙辰	乙卯	干支	

30	29	28	27	26	25	24	23	22	21	20	19	18	17	16	15	14	13	12	11	10	9	8	7	6	5	4	3	2	1	虛歲	流年
壬辰	辛卯	庚寅	己丑	戊子	丁亥	丙戌	乙酉	甲申	癸未	壬午	辛巳	庚辰	己卯	戊寅	丁丑	丙子	乙亥	甲戌	癸酉	壬申	辛未	庚午	己巳	戊辰	丁卯	丙寅	乙丑	甲子	癸亥	干支	
60	59	58	57	56	55	54	53	52	51	50	49	48	47	46	45	44	43	42	41	40	39	38	37	36	35	34	33	32	31	虛歲	
壬戌	辛酉	庚申	己未	戊午	丁巳	丙辰	乙卯	甲寅	癸丑	壬子	辛亥	庚戌	己酉	戊申	丁未	丙午	乙巳	甲辰	癸卯	壬寅	辛丑	庚子	己亥	戊戌	丁酉	丙申	乙未	甲午	癸巳	干支	

圖112

50且高許多，所以是屬於穩定的感情狀況，而從八字十神的角色來看，甲午流年對丙日主來說是不錯的偏印，相當有貴人運，但大運的丁巳會因人際而比較忙碌。

接下來的圖表就是計算過後所做的整理，一共是三個大運的三十個流年，是第兩個丙辰運、第三個丁巳運和第四個戊午運，以及圖表的範例說明。（如圖113）

	大運　丙辰　(數值：65)
流年	戊寅年 16歲 (數值：55) E值：57.5　注意事項：食神不穩定，學業工作變動
	己卯年 17歲 (數值：45) E值：50.5　注意事項：傷官弱，注意感情與健康
	庚辰年 18歲 (數值：55) E值：57.5　注意事項：工作財運不穩定
	辛巳年 19歲 (數值：50) E值：54　注意事項：工作財運不穩定
	壬午年 20歲 (數值：25) E值：36.5　注意事項：七殺，注意感情變動
	癸未年 21歲 (數值：30) E值：40　注意事項：正官，注意感情變動
	甲申年 22歲 (數值：75) E值：71.5　注意事項：穩定
	乙酉年 23歲 (數值：55) E值：57.5　注意事項：正印桃花，感情不穩定
	丙戌年 24歲 (數值：55) E值：5.5　注意事項：注意人際的影響
	丁亥年 25歲 (數值：60) E值：61　注意事項：注意人際的影響
	大運　丁巳　(數值：60)
流年	戊子年 26歲 (數值：55) E值：56.5　注意事項：食神不穩定，工作變動
	己丑年 27歲 (數值：70) E值：67　注意事項：穩定
	庚寅年 28歲 (數值：50) E值：53　注意事項：工作財運不穩定
	辛卯年 29歲 (數值：55) E值：56.5　注意事項：正財，工作財運變動
	壬辰年 30歲 (數值：40) E值：46　注意事項：七殺，注意感情變動
	癸巳年 31歲 (數值：35) E值：42.5　注意事項：正官，注意感情變動
	甲午年 32歲 (數值：60) E值：60　注意事項：穩定，貴人運旺
	乙未年 33歲 (數值：55) E值：56.5　注意事項：穩定
	丙申年 34歲 (數值：60) E值：60　注意事項：注意人際的影響
	丁酉年 35歲 (數值：45) E值：49.5　注意事項：犯小人，注意人際的影響
	大運　戊午　(數值：40)
流年	戊戌年 36歲 (數值：55) E值：52.5　注意事項：注意健康
	己亥年 37歲 (數值：60) E值：56　注意事項：不動產與健康不穩定
	庚子年 38歲 (數值：60) E值：56　注意事項：工作財運不穩定
	辛丑年 39歲 (數值：65) E值：59.5　注意事項：財運貴人
	壬寅年 40歲 (數值：30) E值：35　注意事項：七殺，注意感情變動
	癸卯年 41歲 (數值：30) E值：35　注意事項：正官，注意感情變動
	甲辰年 42歲 (數值：70) E值：63　注意事項：穩定，貴人運旺
	乙巳年 43歲 (數值：60) E值：56　注意事項：忙碌，注意小人
	丙午年 44歲 (數值：50) E值：49　注意事項：注意人際的影響
	丁未年 45歲 (數值：55) E值：52.5　注意事項：注意人際的影響

圖 113

從此圖表中可以發現，此人的感情走勢屬於越來越不穩定的現象，從丙辰的65，到丁巳的60，及戊午的40，很明顯的越來越低分，尤其是當流年出現壬癸水，不穩定現象就會更明顯，很可能發生在感情婚姻方面，或工作財運方面。如果在壬癸的流年，此人是未婚的狀況，其實很適合在低分年選擇結婚，若是已婚則要注意到婚姻可能出現的變動。

有幾個數值落在50到60之間，雖然看起來都是高於50，當然都還算理想，但有些現象還是要了解和探討，像是戊己庚辛出天干的流年，也可能會出現壓力和變動，且也不能完全排除感情上的狀況，這些還要看個人的狀況而定，因為即使同命盤的人，也不一定在同一年出現一樣的狀況，只是都會在可能的範圍之內。而若是數值超過60以上的流年，則屬於理想的流年，常常不只是在感情桃花婚姻方面，其實在各方面的運勢上，也都會是相當理想的流年運勢。

《丁日主》

以下是丁日主女命，對大運和流年干支的基本現象判斷方式的介紹：

判斷一：當大運逢遇到比肩和劫財（丁丙），人際方面容易出現變動，雖然並不絕對影響到感情婚姻，但其實也不能排除可能性，尤其是比較旺的丙丁干支搭配，像是丙午、丙申，及丁未或丁巳……會比弱的丙丁更明顯。而如果比劫大運，再逢遇到正官或七殺（壬癸）出天干的流年，在這幾個流年裡就會出現感情或婚姻的變動。

判斷二：當大運逢遇到正官和七殺（壬癸），工作財運或是感情婚姻容易出現變動，不一定保證是感情會出狀況，但因為壬癸大運通常會是二十年，當中也勢必會逢遇到丙丁或壬癸流年，所以至少就會有四次左右的起伏變動，就要很注意到婚姻方面的狀況。

判斷三：當大運走得比較冷，但不是前面提到的丙丁或壬癸天干，而是秋冬運的戊子、己丑、庚子、辛亥……因為是比較溼冷的組合，所以會讓丁日主比較有壓力且辛苦，相對感情婚姻也會出現更多的不穩定，或是因為工作財運影響到其他方面，婚姻也會比較不穩定，尤其是當流年逢遇到官殺壬癸，現象會更明顯。

判斷四：其實不管是走哪一個大運，六十干支不管哪個組合，當流年出現正官和七殺的壬癸，都可能會有感情婚姻變動，但這個判斷比較概括，比較無法有太多的準確度，不過這個範圍也可以當個參考值，畢竟還是有它的原理和可能性。當丁日主在流年逢遇到正官桃花，也就是壬子或壬午年，則出現感情婚姻的變動的機率就非常的高，所以若是之前就已婚，那就要比較注意到婚姻方面的狀況，但若是未婚，其實很適合選擇進入婚姻，或開始一段新感情。

判斷五：當命盤搭配過於弱，也就是八字和大運的搭配組合會讓日主變過弱，則在感情婚姻方面就容易變動，因為自我比較弱的人，其實很多時候都是屬於被決定的類型，當另一半選擇感情婚姻變動時，這樣的人似乎也沒有其他的選擇，像是逢到金水旺的冬運，對丁日主來說，感情婚姻也容易變不穩定。

以上五個基本判斷，就能準確的判斷出丁日主的感情婚姻狀況，但是或許對很多人來說，這樣的解釋似乎還是不太容易懂，尤其是對於未曾接觸過八字理論的人，可能是更無法進入狀況，所以感情流年E值的輔助印證就更重要。

對丁日主來說，在判斷計算得出的流年分數時，有幾項注意事項，接下來會加入範例來解說，如果我們已經計算出每個流年的感情婚姻分數，假設為E：

當E高於50，甚至比50高很多時，表示此流年的感情婚姻狀況屬於穩定，當然越高分越理想，甚至可以解釋為越高分越好，不管是所遇的人或狀況都會是比較如願的狀況。

當E高於50，甚至比50高很多時，另一個現象也會是人際人緣相當好，尤其是流年出現

地支「子」與「午」的各種類型桃花，或是木出天干的流年，對丁日主來說都是不錯的搭配，貴人的現象會出現。

當E低於50，且甚至比50低很多時，那就明顯是感情婚姻狀況不穩定，很可能會出現一些變動的現象，甚至是明顯變動，尤其是逢遇到壬癸流年出天干。要注意的是，所謂的感情變動，不只是分開或離婚，其實也包括了交往或是結婚，因為變動並不代表一定是分或合，應該解釋為目前的狀況出現變化，所以當你未婚或沒對象時，且逢遇到流年分數較低分，也可以是變成有對象或是結婚的選擇，但這些並不是好或壞的判斷，只是一個變動的現象。

當E低於50，且甚至比50低很多時，除了感情婚姻會有變動之外，可能是由於人際而引起，像是庚辛的流年，很可能會出現工作財務方面的狀況，對女命來說，因為夫與工作事業同論，所以也很可能出現錢財相關的變動，或是隨之而來的壓力。

當E值接近50，不管是高於或低於，還是有些許的變動性，其實無法完全排除變動的可能性，都還是需要去探討原理和原因，因為有時候當另一半的運勢較低時，就容易被影響到，或者被其他的原因所影響。

・女命丁日主之一（丁卯日、丁未日、丁亥日）

《感情婚姻運的詳細解說》：丁日主一共有六個，也許因為地支的不同會影響到本命的旺弱，但影響比較大的部分會是在個人個性特質上及感情運勢上，其他的方面則地支影響會較小些，不過若同是丁日主，因為地支卯未亥的桃花現象會比較類似，所以在這裡就把丁卯、丁未和丁亥這三個日主一起來做解說。月柱對日主的感情婚姻有基本的影響力，因為月柱是一般所謂的夫妻宮，而日主雖然有它一定的基本好壞高低排序，但再加入月柱的判斷之後，則可以看出一個命盤基本的感情婚姻水準。

下面則要把各月柱對此三個日主的影響，和各月柱對此三日主的搭配做基本評分判斷，讓讀者從數值的內容對基本的感情好壞程度，有更清楚的了解，且能用數值去對照月柱的干支組合，也能更了解干支的影響現象。所以當丁卯、丁未和丁亥日主，對於月柱的各種干支搭配，它會產生的命盤基本感情高低現象，則代表此人的八字基本感情婚姻的水準，當然這個數值不能代表一切，也不能代表一輩子的感情現象，它只是一個基本的起點，如果要知道一生的感情起伏現象，以及一生的感情好壞走勢，就一定要搭配大運和流年，才能了解後天的影響和現象，也才會是比較準確的判斷。

當丁卯、丁未和丁亥日主，逢到各月柱所產生的感情婚姻基本數值，以下圖表則是依據所有的月柱搭配，及所整理出的數值和解說，提供參考：（如圖114）

月柱如果逢遇到地支搭配為「子」，像是甲子、丙子、戊子、庚子和壬子，其實對丁卯日、丁未日、丁亥日三者來說，都是屬於桃花搭配，這也代表此人的八字基本搭配裡，本身的桃花就會比較多也比較明顯些，不過這是比較大方向的判斷，也不能完全就這樣單一判斷。

接下來要判斷更重要的部分，也就是大運和流年的感情運勢現象，因為這兩大部分才是真正影響一生的感情現象起落，而在這裡除了會用文字說明

甲寅 65	甲辰 75	甲午 65	甲申 70	甲戌 65	甲子 85
乙卯 70	乙巳 65	乙未 60	乙酉 75	乙亥 70	乙丑 80
丙寅 75	丙辰 75	丙午 55	丙申 65	丙戌 65	丙子 90
丁卯 70	丁巳 60	丁未 55	丁酉 70	丁亥 75	丁丑 80
戊寅 65	戊辰 60	戊午 50	戊申 55	戊戌 60	戊子 80
己卯 70	己巳 65	己未 55	己酉 65	己亥 70	己丑 75
庚寅 75	庚辰 70	庚午 60	庚申 65	庚戌 70	庚子 85
辛卯 80	辛巳 60	辛未 55	辛酉 70	辛亥 75	辛丑 80
壬寅 80	壬辰 85	壬午 65	壬申 85	壬戌 75	壬子 90
癸卯 75	癸巳 60	癸未 55	癸酉 90	癸亥 85	癸丑 80
女命 丁卯 丁未 丁亥 之 月柱					

圖 114

之外，當然也會提供感情婚姻數值，再加上簡單計算後，則能得到相當具參考價值的感情流年分數，可以讓讀者更容易了解和判別感情或婚姻現象。

筆者提供一個簡易的計算方式，能讓大家都可以更清楚的了解到，到底感情運勢的好與壞，以及如何去做判斷，且再加上詳細的範例解說，相信就能抓到重點。（如圖 115）

感情婚姻分數計算的說明：

請先利用感情婚姻基本數值（月柱基本分）來做基礎，即先利用命盤裡的日主，依前一個圖表對照出月柱的分數，再依這個圖表（大運與流年）數值來做計算，在這裡的大運和流年都是使用同一圖表來判斷，而計算的公式如下列：

甲 寅 65	甲 辰 75	甲 午 55	甲 申 70	甲 戌 65	甲 子 70
乙 卯 60	乙 巳 65	乙 未 60	乙 酉 65	乙 亥 75	乙 丑 70
丙 寅 60	丙 辰 65	丙 午 55	丙 申 65	丙 戌 60	丙 子 45
丁 卯 50	丁 巳 60	丁 未 55	丁 酉 50	丁 亥 55	丁 丑 50
戊 寅 55	戊 辰 60	戊 午 45	戊 申 55	戊 戌 50	戊 子 45
己 卯 50	己 巳 55	己 未 45	己 酉 55	己 亥 60	己 丑 55
庚 寅 55	庚 辰 60	庚 午 45	庚 申 55	庚 戌 60	庚 子 45
辛 卯 45	辛 巳 55	辛 未 50	辛 酉 50	辛 亥 65	辛 丑 60
壬 寅 30	壬 辰 35	壬 午 25	壬 申 35	壬 戌 35	壬 子 20
癸 卯 25	癸 巳 30	癸 未 35	癸 酉 30	癸 亥 40	癸 丑 30
女命 丁卯 丁未 丁亥 之 大運與流年					

圖 115

（月柱基本分X 0.1）+（大運數值X 0.2）+（流年數值 X 0.7）

計算出來的數值，其實就是代表流年的感情婚姻狀況，而就分數上來判斷，越高的分數代表此流年的感情婚姻現象越穩定，不過在這裡，並不是絕對完全用分數的高低來做為好壞的判斷，這是因為流年的數值是一個穩定性的參考值，越穩定的感情婚姻現象分數就會越高，而相對的越低的分數所代表的現象就是越有變動。當然感情婚姻的好與壞，其實相當的主觀，或許相同狀況對不同的人來說，會是很不同的評語和感受，好或壞都是可能出現的結論，所以在這裡不用好壞來做評論，而是用「穩定」與「不穩定」來做為判斷標準，也會是更客觀更準確的分析方式。

以下則為此類別的舉例說明：（如圖116）

這是一個丁卯日主的女命，生於庚申月，大運是從己未開始的逆運，八歲起運，每十年逢八就會換大運，現在就舉兩個流年感情婚姻計算過程，此人的月柱基本分為65，是屬於不錯的分數水準，而如果要計算虛歲25歲的流年E，則大運為戊午（45分），流年壬午年（25分），代入公式得出的E為33，表示因為低於50且低許多，所以是不穩定的感情狀況，從八字十神的角色來看，壬午是丁日主的正官，且因大運戊午的影響壬水更弱，對女命來說感情婚姻的變動會相當明顯，結婚、離婚或是交往、分手，都是可能的現象；如果要計算虛歲38歲的流年E，則大運為丙辰（65分），流年乙未年（60分），代入公式得出的E為61.5，因為高於50且高許多，所以是屬於穩定的感情狀況，乙未對丁日主來說是相當好的偏印，會有不錯的貴人運，在各方面的運勢也會相當理想。

接下來的圖表就是計算過後所做的整理，一共是三個大運的三十個流年，是第兩個戊午運、第三個丁巳運和第四個丙辰運，以及圖表的範例說明。（如圖117）

時柱	日柱(日主)	月柱	年柱	虛年	八字本命
46歲之後	31至45歲	16至30歲	1至15歲	歲限	
辛 丑	丁 卯	庚 申	戊 午	四干 柱支	

58歲至67歲	48歲至57歲	38歲至47歲	28歲至37歲	18歲至27歲	8歲至17歲	虛年 歲限	大運
甲 寅	乙 卯	丙 辰	丁 巳	戊 午	己 未	干 支	

30	29	28	27	26	25	24	23	22	21	20	19	18	17	16	15	14	13	12	11	10	9	8	7	6	5	4	3	2	1	虛歲	流年
丁亥	丙戌	乙酉	甲申	癸未	壬午	辛巳	庚辰	己卯	戊寅	丁丑	丙子	乙亥	甲戌	癸酉	壬申	辛未	庚午	己巳	戊辰	丁卯	丙寅	乙丑	甲子	癸亥	壬戌	辛酉	庚申	己未	戊午	干支	
60	59	58	57	56	55	54	53	52	51	50	49	48	47	46	45	44	43	42	41	40	39	38	37	36	35	34	33	32	31	虛歲	
丁巳	丙辰	乙卯	甲寅	癸丑	壬子	辛亥	庚戌	己酉	戊申	丁未	丙午	乙巳	甲辰	癸卯	壬寅	辛丑	庚子	己亥	戊戌	丁酉	丙申	乙未	甲午	癸巳	壬辰	辛卯	庚寅	己丑	戊子	干支	

圖116

	大運　戊午　(數值：45　)
流年	乙亥年 18歲 (數值：75) E值：68　注意事項：穩定
	丙子年 19歲 (數值：45) E值：47　注意事項：注意人際的影響
	丁丑年 20歲 (數值：50) E值：50.5　注意事項：注意人際的影響
	戊寅年 21歲 (數值：55) E值：54　注意事項：傷官弱，注意感情與健康
	己卯年 22歲 (數值：50) E值：50.5　注意事項：傷官弱，注意感情與財運
	庚辰年 23歲 (數值：60) E值：57.5　注意事項：工作財運不穩定
	辛巳年 24歲 (數值：55) E值：54　注意事項：工作財運不穩定
	壬午年 25歲 (數值：25) E值：33　注意事項：正官，注意感情變動
	癸未年 26歲 (數值：35) E值：40　注意事項：七殺，注意感情變動
	甲申年 27歲 (數值：70) E值：64.5　注意事項：穩定
	大運　丁巳　(數值：60　)
流年	乙酉年 28歲 (數值：65) E值：64　注意事項：穩定
	丙戌年 29歲 (數值：60) E值：60.5　注意事項：注意人際的影響
	丁亥年 30歲 (數值：55) E值：57　注意事項：注意人際的影響
	戊子年 31歲 (數值：45) E值：50　注意事項：食神不穩定，工作變動
	己丑年 32歲 (數值：55) E值：57　注意事項：工作財運不穩定
	庚寅年 33歲 (數值：55) E值：57　注意事項：工作財運不穩定
	辛卯年 34歲 (數值：45) E值：50　注意事項：工作財運變動
	壬辰年 35歲 (數值：35) E值：43　注意事項：正官，注意感情變動
	癸巳年 36歲 (數值：30) E值：39.5　注意事項：七殺，注意感情變動
	甲午年 37歲 (數值：55) E值：57　注意事項：穩定，貴人運旺
	大運　丙辰　(數值：65　)
流年	乙未年 38歲 (數值：60) E值：61.5　注意事項：穩定
	丙申年 39歲 (數值：65) E值：65　注意事項：注意人際的影響
	丁酉年 40歲 (數值：50) E值：54.5　注意事項：犯小人，注意人際的影響
	戊戌年 41歲 (數值：50) E值：54.5　注意事項：注意健康
	己亥年 42歲 (數值：60) E值：61.5　注意事項：不動產與健康不穩定
	庚子年 43歲 (數值：45) E值：51　注意事項：正財桃花，工作感情不穩定
	辛丑年 44歲 (數值：60) E值：61.5　注意事項：財運貴人旺
	壬寅年 45歲 (數值：30) E值：40.5　注意事項：正官，注意感情變動
	癸卯年 46歲 (數值：25) E值：37　注意事項：七殺，注意感情變動
	甲辰年 47歲 (數值：75) E值：72　注意事項：穩定，貴人運旺

圖 117

從此圖表中可以發現，此人的感情大運走勢屬於越來越穩定的現象，從戊午的45，到丁巳的60，及丙辰的65，整體來說感情狀況還算穩定，不過當逢遇到壬癸出天干的流年，明顯都出現偏低的數值，這也代表會有較大的變動現象，不管對此人來說是好或壞，總是要把握或是維持自己理想中的感情婚姻狀況，比例很高的人會有婚姻變動，或是工作事業的明顯變動，所以如果此人在這之前是已婚，那很可能在這幾個年會有不理想的婚姻狀況，但若此人是未婚，則很可能會選擇結婚或是開始一段感情。

有幾個數值落在50到60之間，雖然看起來都是高於50，當然都還算理想，但有些現象還是要了解和探討，像是庚辛和戊己出天干的流年，其實也不能完全排除掉感情上的狀況，這當然還要看個人的狀況而定，因為即使同命盤的人，也不一定在同一年出現一樣的狀況，但狀況都會在可能的範圍之內。而當中有好幾個流年數值超過60，雖然在圖表中只是簡單標示為穩定加上短評，但事實上，這幾個流年對此人來說都不錯，好運的時候，往往都可以各方面穩定。

• 女命丁日主之二（丁巳日、丁酉日、丁丑日）

《感情婚姻運的詳細解說》：丁日主一共有六個，也許因為地支的不同會影響到本命的旺弱，但影響比較大的部分，會是在個人個性特質上及感情運勢上，其他的方面則地支影響會較小些，不過若同是丁日主，因為地支巳酉丑的桃花現象會比較類似，所以在這裡就把丁巳、丁酉和丁丑這三個日主一起來做解說。月柱對日主的感情婚姻有基本的影響力，因為月柱是一般所謂的夫妻宮，而日主雖然有它一定的基本好壞高低排序，但再加入月柱的判斷之後，則可以看出一個命盤基本的感情婚姻水準。

當丁巳、丁酉和丁丑日主，逢到各月柱所產生的感情婚姻基本數值，以下圖表則是依據所有的月柱搭配，及所整理出的數值和解說，提供參考：（如圖118）

月柱如果逢遇到地支搭配為「午」，像是甲午、丙午、戊午、庚午和壬午，其實對丁巳日、丁酉日、丁丑日三者來說，都是屬於桃花搭配，這也代表此人的八字基本搭配裡，本身的桃花就會比較多也比較明顯些，不過這是比較大方向的判斷，也不能完全就這樣單一判斷。

接下來要判斷更重要的部分，也就是大運和流年的感情運勢現象，因為這兩大部分才是真正影響一生感情現象的起落，而在這裡除了會用文字說明之外，當然也會提供感情婚姻數值，再加上簡單計算後，則能得到相當具參考價值的感情流年分數，可以讓讀者更容易了解和判別感情或婚姻現象。

筆者提供一個簡易的計算方式，能讓大家都可以更清楚的了解到，到底感情運勢的好與壞，以及如何去做判斷，且再加上詳細的範例解說，相信就能抓到重點。（如圖 119）

感情婚姻分數計算的說明：

請先利用感情婚姻基本數值（月柱基本分）來做基礎，即先利用命盤裡的日主，依前一個圖表對

甲 寅 65	甲 辰 75	甲 午 65	甲 申 70	甲 戌 65	甲 子 75
乙 卯 70	乙 巳 65	乙 未 60	乙 酉 75	乙 亥 70	乙 丑 80
丙 寅 75	丙 辰 75	丙 午 70	丙 申 65	丙 戌 65	丙 子 85
丁 卯 70	丁 巳 60	丁 未 55	丁 酉 70	丁 亥 75	丁 丑 80
戊 寅 65	戊 辰 60	戊 午 70	戊 申 55	戊 戌 60	戊 子 70
己 卯 70	己 巳 65	己 未 55	己 酉 65	己 亥 70	己 丑 75
庚 寅 75	庚 辰 70	庚 午 70	庚 申 65	庚 戌 70	庚 子 75
辛 卯 80	辛 巳 60	辛 未 55	辛 酉 70	辛 亥 75	辛 丑 80
壬 寅 80	壬 辰 85	壬 午 75	壬 申 85	壬 戌 75	壬 子 85
癸 卯 75	癸 巳 60	癸 未 55	癸 酉 90	癸 亥 85	癸 丑 80
女命 丁巳 丁酉 丁丑 之 月柱					

圖 118

照出月柱的分數，再依這個圖表（大運與流年）數值來做計算，在這裡的大運和流年都是使用同一圖表來判斷，而計算的公式如下列：

（月柱基本分Ｘ0.1）＋（大運數值Ｘ0.2）＋（流年數值 Ｘ0.7）

所計算出來的數值，其實就是代表流年的感情婚姻狀況，而就分數上來判斷，越高的分數代表此流年的感情婚姻現象越穩定，不過在這裡，並不是絕對完全用分數的高低來做為好壞的判斷，因為流年的數值是一個穩定性的參考值，越穩定的感情婚姻現象分數就會越高，而相對的越低的分數所代表的現象就是越有變動。當然感情婚姻的好與壞，其實相當的主觀，或許相同狀況對不同的人來說，會是很不同的評語和感受，好或壞都是可能出現的結論，所以在這裡不用

甲 寅 65	甲 辰 75	甲 午 55	甲 申 70	甲 戌 65	甲 子 80
乙 卯 60	乙 巳 65	乙 未 60	乙 酉 65	乙 亥 75	乙 丑 70
丙 寅 60	丙 辰 65	丙 午 55	丙 申 65	丙 戌 60	丙 子 45
丁 卯 50	丁 巳 60	丁 未 55	丁 酉 50	丁 亥 55	丁 丑 50
戊 寅 55	戊 辰 60	戊 午 40	戊 申 55	戊 戌 50	戊 子 65
己 卯 50	己 巳 55	己 未 45	己 酉 55	己 亥 60	己 丑 55
庚 寅 55	庚 辰 60	庚 午 45	庚 申 55	庚 戌 60	庚 子 55
辛 卯 45	辛 巳 55	辛 未 50	辛 酉 50	辛 亥 65	辛 丑 60
壬 寅 30	壬 辰 35	壬 午 25	壬 申 35	壬 戌 35	壬 子 25
癸 卯 25	癸 巳 30	癸 未 35	癸 酉 30	癸 亥 40	癸 丑 30
女命 丁巳 丁酉 丁丑 之 大運與流年					

圖 119

好與壞來做評論，而是用「穩定」與「不穩定」來做為判斷標準，也會是更客觀更準確的分析方式。

以下是此類別的舉例說明：（如圖120）

這是一個丁巳日主的女命，生於乙巳月，大運是從甲辰開始的逆運，九歲起運，每十年逢九就會換大運，現在就舉兩個流年感情婚姻計算過程，此人的月柱基本分為65，是屬於普通的分數水準，而如果要計算虛歲31歲的流年E，則大運為壬寅（30分），流年壬辰年（35分），代入公式得出的E為37，表示因為低於50且低相當多，所以是屬於不穩定的感情狀況，而從八字十神的角色來看，因為流年的壬辰和大運壬寅都是相當旺的水，對丁日主來說是相

時柱	日柱(日主)	月柱	年柱	虛年	八字本命
46歲之後	31至45歲	16至30歲	1至15歲	歲限	
壬 寅	丁 巳	乙 巳	壬 戌	四干 柱支	

59歲至68歲	49歲至57歲	39歲至48歲	29歲至38歲	19歲至28歲	9歲至18歲	虛年歲限	大運
己 亥	庚 子	辛 丑	壬 寅	癸 卯	甲 辰	干 支	

30	29	28	27	26	25	24	23	22	21	20	19	18	17	16	15	14	13	12	11	10	9	8	7	6	5	4	3	2	1	虛歲	流年
辛卯	庚寅	己丑	戊子	丁亥	丙戌	乙酉	甲申	癸未	壬午	辛巳	庚辰	己卯	戊寅	丁丑	丙子	乙亥	甲戌	癸酉	壬申	辛未	庚午	己巳	戊辰	丁卯	丙寅	乙丑	甲子	癸亥	壬戌	干支	
60	59	58	57	56	55	54	53	52	51	50	49	48	47	46	45	44	43	42	41	40	39	38	37	36	35	34	33	32	31	虛歲	
辛酉	庚申	己未	戊午	丁巳	丙辰	乙卯	甲寅	癸丑	壬子	辛亥	庚戌	己酉	戊申	丁未	丙午	乙巳	甲辰	癸卯	壬寅	辛丑	庚子	己亥	戊戌	丁酉	丙申	乙未	甲午	癸巳	壬辰	干支	

圖120

當旺的正官，所以明顯有感情婚姻或是工作財運的變動，要注意感情婚姻方面的問題；如果要計算虛歲43歲的流年E，則大運為辛丑（60分），流年甲辰年（75分），代入公式得出的E為71，因為高於50且高相當多，所以是屬相當理想的運勢狀況，而從八字十神的角色來看，因為流年的甲辰是相當好的正印，表示各方面的運勢都會不錯，貴人運明顯。

接下來的圖表就是計算過後所做的整理，一共是三個大運的三十個流年，是第兩個癸卯運、第三個壬寅運和第四個辛丑運，以及圖表的範例說明。（如圖121）

	大 運　癸卯　(數值：25　)
流年	庚辰年 19歲 (數值：60) E值：53.5　注意事項：工作財運不穩定
	辛巳年 20歲 (數值：55) E值：50　注意事項：工作財運不穩定
	壬午年 21歲 (數值：25) E值：29　注意事項：正官桃花，注意感情變動
	癸未年 22歲 (數值：35) E值：36　注意事項：七殺，注意感情變動
	甲申年 23歲 (數值：70) E值：60.5　注意事項：穩定
	乙酉年 24歲 (數值：65) E值：64　注意事項：穩定
	丙戌年 25歲 (數值：60) E值：57　注意事項：注意人際的影響
	丁亥年 26歲 (數值：55) E值：50　注意事項：注意人際的影響
	戊子年 27歲 (數值：45) E值：43　注意事項：食神不穩定，工作變動
	己丑年 28歲 (數值：55) E值：50　注意事項：工作財運不穩定
	大 運　壬寅　(數值：30　)
流年	庚寅年 29歲 (數值：55) E值：51　注意事項：工作財運不穩定
	辛卯年 30歲 (數值：45) E值：44　注意事項：工作財運變動
	壬辰年 31歲 (數值：35) E值：37　注意事項：正官，注意感情變動
	癸巳年 32歲 (數值：30) E值：33.5　注意事項：七殺，注意感情變動
	甲午年 33歲 (數值：55) E值：51　注意事項：正印桃花，感情人際不穩定
	乙未年 34歲 (數值：60) E值：54.5　注意事項：忙碌，有壓力
	丙申年 35歲 (數值：65) E值：58　注意事項：注意人際的影響
	丁酉年 36歲 (數值：50) E值：47.5　注意事項：犯小人，注意人際的影響
	戊戌年 37歲 (數值：50) E值：47.5　注意事項：注意健康
	己亥年 38歲 (數值：60) E值：54.5　注意事項：不動產與健康不穩定
	大 運　辛丑　(數值：60　)
流年	庚子年 39歲 (數值：45) E值：50　注意事項：正財，工作感情不穩定
	辛丑年 40歲 (數值：60) E值：60.5　注意事項：財運貴人旺
	壬寅年 41歲 (數值：30) E值：39.5　注意事項：正官，注意感情變動
	癸卯年 42歲 (數值：25) E值：36　注意事項：七殺，注意感情變動
	甲辰年 43歲 (數值：75) E值：71　注意事項：穩定，貴人運旺
	乙巳年 44歲 (數值：60) E值：60.5　注意事項：穩定
	丙午年 45歲 (數值：65) E值：64　注意事項：注意人際的影響
	丁未年 46歲 (數值：50) E值：53.5　注意事項：犯小人，注意人際的影響
	戊申年 47歲 (數值：50) E值：53.5　注意事項：注意健康
	己酉年 48歲 (數值：60) E值：60.5　注意事項：穩定

圖 121

從此圖表中可以發現，此人的感情走勢屬於越來越穩定的現象，從癸卯的25，到壬寅的30，及辛丑的60，很明顯前面不穩定但後面穩定，當流年出現壬癸或是丙丁，不穩定現象就會更明顯，可能發生在感情婚姻方面，工作財運也都很可能會有變動。如果壬癸的流年，此人是未婚的狀況，其實很適合在低分年選擇結婚，若是已婚則要注意到婚姻可能出現的變動。

有幾個數值落在50到60之間，雖然看起來都是高於50，當然都還算理想，但有些現象還是要了解和探討，像是庚辛出天干的流年，也可能會出現壓力和變動，且也不能完全排除感情上的狀況，這些還要看個人的狀況而定，因為即使同命盤的人，也不一定在同一年出現一樣的狀況，只是都會在可能的範圍之內。而若是數值超過60以上的流年，則屬於穩定的流年，常常不只是在感情桃花婚姻方面，其實在各方面的運勢上也都會是理想的流年運勢。

《戊日主》

以下是戊日主女命，對大運和流年干支的基本現象判斷方式的介紹：

判斷一：當大運逢遇到比肩和劫財（戊己），人際方面容易出現變動，雖不一定絕對會影響到感情婚姻，但其實也不能排除可能性，尤其是比較旺的戊己干支搭配，像是戊午、戊申、及己未或己巳……會比弱的戊己更明顯。而如果比劫的大運，再逢遇到正官或七殺（乙甲）出天干的流年，就會出現感情或婚姻的變動。

判斷二：當大運逢遇到正官和七殺（乙甲），代表工作財運或是感情婚姻容易出現變動，雖不一定是感情會出狀況，但因為甲乙大運通常會是二十年，當中也勢必會逢遇到戊己或甲乙流年，所以至少就會有四次左右的起伏變動，雖無法說一定會是感情婚姻的變動，但還是要注意到婚姻方面的狀況。

判斷三：當大運走得比較冷，但不是前面提到的甲乙或戊己天干，而是秋冬運的壬子、癸丑、庚子、辛亥……因為是比較溼冷的組合，會讓戊日主感覺有壓力且辛苦，相對感情婚姻也會出現更多的不穩定，或是因為工作財運影響到其他方面，婚姻也會比較不穩定，尤其是當流年逢遇到官殺甲乙，現象會更明顯。

判斷四：其實不管是走哪一個大運，六十干支不管哪個組合，當流年出現正官和七殺的甲乙，都可能會有感情婚姻變動，雖然這個判斷比較概括，比較無法有太多的準確度，不過這個範圍也可以當個參考值，畢竟還是有它的原理和可能性。當戊日主在流年逢遇到正官桃花，也就是乙卯或乙酉年，則出現感情婚姻的變動的機率就非常的高，所以若是之前就已婚，那就要比較注意到婚姻方面的狀況，但若是未婚，其實很適合選擇進入婚姻，或開始一段新感情。

判斷五：當命盤搭配過於弱，也就是八字和大運的搭配組合會讓日主變過弱，則在感情婚姻方面就容易變動，因為自我比較弱的人，其實很多時候都是屬於被決定的類型，當另一半選擇感情婚姻變動時，這樣的人似乎也沒有其他的選擇，像是逢到金水旺的冬運，對戊日主來說，感情婚姻也容易變不穩定。

以上五個基本判斷，就能準確的判斷出戊日主的感情婚姻狀況，但是或許對很多人來說，這樣的解釋似乎還是不太容易懂，尤其是對於未曾接觸過八字理論的人，可能是更無法進入狀況，所以感情流年E值的輔助印證就更重要。

對戊日主來說，在判斷計算得出的流年分數時，有幾項注意事項，接下來會加入範例來解說，如果我們已經計算出每個流年的感情婚姻分數，假設為E：

當E高於50，甚至比50高很多時，那表示此流年的感情婚姻狀況屬於穩定，當然越高分越理想，甚至可以解釋為越高分越好，不管是所遇的人或狀況都會是比較如願的狀況。

當E高於50，甚至比50高很多時，另一個現象也會是人際人緣相當好，尤其是流年出現地支「卯」與「酉」的各種類型桃花，或是火出天干的流年，對戊日主來說都是不錯的搭配，貴人的現象會出現。

當E低於50，且甚至比50低很多時，明顯是感情婚姻狀況不穩定，很可能會出現一些變動的現象，尤其是逢遇到甲乙流年出天干。但要注意的是，所謂的感情變動，不只是分開或離婚，其實也包括了交往或是結婚，因為變動並不代表一定是分或合，應該解釋為目前的狀況出現變化，所以當你未婚或沒對象時，且逢遇到流年分數較低分，也可以是變成有對象或是結婚的選擇，但這些並不是好或壞的判斷，只是一個變動的現象。

當E低於50，且甚至比50低很多時，除了感情婚姻會有變動之外，可能是由於人際而引起，像是壬癸的流年，也可能會出現工作財務方面的狀況，對女命來說，因為夫與工作事業同論，所以也很可能出現錢財相關的變動，或是隨之而來的壓力。

當E值接近50，不管是高於或低於，還是有些許的變動性，其實無法完全排除變動的可能性，都還是需要去探討原理和原因，因為有時候當另一半的運勢較低時，就容易被影響到，或者被其他的原因所影響。

• 女命戊日主之一（戊寅日、戊午日、戊戌日）

《感情婚姻運的詳細解說》：戊日主一共有六個，也許因為地支的不同會影響到本命的旺弱，但基本上影響比較大的部分會是在個人個性特質上及感情運勢上，其他的方面則地支影響會較小些，不過若同是戊日主，因為地支寅午戌的桃花現象會比較類似，所以在這裡就把戊寅、戊午、和戊戌這三個日主一起來做解說。月柱對日主的感情婚姻有基本的影響力，因為月柱是一般所謂的夫妻宮，而日主雖然有它一定的基本好壞高低排序，但再加入月柱的判斷之後，則可以看出一個命盤基本的感情婚姻水準。

下面則要把各月柱對此三個日主的影響，和各月柱對此三日主的搭配做基本評分判斷，讓讀者從數值的內容對基本的感情好壞程度，有更清楚的了解，且能用數值去對照月柱的干支組合，也能更了解干支的影響現象。所以當戊寅、戊午和戊戌日主，對於月柱的各種干支搭配，它會產生的命盤基本感情高低現象，則代表此人的八字基本感情婚姻的水準，當然這個數值不能代表一切，也不能代表一輩子的感情現象，它只是一個基本的起點，如果要知道一生的感情起伏現象，以及一生的感情好壞走勢，就一定要搭配大運和流年，才能了解後天的影響和現象，也才會是比較準確的判斷。

當戊寅、戊午和戊戌日主，逢到各月柱所產生的感情婚姻基本數值，以下圖表則是依據所有的月柱搭配，及所整理出的數值和解說，提供參考：（如圖 122）

從表中這些數值可以看出，月柱如果逢遇到較旺的地支搭配，感情婚姻的基本數值就會比較低些，這是由於比劫對戊日主女命的感情運勢來說，容易是比較不穩定的影響，而若天干的地支搭配為「卯」，像是乙卯、丁卯、己卯、辛卯和癸卯，其實對戊寅日、戊午日、戊戌日三者來說，都是屬於桃花搭配，這也代表此人的八字基本搭配裡，本身的桃花就會比較多也比較明顯些，不過這是比較大方向的判斷，也不能完全就這樣單一判斷。

甲 寅 70	甲 辰 75	甲 午 65	甲 申 60	甲 戌 65	甲 子 70
乙 卯 80	乙 巳 60	乙 未 55	乙 酉 50	乙 亥 60	乙 丑 65
丙 寅 60	丙 辰 75	丙 午 65	丙 申 60	丙 戌 65	丙 子 70
丁 卯 85	丁 巳 80	丁 未 70	丁 酉 65	丁 亥 70	丁 丑 60
戊 寅 55	戊 辰 60	戊 午 50	戊 申 55	戊 戌 60	戊 子 65
己 卯 70	己 巳 50	己 未 55	己 酉 65	己 亥 70	己 丑 60
庚 寅 70	庚 辰 75	庚 午 55	庚 申 50	庚 戌 55	庚 子 65
辛 卯 75	辛 巳 60	辛 未 50	辛 酉 70	辛 亥 75	辛 丑 80
壬 寅 80	壬 辰 85	壬 午 75	壬 申 65	壬 戌 55	壬 子 50
癸 卯 70	癸 巳 60	癸 未 50	癸 酉 70	癸 亥 60	癸 丑 55
女命 戊寅 戊午 戊戌 之 月柱					

圖 122

接下來要判斷更重要的部分，也就是大運和流年的感情運勢現象，因為這兩大部分才是真正影響一生感情現象的起落，而在這裡除了會用文字說明之外，當然也會提供感情婚姻數值，再加上簡單計算後，則能得到相當具參考價值的感情流年分數，可以讓讀者更容易了解和判別感情或婚姻現象。

筆者提供一個簡易的計算方式，能讓大家都可以更清楚的了解到，到底感情運勢的好與壞，以及如何去做判斷，且再加上詳細的範例解說，相信就能抓到重點。（如圖 123）

感情婚姻分數計算的說明：

請先利用感情婚姻基本數值（月柱基本分）來做基礎，即先利用命盤裡的日主，依前一個圖表對

甲 寅 35	甲 辰 45	甲 午 40	甲 申 45	甲 戌 35	甲 子 30
乙 卯 25	乙 巳 30	乙 未 35	乙 酉 40	乙 亥 30	乙 丑 35
丙 寅 55	丙 辰 75	丙 午 65	丙 申 70	丙 戌 70	丙 子 80
丁 卯 70	丁 巳 65	丁 未 60	丁 酉 70	丁 亥 75	丁 丑 85
戊 寅 45	戊 辰 55	戊 午 50	戊 申 55	戊 戌 55	戊 子 65
己 卯 40	己 巳 50	己 未 45	己 酉 50	己 亥 45	己 丑 40
庚 寅 55	庚 辰 60	庚 午 55	庚 申 40	庚 戌 45	庚 子 40
辛 卯 45	辛 巳 65	辛 未 60	辛 酉 45	辛 亥 40	辛 丑 50
壬 寅 70	壬 辰 75	壬 午 50	壬 申 70	壬 戌 55	壬 子 65
癸 卯 45	癸 巳 55	癸 未 60	癸 酉 50	癸 亥 65	癸 丑 60
女命 戊寅 戊午 戊戌 之 大運與流年					

圖 123

照出月柱的分數，再依這個圖表（大運與流年）數值來做計算，在這裡的大運和流年都是使用同一圖表來判斷，而計算的公式如下列：

（月柱基本分X 0.1）＋（大運數值X 0.2）＋（流年數值 X 0.7）

計算出來的數值，其實就是代表流年的感情婚姻狀況，而就分數上來判斷，越高的分數代表此流年的感情婚姻現象越穩定，不過在這裡，並不是絕對完全用分數的高低來做為好壞的判斷，這是因為流年的數值是一個穩定性的參考值，越穩定的感情婚姻現象分數就會越高，而相對的越低的分數所代表的現象就是越有變動。當然感情婚姻的好與壞，其實相當的主觀，或許相同狀況對不同的人來說，會是很不同的評語和感受，好或壞都是可能出現的結論，所以在這裡不用好壞來做評論，而是用「穩定」與「不穩定」來做為判斷標準，也會是更客觀更準確的分析方式。

以下則為此類別的舉例說明：（如圖 124）

這是一個戊午日主的女命，生於己未月，大運是從庚申開始的順運，三歲起運，每十年逢三就會換大運，現在就舉兩個流年感情婚姻計算過程，此人的月柱基本分為55，是屬於普通的分數水準，而如果要計算虛歲23歲的流年E，則大運為壬戌（55分），流年是乙酉年（

40分），代入公式得出的E為44.5，那表示因為低於50，所以是不穩定的感情狀況，從八字十神的角色來看，乙酉是戊日主的正官，對女命來說感情婚姻會有變動，要多注意；如果要計算虛歲34歲的流年E，則大運為癸亥（65分），流年丙申年（70分），代入公式得出的E為67.5，因為高於50且高許多，丙申對戊日主來說是不錯的偏印，所以會有不錯的貴人現象，各方面的運勢也會不錯。

接下來的圖表就是計算過後所做的整理，一共是三個大運的三十個流年，是第兩個辛酉運、第三個壬戌運和第四個癸亥運，以及圖表的範例說明。（如圖125）

時柱	日柱(日主)	月柱	年柱	虛年歲限	八字本命
46歲之後	31至45歲	16至30歲	1至15歲		
丁巳	戊午	己未	癸亥	四柱干支	

53歲至62歲	43歲至52歲	33歲至42歲	23歲至32歲	13歲至22歲	3歲至12歲	虛年歲限	大運
乙丑	甲子	癸亥	壬戌	辛酉	庚申	干支	

流年

30	29	28	27	26	25	24	23	22	21	20	19	18	17	16	15	14	13	12	11	10	9	8	7	6	5	4	3	2	1	虛歲
壬辰	辛卯	庚寅	己丑	戊子	丁亥	丙戌	乙酉	甲申	癸未	壬午	辛巳	庚辰	己卯	戊寅	丁丑	丙子	乙亥	甲戌	癸酉	壬申	辛未	庚午	己巳	戊辰	丁卯	丙寅	乙丑	甲子	癸亥	干支

60	59	58	57	56	55	54	53	52	51	50	49	48	47	46	45	44	43	42	41	40	39	38	37	36	35	34	33	32	31	虛歲
壬戌	辛酉	庚申	己未	戊午	丁巳	丙辰	乙卯	甲寅	癸丑	壬子	辛亥	庚戌	己酉	戊申	丁未	丙午	乙巳	甲辰	癸卯	壬寅	辛丑	庚子	己亥	戊戌	丁酉	丙申	乙未	甲午	癸巳	干支

圖124

	大運　辛酉　(數值：45　)
流年	乙亥年 13歲 (數值：30) E值：35.5　注意事項：正官，注意感情變動
	丙子年 14歲 (數值：80) E值：70.5　注意事項：穩定，有貴人
	丁丑年 15歲 (數值：85) E值：74　注意事項：穩定
	戊寅年 16歲 (數值：45) E值：46　注意事項：注意人際的影響
	己卯年 17歲 (數值：40) E值：42.5　注意事項：劫財桃花，人際影響感情變動
	庚辰年 18歲 (數值：60) E值：56.5　注意事項：食神弱，工作不穩定
	辛巳年 19歲 (數值：65) E值：60　注意事項：穩定
	壬午年 20歲 (數值：50) E值：49.5　注意事項：工作財運不穩定
	癸未年 21歲 (數值：60) E值：56.5　注意事項：工作財運不穩定
	甲申年 22歲 (數值：45) E值：46　注意事項：七殺，注意感情變動
	大運　壬戌　(數值：55　)
流年	乙酉年 23歲 (數值：40) E值：44.5　注意事項：正官，注意感情變動
	丙戌年 24歲 (數值：70) E值：65.5　注意事項：穩定
	丁亥年 25歲 (數值：75) E值：69　注意事項：穩定
	戊子年 26歲 (數值：65) E值：62　注意事項：注意人際的影響
	己丑年 27歲 (數值：40) E值：44.5　注意事項：注意人際的影響
	庚寅年 28歲 (數值：55) E值：55　注意事項：穩定
	辛卯年 29歲 (數值：45) E值：48　注意事項：傷官桃花，感情與健康變動
	壬辰年 30歲 (數值：75) E值：69　注意事項：穩定
	癸巳年 31歲 (數值：55) E值：55　注意事項：工作財運不穩定
	甲午年 32歲 (數值：40) E值：44.5　注意事項：七殺，注意感情變動
	大運　癸亥　(數值：65　)
流年	乙未年 33歲 (數值：35) E值：43　注意事項：正官，注意感情變動
	丙申年 34歲 (數值：70) E值：67.5　注意事項：穩定
	丁酉年 35歲 (數值：70) E值：67.5　注意事項：穩定
	戊戌年 36歲 (數值：55) E值：57　注意事項：注意人際的影響
	己亥年 37歲 (數值：45) E值：50　注意事項：注意人際的影響
	庚子年 38歲 (數值：40) E值：46.5　注意事項：有壓力，注意健康
	辛丑年 39歲 (數值：50) E值：53.5　注意事項：不動產與投資不穩定
	壬寅年 40歲 (數值：70) E值：67.5　注意事項：工作財運不穩定
	癸卯年 41歲 (數值：45) E值：50　注意事項：正財桃花，感情與財運變動
	甲辰年 42歲 (數值：45) E值：50　注意事項：七殺，注意感情變動

圖 125

從此圖表中可以發現，此人的感情大運走勢屬於越來越穩定的現象，從辛酉的45，到壬戌的55，及癸亥的65，整體來說感情狀況屬於穩定，不過流年的影響也會很明顯，當逢遇到甲乙出天干的流年，明顯都出現偏低的數值，這也代表會有較大的變動現象，不管對此人來說是好或壞，總是要把握或是維持自己理想中的感情婚姻狀況，很可能會因各方面的狀況而影響到感情婚姻。

有幾個數值落在50到60之間，雖然看起來都是高於50，當然都還算理想，但有些現象還是要了解和探討，像是戊己庚辛出天干的流年，其實也不能完全排除掉感情上的狀況，不過也可能影響到各方面，這當然還要看個人的狀況而定，因為即使同命盤的人，也不一定在同一年出現一樣的狀況，但狀況都會在可能的範圍之內。而當中有幾個流年數值超過60，雖然在圖表中只是簡單標示為穩定，但事實上這幾個流年對此人來說在各方面的運勢上，都會是理想的流年運勢。

• 女命戊日主之二（戊辰日、戊申日、戊子日）

《感情婚姻運的詳細解說》：戊日主一共有六個，也許因為地支的不同會影響到本命的旺弱，但基本上影響比較大的部分，會是在個人個性特質上及感情運勢上，其他的方面則地支影響會較小些，不過若同是戊日主，因為地支辰申子的桃花現象會比較類似，所以在這裡就把戊辰、戊申和戊子這三個日主一起來做解說。月柱對日主的感情婚姻有基本的影響力，因為月柱是一般所謂的夫妻宮，而日主雖然有它一定的基本好壞高低排序，但再加入月柱的判斷之後，則可以看出一個命盤基本的感情婚姻水準。

當戊辰、戊申和戊子日主，逢到各月柱所產生的感情婚姻基本數值，以下圖表則是依據所有的月柱搭配，及所整理出的數值和解說，提供參考：（如圖126）

天干的地支搭配為「酉」，像是乙酉、丁酉、

甲 寅 70	甲 辰 75	甲 午 65	甲 申 60	甲 戌 65	甲 子 70
乙 卯 65	乙 巳 60	乙 未 55	乙 酉 70	乙 亥 60	乙 丑 65
丙 寅 60	丙 辰 75	丙 午 65	丙 申 60	丙 戌 65	丙 子 70
丁 卯 70	丁 巳 80	丁 未 70	丁 酉 80	丁 亥 70	丁 丑 60
戊 寅 55	戊 辰 60	戊 午 50	戊 申 55	戊 戌 60	戊 子 65
己 卯 60	己 巳 50	己 未 55	己 酉 75	己 亥 70	己 丑 60
庚 寅 70	庚 辰 75	庚 午 55	庚 申 50	庚 戌 55	庚 子 65
辛 卯 60	辛 巳 60	辛 未 50	辛 酉 70	辛 亥 75	辛 丑 80
壬 寅 80	壬 辰 85	壬 午 75	壬 申 65	壬 戌 55	壬 子 50
癸 卯 65	癸 巳 60	癸 未 50	癸 酉 80	癸 亥 60	癸 丑 55
女命 戊辰 戊申 戊子 之 月柱					

圖 126

己酉、辛酉和癸酉，其實對戊辰日、戊申日、戊子日三者來說，都是屬於桃花搭配，這也代表此人的八字基本搭配裡，本身的桃花就會比較多也比較明顯些，不過這是比較大方向的判斷，也不能完全就這樣單一判斷。

接下來要判斷更重要的部分，也就是大運和流年的感情運勢現象，因為這兩大部分才是真正影響一個人的一生感情現象起落，而在這裡除了會用文字說明之外，當然也會提供感情婚姻數值，再加上簡單計算後，則能得到相當具參考價值的感情流年分數，可以讓讀者更容易了解和判別感情或婚姻現象。

筆者提供一個簡易的計算方式，能讓大家都可以更清楚的了解到，到底感情運勢的好與壞，以及如何去做判斷，且再加上詳細的範例解說，相信就能抓到重點。（如圖 127）

感情婚姻分數計算的說明：

請先利用感情婚姻基本數值（月柱基本分）來做基礎，即先利用命盤裡的日主，依前一個圖表對照出月柱的分數，再依這個圖表（大運與流年）數值來做計算，在這裡的大運和流年都是使用同一圖表來判斷，而計算的公式如下列：

（月柱基本分×0.1）＋（大運數值×0.2）＋（流年數值×0.7）

所計算出來的數值，其實就是代表流年的感情婚姻狀況，而就分數上來判斷，越高的分數代表此流年的感情婚姻現象越穩定，不過在這裡，並不是絕對完全用分數的高低來做為好壞的判斷，因為流年的數值是一個穩定性的參考值，越穩定的感情婚姻現象分數就會越高，而相對的越低的分數所代表的現象就是越有變動。當然感情婚姻的好與壞，其實相當的主觀，或許相同狀況對不同的人來說，會是很不同的評語和感受，好或壞都是可能出現的結論，所以在這裡不用好與壞來做評論，而是用「穩定」與「不穩定」來做為判斷標準，也會是更客觀更準確的分析方式。

甲 寅 40	甲 辰 45	甲 午 40	甲 申 45	甲 戌 35	甲 子 30
乙 卯 35	乙 巳 30	乙 未 35	乙 酉 25	乙 亥 30	乙 丑 35
丙 寅 55	丙 辰 75	丙 午 65	丙 申 70	丙 戌 70	丙 子 80
丁 卯 65	丁 巳 65	丁 未 60	丁 酉 80	丁 亥 75	丁 丑 85
戊 寅 45	戊 辰 55	戊 午 50	戊 申 55	戊 戌 55	戊 子 65
己 卯 55	己 巳 50	己 未 45	己 酉 65	己 亥 45	己 丑 40
庚 寅 55	庚 辰 60	庚 午 55	庚 申 40	庚 戌 45	庚 子 40
辛 卯 55	辛 巳 65	辛 未 60	辛 酉 35	辛 亥 40	辛 丑 50
壬 寅 70	壬 辰 75	壬 午 50	壬 申 70	壬 戌 55	壬 子 65
癸 卯 50	癸 巳 55	癸 未 60	癸 酉 45	癸 亥 65	癸 丑 60
女命 戊辰 戊申 戊子 之 大運與流年					

圖 127

以下是此類別的舉例說明：（如圖128）

這是一個戊申日主的女命，生於壬子月，大運是從癸丑開始的順運，六歲起運，每十年逢六就會換大運，現在就舉兩個流年感情婚姻計算過程，此人的月柱基本分為50，是屬於普通的分數水準，而如果要計算虛歲29歲的流年E，則大運為乙卯（35分），流年乙酉年（25分），代入公式得出的E為29.5，因為低於50且低相當多，所以是屬於不穩定的感情狀況，而從八字十神的角色來看，因為大運乙卯和流年乙酉都是正官，且乙酉又是戊申日的正官桃花，所以很明顯有感情婚姻或是工作財運的變動，如果是未婚則是相當適合的結婚年，但若是已婚則要注意變動狀況；如果要計算虛歲40歲的流年E，則大運為丙辰（75分），流年丙

時柱	日柱(日主)	月柱	年柱	虛年	八字本命
46歲之後	31至45歲	16至30歲	1至15歲	歲限	
乙 卯	戊 申	壬 子	丁 巳	四干 柱支	

56歲至65歲	46歲至55歲	36歲至45歲	26歲至35歲	16歲至25歲	6歲至15歲	虛年 歲限	大運
戊 午	丁 巳	丙 辰	乙 卯	甲 寅	癸 丑	干 支	

30	29	28	27	26	25	24	23	22	21	20	19	18	17	16	15	14	13	12	11	10	9	8	7	6	5	4	3	2	1	虛歲	流年
丙戌	乙酉	甲申	癸未	壬午	辛巳	庚辰	己卯	戊寅	丁丑	丙子	乙亥	甲戌	癸酉	壬申	辛未	庚午	己巳	戊辰	丁卯	丙寅	乙丑	甲子	癸亥	壬戌	辛酉	庚申	己未	戊午	丁巳	干支	
60	59	58	57	56	55	54	53	52	51	50	49	48	47	46	45	44	43	42	41	40	39	38	37	36	35	34	33	32	31	虛歲	
丙辰	乙卯	甲寅	癸丑	壬子	辛亥	庚戌	己酉	戊申	丁未	丙午	乙巳	甲辰	癸卯	壬寅	辛丑	庚子	己亥	戊戌	丁酉	丙申	乙未	甲午	癸巳	壬辰	辛卯	庚寅	己丑	戊子	丁亥	干支	

圖128

申年（70分），代入公式得出的E為69，表示因為高於50且高許多，所以是屬於穩定的感情狀況，而從八字十神的角色來看，大運丙辰和流年丙申都是不錯的偏印，貴人運會不錯。

接下來的圖表就是計算過後所做的整理，一共是三個大運的三十個流年，是第兩個甲寅運、第三個乙卯運和第四個丙辰運，以及圖表的範例說明。（如圖 129）

	大 運　甲寅　(數值：40　)
流年	壬申年 16歲 (數值：70) E值：62　注意事項：穩定
	癸酉年 17歲 (數值：45) E值：44.5　注意事項：正財桃花，工作或感情變動
	甲戌年 18歲 (數值：35) E值：37.5　注意事項：七殺，注意感情變動
	乙亥年 19歲 (數值：30) E值：34　注意事項：正官，注意感情變動
	丙子年 20歲 (數值：80) E值：69　注意事項：穩定，有貴人
	丁丑年 21歲 (數值：85) E值：72.5　注意事項：穩定
	戊寅年 22歲 (數值：45) E值：44.5　注意事項：注意人際的影響
	己卯年 23歲 (數值：55) E值：51.5　注意事項：注意人際影響感情變動
	庚辰年 24歲 (數值：60) E值：55　注意事項：穩定
	辛巳年 25歲 (數值：65) E值：58.5　注意事項：穩定，忙碌
	大 運　乙卯　(數值：35　)
流年	壬午年 26歲 (數值：50) E值：47　注意事項：工作財運不穩定
	癸未年 27歲 (數值：60) E值：54　注意事項：工作財運不穩定
	甲申年 28歲 (數值：45) E值：43.5　注意事項：七殺，注意感情變動
	乙酉年 29歲 (數值：25) E值：29.5　注意事項：正官桃花，注意感情變動
	丙戌年 30歲 (數值：70) E值：61　注意事項：穩定
	丁亥年 31歲 (數值：75) E值：64.5　注意事項：穩定
	戊子年 32歲 (數值：65) E值：57.5　注意事項：注意人際影響工作或感情
	己丑年 33歲 (數值：40) E值：40　注意事項：注意人際的影響
	庚寅年 34歲 (數值：55) E值：50.5　注意事項：有壓力，忙碌
	辛卯年 35歲 (數值：55) E值：50.5　注意事項：忙碌，注意健康
	大 運　丙辰　(數值：75　)
流年	壬辰年 36歲 (數值：75) E值：72.5　注意事項：穩定
	癸巳年 37歲 (數值：55) E值：58.5　注意事項：工作財運不穩定
	甲午年 38歲 (數值：40) E值：48　注意事項：七殺，注意感情變動
	乙未年 39歲 (數值：35) E值：44.5　注意事項：正官，注意感情變動
	丙申年 40歲 (數值：70) E值：69　注意事項：穩定
	丁酉年 41歲 (數值：45) E值：51.5　注意事項：正印桃花，注意小人
	戊戌年 42歲 (數值：55) E值：58.5　注意事項：注意人際的影響
	己亥年 43歲 (數值：45) E值：51.5　注意事項：注意人際的影響
	庚子年 44歲 (數值：40) E值：48　注意事項：有壓力，注意健康
	辛丑年 45歲 (數值：50) E值：55　注意事項：不動產與投資不穩定

圖 129

從此圖表中可以發現，此人的感情走勢屬於越來越穩定的現象，從甲寅的40，到乙卯的35，及丙辰的75，很明顯的越來越高分，不過在甲乙流年不穩定現象就會很明顯，很可能發生在感情婚姻方面，或工作財運方面。如果在甲乙的流年，此人是未婚的狀況，其實很適合在低分年選擇結婚，若是已婚則要注意到婚姻可能出現的變動。

有幾個數值落在50到60之間，雖然看起來都是高於50，當然都還算理想，但有些現象還是要了解和探討，像是戊己庚辛出天干的流年，也可能會出現壓力和變動，且也不能完全排除感情上的狀況，這些還要看個人的狀況而定，因為即使同命盤的人，也不一定在同一年出現一樣的狀況，只是都會在可能的範圍之內。而若是數值超過60以上的流年，則屬於理想的流年，常常不只是在感情桃花婚姻方面，其實在各方面的運勢上也會不錯。

《己日主》

以下是己日主女命，對大運和流年干支的基本現象判斷方式的介紹：

判斷一：當大運逢遇到比肩和劫財（己戊），人際方面容易出現變動，雖然並不絕對影響到感情婚姻，但其實也不能排除可能性，尤其是比較旺的戊己干支搭配，像是戊午、戊申、及己未或己巳……會比弱的戊己更明顯。而如果比劫大運，再逢遇到正官或七殺（甲乙）出天干的流年，在這幾個流年裡就會出現感情或婚姻的變動。

判斷二：當大運逢遇到正官和七殺（甲乙），工作財運或是感情婚姻容易出現變動，不一定保證是感情會出狀況，但因為甲乙大運通常會是二十年，當中也勢必會逢遇到戊己或甲乙流年，所以至少就會有四次左右的起伏變動，就要很注意到婚姻方面的狀況。

判斷三：當大運走得比較冷，但不是前面提到的戊己或甲乙天干，而是秋冬運的壬子、癸丑、庚子、辛亥……因為是比較溼冷的組合，所以會讓己日主比較有壓力且辛苦，相對感情婚姻也會出現更多的不穩定，或是因為工作財運影響到其他方面，婚姻也會比較不穩定，尤其是當流年逢遇到官殺甲乙，現象會更明顯。

判斷四：其實不管是走哪一個大運，六十干支不管哪個組合，當流年出現正官和七殺的甲乙，都可能會有感情婚姻變動，但這個判斷比較概括，比較無法有太多的準確度，不過這個範圍也可以當個參考值，畢竟還是有它的原理和可能性。當己日主在流年逢遇到正官桃花，也就是甲子或甲午年，則出現感情婚姻的變動的機率就非常的高，所以若是之前就已婚，那就要比較注意到婚姻方面的狀況，但若是未婚，其實很適合選擇進入婚姻，或開始一段新感情。

判斷五：當命盤搭配過於弱，也就是八字和大運的搭配組合會讓日主變過弱，則在感情婚姻方面就容易變動，因為自我比較弱的人，其實很多時候都是屬於被決定的類型，當另一半選擇感情婚姻變動時，這樣的人似乎也沒有其他的選擇，像是逢到金水旺的冬運，對己日主來說，感情婚姻也容易變不穩定。

以上五個基本判斷，就能準確的判斷出己日主的感情婚姻狀況，但是或許對很多人來說，這樣的解釋似乎還是不太容易懂，尤其是對於未曾接觸過八字理論的人，可能是更無法進入狀況，所以感情流年E值的輔助印證就更重要。

對己日主來說，在判斷計算得出的流年分數時，有幾項注意事項，接下來會加入範例來解說，如果我們已經計算出每個流年的感情婚姻分數，假設為E：

當E高於50，甚至比50高很多時，表示此流年的感情婚姻狀況屬於穩定，當然越高分越理想，甚至可以解釋為越高分越好，不管是所遇的人或狀況都會是比較如願的狀況。

當E高於50，甚至比50高很多時，另一個現象也會是人際人緣相當好，尤其是流年出現

地支「子」與「午」的各種類型桃花，或是火出天干的流年，對己日主來說都是不錯的搭配，貴人的現象會出現。

當E低於50，且甚至比50低很多時，那就明顯是感情婚姻狀況不穩定，很可能會出現一些變動的現象，甚至是明顯變動，尤其是逢遇到甲乙流年出天干。要注意的是，所謂的感情變動，不只是分開或離婚，其實也包括了交往或是結婚，因為變動並不代表一定是分或合，應該解釋為目前的狀況出現變化，所以當妳未婚或沒對象時，且逢遇到流年分數較低分，也可以是變成有對象或是結婚的選擇，但這些並不是好或壞的判斷，只是一個變動的現象。

當E低於50，且甚至比50低很多時，除了感情婚姻會有變動之外，可能是由於人際而引起，像是壬癸的流年，很可能會出現工作財務方面的狀況。對女命來說，因為夫與工作事業同論，所以也很可能出現錢財相關的變動，或是隨之而來的壓力。

當E值接近50，不管是高於或低於，還是有些許的變動性，其實無法完全排除變動的可能性，都還是需要去探討原理和原因，因為有時候當另一半的運勢較低時，就容易被影響到，或者被其他的原因所影響。

‧女命己日主之一（己卯日、己未日、己亥日）

《感情婚姻運的詳細解說》：己日主一共有六個，也許因為地支的不同會影響到本命的旺弱，但影響比較大的部分會是在個人個性特質上及感情運勢上，其他的方面則地支影響會較小些，不過若同是己日主，因為地支卯未亥的桃花現象會比較類似，所以在這裡就把己卯、己未和己亥這三個日主一起來做解說。月柱對日主的感情婚姻有基本的影響力，因為月柱是一般所謂的夫妻宮，而日主雖然有它一定的基本好壞高低排序，但再加入月柱的判斷之後，則可以看出一個命盤基本的感情婚姻水準。

下面則要把各月柱對此三個日主的影響，和各月柱對此三日主的搭配做基本評分判斷，讓讀者從數值的內容對基本的感情好壞程度，有更清楚的了解，且能用數值去對照月柱的干支組合，也能更了解干支的影響現象。所以當己卯、己未和己亥日主，對於月柱的各種干支搭配，它會產生的命盤基本感情高低現象，則代表此人的八字基本感情婚姻的水準，當然這個數值不能代表一切，也不能代表一輩子的感情現象，它只是一個基本的起點，如果要知道一生的感情起伏現象，以及一生的感情好壞走勢，就一定要搭配大運和流年，才能了解後天的影響和現象，也才會是比較準確的判斷。

當己卯、己未和己亥日主，逢到各月柱所產生的感情婚姻基本數值，以下圖表則是依據所有的月柱搭配，及所整理出的數值和解說，提供參考：（如圖 130）

月柱如果逢遇到地支搭配為「子」，像是甲子、丙子、戊子、庚子和壬子，其實對己卯日、己未日、己亥日三者來說，都是屬於桃花搭配，這也代表此人的八字基本搭配裡，本身的桃花就會比較多也比較明顯些，不過這是比較大方向的判斷，也不能完全就這樣單一判斷。

接下來要判斷更重要的部分，也就是大運和流年的感情運勢現象，因為這兩大部分才是真正影響一生的感情現象起落，而在這裡除了會用文字說明

甲 寅 65	甲 辰 70	甲 午 60	甲 申 55	甲 戌 60	甲 子 65
乙 卯 60	乙 巳 65	乙 未 55	乙 酉 65	乙 亥 55	乙 丑 60
丙 寅 60	丙 辰 75	丙 午 65	丙 申 75	丙 戌 65	丙 子 80
丁 卯 75	丁 巳 70	丁 未 60	丁 酉 80	丁 亥 70	丁 丑 65
戊 寅 55	戊 辰 70	戊 午 50	戊 申 55	戊 戌 70	戊 子 65
己 卯 60	己 巳 50	己 未 45	己 酉 60	己 亥 55	己 丑 50
庚 寅 60	庚 辰 70	庚 午 65	庚 申 55	庚 戌 50	庚 子 65
辛 卯 70	辛 巳 60	辛 未 55	辛 酉 65	辛 亥 55	辛 丑 60
壬 寅 65	壬 辰 70	壬 午 55	壬 申 70	壬 戌 60	壬 子 65
癸 卯 60	癸 巳 55	癸 未 50	癸 酉 75	癸 亥 65	癸 丑 55
女命 己卯 己未 己亥 之 月柱					

圖 130

之外，當然也會提供感情婚姻數值，再加上簡單計算後，則能得到相當具參考價值的感情流年分數，可以讓讀者更容易了解和判別感情或婚姻現象。

筆者提供一個簡易的計算方式，能讓大家都可以更清楚的了解到，到底感情運勢的好與壞，以及如何去做判斷，且再加上詳細的範例解說，相信就能抓到重點。（如圖 131）

感情婚姻分數計算的說明：

請先利用感情婚姻基本數值（月柱基本分）來做基礎，即先利用命盤裡的日主，依前一個圖表對照出月柱的分數，再依這個圖表（大運與流年）數值來做計算，在這裡的大運和流年都是使用同一圖表來判斷，而計算的公式如下列：

甲 寅 30	甲 辰 35	甲 午 25	甲 申 30	甲 戌 35	甲 子 20
乙 卯 25	乙 巳 30	乙 未 35	乙 酉 25	乙 亥 35	乙 丑 40
丙 寅 65	丙 辰 75	丙 午 65	丙 申 60	丙 戌 70	丙 子 45
丁 卯 70	丁 巳 65	丁 未 60	丁 酉 55	丁 亥 65	丁 丑 60
戊 寅 55	戊 辰 60	戊 午 45	戊 申 50	戊 戌 55	戊 子 45
己 卯 40	己 巳 45	己 未 40	己 酉 45	己 亥 60	己 丑 55
庚 寅 50	庚 辰 60	庚 午 60	庚 申 50	庚 戌 55	庚 子 40
辛 卯 65	辛 巳 65	辛 未 55	辛 酉 45	辛 亥 60	辛 丑 50
壬 寅 55	壬 辰 60	壬 午 55	壬 申 60	壬 戌 50	壬 子 45
癸 卯 60	癸 巳 55	癸 未 50	癸 酉 45	癸 亥 65	癸 丑 70
女命 己卯 己未 己亥 之 大運與流年					

圖 131

（月柱基本分X 0.1）＋（大運數值X 0.2）＋（流年數值 X 0.7）

計算出來的數值，其實就是代表流年的感情婚姻狀況，而就分數上來判斷，越高的分數代表此流年的感情婚姻現象越穩定，不過在這裡，並不是絕對完全用分數的高低來做為好壞的判斷，這是因為流年的數值是一個穩定性的參考值，越穩定的感情婚姻現象分數就會越高，而相對的越低的分數所代表的現象就是越有變動。當然感情婚姻的好與壞，其實相當的主觀，或許相同狀況對不同的人來說，會是很不同的評語和感受，好或壞都是可能出現的結論，所以在這裡不用好壞來做評論，而是用「穩定」與「不穩定」來做為判斷標準，也會是更客觀更準確的分析方式。

以下則為此類別的舉例說明：（如圖132）

這是一個己未日主的女命，生於丁未月，大運是從丙午開始的逆運，九歲起運，每十年逢九就會換大運，現在就舉兩個流年感情婚姻計算過程，此人的月柱基本分為60，是屬於不錯的分數水準，而如果要計算虛歲33歲的流年E，則大運為甲辰（35分），流年甲午年（25分），代入公式得出的E為30.5，表示因為低於50且低許多，所以是不穩定的感情狀況，從八字十神的角色來看，大運甲辰和流年甲午都是己日主的正官，對女命來說感情婚姻的變動會相當明顯，結婚、離婚或是交往、分手，都是可能的現象；如果要計算虛歲45歲的流年E，則大運為癸卯（60分），流年丙午年（65分），代入公式得出的E為63.5，因為高於50且高許多，所以是屬於穩定的感情狀況，丙午對己日主來說是相當好的正印，會有不錯的貴人運，在各方面的運勢也會不錯。

接下來的圖表就是計算過後所做的整理，一共是三個大運的三十個流年，是第兩個乙巳運、第三個甲辰運和第四個癸卯運，以及圖表的範例說明。（如圖133）

時柱	日柱(日主)	月柱	年柱	虛歲年限	八字本命
46歲之後	31至45歲	16至30歲	1至15歲		
壬申	己未	丁未	壬戌	四柱干支	

59歲至68歲	49歲至58歲	39歲至48歲	29歲至38歲	19歲至28歲	9歲至18歲	虛歲年限	大運
辛丑	壬寅	癸卯	甲辰	乙巳	丙午	干支	

30	29	28	27	26	25	24	23	22	21	20	19	18	17	16	15	14	13	12	11	10	9	8	7	6	5	4	3	2	1	虛歲	流年
辛卯	庚寅	己丑	戊子	丁亥	丙戌	乙酉	甲申	癸未	壬午	辛巳	庚辰	己卯	戊寅	丁丑	丙子	乙亥	甲戌	癸酉	壬申	辛未	庚午	己巳	戊辰	丁卯	丙寅	乙丑	甲子	癸亥	壬戌	干支	
60	59	58	57	56	55	54	53	52	51	50	49	48	47	46	45	44	43	42	41	40	39	38	37	36	35	34	33	32	31	虛歲	
辛酉	庚申	己未	戊午	丁巳	丙辰	乙卯	甲寅	癸丑	壬子	辛亥	庚戌	己酉	戊申	丁未	丙午	乙巳	甲辰	癸卯	壬寅	辛丑	庚子	己亥	戊戌	丁酉	丙申	乙未	甲午	癸巳	壬辰	干支	

圖132

	大 運　乙巳　(數值：30　)
流年	庚辰年 19歲 (數值：60) E值：54　注意事項：運勢不穩定
	辛巳年 20歲 (數值：65) E值：57.5　注意事項：穩定，忙碌
	壬午年 21歲 (數值：55) E值：50.5　注意事項：工作財運不穩定
	癸未年 22歲 (數值：50) E值：47　注意事項：工作財運不穩定
	甲申年 23歲 (數值：30) E值：33　注意事項：正官，注意感情變動
	乙酉年 24歲 (數值：25) E值：29.5　注意事項：七殺，注意感情變動
	丙戌年 25歲 (數值：70) E值：61　注意事項：穩定
	丁亥年 26歲 (數值：65) E值：57.5　注意事項：穩定
	戊子年 27歲 (數值：45) E值：43.5　注意事項：注意小人，工作或感情變動
	己丑年 28歲 (數值：55) E值：50.5　注意事項：注意人際的影響
	大 運　甲辰　(數值：35　)
流年	庚寅年 29歲 (數值：50) E值：48　注意事項：有壓力，忙碌
	辛卯年 30歲 (數值：65) E值：58.5　注意事項：忙碌，注意健康
	壬辰年 31歲 (數值：60) E值：55　注意事項：工作財運不穩定
	癸巳年 32歲 (數值：55) E值：51.5　注意事項：工作財運不穩定
	甲午年 33歲 (數值：25) E值：30.5　注意事項：正官，注意感情變動
	乙未年 34歲 (數值：35) E值：37.5　注意事項：七殺，注意感情變動
	丙申年 35歲 (數值：60) E值：55　注意事項：穩定
	丁酉年 36歲 (數值：55) E值：51.5　注意事項：偏印弱，感情健康不穩定
	戊戌年 37歲 (數值：55) E值：51.5　注意事項：注意人際的影響
	己亥年 38歲 (數值：60) E值：55　注意事項：注意人際的影響
	大 運　癸卯　(數值：60　)
流年	庚子年 39歲 (數值：40) E值：46　注意事項：有壓力，注意健康
	辛丑年 40歲 (數值：50) E值：53　注意事項：不動產與投資不穩定
	壬寅年 41歲 (數值：55) E值：56.5　注意事項：工作財運不穩定
	癸卯年 42歲 (數值：60) E值：60　注意事項：工作財運不穩定
	甲辰年 43歲 (數值：35) E值：42.5　注意事項：正官，注意感情變動
	乙巳年 44歲 (數值：30) E值：39　注意事項：七殺，注意感情變動
	丙午年 45歲 (數值：65) E值：63.5　注意事項：穩定
	丁未年 46歲 (數值：60) E值：60　注意事項：穩定，有貴人
	戊申年 47歲 (數值：50) E值：53　注意事項：注意人際的影響
	己酉年 48歲 (數值：45) E值：49.5　注意事項：注意人際的影響

圖 133

從此圖表中可以發現，此人的感情大運走勢屬於後面穩定的現象，從乙巳的30，到甲辰的35，及癸卯的60，整體來說感情狀況不太穩定，且當逢遇到甲乙出天干的流年，明顯都出現偏低的數值，這也代表會有較大的變動現象，不管對此人來說是好或壞，總是要把握或是維持自己理想中的感情婚姻狀況，比例很高的人會有婚姻變動，或是工作事業的明顯變動，所以如果此人在這之前是已婚，那很可能在這幾個年會有不理想的婚姻狀況，但若此人是未婚，則很可能會選擇結婚或是開始一段感情。

有幾個數值落在50到60之間，雖然看起來都是高於50，當然都還算理想，但有些現象還是要了解和探討，像是庚辛和戊己出天干的流年，其實也不能完全排除掉感情上的狀況，這當然還要看個人的狀況而定，因為即使同命盤的人，也不一定在同一年出現一樣的狀況，但狀況都會在可能的範圍之內。而當中有好幾個流年數值超過60，雖然在圖表中只是簡單標示為穩定加上短評，但其實這幾個流年對此人來說，各方面都算穩定。

•女命己日主之二（己巳日、己酉日、己丑日）

《感情婚姻運的詳細解說》：己日主一共有六個，也許因為地支的不同會影響到本命的旺弱，但影響比較大的部分，會是在個人個性特質上及感情運勢上，其他的方面則地支影響會較小些，不過若同是己日主，因為地支巳酉丑的桃花現象會比較類似，所以在這裡就把己巳、己酉和己丑這三個日主一起來做解說。月柱對日主的感情婚姻有基本的影響力，因為月柱是一般所謂的夫妻宮，而日主雖然有它一定的基本好壞高低排序，但再加入月柱的判斷之後，則可以看出一個命盤基本的感情婚姻水準。

當己巳、己酉和己丑日主，逢到各月柱所產生的感情婚姻基本數值，以下圖表則是依據所有的月柱搭配，及所整理出的數值和解說，提供參考：（如圖134）

月柱如果逢遇到地支搭配為「午」，像是甲午、

甲寅65	甲辰70	甲午75	甲申55	甲戌60	甲子75
乙卯60	乙巳65	乙未55	乙酉65	乙亥55	乙丑60
丙寅60	丙辰75	丙午65	丙申75	丙戌65	丙子70
丁卯75	丁巳70	丁未60	丁酉80	丁亥70	丁丑65
戊寅55	戊辰70	戊午65	戊申55	戊戌70	戊子60
己卯60	己巳50	己未45	己酉60	己亥55	己丑50
庚寅60	庚辰70	庚午75	庚申55	庚戌50	庚子55
辛卯70	辛巳60	辛未55	辛酉65	辛亥55	辛丑60
壬寅65	壬辰70	壬午65	壬申70	壬戌60	壬子50
癸卯60	癸巳55	癸未50	癸酉75	癸亥65	癸丑55
女命 己巳 己酉 己丑 之 月柱					

圖134

丙午、戊午、庚午和壬午，其實對己巳日、己酉日、己丑日三者來說，都是屬於桃花搭配，這也代表此人的八字基本搭配裡，本身的桃花就會比較多也比較明顯些，不過這是比較大方向的判斷，也不能完全就這樣單一判斷。

接下來要判斷更重要的部分，也就是大運和流年的感情運勢現象，因為這兩大部分才是真正影響一生感情現象的起落，而在這裡除了會用文字說明之外，當然也會提供感情婚姻數值，再加上簡單計算後，則能得到相當具參考價值的感情流年分數，可以讓讀者更容易了解和判別感情或婚姻現象。

筆者提供一個簡易的計算方式，能讓大家都可以更清楚的了解到，到底感情運勢的好與壞，以及如何去做判斷，且再加上詳細的範例解說，相信就能抓到重點。（如圖 135）

感情婚姻分數計算的說明：

請先利用感情婚姻基本數值（月柱基本分）來做基礎，即先利用命盤裡的日主，依前一個圖表對照出月柱的分數，再依這個圖表（大運與流年）數值來做計算，在這裡的大運和流年都是使用同一圖表來判斷，而計算的公式如下列：

（月柱基本分X 0.1）+（大運數值X 0.2）+（流年數值 X 0.7）

所計算出來的數值，其實就是代表流年的感情婚姻狀況，而就分數上來判斷，越高的分數代表此流年的感情婚姻現象越穩定，不過在這裡，並不是絕對完全用分數的高低來做為好壞的判斷，因為流年的數值是一個穩定性的參考值，越穩定的感情婚姻現象分數就會越高，而相對的越低的分數所代表的現象就是越有變動。當然感情婚姻的好與壞，其實相當的主觀，或許相同狀況對不同的人來說，會是很不同的評語和感受，好或壞都是可能出現的結論，所以在這裡不用好與壞來做評論，而是用「穩定」與「不穩定」來做為判斷標準，也會是更客觀更準確的分析方式。

甲寅 55	甲辰 60	甲午 40	甲申 50	甲戌 45	甲子 45
乙卯 50	乙巳 55	乙未 65	乙酉 45	乙亥 55	乙丑 60
丙寅 70	丙辰 75	丙午 35	丙申 65	丙戌 75	丙子 35
丁卯 75	丁巳 80	丁未 70	丁酉 70	丁亥 80	丁丑 85
戊寅 55	戊辰 60	戊午 55	戊申 50	戊戌 60	戊子 45
己卯 40	己巳 55	己未 60	己酉 45	己亥 60	己丑 50
庚寅 40	庚辰 35	庚午 25	庚申 30	庚戌 35	庚子 25
辛卯 35	辛巳 40	辛未 45	辛酉 35	辛亥 40	辛丑 30
壬寅 75	壬辰 85	壬午 70	壬申 90	壬戌 75	壬子 45
癸卯 65	癸巳 80	癸未 80	癸酉 75	癸亥 85	癸丑 70
女命 乙巳 乙酉 乙丑 之 大運與流年					

圖 135

以下是此類別的舉例說明：（如圖 136）

這是一個己巳日主的女命，生於乙酉月，大運是從丙戌開始的逆運，四歲起運，每十年逢四就會換大運，現在就舉兩個流年感情婚姻計算過程，此人的月柱基本分為65，是屬於普通的分數水準，而如果要計算虛歲30歲的流年E，則大運為戊子（45分），流年甲午年（20分），代入公式得出的E為29.5，表示因為低於50且低相當多，所以是屬於不穩定的感情狀況，而從八字十神的角色來看，因為流年的甲午對己巳日主來說是正官桃花，所以會明顯有感情婚姻或是工作財運的變動，要注意感情婚姻方面的問題，很可能會有結婚或離婚的狀況；如果要計算虛歲42歲的流年E，則大運為己丑（60分），流年丙午年

時柱	日柱(日主)	月柱	年柱	虛年歲限	八字本命
46歲之後	31至45歲	16至30歲	1至15歲	虛年歲限	
辛 未	己 巳	乙 酉	乙 丑	四干 柱支	

54歲至63歲	44歲至53歲	34歲至43歲	24歲至33歲	14歲至23歲	4歲至13歲	虛年歲限	大運
辛 卯	庚 寅	己 丑	戊 子	丁 亥	丙 戌	干 支	

30	29	28	27	26	25	24	23	22	21	20	19	18	17	16	15	14	13	12	11	10	9	8	7	6	5	4	3	2	1	虛歲	流年
甲午	癸巳	壬辰	辛卯	庚寅	己丑	戊子	丁亥	丙戌	乙酉	甲申	癸未	壬午	辛巳	庚辰	己卯	戊寅	丁丑	丙子	乙亥	甲戌	癸酉	壬申	辛未	庚午	己巳	戊辰	丁卯	丙寅	乙丑	干支	
60	59	58	57	56	55	54	53	52	51	50	49	48	47	46	45	44	43	42	41	40	39	38	37	36	35	34	33	32	31	虛歲	
甲子	癸亥	壬戌	辛酉	庚申	己未	戊午	丁巳	丙辰	乙卯	甲寅	癸丑	壬子	辛亥	庚戌	己酉	戊申	丁未	丙午	乙巳	甲辰	癸卯	壬寅	辛丑	庚子	己亥	戊戌	丁酉	丙申	乙未	干支	

圖 136

（65分），代入公式得出的E為63，因為高於50且高相當多，所以是屬相當理想的運勢狀況，而從八字十神的角色來看，因為流年的丙午是相當好的正印，表示各方面的運勢都會不錯，貴人運也會很明顯。

接下來的圖表就是計算過後所做的整理，一共是三個大運的三十個流年，是第兩個丁亥運、第三個戊子運和第四個己丑運，以及圖表的範例說明。（如圖137）

	大運　丁亥　(數值：65　)
流年	戊寅年 14歲 (數值：55) E值：58　注意事項：注意人際的影響
	己卯年 15歲 (數值：40) E值：47.5　注意事項：注意人際的影響
	庚辰年 16歲 (數值：60) E值：61.5　注意事項：穩定
	辛巳年 17歲 (數值：65) E值：57.5　注意事項：穩定，忙碌
	壬午年 18歲 (數值：45) E值：51　注意事項：工作財運不穩定
	癸未年 19歲 (數值：50) E值：54.5　注意事項：工作財運不穩定
	甲申年 20歲 (數值：30) E值：40.5　注意事項：正官，注意感情變動
	乙酉年 21歲 (數值：25) E值：37　注意事項：七殺，注意感情變動
	丙戌年 22歲 (數值：70) E值：68.5　注意事項：穩定
	丁亥年 23歲 (數值：65) E值：57.5　注意事項：穩定
	大運　戊子　(數值：45　)
流年	戊子年 24歲 (數值：45) E值：47　注意事項：注意小人，工作或感情變動
	己丑年 25歲 (數值：55) E值：54　注意事項：注意人際的影響
	庚寅年 26歲 (數值：50) E值：50.5　注意事項：有壓力，忙碌
	辛卯年 27歲 (數值：65) E值：61　注意事項：忙碌，注意健康
	壬辰年 28歲 (數值：60) E值：57.5　注意事項：工作財運不穩定
	癸巳年 29歲 (數值：55) E值：54　注意事項：工作財運不穩定
	甲午年 30歲 (數值：20) E值：29.5　注意事項：正官桃花，注意感情變動
	乙未年 31歲 (數值：35) E值：40　注意事項：七殺，注意感情變動
	丙申年 32歲 (數值：60) E值：57.5　注意事項：穩定
	丁酉年 33歲 (數值：55) E值：54　注意事項：偏印弱，感情健康不穩定
	大運　己丑　(數值：55　)
流年	戊戌年 34歲 (數值：55) E值：56　注意事項：注意人際的影響
	己亥年 35歲 (數值：60) E值：59.5　注意事項：犯小人，注意人際的影響
	庚子年 36歲 (數值：45) E值：49　注意事項：有壓力，注意健康
	辛丑年 37歲 (數值：50) E值：52.5　注意事項：不動產與投資不穩定
	壬寅年 38歲 (數值：55) E值：56　注意事項：工作財運不穩定
	癸卯年 39歲 (數值：60) E值：59.5　注意事項：工作財運不穩定
	甲辰年 40歲 (數值：35) E值：42　注意事項：正官，注意感情變動
	乙巳年 41歲 (數值：30) E值：38.5　注意事項：七殺，注意感情變動
	丙午年 42歲 (數值：65) E值：63　注意事項：穩定
	丁未年 43歲 (數值：60) E值：59.5　注意事項：穩定，有貴人

圖 137

從此圖表中可以發現，此人的感情走勢屬於越來越有些不穩定的現象，從丁亥的65，到戊子的45，及己丑的55，很明顯起伏有點明顯，而當流年出現甲乙，不穩定現象就會更明顯，可能發生在感情婚姻方面，工作財運也都很可能會有變動。如果甲乙的流年，此人是未婚的狀況，其實很適合在低分年選擇結婚，若是已婚則要注意到婚姻可能出現的變動。

有幾個數值落在50到60之間，雖然看起來都是高於50，當然都還算理想，但有些現象還是要了解和探討，像是戊己庚辛出天干的流年，也可能會出現壓力和變動，且也不能完全排除感情上的狀況，這些還要看個人的狀況而定，因為即使同命盤的人，也不一定在同一年出現一樣的狀況，只是都會在可能的範圍之內。而若是數值超過60以上的流年，則屬於穩定的流年，尤其是火出天干的流年，貴人運會不錯。

《庚日主》

以下是庚日主女命，對大運和流年干支的基本現象判斷方式的介紹：

判斷一：當大運逢遇到比肩和劫財（庚辛），人際方面容易出現變動，雖不一定絕對會影響到感情婚姻，但其實也不能排除可能性，尤其是比較旺的庚辛干支搭配，像是庚申、辛酉，及庚戌或辛亥……會比弱的庚辛更明顯。而如果比劫的大運，再逢遇到正官或七殺（丁丙）出天干的流年，就會出現感情或婚姻的變動。

判斷二：當大運逢遇到正官和七殺（丁丙），代表工作財運或是感情婚姻容易出現變動，雖不一定是感情會出狀況，但因為丙丁大運通常會是二十年，當中也勢必會逢遇到庚辛或丙丁流年，所以至少就會有四次左右的起伏變動，雖無法說一定會是感情婚姻的變動，但還是要注意到婚姻方面的狀況。

判斷三：當大運走得比較熱，但不是前面提到的丙丁或庚辛天干，而是春夏運的壬午、癸未、甲午、乙未……因為是比較燥熱的組合，會讓庚日主感覺有壓力且辛苦，相對感情婚姻也會出現更多的不穩定，或是因為工作財運影響到其他方面，婚姻也會比較不穩定，尤其是當流年逢遇到官殺丙丁，現象會更明顯。

判斷四：其實不管是走哪一個大運，六十干支不管哪個組合，當流年出現正官和七殺的丙丁，都可能會有感情婚姻變動，雖然這個判斷比較概括，比較無法有太多的準確度，不過這個範圍也可以當個參考值，畢竟還是有它的原理和可能性。當庚日主在流年逢遇到正官桃花，也就是丁卯或丁酉年，則出現感情婚姻的變動的機率就非常的高，所以若是之前就已婚，那就要比較注意到婚姻方面的狀況，但若是未婚，其實很適合選擇進入婚姻，或開始一段新感情。

判斷五：當命盤搭配過於弱，也就是八字和大運的搭配組合會讓日主變過弱，則在感情婚姻方面就容易變動，因為自我比較弱的人，其實很多時候都是屬於被決定的類型，當另一半選擇感情婚姻變動時，這樣的人似乎也沒有其他的選擇，像是逢到火土旺的夏運，對庚日主來說，感情婚姻也容易變不穩定。

以上五個基本判斷，就能準確的判斷出庚日主的感情婚姻狀況，但是或許對很多人來說，這樣的解釋似乎還是不太容易懂，尤其是對於未曾接觸過八字理論的人，可能是更無法進入狀況，所以感情流年E值的輔助印證就更重要。

對庚日主來說，在判斷計算得出的流年分數時，有幾項注意事項，接下來會加入範例來解說，如果我們已經計算出每個流年的感情婚姻分數，假設為E：

當E高於50，甚至比50高很多時，那表示此流年的感情婚姻狀況屬於穩定，當然越高分越理想，甚至可以解釋為越高分越好，不管是所遇的人或狀況都會是比較如願的狀況。

當E高於50，甚至比50高很多時，另一個現象也會是人際人緣相當好，尤其是流年出現地支「卯」與「酉」的各種類型桃花，或是土出天干的流年，對庚日主來說都是不錯的搭配，貴人的現象會出現。

當E低於50，且甚至比50低很多時，明顯是感情婚姻狀況不穩定，很可能會出現一些變動的現象，尤其是逢遇到丙丁流年出天干。但要注意的是，所謂的感情變動，不只是分開或離婚，其實也包括了交往或是結婚，因為變動並不代表一定是分或合，應該解釋為目前的狀況出現變化，所以當妳未婚或沒對象時，且逢遇到流年分數較低分，也可以是變成有對象或是結婚的選擇，但這些並不是好或壞的判斷，只是一個變動的現象。

當E低於50，且甚至比50低很多時，除了感情婚姻會有變動之外，可能是由於人際而引起，像是甲乙的流年，也可能會出現工作財務方面的狀況，對女命來說，因為夫與工作事業同論，所以也很可能出現錢財相關的變動，或是隨之而來的壓力。

當E值接近50，不管是高於或低於，還是有些許的變動性，其實無法完全排除變動的可能性，都還是需要去探討原理和原因，因為有時候當另一半的運勢較低時，就容易被影響到，或者被其他的原因所影響。

•女命庚日主之一（庚寅日、庚午日、庚戌日）

《感情婚姻運的詳細解說》：庚日主一共有六個，也許因為地支的不同會影響到本命的旺弱，但基本上影響比較大的部分會是在個人個性特質上及感情運勢上，其他的方面則地支影響會較小些，不過若同是庚日主，因為地支寅午戌的桃花現象會比較類似，所以在這裡就把庚寅、庚午和庚戌這三個日主一起來做解說。月柱對日主的感情婚姻有基本的影響力，因為月柱是一般所謂的夫妻宮，而日主雖然有它一定的基本好壞高低排序，但再加入月柱的判斷之後，則可以看出一個命盤基本的感情婚姻水準。

下面則要把各月柱對此三個日主的影響，和各月柱對此三日主的搭配做基本評分判斷，讓讀者從數值的內容對基本的感情好壞程度，有更清楚的了解，且能用數值去對照月柱的干支組合，也能更了解干支的影響現象。所以當庚寅、庚午和庚戌日主，對於月柱的各種干支搭配，它會產生的命盤基本感情高低現象，則代表此人的八字基本感情婚姻的水準，當然這個數值不能代表一切，也不能代表一輩子的感情現象，它只是一個基本的起點，如果要知道一生的感情起伏現象，以及一生的感情好壞走勢，就一定要搭配大運和流年，才能了解後天的影響和現象，也才會是比較準確的判斷。

當庚寅、庚午和庚戌日主，逢到各月柱所產生的感情婚姻基本數值，以下圖表則是依據所有的月柱搭配，及所整理出的數值和解說，提供參考：（如圖138）

從表中這些數值可以看出，月柱如果逢遇到較旺的地支搭配，感情婚姻的基本數值就會比較低些，這是由於比劫對庚日主女命的感情運勢來說，容易是比較不穩定的影響，而若天干的地支搭配為「卯」，像是乙卯、丁卯、己卯、辛卯和癸卯，其實對庚寅日、庚午日、庚戌日三者來說，都是屬於桃花搭配，這也代表此人的八字基本搭配裡，本身的桃花就會比較多也比較明顯些，不過這是比較大方向的判斷，也不能完全就這樣單一判斷。

接下來要判斷更重要的部分，也就是大運和流年的感情運勢現象，因為這兩大部分才是真正影響

甲 寅 65	甲 辰 75	甲 午 65	甲 申 70	甲 戌 65	甲 子 60
乙 卯 80	乙 巳 70	乙 未 60	乙 酉 75	乙 亥 55	乙 丑 50
丙 寅 65	丙 辰 70	丙 午 55	丙 申 65	丙 戌 60	丙 子 75
丁 卯 80	丁 巳 60	丁 未 55	丁 酉 65	丁 亥 70	丁 丑 65
戊 寅 75	戊 辰 80	戊 午 65	戊 申 75	戊 戌 70	戊 子 65
己 卯 80	己 巳 65	己 未 60	己 酉 60	己 亥 55	己 丑 50
庚 寅 60	庚 辰 65	庚 午 70	庚 申 45	庚 戌 45	庚 子 40
辛 卯 75	辛 巳 60	辛 未 65	辛 酉 50	辛 亥 55	辛 丑 50
壬 寅 65	壬 辰 70	壬 午 75	壬 申 60	壬 戌 55	壬 子 50
癸 卯 85	癸 巳 75	癸 未 70	癸 酉 65	癸 亥 60	癸 丑 55
女命 庚寅 庚午 庚戌 之 月柱					

圖 138

一生感情現象的起落，而在這裡除了會用文字說明之外，當然也會提供感情婚姻數值，再加上簡單計算後，則能得到相當具參考價值的感情流年分數，可以讓讀者更容易了解和判別感情或婚姻現象。

筆者提供一個簡易的計算方式，能讓大家都可以更清楚的了解到，到底感情運勢的好與壞，以及如何去做判斷，且再加上詳細的範例解說，相信就能抓到重點。（如圖 139）

感情婚姻分數計算的說明：

請先利用感情婚姻基本數值（月柱基本分）來做基礎，即先利用命盤裡的日主，依前一個圖表對照出月柱的分數，再依這個圖表（大運與流年）數值來做計算，在這裡的大運和流年都是使用同一圖

甲 寅 55	甲 辰 70	甲 午 60	甲 申 65	甲 戌 60	甲 子 45
乙 卯 40	乙 巳 60	乙 未 65	乙 酉 50	乙 亥 55	乙 丑 60
丙 寅 40	丙 辰 45	丙 午 35	丙 申 40	丙 戌 45	丙 子 30
丁 卯 20	丁 巳 35	丁 未 30	丁 酉 35	丁 亥 40	丁 丑 35
戊 寅 70	戊 辰 85	戊 午 60	戊 申 80	戊 戌 80	戊 子 70
己 卯 50	己 巳 70	己 未 65	己 酉 70	己 亥 65	己 丑 60
庚 寅 75	庚 辰 65	庚 午 60	庚 申 55	庚 戌 60	庚 子 55
辛 卯 40	辛 巳 60	辛 未 65	辛 酉 60	辛 亥 55	辛 丑 60
壬 寅 60	壬 辰 70	壬 午 55	壬 申 70	壬 戌 50	壬 子 45
癸 卯 40	癸 巳 65	癸 未 60	癸 酉 55	癸 亥 55	癸 丑 50
女命 庚寅 庚午 庚戌 之 大運與流年					

圖 139

表來判斷，而計算的公式如下列：

（月柱基本分Ｘ0.1）＋（大運數值Ｘ0.2）＋（流年數值 Ｘ 0.7）

計算出來的數值，其實就是代表流年的感情婚姻狀況，而就分數上來判斷，越高的分數代表此流年的感情婚姻現象越穩定，不過在這裡，並不是絕對完全用分數的高低來做為好壞的判斷，這是因為流年的數值是一個穩定性的參考值，越穩定的感情婚姻現象分數就會越高，而相對的越低的分數所代表的現象就是越有變動。當然感情婚姻的好與壞，其實相當的主觀，或許相同狀況對不同的人來說，會是很不同的評語和感受，好或壞都是可能出現的結論，所以在這裡不用好壞來做評論，而是用「穩定」與「不穩定」來做為判斷標準，也會是更客觀更準確的分析方式。

以下則為此類別的舉例說明：（如圖 140）

這是一個庚午日主的女命，生於癸卯月，大運是從甲辰開始的順運，五歲起運，每十年逢五就會換大運，現在就舉兩個流年感情婚姻計算過程，此人的月柱基本分為85，是屬於相當好的分數水準，而如果要計算虛歲31歲的流年E，則大運為丙午（35分），流年是丁酉年

（35分），代入公式得出的E為40，那表示因為低於50，所以是不穩定的感情狀況，從八字十神的角色來看，丁酉是庚日主的正官，對女命來說感情婚姻會有變動，要多注意；如果要計算虛歲42歲的流年E，則大運為丁未（30分），流年戊申年（80分），代入公式得出的E為70.5，因為高於50且高許多，戊申對庚日主來說是不錯的偏印，所以會有不錯的貴人現象，各方面的運勢也會不錯。

接下來的圖表就是計算過後所做的整理，一共是三個大運的三十個流年，是第兩個乙巳運、第三個丙午運和第四個丁未運，以及圖表的範例說明。（如圖141）

時柱	日柱(日主)	月柱	年柱	虛年歲限	八字本命
46歲之後	31至45歲	16至30歲	1至15歲		
甲申	庚午	癸卯	丁卯	四柱干支	

55歲至64歲	45歲至54歲	35歲至44歲	25歲至34歲	15歲至24歲	5歲至14歲	虛年歲限	大運
己酉	戊申	丁未	丙午	乙巳	甲辰	干支	

30	29	28	27	26	25	24	23	22	21	20	19	18	17	16	15	14	13	12	11	10	9	8	7	6	5	4	3	2	1	虛歲	流年
丙申	乙未	甲午	癸巳	壬辰	辛卯	庚寅	己丑	戊子	丁亥	丙戌	乙酉	甲申	癸未	壬午	辛巳	庚辰	己卯	戊寅	丁丑	丙子	乙亥	甲戌	癸酉	壬申	辛未	庚午	己巳	戊辰	丁卯	干支	
60	59	58	57	56	55	54	53	52	51	50	49	48	47	46	45	44	43	42	41	40	39	38	37	36	35	34	33	32	31	虛歲	
丙寅	乙丑	甲子	癸亥	壬戌	辛酉	庚申	己未	戊午	丁巳	丙辰	乙卯	甲寅	癸丑	壬子	辛亥	庚戌	己酉	戊申	丁未	丙午	乙巳	甲辰	癸卯	壬寅	辛丑	庚子	己亥	戊戌	丁酉	干支	

圖 140

	大 運　乙巳　(數值：60　)
流年	辛巳年 15歲 (數值：60) E值：62.5　注意事項：注意人際的影響
	壬午年 16歲 (數值：55) E值：59　注意事項：穩定，運勢旺
	癸未年 17歲 (數值：60) E值：62.5　注意事項：穩定，有壓力
	甲申年 18歲 (數值：65) E值：66　注意事項：穩定，貴人運旺
	乙酉年 19歲 (數值：50) E值：55.5　注意事項：工作財運不穩定
	丙戌年 20歲 (數值：45) E值：52　注意事項：七殺，注意感情變動
	丁亥年 21歲 (數值：40) E值：48.5　注意事項：正官，注意感情變動
	戊子年 22歲 (數值：70) E值：69.5　注意事項：穩定
	己丑年 23歲 (數值：60) E值：62.5　注意事項：穩定
	庚寅年 24歲 (數值：75) E值：73　注意事項：穩定
	大 運　丙午　(數值：35　)
流年	辛卯年 25歲 (數值：40) E值：43.5　注意事項：劫財桃花，人際影響感情
	壬辰年 26歲 (數值：70) E值：64.5　注意事項：穩定，運勢旺
	癸巳年 27歲 (數值：65) E值：61　注意事項：穩定
	甲午年 28歲 (數值：60) E值：57.5　注意事項：工作財運不穩定
	乙未年 29歲 (數值：65) E值：61　注意事項：穩定，忙碌
	丙申年 30歲 (數值：40) E值：43.5　注意事項：七殺，注意感情變動
	丁酉年 31歲 (數值：35) E值：40　注意事項：正官，注意感情變動
	戊戌年 32歲 (數值：80) E值：71.5　注意事項：注意健康和感情狀況
	己亥年 33歲 (數值：65) E值：61　注意事項：穩定
	庚子年 34歲 (數值：55) E值：54　注意事項：注意人際的影響
	大 運　丁未　(數值：30　)
流年	辛丑年 35歲 (數值：60) E值：56.5　注意事項：注意人際的影響
	壬寅年 36歲 (數值：60) E值：56.5　注意事項：穩定，有展現
	癸卯年 37歲 (數值：40) E值：42.5　注意事項：傷官桃花，注意感情健康變動
	甲辰年 38歲 (數值：70) E值：63.5　注意事項：忙碌，有展現
	乙巳年 39歲 (數值：60) E值：56.5　注意事項：工作財運不穩定
	丙午年 40歲 (數值：35) E值：39　注意事項：七殺，注意感情變動
	丁未年 41歲 (數值：30) E值：35.5　注意事項：正官，注意感情變動
	戊申年 42歲 (數值：80) E值：70.5　注意事項：穩定
	己酉年 43歲 (數值：70) E值：63.5　注意事項：穩定
	庚戌年 44歲 (數值：60) E值：56.5　注意事項：注意人際的影響

圖 141

從此圖表中可以發現，此人的感情大運走勢屬於不穩定的現象，從乙巳的60，到丙午的35，及丁未的30，整體來說感情狀況屬於越來越不穩定，且流年的影響也會很明顯，當逢遇到丙丁出天干的流年，明顯都出現偏低的數值，這也代表會有較大的變動現象，不管對此人來說是好或壞，總是要把握或是維持自己理想中的感情婚姻狀況，很可能會因各方面的狀況而影響到感情婚姻。

有幾個數值落在50到60之間，雖然看起來都是高於50，當然都還算理想，但有些現象還是要了解和探討，像是庚辛庚辛出天干的流年，其實也不能完全排除掉感情上的狀況，不過也可能影響到各方面，這當然還要看個人的狀況而定，因為即使同命盤的人，也不一定在同一年出現一樣的狀況，但狀況都會在可能的範圍之內。而當中有幾個流年數值超過60，雖然在圖表中只是簡單標示為穩定，但事實上這幾個流年對此人來說在各方面的運勢上，都會是理想的流年運勢。

• 女命庚日主之二（庚辰日、庚申日、庚子日）

《感情婚姻運的詳細解說》：庚日主一共有六個，也許因為地支的不同會影響到本命的旺弱，但基本上影響比較大的部分，會是在個人個性特質上及感情運勢上，其他的方面則地支影響會較小些，不過若同是庚日主，因為地支辰申子的桃花現象會比較類似，所以在這裡就把庚辰、庚申和庚子這三個日主一起來做解說。月柱對日主的感情婚姻有基本的影響力，因為月柱是一般所謂的夫妻宮，而日主雖然有它一定的基本好壞高低排序，但再加入月柱的判斷之後，則可以看出一個命盤基本的感情婚姻水準。

當庚辰、庚申和庚子日主，逢到各月柱所產生的感情婚姻基本數值，以下圖表則是依據所有的月柱搭配，及所整理出的數值和解說，提供參考：（如圖142）

天干的地支搭配為「酉」，像是乙酉、丁酉、

甲 寅 65	甲 辰 75	甲 午 65	甲 申 70	甲 戌 65	甲 子 60
乙 卯 75	乙 巳 70	乙 未 60	乙 酉 65	乙 亥 55	乙 丑 50
丙 寅 65	丙 辰 70	丙 午 55	丙 申 65	丙 戌 60	丙 子 75
丁 卯 70	丁 巳 60	丁 未 55	丁 酉 75	丁 亥 70	丁 丑 65
戊 寅 75	戊 辰 80	戊 午 65	戊 申 75	戊 戌 70	戊 子 65
己 卯 70	己 巳 65	己 未 60	己 酉 70	己 亥 55	己 丑 50
庚 寅 60	庚 辰 65	庚 午 70	庚 申 45	庚 戌 45	庚 子 40
辛 卯 65	辛 巳 60	辛 未 65	辛 酉 60	辛 亥 55	辛 丑 50
壬 寅 65	壬 辰 70	壬 午 75	壬 申 60	壬 戌 55	壬 子 50
癸 卯 80	癸 巳 75	癸 未 70	癸 酉 75	癸 亥 60	癸 丑 55
女命 庚辰 庚申 庚子 之 月柱					

圖 142

己酉、辛酉和癸酉，其實對庚辰日、庚申日、庚子日三者來說，都是屬於桃花搭配，這也代表此人的八字基本搭配裡，本身的桃花就會比較多也比較明顯些，不過這是比較大方向的判斷，也不能完全就這樣單一判斷。

接下來要判斷更重要的部分，也就是大運和流年的感情運勢現象，因為這兩大部分才是真正影響一個人的一生感情現象起落，而在這裡除了會用文字說明之外，當然也會提供感情婚姻數值，再加上簡單計算後，則能得到相當具參考價值的感情流年分數，可以讓讀者更容易了解和判別感情或婚姻現象。

筆者提供一個簡易的計算方式，能讓大家都可以更清楚的了解到，到底感情運勢的好與壞，以及如何去做判斷，且再加上詳細的範例解說，相信就能抓到重點。（如圖 143）

感情婚姻分數計算的說明：

請先利用感情婚姻基本數值（月柱基本分）來做基礎，即先利用命盤裡的日主，依前一個圖表對照出月柱的分數，再依這個圖表（大運與流年）數值來做計算，在這裡的大運和流年都是使用同一圖表來判斷，而計算的公式如下列：

（月柱基本分Ｘ0.1）＋（大運數值Ｘ0.2）＋（流年數值Ｘ0.7）

所計算出來的數值，其實就是代表流年的感情婚姻狀況，而就分數上來判斷，越高的分數代表此流年的感情婚姻現象越穩定，不過在這裡，並不是絕對完全用分數的高低來做為好壞的判斷，因為流年的數值是一個穩定性的參考值，越穩定的感情婚姻現象分數就會越高，而相對的越低的分數所代表的現象就是越有變動。當然感情婚姻的好與壞，其實相當的主觀，或許相同狀況對不同的人來說，會是很不同的評語和感受，好或壞都是可能出現的結論，所以在這裡不用好與壞來做評論，而是用「穩定」與「不穩定」來做為判斷標準，也會是更客觀更準確的分析方式。

甲 寅 55	甲 辰 70	甲 午 60	甲 申 65	甲 戌 60	甲 子 45
乙 卯 50	乙 巳 60	乙 未 65	乙 酉 40	乙 亥 55	乙 丑 60
丙 寅 40	丙 辰 45	丙 午 35	丙 申 40	丙 戌 45	丙 子 30
丁 卯 30	丁 巳 35	丁 未 30	丁 酉 25	丁 亥 40	丁 丑 35
戊 寅 70	戊 辰 85	戊 午 60	戊 申 80	戊 戌 80	戊 子 70
己 卯 50	己 巳 70	己 未 65	己 酉 70	己 亥 65	己 丑 60
庚 寅 75	庚 辰 65	庚 午 60	庚 申 55	庚 戌 60	庚 子 55
辛 卯 40	辛 巳 60	辛 未 65	辛 酉 60	辛 亥 55	辛 丑 60
壬 寅 60	壬 辰 70	壬 午 55	壬 申 70	壬 戌 50	壬 子 45
癸 卯 60	癸 巳 65	癸 未 60	癸 酉 45	癸 亥 55	癸 丑 50
女命 庚辰 庚申 庚子 之 大運與流年					

圖 143

以下是此類別的舉例說明：（如圖144）

這是一個庚辰日主的女命，生於壬寅月，大運是從辛丑開始的逆運，七歲起運，每十年逢七就會換大運，現在就舉兩個流年感情婚姻計算過程，此人的月柱基本分為65，是屬於不錯的分數水準，而如果要計算虛歲26歲的流年E，則大運為庚子（55分），流年丁亥年（40分），代入公式得出的E為45.5，因為低於50，所以是屬於不穩定的感情狀況，而從八字十神的角色來看，因為大運庚子劫財和流年丁酉都正官，對庚日主女命來說會有明顯變動，所以會有感情婚姻或是工作財運的變動，如果是未婚則是相當適合的結婚年，但若是已婚則要注意變動狀況；如果要計算虛歲37歲的流年E，則大運為戊戌（80分），流年戊戌年（80

時柱	日柱(日主)	月柱	年柱	虛年歲限	八字本命
46歲之後	31至45歲	16至30歲	1至15歲		
丙戌	庚辰	壬寅	壬戌	四柱干支	

57歲至66歲	47歲至56歲	37歲至46歲	27歲至36歲	17歲至26歲	7歲至16歲	虛年歲限	大運
丙申	丁酉	戊戌	己亥	庚子	辛丑	干支	

30	29	28	27	26	25	24	23	22	21	20	19	18	17	16	15	14	13	12	11	10	9	8	7	6	5	4	3	2	1	虛歲	流年
辛卯	庚寅	己丑	戊子	丁亥	丙戌	乙酉	甲申	癸未	壬午	辛巳	庚辰	己卯	戊寅	丁丑	丙子	乙亥	甲戌	癸酉	壬申	辛未	庚午	己巳	戊辰	丁卯	丙寅	乙丑	甲子	癸亥	壬戌	干支	
60	59	58	57	56	55	54	53	52	51	50	49	48	47	46	45	44	43	42	41	40	39	38	37	36	35	34	33	32	31	虛歲	
辛酉	庚申	己未	戊午	丁巳	丙辰	乙卯	甲寅	癸丑	壬子	辛亥	庚戌	己酉	戊申	丁未	丙午	乙巳	甲辰	癸卯	壬寅	辛丑	庚子	己亥	戊戌	丁酉	丙申	乙未	甲午	癸巳	壬辰	干支	

圖144

分），代入公式得出的E為78.5，表示因為高於50且高許多，所以是屬於穩定的感情狀況，而從八字十神的角色來看，大運和流年都是戊戌是不錯的偏印，貴人運會不錯，各方面的運勢都會穩定理想。

接下來的圖表就是計算過後所做的整理，一共是三個大運的三十個流年，是第兩個庚子運、第三個己亥運和第四個戊戌運，以及圖表的範例說明。（如圖145）

	大 運　庚子　(數值：55　)
	戊寅年 17歲 (數值：70) E值：66.5　注意事項：穩定
	己卯年 18歲 (數值：50) E值：52.5　注意事項：運勢不穩定，注意小人
流	庚辰年 19歲 (數值：65) E值：63　注意事項：穩定
	辛巳年 20歲 (數值：60) E值：59.5　注意事項：注意人際的影響
	壬午年 21歲 (數值：55) E值：56　注意事項：穩定
	癸未年 22歲 (數值：60) E值：59.5　注意事項：穩定，有壓力
	甲申年 23歲 (數值：65) E值：63　注意事項：穩定，有展現
年	乙酉年 24歲 (數值：40) E值：45.5　注意事項：正財桃花，工作或感情變動
	丙戌年 25歲 (數值：45) E值：49　注意事項：七殺，注意感情變動
	丁亥年 26歲 (數值：40) E值：45.5　注意事項：正官，注意感情變動
	大 運　己亥　(數值：65　)
	戊子年 27歲 (數值：70) E值：68.5　注意事項：穩定
	己丑年 28歲 (數值：60) E值：61.5　注意事項：穩定
流	庚寅年 29歲 (數值：75) E值：72　注意事項：穩定
	辛卯年 30歲 (數值：40) E值：47.5　注意事項：劫財，人際影響感情
	壬辰年 31歲 (數值：70) E值：68.5　注意事項：穩定，運勢旺
	癸巳年 32歲 (數值：65) E值：65　注意事項：穩定
	甲午年 33歲 (數值：60) E值：61.5　注意事項：工作財運不穩定
年	乙未年 34歲 (數值：65) E值：65　注意事項：穩定，忙碌
	丙申年 35歲 (數值：40) E值：47.5　注意事項：七殺，注意感情變動
	丁酉年 36歲 (數值：25) E值：37　注意事項：正官桃花，注意感情變動
	大 運　戊戌　(數值：80　)
	戊戌年 37歲 (數值：80) E值：78.5　注意事項：穩定，貴人運旺
	己亥年 38歲 (數值：65) E值：68　注意事項：穩定
流	庚子年 39歲 (數值：55) E值：61　注意事項：注意人際的影響
	辛丑年 40歲 (數值：60) E值：64.5　注意事項：穩定
	壬寅年 41歲 (數值：60) E值：64.5　注意事項：穩定，有展現
	癸卯年 42歲 (數值：60) E值：64.5　注意事項：穩定，不動產運旺
	甲辰年 43歲 (數值：70) E值：71.5　注意事項：忙碌，有展現
年	乙巳年 44歲 (數值：60) E值：56.5　注意事項：工作財運不穩定
	丙午年 45歲 (數值：35) E值：47　注意事項：七殺，注意感情變動
	丁未年 46歲 (數值：30) E值：43.5　注意事項：正官，注意感情變動

圖 145

從此圖表中可以發現，此人的感情走勢屬於越來越穩定的現象，從庚子的55，到己亥的65，及戊戌的80，很明顯的越來越高分，不過在丙丁流年不穩定現象也會很明顯，很可能發生在感情婚姻方面，或工作財運方面。如果在丙丁的流年，此人是未婚的狀況，其實很適合在低分年選擇結婚，若是已婚則要注意到婚姻可能出現的變動。

有幾個數值落在50到60之間，雖然看起來都是高於50，當然都還算理想，但有些現象還是要了解和探討，像是庚辛出天干的流年，也可能會出現壓力和變動，且也不能完全排除感情上的狀況，這些還要看個人的狀況而定，因為即使同命盤的人，也不一定在同一年出現一樣的狀況，只是都會在可能的範圍之內。而若是數值超過65以上的流年，則屬於理想的流年，常常不只是在感情桃花婚姻方面，其實在各方面的運勢也會不錯。

《辛日主》

以下是辛日主女命，對大運和流年干支的基本現象判斷方式的介紹：

判斷一：當大運逢遇到比肩和劫財（辛庚），人際方面容易出現變動，雖然並不絕對影響到感情婚姻，但其實也不能排除可能性，尤其是比較旺的庚辛干支搭配，像是庚戌、庚申，及辛酉或辛亥……會比弱的庚辛更明顯。而如果比劫大運，再逢遇到正官或七殺（丙丁）出天干的流年，在這幾個流年裡就會出現感情或婚姻的變動。

判斷二：當大運逢遇到正官和七殺（丙丁），工作財運或是感情婚姻容易出現變動，不一定保證是感情會出狀況，但因為丙丁大運通常會是二十年，當中也勢必會逢遇到庚辛或丙丁流年，所以至少就會有四次左右的起伏變動，就要很注意到婚姻方面的狀況。

判斷三：當大運走得比較熱，但不是前面提到的庚辛或丙丁天干，而是春夏運的甲午、乙未、戊午、己未……因為是比較燥熱的組合，所以會讓辛日主比較有壓力且辛苦，相對感情婚姻也會出現更多的不穩定，或是因為工作財運影響到其他方面，婚姻也會比較不穩定，尤其是當流年逢遇到官殺丙丁，現象會更明顯。

判斷四：其實不管是走哪一個大運，六十干支不管哪個組合，當流年出現正官和七殺的丙丁，都可能會有感情婚姻變動，但這個判斷比較概括，比較無法有太多的準確度，不過這個範圍也可以當個參考值，畢竟還是有它的原理和可能性。當辛日主在流年逢遇到正官桃花，也就是丙子或丙午年，則出現感情婚姻的變動的機率就非常的高，所以若是之前就已婚，那就要比較注意到婚姻方面的狀況，但若是未婚，其實很適合選擇進入婚姻，或開始一段新感情。

判斷五：當命盤搭配過於弱，也就是八字和大運的搭配組合會讓日主變過弱，則在感情婚姻方面就容易變動，因為自我比較弱的人，其實很多時候都是屬於被決定的類型，當另一半選擇感情婚姻變動時，這樣的人似乎也沒有其他的選擇，像是逢到火土旺的夏運，對辛日主來說，感情婚姻也容易變不穩定。

以上五個基本判斷，就能準確的判斷出辛日主的感情婚姻狀況，但是或許對很多人來說，這樣的解釋似乎還是不太容易懂，尤其是對於未曾接觸過八字理論的人，可能是更無法進入狀況，所以感情流年E值的輔助印證就更重要。

對辛日主來說，在判斷計算得出的流年分數時，有幾項注意事項，接下來會加入範例來解說，如果我們已經計算出每個流年的感情婚姻分數，假設為E：

當E高於50，甚至比50高很多時，表示此流年的感情婚姻狀況屬於穩定，當然越高分越理想，甚至可以解釋為越高分越好，不管是所遇的人或狀況都會是比較如願的狀況。

當E高於50，甚至比50高很多時，另一個現象也會是人際人緣相當好，尤其是流年出現

地支「子」與「午」的各種類型桃花，或是土出天干的流年，對辛日主來說都是不錯的搭配，貴人的現象會出現。

當E低於50，且甚至比50低很多時，那就明顯是感情婚姻狀況不穩定，很可能會出現一些變動的現象，甚至是明顯變動，尤其是逢遇到丙丁流年出天干。要注意的是，所謂的感情變動，不只是分開或離婚，其實也包括了交往或是結婚，因為變動並不代表一定是分或合，應該解釋為目前的狀況出現變化，所以當妳未婚或沒對象時，且逢遇到流年分數較低分，也可以是變成有對象或是結婚的選擇，但這些並不是好或壞的判斷，只是一個變動的現象。

當E低於50，且甚至比50低很多時，除了感情婚姻會有變動之外，可能是由於人際而引起，像是甲乙的流年，很可能會出現工作財務方面的狀況。對女命來說，因為夫與工作事業同論，所以也很可能出現錢財相關的變動，或是隨之而來的壓力。

當E值接近50，不管是高於或低於，還是有些許的變動性，其實無法完全排除變動的可能性，都還是需要去探討原理和原因，因為有時候當另一半的運勢較低時，就容易被影響到，或者被其他的原因所影響。

‧女命辛日主之一（辛卯日、辛未日、辛亥日）

《感情婚姻運的詳細解說》：辛日主一共有六個，也許因為地支的不同會影響到本命的旺弱，但影響比較大的部分會是在個人個性特質上及感情運勢上，其他的方面則地支影響會較小些，不過若同是辛日主，因為地支卯未亥的桃花現象會比較類似，所以在這裡就把辛卯、辛未和辛亥這三個日主一起來做解說。月柱對日主的感情婚姻有基本的影響力，因為月柱是一般所謂的夫妻宮，而日主雖然有它一定的基本好壞高低排序，但再加入月柱的判斷之後，則可以看出一個命盤基本的感情婚姻水準。

下面則要把各月柱對此三個日主的影響，和各月柱對此三日主的搭配做基本評分判斷，讓讀者從數值的內容對基本的感情好壞程度，有更清楚的了解，且能用數值去對照月柱的干支組合，也能更了解干支的影響現象。所以當辛卯、辛未和辛亥日主，對於月柱的各種干支搭配，它會產生的命盤基本感情高低現象，則代表此人的八字基本感情婚姻的水準，當然這個數值不能代表一切，也不能代表一輩子的感情現象，它只是一個基本的起點，如果要知道一生的感情起伏現象，以及一生的感情好壞走勢，就一定要搭配大運和流年，才能了解後天的影響和現象，也才會是比較準確的判斷。

當辛卯、辛未和辛亥日主，逢到各月柱所產生的感情婚姻基本數值，以下圖表則是依據所有的月柱搭配，及所整理出的數值和解說，提供參考：（如圖146）

月柱如果逢遇到地支搭配為「子」，像是甲子、丙子、戊子、庚子和壬子，其實對辛卯日、辛未日、辛亥日三者來說，都是屬於桃花搭配，這也代表此人的八字基本搭配裡，本身的桃花就會比較多也比較明顯些，不過這是比較大方向的判斷，也不能完全就這樣單一判斷。

接下來要判斷更重要的部分，也就是大運和流年的感情運勢現象，因為這兩大部分才是真正影響一生的感情現象起落，而在這裡除了會用文字說明

甲 寅 65	甲 辰 75	甲 午 65	甲 申 70	甲 戌 65	甲 子 75
乙 卯 75	乙 巳 70	乙 未 60	乙 酉 65	乙 亥 60	乙 丑 55
丙 寅 70	丙 辰 75	丙 午 65	丙 申 70	丙 戌 65	丙 子 85
丁 卯 75	丁 巳 65	丁 未 60	丁 酉 65	丁 亥 75	丁 丑 70
戊 寅 80	戊 辰 85	戊 午 70	戊 申 80	戊 戌 75	戊 子 80
己 卯 75	己 巳 70	己 未 65	己 酉 70	己 亥 60	己 丑 55
庚 寅 70	庚 辰 65	庚 午 75	庚 申 50	庚 戌 55	庚 子 65
辛 卯 75	辛 巳 60	辛 未 70	辛 酉 55	辛 亥 60	辛 丑 55
王 寅 70	王 辰 75	王 午 70	王 申 65	王 戌 65	王 子 70
癸 卯 80	癸 巳 70	癸 未 75	癸 酉 75	癸 亥 60	癸 丑 60
女命 辛卯 辛未 辛亥 之 月柱					

圖146

之外，當然也會提供感情婚姻數值，再加上簡單計算後，則能得到相當具參考價值的感情流年分數，可以讓讀者更容易了解和判別感情或婚姻現象。

筆者提供一個簡易的計算方式，能讓大家都可以更清楚的了解到，到底感情運勢的好與壞，以及如何去做判斷，且再加上詳細的範例解說，相信就能抓到重點。（如圖147）

感情婚姻分數計算的說明：

請先利用感情婚姻基本數值（月柱基本分）來做基礎，即先利用命盤裡的日主，依前一個圖表對照出月柱的分數，再依這個圖表（大運與流年）數值來做計算，在這裡的大運和流年都是使用同一圖表來判斷，而計算的公式如下列：

甲寅55	甲辰65	甲午50	甲申60	甲戌55	甲子40
乙卯45	乙巳50	乙未55	乙酉45	乙亥50	乙丑50
丙寅45	丙辰35	丙午25	丙申35	丙戌40	丙子20
丁卯30	丁巳40	丁未45	丁酉30	丁亥35	丁丑35
戊寅75	戊辰80	戊午65	戊申80	戊戌75	戊子55
己卯50	己巳65	己未70	己酉60	己亥70	己丑65
庚寅55	庚辰65	庚午60	庚申45	庚戌55	庚子40
辛卯45	辛巳55	辛未55	辛酉50	辛亥60	辛丑55
壬寅65	壬辰75	壬午50	壬申75	壬戌55	壬子40
癸卯50	癸巳65	癸未70	癸酉45	癸亥60	癸丑55
女命 辛卯 辛未 辛亥 之 大運與流年					

圖 147

（月柱基本分X 0.1）＋（大運數值X 0.2）＋（流年數值 X 0.7）

計算出來的數值，其實就是代表流年的感情婚姻狀況，而就分數上來判斷，越高的分數代表此流年的感情婚姻現象越穩定，不過在這裡，並不是絕對完全用分數的高低來做為好壞的判斷，這是因為流年的數值是一個穩定性的參考值，越穩定的感情婚姻現象分數就會越高，而相對的越低的分數所代表的現象就是越有變動。當然感情婚姻的好與壞，其實相當的主觀，或許相同狀況對不同的人來說，會是很不同的評語和感受，好或壞都是可能出現的結論，所以在這裡不用好壞來做評論，而是用「穩定」與「不穩定」來做為判斷標準，也會是更客觀更準確的分析方式。

以下則為此類別的舉例說明：（如圖148）

這是一個辛未日主的女命，生於甲申月，大運是從癸未開始的逆運，六歲起運，每十年逢六就會換大運，現在就舉兩個流年感情婚姻計算過程，此人的月柱基本分為70，是屬於不錯的分數水準，而如果要計算虛歲17歲的流年E，則大運為壬午（50分），流年丙子年（20分），代入公式得出的E為31，表示因為低於50且低許多，所以是不穩定的感情狀況，從八字十神的角色來看，流年丙子是辛日主的正官桃花，對女命來說感情婚姻的變動會相當明顯，結婚、離婚或是交往、分手，都是可能的現象；如果要計算虛歲39歲的流年E，則大運為庚辰（65分），流年戊戌年（75分），代入公式得出的E為72.5，因為高於50，且高許多，所以是屬於穩定的感情狀況，戊戌對辛日主來說是相當好的正印，會有不錯的貴人運，在各方面的運勢也會理想穩定。

接下來的圖表就是計算過後所做的整理，一共是三個大運的三十個流年，是第兩個壬午運、第三個辛巳運和第四個庚辰運，以及圖表的範例說明。（如圖149）

時柱	日柱(日主)	月柱	年柱	虛年	八字本命
46歲之後	31至45歲	16至30歲	1至15歲	歲限	
癸 巳	辛 未	甲 申	庚 申	四干 柱支	

56歲至65歲	46歲至55歲	36歲至45歲	26歲至35歲	16歲至25歲	6歲至15歲	虛年 歲限	大運
戊 寅	己 卯	庚 辰	辛 巳	壬 午	癸 未	干 支	

30	29	28	27	26	25	24	23	22	21	20	19	18	17	16	15	14	13	12	11	10	9	8	7	6	5	4	3	2	1	虛歲	流年
己丑	戊子	丁亥	丙戌	乙酉	甲申	癸未	壬午	辛巳	庚辰	己卯	戊寅	丁丑	丙子	乙亥	甲戌	癸酉	壬申	辛未	庚午	己巳	戊辰	丁卯	丙寅	乙丑	甲子	癸亥	壬戌	辛酉	庚申	干支	
60	59	58	57	56	55	54	53	52	51	50	49	48	47	46	45	44	43	42	41	40	39	38	37	36	35	34	33	32	31	虛歲	
己未	戊午	丁巳	丙辰	乙卯	甲寅	癸丑	壬子	辛亥	庚戌	己酉	戊申	丁未	丙午	乙巳	甲辰	癸卯	壬寅	辛丑	庚子	己亥	戊戌	丁酉	丙申	乙未	甲午	癸巳	壬辰	辛卯	庚寅	干支	

圖 148

	大 運　壬午　(數值：50　)
流年	乙亥年 16歲 (數值：50) E值：52　注意事項：工作財運不穩定
	丙子年 17歲 (數值：20) E值：31　注意事項：正官桃花，注意感情變動
	丁丑年 18歲 (數值：35) E值：41.5　注意事項：七殺，注意感情變動
	戊寅年 19歲 (數值：75) E值：69.5　注意事項：穩定
	己卯年 20歲 (數值：50) E值：52　注意事項：運勢不穩定，注意小人
	庚辰年 21歲 (數值：65) E值：62.5　注意事項：穩定
	辛巳年 22歲 (數值：55) E值：55.5　注意事項：注意人際的影響
	壬午年 23歲 (數值：50) E值：52　注意事項：忙碌，運勢不穩定
	癸未年 24歲 (數值：70) E值：66　注意事項：穩定，有壓力
	甲申年 25歲 (數值：60) E值：59　注意事項：工作財運不穩定
	大 運　辛巳　(數值：55　)
流年	乙酉年 26歲 (數值：45) E值：49.5　注意事項：工作財運不穩定
	丙戌年 27歲 (數值：40) E值：46　注意事項：正官，注意感情變動
	丁亥年 28歲 (數值：35) E值：42.5　注意事項：七殺，注意感情變動
	戊子年 29歲 (數值：55) E值：56.5　注意事項：正印桃花，感情不穩定
	己丑年 30歲 (數值：65) E值：63.5　注意事項：穩定
	庚寅年 31歲 (數值：55) E值：56.5　注意事項：注意人際的影響
	辛卯年 32歲 (數值：45) E值：49.5　注意事項：人際影響感情
	壬辰年 33歲 (數值：75) E值：70.5　注意事項：穩定，運勢旺
	癸巳年 34歲 (數值：65) E值：63.5　注意事項：穩定
	甲午年 35歲 (數值：50) E值：53　注意事項：工作財運不穩定
	大 運　庚辰　(數值：65　)
流年	乙未年 36歲 (數值：55) E值：58.5　注意事項：工作財運不穩定
	丙申年 37歲 (數值：35) E值：44.5　注意事項：正官，注意感情變動
	丁酉年 38歲 (數值：30) E值：41　注意事項：七殺桃花，注意感情變動
	戊戌年 39歲 (數值：75) E值：72.5　注意事項：穩定，貴人運旺
	己亥年 40歲 (數值：70) E值：69　注意事項：穩定
	庚子年 41歲 (數值：40) E值：48　注意事項：劫財桃花，人際影響感情
	辛丑年 42歲 (數值：55) E值：58.5　注意事項：注意人際的影響
	壬寅年 43歲 (數值：65) E值：65.5　注意事項：穩定，有展現
	癸卯年 44歲 (數值：50) E值：55　注意事項：不動產與健康不穩定
	甲辰年 45歲 (數值：65) E值：65.5　注意事項：忙碌，有展現

圖 149

從此圖表中可以發現，此人的感情大運走勢屬越來越穩定的現象，從壬午的50，到辛巳的55，及庚辰的65，整體來說感情運勢趨於穩定，但當逢遇到丙丁出天干的流年，明顯都出現偏低的數值，這也代表會有較大的變動現象，不管對此人來說是好或壞，總是要把握或是維持自己理想中的感情婚姻狀況，比例很高的人會有婚姻變動，或是工作事業的明顯變動，所以如果此人在這之前是已婚，那很可能在這幾個年會有不理想的婚姻狀況，但若此人是未婚，則很可能會選擇結婚或是開始一段感情。

有幾個數值落在50到60之間，雖然看起來都是高於50，當然都還算理想，但有些現象還是要了解和探討，像是甲乙和庚辛出天干的流年，其實也不能完全排除掉感情上的狀況，這當然還要看個人的狀況而定，因為即使同命盤的人，也不一定在同一年出現一樣的狀況，但狀況都會在可能的範圍之內。而當中有好幾個流年數值超過60，雖然在圖表中只是簡單標示為穩定加上短評，但其實這幾個流年都會不錯。

• 女命辛日主之二（辛巳日、辛酉日、辛丑日）

《感情婚姻運的詳細解說》：辛日主一共有六個，也許因為地支的不同會影響到本命的旺弱，但影響比較大的部分，會是在個人個性特質上及感情運勢上，其他的方面則地支影響會較小些，不過若同是辛日主，因為地支巳酉丑的桃花現象會比較類似，所以在這裡就把辛巳、辛酉和辛丑這三個日主一起來做解說。月柱對日主的感情婚姻有基本的影響力，因為月柱是一般所謂的夫妻宮，而日主雖然有它一定的基本好壞高低排序，但再加入月柱的判斷之後，則可以看出一個命盤基本的感情婚姻水準。

當辛巳、辛酉和辛丑日主，逢到各月柱所產生的感情婚姻基本數值，以下圖表則是依據所有的月柱搭配，及所整理出的數值和解說，提供參考：（如圖150）

月柱如果逢遇到地支搭配為「午」，像是甲

甲 寅 65	甲 辰 75	甲 午 75	甲 申 70	甲 戌 65	甲 子 60
乙 卯 75	乙 巳 70	乙 未 60	乙 酉 65	乙 亥 60	乙 丑 55
丙 寅 70	丙 辰 75	丙 午 75	丙 申 70	丙 戌 65	丙 子 80
丁 卯 75	丁 巳 65	丁 未 60	丁 酉 65	丁 亥 75	丁 丑 70
戊 寅 80	戊 辰 85	戊 午 80	戊 申 80	戊 戌 75	戊 子 70
己 卯 75	己 巳 70	己 未 65	己 酉 70	己 亥 60	己 丑 55
庚 寅 70	庚 辰 65	庚 午 75	庚 申 50	庚 戌 55	庚 子 65
辛 卯 75	辛 巳 60	辛 未 70	辛 酉 55	辛 亥 60	辛 丑 55
壬 寅 70	壬 辰 75	壬 午 80	壬 申 65	壬 戌 65	壬 子 55
癸 卯 80	癸 巳 70	癸 未 75	癸 酉 75	癸 亥 60	癸 丑 60
女命 辛巳 辛酉 辛丑 之 月柱					

圖 150

午、丙午、戊午、庚午和壬午，其實對辛巳日、辛酉日、辛丑日三者來說，都是屬於桃花搭配，這也代表此人的八字基本搭配裡，本身的桃花就會比較多也比較明顯些，不過這是比較大方向的判斷，也不能完全就這樣單一判斷。

接下來要判斷更重要的部分，也就是大運和流年的感情運勢現象，因為這兩大部分才是真正影響一生感情現象的起落，而在這裡除了會用文字說明之外，當然也會提供感情婚姻數值，再加上簡單計算後，則能得到相當具參考價值的感情流年分數，可以讓讀者更容易了解和判別感情或婚姻現象。

筆者提供一個簡易的計算方式，能讓大家都可以更清楚的了解到，到底感情運勢的好與壞，以及如何去做判斷，且再加上詳細的範例解說，相信就能抓到重點。（如圖 151）

感情婚姻分數計算的說明：

請先利用感情婚姻基本數值（月柱基本分）來做基礎，即先利用命盤裡的日主，依前一個圖表對照出月柱的分數，再依這個圖表（大運與流年）數值來做計算，在這裡的大運和流

年都是使用同一圖表來判斷，而計算的公式如下列：

（月柱基本分X 0.1）＋（大運數值X 0.2）＋（流年數值 X 0.7）

所計算出來的數值，其實就是代表流年的感情婚姻狀況，而就分數上來判斷，越高的分數代表此流年的感情婚姻現象越穩定，不過在這裡，並不是絕對完全用分數的高低來做為好壞的判斷，因為流年的數值是一個穩定性的參考值，越穩定的感情婚姻現象分數就會越高，而相對的越低的分數所代表的現象就是越有變動。當然感情婚姻的好與壞，其實相當的主觀，或許相同狀況對不同的人來說，會是很不同的評語和感受，好或壞都是可能出現的結論，所以在這裡不用好與壞來做評論，而是用「穩定」與「不穩定」來做為判斷標準，也會是更客觀

甲寅 55	甲辰 65	甲午 45	甲申 60	甲戌 55	甲子 50
乙卯 45	乙巳 50	乙未 55	乙酉 45	乙亥 50	乙丑 50
丙寅 45	丙辰 35	丙午 30	丙申 35	丙戌 40	丙子 30
丁卯 30	丁巳 40	丁未 45	丁酉 30	丁亥 35	丁丑 35
戊寅 75	戊辰 80	戊午 55	戊申 80	戊戌 75	戊子 60
己卯 50	己巳 65	己未 70	己酉 60	己亥 70	己丑 65
庚寅 55	庚辰 65	庚午 50	庚申 45	庚戌 55	庚子 50
辛卯 45	辛巳 55	辛未 55	辛酉 50	辛亥 60	辛丑 55
壬寅 65	壬辰 75	壬午 40	壬申 75	壬戌 55	壬子 45
癸卯 50	癸巳 65	癸未 70	癸酉 45	癸亥 60	癸丑 55
女命 辛巳 辛酉 辛丑 之 大運與流年					

圖 151

更準確的分析方式。

以下是此類別的舉例說明：（如圖152）

這是一個辛巳日主的女命，生於甲寅月，大運是從乙卯開始的順運，四歲起運，每十年逢四就會換大運，現在就舉兩個流年感情婚姻計算過程，此人的月柱基本分為65，是屬於普通的分數水準，而如果要計算虛歲25歲的流年E，則大運為丁巳（40分），流年丁亥年（35分），代入公式得出的E為39，表示因為低於50且低相當多，所以是屬於不穩定的感情狀況，而從八字十神的角色來看，因為大運和流年的丁巳和丁亥都是辛日主的七殺，所以會明顯有感情婚姻或是工作財運的變動，要注意感情婚姻方面的問題，很可能會有變動的狀況；

時柱	日柱(日主)	月柱	年柱	虛年	八字本命
46歲之後	31至45歲	16至30歲	1至15歲	歲限	
丙 申	辛 巳	甲 寅	癸 亥	四干 柱支	

54歲至63歲	44歲至53歲	34歲至43歲	24歲至33歲	14歲至23歲	4歲至13歲	虛年 歲限	大運
庚 申	己 未	戊 午	丁 巳	丙 辰	乙 卯	干 支	

30	29	28	27	26	25	24	23	22	21	20	19	18	17	16	15	14	13	12	11	10	9	8	7	6	5	4	3	2	1	虛歲	流年
壬辰	辛卯	庚寅	己丑	戊子	丁亥	丙戌	乙酉	甲申	癸未	壬午	辛巳	庚辰	己卯	戊寅	丁丑	丙子	乙亥	甲戌	癸酉	壬申	辛未	庚午	己巳	戊辰	丁卯	丙寅	乙丑	甲子	癸亥	干支	
60	59	58	57	56	55	54	53	52	51	50	49	48	47	46	45	44	43	42	41	40	39	38	37	36	35	34	33	32	31	虛歲	
壬戌	辛酉	庚申	己未	戊午	丁巳	丙辰	乙卯	甲寅	癸丑	壬子	辛亥	庚戌	己酉	戊申	丁未	丙午	乙巳	甲辰	癸卯	壬寅	辛丑	庚子	己亥	戊戌	丁酉	丙申	乙未	甲午	癸巳	干支	

圖152

如果要計算虛歲36歲的流年E，大運為戊午（55分），流年戊戌（75分），代入公式得出的E為70，因為高於50且高相當多，所以是屬相當理想的運勢狀況，而從八字十神的角色來看，大運戊午和流年的戊戌都是相當好的正印，表示各方面的運勢都會穩定，貴人運也會很明顯。

接下來的圖表就是計算過後所做的整理，一共是三個大運的三十個流年，是第兩個丙辰運、第三個丁巳運和第四個戊午運，以及圖表的範例說明。（如圖153）

	大運　丙辰　(數值：35　)
流年	丙子年 14歲 (數值：30) E值：34.5　注意事項：正官，注意感情變動
	丁丑年 15歲 (數值：35) E值：38　注意事項：七殺，注意感情變動
	戊寅年 16歲 (數值：75) E值：66　注意事項：穩定
	己卯年 17歲 (數值：50) E值：48.5　注意事項：運勢不穩定，注意小人
	庚辰年 18歲 (數值：65) E值：59　注意事項：注意人際的影響
	辛巳年 19歲 (數值：55) E值：52　注意事項：注意人際的影響
	壬午年 20歲 (數值：40) E值：41.5　注意事項：傷官桃花，感情不穩定
	癸未年 21歲 (數值：70) E值：62.5　注意事項：穩定
	甲申年 22歲 (數值：60) E值：55.5　注意事項：工作財運不穩定
	乙酉年 23歲 (數值：45) E值：45　注意事項：工作財運不穩定
	大運　丁巳　(數值：40　)
流年	丙戌年 24歲 (數值：40) E值：42.5　注意事項：正官，注意感情變動
	丁亥年 25歲 (數值：35) E值：39　注意事項：七殺，注意感情變動
	戊子年 26歲 (數值：60) E值：56.5　注意事項：正印弱，工作或感情不穩定
	己丑年 27歲 (數值：65) E值：60　注意事項：穩定
	庚寅年 28歲 (數值：55) E值：53　注意事項：注意人際的影響
	辛卯年 29歲 (數值：45) E值：46　注意事項：人際影響感情
	壬辰年 30歲 (數值：75) E值：67　注意事項：穩定，運勢旺
	癸巳年 31歲 (數值：65) E值：60　注意事項：穩定
	甲午年 32歲 (數值：45) E值：46　注意事項：正財桃花，工作或感情變動
	乙未年 33歲 (數值：55) E值：53　注意事項：工作財運不穩定
	大運　戊午　(數值：55　)
流年	丙申年 34歲 (數值：35) E值：42　注意事項：正官，注意感情變動
	丁酉年 35歲 (數值：30) E值：38.5　注意事項：七殺，注意感情變動
	戊戌年 36歲 (數值：75) E值：70　注意事項：穩定，貴人運旺
	己亥年 37歲 (數值：70) E值：66.5　注意事項：穩定
	庚子年 38歲 (數值：50) E值：52.5　注意事項：劫財，人際影響感情
	辛丑年 39歲 (數值：55) E值：56　注意事項：注意人際的影響
	壬寅年 40歲 (數值：65) E值：63　注意事項：穩定，有展現
	癸卯年 41歲 (數值：50) E值：52.5　注意事項：不動產與健康不穩定
	甲辰年 42歲 (數值：65) E值：63　注意事項：忙碌，有展現
	乙巳年 43歲 (數值：50) E值：52.5　注意事項：工作財運不穩定

圖 153

從此圖表中可以發現，此人的感情走勢屬於越來越穩定的現象，從丙辰的35，到丁巳的40，及戊午的55，越來越穩定，不過當流年出現丙丁，不穩定現象就會很明顯，可能發生在感情婚姻方面，工作財運也都很可能會有變動。如果丙丁的流年，此人是未婚的狀況，其實很適合在低分年選擇結婚，若是已婚則要注意到婚姻可能出現的變動。

有幾個數值落在50到60之間，雖然看起來都是高於50，當然都還算理想，但有些現象還是要了解和探討，像是甲乙庚辛出天干的流年，也可能會出現壓力和變動，且也不能完全排除感情上的狀況，這些還要看個人的狀況而定，因為即使同命盤的人，也不一定在同一年出現一樣的狀況，只是都會在可能的範圍之內。而若是數值超過60以上的流年，則屬於穩定的流年。

《壬日主》

以下是壬日主女命，對大運和流年干支的基本現象判斷方式的介紹：

判斷一：當大運逢遇到比肩和劫財（壬癸），人際方面容易出現變動，雖不一定絕對會影響到感情婚姻，但其實也不能排除可能性，尤其是比較旺的壬癸干支搭配，像是壬子、癸丑，及壬戌或癸亥……會比弱的壬癸更明顯。而如果比劫的大運，再逢遇到正官或七殺（己戊）出天干的流年，就會出現感情或婚姻的變動。

判斷二：當大運逢遇到正官和七殺（己戊），代表工作財運或是感情婚姻容易出現變動，雖不一定是感情會出狀況，但因為戊己大運通常會是二十年，當中也勢必會逢遇到壬癸或戊己流年，所以至少就會有四次左右的起伏變動，雖無法說一定會是感情婚姻的變動，但還是要注意到婚姻方面的狀況。

判斷三：當大運走得比較熱，但不是前面提到的戊己或壬癸天干，而是春夏運的丙午、己未、甲午、乙未……因為是比較燥熱的組合，會讓壬日主感覺有壓力且辛苦，相對感情婚姻也會出現更多的不穩定，或是因為工作財運影響到其他方面，婚姻也會比較不穩定，尤其是當流年逢遇到官殺戊己，現象會更明顯。

判斷四：其實不管是走哪一個大運，六十干支不管哪個組合，當流年出現正官和七殺的戊己，都可能會有感情婚姻變動，雖然這個判斷比較概括，比較無法有太多的準確度，不過這個範圍也可以當個參考值，畢竟還是有它的原理和可能性。當壬日主在流年逢遇到正官桃花，也就是己卯或己酉年，則出現感情婚姻的變動的機率就非常的高，所以若是之前就已婚，那就要比較注意到婚姻方面的狀況，但若是未婚，其實很適合選擇進入婚姻，或開始一段新感情。

判斷五：當命盤搭配過於弱，也就是八字和大運的搭配組合會讓日主變過弱，則在感情婚姻方面就容易變動，因為自我比較弱的人，其實很多時候都是屬於被決定的類型，當另一半選擇感情婚姻變動時，這樣的人似乎也沒有其他的選擇，像是逢到火土旺的夏運，對壬日主來說，感情婚姻也容易變不穩定。

以上五個基本判斷，就能準確的判斷出壬日主的感情婚姻狀況，但是或許對很多人來說，這樣的解釋似乎還是不太容易懂，尤其是對於未曾接觸過八字理論的人，可能是更無法進入狀況，所以感情流年E值的輔助印證就更重要。

對壬日主來說，在判斷計算得出的流年分數時，有幾項注意事項，接下來會加入範例來解說，如果我們已經計算出每個流年的感情婚姻分數，假設為E：

當E高於50，甚至比50高很多時，那表示此流年的感情婚姻狀況屬於穩定，當然越高分越理想，甚至可以解釋為越高分越好，不管是所遇的人或狀況都會是比較如願的狀況。

當E高於50，甚至比50高很多時，另一個現象也會是人際人緣相當好，尤其是流年出現地支「卯」與「酉」的各種類型桃花，或是金出天干的流年，對壬日主來說都是不錯的搭配，貴人的現象會出現。

當E低於50，且甚至比50低很多時，明顯是感情婚姻狀況不穩定，很可能會出現一些變動的現象，尤其是逢遇到戊己流年出天干。但要注意的是，所謂的感情變動，不只是分開或離婚，其實也包括了交往或是結婚，因為變動並不代表一定是分或合，應該解釋為目前的狀況出現變化，所以當妳未婚或沒對象時，且逢遇到流年分數較低分，也可以是變成有對象或是結婚的選擇，但這些並不是好或壞的判斷，只是一個變動的現象。

當E低於50，且甚至比50低很多時，除了感情婚姻會有變動之外，可能是由於人際而引起，像是丙丁的流年，也可能會出現工作財務方面的狀況，對女命來說，因為夫與工作事業同論，所以也很可能出現錢財相關的變動，或是隨之而來的壓力。

當E值接近50，不管是高於或低於，還是有些許的變動性，其實無法完全排除變動的可能性，都還是需要去探討原理和原因，因為有時候當另一半的運勢較低時，就容易被影響到，或者被其他的原因所影響。

‧女命壬日主之一（壬寅日、壬午日、壬戌日）

《感情婚姻運的詳細解說》：壬日主一共有六個，也許因為地支的不同會影響到本命的旺弱，但基本上影響比較大的部分會是在個人個性特質上及感情運勢上，其他的方面則地支影響會較小些，不過若同是壬日主，因為地支寅午戌的桃花現象會比較類似，所以在這裡就把壬寅、壬午和壬戌這三個日主一起來做解說。月柱對日主的感情婚姻有基本的影響力，因為月柱是一般所謂的夫妻宮，而日主雖然有它一定的基本好壞高低排序，但再加入月柱的判斷之後，則可以看出一個命盤基本的感情婚姻水準。

下面則要把各月柱對此三個日主的影響，和各月柱對此三日主的搭配做基本評分判斷，讓讀者從數值的內容對基本的感情好壞程度，有更清楚的了解，且能用數值去對照月柱的干支組合，也能更了解干支的影響現象。所以當壬寅、壬午和壬戌日主，對於月柱的各種干支搭配，它會產生的命盤基本感情高低現象，則代表此人的八字基本感情婚姻的水準，當然這個數值不能代表一切，也不能代表一輩子的感情現象，它只是一個基本的起點，如果要知道一生的感情起伏現象，以及一生的感情好壞走勢，就一定要搭配大運和流年，才能了解後天的影響和現象，也才會是比較準確的判斷。

當壬寅、壬午和壬戌日主，逢到各月柱所產生的感情婚姻基本數值，以下圖表則是依據所有的月柱搭配，及所整理出的數值和解說，提供參考：（如圖154）

從表中這些數值可以看出，月柱如果逢遇到較旺的地支搭配，感情婚姻的基本數值就會比較低些，這是由於比劫對壬日主女命的感情運勢來說，容易是比較不穩定的影響，而若天干的地支搭配為「卯」，像是乙卯、丁卯、己卯、辛卯和癸卯，其實對壬寅日、壬午日、壬戌日三者來說，都是屬於桃花搭配，這也代表此人的八字基本搭配裡，本身的桃花就會比較多也比較明顯些，不過這是比較大方向的判斷，也不能完全就這樣單一判斷。

甲 寅 60	甲 辰 70	甲 午 60	甲 申 65	甲 戌 60	甲 子 55
乙 卯 70	乙 巳 65	乙 未 70	乙 酉 55	乙 亥 55	乙 丑 50
丙 寅 55	丙 辰 60	丙 午 55	丙 申 60	丙 戌 65	丙 子 60
丁 卯 60	丁 巳 55	丁 未 50	丁 酉 55	丁 亥 50	丁 丑 50
戊 寅 70	戊 辰 75	戊 午 60	戊 申 70	戊 戌 60	戊 子 65
己 卯 65	己 巳 65	己 未 65	己 酉 65	己 亥 55	己 丑 50
庚 寅 65	庚 辰 70	庚 午 60	庚 申 55	庚 戌 60	庚 子 50
辛 卯 75	辛 巳 65	辛 未 65	辛 酉 60	辛 亥 50	辛 丑 55
壬 寅 60	壬 辰 65	壬 午 70	壬 申 60	壬 戌 50	壬 子 45
癸 卯 70	癸 巳 70	癸 未 65	癸 酉 65	癸 亥 55	癸 丑 50
女命 壬寅 壬午 壬戌 之 月柱					

圖 154

接下來要判斷更重要的部分，也就是大運和流年的感情運勢現象，因為這兩大部分才是真正影響一生感情現象的起落，而在這裡除了會用文字說明之外，當然也會提供感情婚姻數值，再加上簡單計算後，則能得到相當具參考價值的感情流年分數，可以讓讀者更容易了解和判別感情或婚姻現象。

筆者提供一個簡易的計算方式，能讓大家都可以更清楚的了解到，到底感情運勢的好與壞，以及如何去做判斷，且再加上詳細的範例解說，相信就能抓到重點。（如圖155）

感情婚姻分數計算的說明：

請先利用感情婚姻基本數值（月柱基本分）來做基礎，即先利用命盤裡的日主，依前一個圖表對照出月柱的分數，再依這個圖表（大運與流年）數

甲 寅 50	甲 辰 60	甲 午 45	甲 申 55	甲 戌 50	甲 子 45
乙 卯 40	乙 巳 55	乙 未 60	乙 酉 50	乙 亥 55	乙 丑 50
丙 寅 55	丙 辰 60	丙 午 50	丙 申 65	丙 戌 55	丙 子 40
丁 卯 40	丁 巳 65	丁 未 60	丁 酉 45	丁 亥 50	丁 丑 45
戊 寅 40	戊 辰 55	戊 午 40	戊 申 45	戊 戌 50	戊 子 35
己 卯 20	己 巳 40	己 未 35	己 酉 30	己 亥 30	己 丑 40
庚 寅 60	庚 辰 70	庚 午 55	庚 申 60	庚 戌 65	庚 子 50
辛 卯 45	辛 巳 55	辛 未 60	辛 酉 65	辛 亥 60	辛 丑 55
王 寅 50	王 辰 60	王 午 50	王 申 65	王 戌 60	王 子 45
癸 卯 40	癸 巳 55	癸 未 60	癸 酉 60	癸 亥 65	癸 丑 55
女命 王寅 王午 王戌 之 大運與流年					

圖 155

值來做計算，在這裡的大運和流年都是使用同一圖表來判斷，而計算的公式如下列：

（月柱基本分×0.1）+（大運數值×0.2）+（流年數值 ×0.7）

計算出來的數值，其實就是代表流年的感情婚姻狀況，而就分數上來判斷，越高的分數代表此流年的感情婚姻現象越穩定，不過在這裡，並不是絕對完全用分數的高低來做為好壞的判斷，這是因為流年的數值是一個穩定性的參考值，越穩定的感情婚姻現象分數就會越高，而相對的越低的分數所代表的現象就是越有變動。當然感情婚姻的好與壞，其實相當的主觀，或許相同狀況對不同的人來說，會是很不同的評語和感受，好或壞都是可能出現的結論，所以在這裡不用好壞來做評論，而是用「穩定」與「不穩定」來做為判斷標準，也會是更客觀更準確的分析方式。

以下則為此類別的舉例說明：（如圖 156）

這是一個壬午日主的女命，生於丙戌月，大運是從丁亥開始的順運，九歲起運，每十年逢九就會換大運，現在就舉兩個流年感情婚姻計算過程，此人的月柱基本分為65，是屬於普通的分數水準，而如果要計算虛歲35歲的流年E，則大運為己丑（40分），流年是己亥年（30分），代入公式得出的E為35.5，因為低於50且低許多，所以是不穩定的感情狀況，從八字十神的角色來看，大運己丑和流年己亥都是壬日主的正官，對女命來說感情婚姻或是工作財運明顯會有變動，要多注意；如果要計算虛歲40歲的流年E，則大運為庚寅（60分），流年甲辰年（60分），代入公式得出的E為60.5，因為高於50，甲辰對壬日主來說是不錯的食神，各方面的運勢會不錯，尤其在投資和房地產方面。

　　接下來的圖表就是計算過後所做的整理，一共是三個大運的三十個流年，是第兩個戊子運、第三個己丑運和第四個庚寅運，以及圖表的範例說明。（如圖157）

時柱	日柱(日主)	月柱	年柱	虛年歲限	八字本命
46歲之後	31至45歲	16至30歲	1至15歲		
丙午	壬午	丙戌	乙丑	四干柱支	

59歲至68歲	49歲至58歲	39歲至48歲	29歲至38歲	19歲至28歲	9歲至18歲	虛年歲限	大運
壬辰	辛卯	庚寅	己丑	戊子	丁亥	干支	

30	29	28	27	26	25	24	23	22	21	20	19	18	17	16	15	14	13	12	11	10	9	8	7	6	5	4	3	2	1	虛歲	流年
甲午	癸巳	壬辰	辛卯	庚寅	己丑	戊子	丁亥	丙戌	乙酉	甲申	癸未	壬午	辛巳	庚辰	己卯	戊寅	丁丑	丙子	乙亥	甲戌	癸酉	壬申	辛未	庚午	己巳	戊辰	丁卯	丙寅	乙丑	干支	
60	59	58	57	56	55	54	53	52	51	50	49	48	47	46	45	44	43	42	41	40	39	38	37	36	35	34	33	32	31	虛歲	
甲子	癸亥	壬戌	辛酉	庚申	己未	戊午	丁巳	丙辰	乙卯	甲寅	癸丑	壬子	辛亥	庚戌	己酉	戊申	丁未	丙午	乙巳	甲辰	癸卯	壬寅	辛丑	庚子	己亥	戊戌	丁酉	丙申	乙未	干支	

圖 156

	大 運　戊子　(數值：35　)
流年	癸未年 19歲 (數值：60) E值：55.5　注意事項：注意人際的影響
	甲申年 20歲 (數值：55) E值：52　注意事項：忙碌，健康不穩定
	乙酉年 21歲 (數值：50) E值：48.5　注意事項：食傷弱，感情不穩定
	丙戌年 22歲 (數值：55) E值：52　注意事項：工作財運不穩定
	丁亥年 23歲 (數值：50) E值：48.5　注意事項：工作財運不穩定
	戊子年 24歲 (數值：35) E值：38　注意事項：七殺，注意感情變動
	己丑年 25歲 (數值：40) E值：41.5　注意事項：正官，注意感情變動
	庚寅年 26歲 (數值：60) E值：55.5　注意事項：穩定
	辛卯年 27歲 (數值：45) E值：45　注意事項：正印桃花，注意犯小人
	壬辰年 28歲 (數值：60) E值：55.5　注意事項：注意人際的影響
	大 運　己丑　(數值：40　)
流年	癸巳年 29歲 (數值：55) E值：53　注意事項：注意人際的影響
	甲午年 30歲 (數值：45) E值：46　注意事項：有壓力，忙碌
	乙未年 31歲 (數值：60) E值：56.5　注意事項：穩定
	丙申年 32歲 (數值：65) E值：60　注意事項：工作財運不穩定
	丁酉年 33歲 (數值：45) E值：46　注意事項：工作財運不穩定
	戊戌年 34歲 (數值：50) E值：49.5　注意事項：七殺，注意感情變動
	己亥年 35歲 (數值：30) E值：35.5　注意事項：正官，注意感情變動
	庚子年 36歲 (數值：50) E值：49.5　注意事項：運勢不穩定
	辛丑年 37歲 (數值：55) E值：53　注意事項：穩定
	壬寅年 38歲 (數值：50) E值：49.5　注意事項：注意人際的影響
	大 運　庚寅　(數值：60　)
流年	癸卯年 39歲 (數值：40) E值：46.5　注意事項：劫財桃花，人際影響感情
	甲辰年 40歲 (數值：60) E值：60.5　注意事項：有壓力，忙碌
	乙巳年 41歲 (數值：55) E值：57　注意事項：有展現
	丙午年 42歲 (數值：50) E值：53.5　注意事項：工作財運不穩定
	丁未年 43歲 (數值：60) E值：60.5　注意事項：穩定
	戊申年 44歲 (數值：45) E值：50　注意事項：七殺，注意感情變動
	己酉年 45歲 (數值：30) E值：39.5　注意事項：正官，注意感情變動
	庚戌年 46歲 (數值：65) E值：64　注意事項：穩定
	辛亥年 47歲 (數值：60) E值：60.5　注意事項：穩定
	壬子年 48歲 (數值：45) E值：50　注意事項：注意人際的影響

圖 157

從此圖表中可以發現，此人的感情大運走勢屬於越來越穩定的現象，從戊子的35，到己丑的40，及庚寅的60，整體來說感情狀況後面穩定，但流年的影響則會很明顯，當逢遇到戊己出天干的流年，明顯都出現偏低的數值，這也代表會有較大的變動現象，不管對此人來說是好或壞，總是要把握或是維持自己理想中的感情婚姻狀況，很可能會因各方面的狀況而影響到感情婚姻。

有幾個數值落在50到60之間，雖然看起來都是高於50，當然都還算理想，但有些現象還是要了解和探討，像是丙丁壬癸出天干的流年，其實也不能完全排除掉感情上的狀況，不過也可能影響到各方面，這當然還要看個人的狀況而定，因為即使同命盤的人，也不一定在同一年出現一樣的狀況，但狀況都會在可能的範圍之內。而當中有幾個流年數值超過60，雖然在圖表中只是簡單標示為穩定，但事實上這幾個流年對此人來說都會是不錯的流年運勢。

• 女命壬日主之二（壬辰日、壬申日、壬子日）

《感情婚姻運的詳細解說》：壬日主一共有六個，也許因為地支的不同會影響到本命的旺弱，但基本上影響比較大的部分，會是在個人個性特質上及感情運勢上，其他的方面則地支影響會較小些，不過若同是壬日主，因為地支辰申子的桃花現象會比較類似，所以在這裡就把壬辰、壬申和壬子這三個日主一起來做解說。月柱對日主的感情婚姻有基本的影響力，因為月柱是一般所謂的夫妻宮，而日主雖然有它一定的基本好壞高低排序，但再加入月柱的判斷之後，則可以看出一個命盤基本的感情婚姻水準。

當壬辰、壬申和壬子日主，逢到各月柱所產生的感情婚姻基本數值，以下圖表則是依據所有的月柱搭配，及所整理出的數值和解說，提供參考：（如圖158）

天干的地支搭配為「酉」，像是乙酉、丁酉、己酉、辛酉和癸酉，其實對壬辰日、壬申日、壬子

甲 寅 60	甲 辰 70	甲 午 60	甲 申 65	甲 戌 60	甲 子 55
乙 卯 65	乙 巳 65	乙 未 70	乙 酉 60	乙 亥 55	乙 丑 50
丙 寅 55	丙 辰 60	丙 午 55	丙 申 60	丙 戌 65	丙 子 60
丁 卯 50	丁 巳 55	丁 未 50	丁 酉 65	丁 亥 50	丁 丑 50
戊 寅 70	戊 辰 75	戊 午 60	戊 申 70	戊 戌 60	戊 子 65
己 卯 55	己 巳 65	己 未 65	己 酉 75	己 亥 55	己 丑 50
庚 寅 65	庚 辰 70	庚 午 60	庚 申 55	庚 戌 60	庚 子 50
辛 卯 60	辛 巳 65	辛 未 65	辛 酉 70	辛 亥 50	辛 丑 55
壬 寅 60	壬 辰 65	壬 午 70	壬 申 60	壬 戌 50	壬 子 45
癸 卯 65	癸 巳 70	癸 未 65	癸 酉 75	癸 亥 55	癸 丑 50
女命 壬辰 壬申 壬子 之 月柱					

圖 158

日三者來說，都是屬於桃花搭配，這也代表此人的八字基本搭配裡，本身的桃花就會比較多也比較明顯些，不過這是比較大方向的判斷，也不能完全就這樣單一判斷。

接下來要判斷更重要的部分，也就是大運和流年的感情運勢現象，因為這兩大部分才是真正影響一個人的一生感情現象起落，而在這裡除了會用文字說明之外，當然也會提供感情婚姻數值，再加上簡單計算後，則能得到相當具參考價值的感情流年分數，可以讓讀者更容易了解和判別感情或婚姻現象。

筆者提供一個簡易的計算方式，能讓大家都可以更清楚的了解到，到底感情運勢的好與壞，以及如何去做判斷，且再加上詳細的範例解說，相信就能抓到重點。（如圖 159）

感情婚姻分數計算的說明：

請先利用感情婚姻基本數值（月柱基本分）來做基礎，即先利用命盤裡的日主，依前一個圖表對照出月柱的分數，再依這個圖表（大運與流年）數值來做計算，在這裡的大運和流年都是使用同一圖表來判斷，而計算的公式如下列：

（月柱基本分X 0.1）+（大運數值X 0.2）+（流年數值 X 0.7）

所計算出來的數值，其實就是代表流年的感情婚姻狀況，而就分數上來判斷，越高的分數代表此流年的感情婚姻現象越穩定，不過在這裡，並不是絕對完全用分數的高低來做為好壞的判斷，因為流年的數值是一個穩定性的參考值，越穩定的感情婚姻現象分數就會越高，而相對的越低的分數所代表的現象就是越有變動。當然感情婚姻的好與壞，其實相當的主觀，或許相同狀況對不同的人來說，會是很不同的評語和感受，好或壞都是可能出現的結論，所以在這裡不用好與壞來做評論，而是用「穩定」與「不穩定」來做為判斷標準，也會是更客觀更準確的分析方式。

甲 寅 50	甲 辰 60	甲 午 45	甲 申 55	甲 戌 50	甲 子 45
乙 卯 50	乙 巳 55	乙 未 60	乙 酉 40	乙 亥 55	乙 丑 50
丙 寅 55	丙 辰 60	丙 午 50	丙 申 65	丙 戌 55	丙 子 40
丁 卯 50	丁 巳 65	丁 未 60	丁 酉 45	丁 亥 50	丁 丑 45
戊 寅 40	戊 辰 55	戊 午 40	戊 申 45	戊 戌 50	戊 子 35
己 卯 35	己 巳 40	己 未 35	己 酉 20	己 亥 30	己 丑 40
庚 寅 60	庚 辰 70	庚 午 55	庚 申 60	庚 戌 65	庚 子 50
辛 卯 50	辛 巳 55	辛 未 60	辛 酉 55	辛 亥 60	辛 丑 55
壬 寅 50	壬 辰 60	壬 午 50	壬 申 65	壬 戌 60	壬 子 45
癸 卯 55	癸 巳 55	癸 未 60	癸 酉 40	癸 亥 65	癸 丑 55
女命 壬辰 壬申 壬子 之 大運與流年					

圖 159

以下是此類別的舉例說明：（如圖160）

這是一個壬辰日主的女命，生於丁亥月，大運是從丙戌開始的逆運，三歲起運，每十年逢三就會換大運，現在就舉兩個流年感情婚姻計算過程，此人的月柱基本分為50，是屬於普通的分數水準，而如果要計算虛歲20歲的流年E，則大運為乙酉（40分），流年己卯年（35分），代入公式得出的E為37.5，因為低於50且低許多，所以是屬於不穩定的感情狀況，而從八字十神的角色來看，因為流年己卯是壬日主的正官，對壬日主女命來說會有明顯變動，所以會有感情婚姻或是工作財運的變動，如果是未婚則是相當適合的結婚年，但若是已婚則要注意變動狀況；如果要計算虛歲31歲的流年E，則大運為甲申（55分），流年庚寅年（60

時柱	日柱(日主)	月柱	年柱	虛年	八字本命
46歲之後	31至45歲	16至30歲	1至15歲	歲限	
乙 巳	壬 辰	丁 亥	庚 申	四干 柱支	

53歲至62歲	43歲至52歲	33歲至42歲	23歲至32歲	13歲至22歲	3歲至12歲	虛年 歲限	大運
辛 巳	壬 午	癸 未	甲 申	乙 酉	丙 戌	干 支	

30	29	28	27	26	25	24	23	22	21	20	19	18	17	16	15	14	13	12	11	10	9	8	7	6	5	4	3	2	1	虛歲	流年
己丑	戊子	丁亥	丙戌	乙酉	甲申	癸未	壬午	辛巳	庚辰	己卯	戊寅	丁丑	丙子	乙亥	甲戌	癸酉	壬申	辛未	庚午	己巳	戊辰	丁卯	丙寅	乙丑	甲子	癸亥	壬戌	辛酉	庚申	干支	
60	59	58	57	56	55	54	53	52	51	50	49	48	47	46	45	44	43	42	41	40	39	38	37	36	35	34	33	32	31	虛歲	
己未	戊午	丁巳	丙辰	乙卯	甲寅	癸丑	壬子	辛亥	庚戌	己酉	戊申	丁未	丙午	乙巳	甲辰	癸卯	壬寅	辛丑	庚子	己亥	戊戌	丁酉	丙申	乙未	甲午	癸巳	壬辰	辛卯	庚寅	干支	

圖160

分），代入公式得出的E為58，表示因為高於50，雖不是太高分，但因為流年庚寅是壬日主不錯的偏印，所以是屬於穩定的運勢狀況，貴人運會不錯，各方面的運勢都會穩定。

接下來的圖表就是計算過後所做的整理，一共是三個大運的三十個流年，是第兩個乙酉運、第三個甲申運和第四個癸未運，以及圖表的範例說明。（如圖161）

	大 運　乙酉　(數值：40　)
	壬申年 13歲 (數值：65) E值：58.5　注意事項：注意人際的影響
	癸酉年 14歲 (數值：40) E值：41　注意事項：劫財桃花，人際影響感情
流	甲戌年 15歲 (數值：50) E值：48　注意事項：食傷旺，健康不穩定
	乙亥年 16歲 (數值：55) E值：51.5　注意事項：運勢不穩定
	丙子年 17歲 (數值：40) E值：41　注意事項：工作財運不穩定
	丁丑年 18歲 (數值：45) E值：44.5　注意事項：工作財運不穩定
	戊寅年 19歲 (數值：40) E值：41　注意事項：七殺，注意感情變動
年	己卯年 20歲 (數值：35) E值：37.5　注意事項：正官，注意感情變動
	庚辰年 21歲 (數值：70) E值：62　注意事項：穩定
	辛巳年 22歲 (數值：55) E值：51.5　注意事項：注意犯小人
	大 運　甲申　(數值：55　)
	壬午年 23歲 (數值：50) E值：51　注意事項：注意人際的影響
	癸未年 24歲 (數值：60) E值：58　注意事項：注意人際的影響
流	甲申年 25歲 (數值：55) E值：54.5　注意事項：忙碌，穩定
	乙酉年 26歲 (數值：40) E值：44　注意事項：食傷弱，感情不穩定
	丙戌年 27歲 (數值：55) E值：54.5　注意事項：工作財運不穩定
	丁亥年 28歲 (數值：50) E值：51　注意事項：工作財運不穩定
	戊子年 29歲 (數值：35) E值：40.5　注意事項：七殺，注意感情變動
年	己丑年 30歲 (數值：40) E值：44　注意事項：正官，注意感情變動
	庚寅年 31歲 (數值：60) E值：58　注意事項：穩定
	辛卯年 32歲 (數值：50) E值：51　注意事項：注意犯小人
	大 運　癸未　(數值：60　)
	壬辰年 33歲 (數值：50) E值：52　注意事項：注意人際的影響
	癸巳年 34歲 (數值：55) E值：55.5　注意事項：注意人際的影響
流	甲午年 35歲 (數值：45) E值：48.5　注意事項：有壓力，忙碌
	乙未年 36歲 (數值：60) E值：53　注意事項：穩定
	丙申年 37歲 (數值：65) E值：63.5　注意事項：工作財運不穩定
	丁酉年 38歲 (數值：45) E值：48.5　注意事項：工作財運不穩定
	戊戌年 39歲 (數值：50) E值：52　注意事項：七殺，注意感情變動
年	己亥年 40歲 (數值：30) E值：39　注意事項：正官，注意感情變動
	庚子年 41歲 (數值：50) E值：52　注意事項：穩定
	辛丑年 42歲 (數值：55) E值：55.5　注意事項：穩定

圖 161

從此圖表中可以發現，此人的感情走勢屬於差不多的現象，從乙酉的40，到甲申的55，及癸未的60，看起來越來越穩定些，不過在戊己流年不穩定現象也會很明顯，很可能發生在感情婚姻方面，或工作財運方面。如果在戊己的流年，此人是未婚的狀況，其實很適合在低分年選擇結婚，若是已婚則要注意到婚姻可能出現的變動。

大部分數值落在50到60之間，雖然看起來都是高於50，當然都還算理想，但有些可能會出現的變動現象還是要了解和探討，且都不能排除感情上的狀況，這些還要看個人的狀況而定，因為即使同命盤的人，也不一定在同一年出現一樣的狀況。此人的大運走夏秋運，因為對壬水日主來說整體官殺較大，也所以都呈現比較低的分數現象，當然這也代表此人的感情婚姻方面會是不穩定的運勢現象。

《癸日主》

以下是癸日主女命，對大運和流年干支的基本現象判斷方式的介紹：

判斷一：當大運逢遇到比肩和劫財（癸壬），人際方面容易出現變動，雖然並不絕對影響到感情婚姻，但其實也不能排除可能性，尤其是比較旺的壬癸干支搭配，像是壬戌、壬子、及癸丑或癸亥……會比弱的壬癸更明顯。而如果比劫大運，再逢遇到正官或七殺（戊己）出天干的流年，在這幾個流年裡就會出現感情或婚姻的變動。

判斷二：當大運逢遇到正官和七殺（戊己），工作財運或是感情婚姻容易出現變動，不一定保證是感情會出狀況，但因為戊己大運通常會是二十年，當中也勢必會逢遇到壬癸或戊己流年，所以至少就會有四左右的起伏變動，就要很注意到婚姻方面的狀況。

判斷三：當大運走得比較熱，但不是前面提到的壬癸或戊己天干，而是春夏運的甲午、乙未、丙午、丁未……因為是比較燥熱的組合，所以會讓癸日主比較有壓力且癸苦，相對感情婚姻也會出現更多的不穩定，或是因為工作財運影響到其他方面，婚姻也會比較不穩定，尤其是當流年逢遇到官殺戊己，現象會更明顯。

判斷四：其實不管是走哪一個大運，六十干支不管哪個組合，當流年出現正官和七殺的戊己，都可能會有感情婚姻變動，但這個判斷比較概括，比較無法有太多的準確度，不過這個範圍也可以當個參考值，畢竟還是有它的原理和可能性。當癸日主在流年逢遇到正官桃花，也就是戊子或戊午年，則出現感情婚姻的變動的機率就非常的高，所以若是之前就已婚，那就要比較注意到婚姻方面的狀況，但若是未婚，其實很適合選擇進入婚姻，或開始一段新感情。

判斷五：當命盤搭配過於弱，也就是八字和大運的搭配組合會讓日主變過弱，則在感情婚姻方面就容易變動，因為自我比較弱的人，其實很多時候都是屬於被決定的類型，當另一半選擇感情婚姻變動時，這樣的人似乎也沒有其他的選擇，像是逢到火土旺的夏運，對癸日主來說，感情婚姻也容易變不穩定。

以上五個基本判斷，就能準確的判斷出癸日主的感情婚姻狀況，但是或許對很多人來說，這樣的解釋似乎還是不太容易懂，尤其是對於未曾接觸過八字理論的人，可能是更無法進入狀況，所以感情流年E值的輔助印證就更重要。

對癸日主來說，在判斷計算得出的流年分數時，有幾項注意事項，接下來會加入範例來解說，如果我們已經計算出每個流年的感情婚姻分數，假設為E：

當E高於50，甚至比50高很多時，表示此流年的感情婚姻狀況屬於穩定，當然越高分越理想，甚至可以解釋為越高分越好，不管是所遇的人或狀況都會是比較如願的狀況。

當E高於50，甚至比50高很多時，另一個現象也會是人際人緣相當好，尤其是流年出現

地支「子」與「午」的各種類型桃花，或是金出天干的流年，對癸日主來說都是不錯的搭配，貴人的現象會出現。

當E低於50，且甚至比50低很多時，那就明顯是感情婚姻狀況不穩定，很可能會出現一些變動的現象，甚至是明顯變動，尤其是逢遇到戊己流年出天干。要注意的是，所謂的感情變動，不只是分開或離婚，其實也包括了交往或是結婚，因為變動並不代表一定是分或合，應該解釋為目前的狀況出現變化，所以當妳未婚或沒對象時，且逢遇到流年分數較低分，也可以是變成有對象或是結婚的選擇，但這些並不是好或壞的判斷，只是一個變動的現象。

當E低於50，且甚至比50低很多時，除了感情婚姻會有變動之外，可能是由於人際而引起，像是丙丁的流年，很可能會出現工作財務方面的狀況。對女命來說，因為夫與工作事業同論，所以也很可能出現錢財相關的變動，或是隨之而來的壓力。

當E值接近50，不管是高於或低於，還是有些許的變動性，其實無法完全排除變動的可能性，都還是需要去探討原理和原因，因為有時候當另一半的運勢較低時，就容易被影響到，或者被其他的原因所影響。

‧女命癸日主之一（癸卯日、癸未日、癸亥日）

《感情婚姻運的詳細解說》：癸日主一共有六個，也許因為地支的不同會影響到本命的旺弱，但影響比較大的部分會是在個人個性特質上及感情運勢上，其他的方面則地支影響會較小些，不過若同是癸日主，因為地支卯未亥的桃花現象會比較類似，所以在這裡就把癸卯、癸未和癸亥這三個日主一起來做解說。月柱對日主的感情婚姻有基本的影響力，因為月柱是一般所謂的夫妻宮，而日主雖然有它一定的基本好壞高低排序，但再加入月柱的判斷之後，則可以看出一個命盤基本的感情婚姻水準。

下面則要把各月柱對此三個日主的影響，和各月柱對此三日主的搭配做基本評分判斷，讓讀者從數值的內容對基本的感情好壞程度，有更清楚的了解，且能用數值去對照月柱的干支組合，也能更了解干支的影響現象。所以當癸卯、癸未和癸亥日主，對於月柱的各種干支搭配，它會產生的命盤基本感情高低現象，則代表此人的八字基本感情婚姻的水準，當然這個數值不能代表一切，也不能代表一輩子的感情現象，它只是一個基本的起點，如果要知道一生的感情起伏現象，以及一生的感情好壞走勢，就一定要搭配大運和流年，才能了解後天的影響和現象，也才會是比較準確的判斷。

當癸卯、癸未和癸亥日主，逢到各月柱所產生的感情婚姻基本數值，以下圖表則是依據所有的月柱搭配，及所整理出的數值和解說，提供參考：（如圖 162）

月柱如果逢遇到地支搭配為「子」，像是甲子、丙子、戊子、庚子和壬子，其實對癸卯日、癸未日、癸亥日三者來說，都是屬於桃花搭配，這也代表此人的八字基本搭配裡，本身的桃花就會比較多也比較明顯些，不過這是比較大方向的判斷，也不能完全就這樣單一判斷。

接下來要判斷更重要的部分，也就是大運和流年的感情運勢現象，因為這兩大部分才是真正影響一生的感情現象起落，而在這裡除了會用文字說明

甲 寅 65	甲 辰 75	甲 午 65	甲 申 70	甲 戌 65	甲 子 70
乙 卯 70	乙 巳 70	乙 未 70	乙 酉 60	乙 亥 55	乙 丑 50
丙 寅 55	丙 辰 60	丙 午 55	丙 申 65	丙 戌 70	丙 子 70
丁 卯 55	丁 巳 55	丁 未 50	丁 酉 60	丁 亥 60	丁 丑 55
戊 寅 75	戊 辰 80	戊 午 65	戊 申 75	戊 戌 65	戊 子 80
己 卯 65	己 巳 70	己 未 70	己 酉 65	己 亥 60	己 丑 55
庚 寅 65	庚 辰 70	庚 午 65	庚 申 55	庚 戌 60	庚 子 60
辛 卯 60	辛 巳 65	辛 未 60	辛 酉 60	辛 亥 50	辛 丑 55
壬 寅 60	壬 辰 65	壬 午 70	壬 申 55	壬 戌 55	壬 子 60
癸 卯 65	癸 巳 60	癸 未 70	癸 酉 65	癸 亥 50	癸 丑 50
女命 癸卯 癸未 癸亥 之 月柱					

圖 162

之外，當然也會提供感情婚姻數值，再加上簡單計算後，則能得到相當具參考價值的感情流年分數，可以讓讀者更容易了解和判別感情或婚姻現象。

筆者提供一個簡易的計算方式，能讓大家都可以更清楚的了解到，到底感情運勢的好與壞，以及如何去做判斷，且再加上詳細的範例解說，相信就能抓到重點。（如圖163）

感情婚姻分數計算的說明：

請先利用感情婚姻基本數值（月柱基本分）來做基礎，即先利用命盤裡的日主，依前一個圖表對照出月柱的分數，再依這個圖表（大運與流年）數值來做計算，在這裡的大運和流年都是使用同一圖表來判斷，而計算的公式如下列：

甲寅 55	甲辰 65	甲午 50	甲申 60	甲戌 55	甲子 40
乙卯 40	乙巳 55	乙未 60	乙酉 45	乙亥 50	乙丑 55
丙寅 45	丙辰 65	丙午 55	丙申 60	丙戌 55	丙子 30
丁卯 40	丁巳 70	丁未 60	丁酉 40	丁亥 50	丁丑 40
戊寅 40	戊辰 50	戊午 35	戊申 45	戊戌 40	戊子 20
己卯 30	己巳 45	己未 45	己酉 40	己亥 45	己丑 35
庚寅 65	庚辰 75	庚午 60	庚申 65	庚戌 70	庚子 40
辛卯 50	辛巳 60	辛未 65	辛酉 55	辛亥 60	辛丑 65
壬寅 60	壬辰 70	壬午 55	壬申 70	壬戌 65	壬子 40
癸卯 55	癸巳 60	癸未 60	癸酉 50	癸亥 70	癸丑 60
女命 癸卯 癸未 癸亥 之 大運與流年					

圖 163

（月柱基本分X 0.1）＋（大運數值X 0.2）＋（流年數值 X 0.7）

計算出來的數值，其實就是代表流年的感情婚姻狀況，而就分數上來判斷，越高的分數代表此流年的感情婚姻現象越穩定，不過在這裡，並不是絕對完全用分數的高低來做為好壞的判斷，這是因為流年的數值是一個穩定性的參考值，越穩定的感情婚姻現象分數就會越高，而相對的越低的分數所代表的現象就是越有變動。當然感情婚姻的好與壞，其實相當的主觀，或許相同狀況對不同的人來說，會是很不同的評語和感受，好或壞都是可能出現的結論，所以在這裡不用好壞來做評論，而是用「穩定」與「不穩定」來做為判斷標準，也會是更客觀更準確的分析方式。

以下則為此類別的舉例說明：（如圖164）

這是一個癸卯日主的女命，生於癸丑月，大運是從壬子開始的逆運，三歲起運，每十年逢三就會換大運，現在就舉兩個流年感情婚姻計算過程，此人的月柱基本分為50，是屬於普通的分數水準，而如果要計算虛歲27歲的流年E，則大運為庚戌（70分），流年戊子年（20分），代入公式得出的E為33，表示因為低於50且低許多，所以是不穩定的感情狀況，從八字十神的角色來看，流年戊子是癸亥日的正官桃花，對女命來說感情婚姻的變動會相當明顯，結婚、離婚或是交往、分手，都是可能的現象；如果要計算虛歲31歲的流年E，則大運為庚戌（70分），流年壬辰年（70分），代入公式得出的E為68，因為高於50，且高許多，所以是屬於穩定的感情狀況，壬辰對癸日主來說是劫財，是屬於還不錯但人際方面會有變動的運勢，也會比較忙碌些。

接下來的圖表就是計算過後所做的整理，一共是三個大運的三十個流年，是第兩個辛亥運、第三個庚戌運和第四個己酉運，以及圖表的範例說明。（如圖165）

時柱	日柱(日主)	月柱	年柱	虛年	八字本命
46歲之後	31至45歲	16至30歲	1至15歲	虛年歲限	
戊午	癸卯	癸丑	壬戌	四柱干支	

53歲至62歲	43歲至52歲	33歲至42歲	23歲至32歲	13歲至22歲	3歲至12歲	虛年歲限	大運
丁未	戊申	己酉	庚戌	辛亥	壬子	干支	

30	29	28	27	26	25	24	23	22	21	20	19	18	17	16	15	14	13	12	11	10	9	8	7	6	5	4	3	2	1	虛歲	流年
辛卯	庚寅	己丑	戊子	丁亥	丙戌	乙酉	甲申	癸未	壬午	辛巳	庚辰	己卯	戊寅	丁丑	丙子	乙亥	甲戌	癸酉	壬申	辛未	庚午	己巳	戊辰	丁卯	丙寅	乙丑	甲子	癸亥	壬戌	干支	
60	59	58	57	56	55	54	53	52	51	50	49	48	47	46	45	44	43	42	41	40	39	38	37	36	35	34	33	32	31	虛歲	
辛酉	庚申	己未	戊午	丁巳	丙辰	乙卯	甲寅	癸丑	壬子	辛亥	庚戌	己酉	戊申	丁未	丙午	乙巳	甲辰	癸卯	壬寅	辛丑	庚子	己亥	戊戌	丁酉	丙申	乙未	甲午	癸巳	壬辰	干支	

圖 164

	大運　辛亥　(數值：60　)
流年	甲戌年 13歲 (數值：50) E值：52　注意事項：金剋木，運勢不穩定
	乙亥年 14歲 (數值：55) E值：55.5　注意事項：運勢不穩定
	丙子年 15歲 (數值：30) E值：38　注意事項：正財桃花，感情不穩定
	丁丑年 16歲 (數值：40) E值：45　注意事項：工作財運不穩定
	戊寅年 17歲 (數值：40) E值：45　注意事項：正官，注意感情變動
	己卯年 18歲 (數值：30) E值：38　注意事項：七殺，注意感情變動
	庚辰年 19歲 (數值：75) E值：69.5　注意事項：穩定
	辛巳年 20歲 (數值：60) E值：59　注意事項：注意犯小人
	壬午年 21歲 (數值：55) E值：55.5　注意事項：注意人際的影響
	癸未年 22歲 (數值：60) E值：59　注意事項：注意人際的影響
	大運　庚戌　(數值：70　)
流年	甲申年 23歲 (數值：60) E值：61　注意事項：穩定
	乙酉年 24歲 (數值：45) E值：50.5　注意事項：食傷弱，感情不穩定
	丙戌年 25歲 (數值：55) E值：57.5　注意事項：工作財運不穩定
	丁亥年 26歲 (數值：50) E值：54　注意事項：工作財運不穩定
	戊子年 27歲 (數值：20) E值：33　注意事項：正官桃花，注意感情變動
	己丑年 28歲 (數值：35) E值：43.5　注意事項：七殺，注意感情變動
	庚寅年 29歲 (數值：65) E值：64.5　注意事項：穩定
	辛卯年 30歲 (數值：50) E值：54　注意事項：注意犯小人
	壬辰年 31歲 (數值：70) E值：68　注意事項：穩定
	癸巳年 32歲 (數值：60) E值：61　注意事項：注意人際的影響
	大運　己酉　(數值：40　)
流年	甲午年 33歲 (數值：50) E值：48　注意事項：有壓力，忙碌
	乙未年 34歲 (數值：60) E值：55　注意事項：穩定
	丙申年 35歲 (數值：60) E值：55　注意事項：工作財運不穩定
	丁酉年 36歲 (數值：40) E值：41　注意事項：工作財運不穩定
	戊戌年 37歲 (數值：40) E值：41　注意事項：七殺，注意感情變動
	己亥年 38歲 (數值：45) E值：44.5　注意事項：正官，注意感情變動
	庚子年 39歲 (數值：40) E值：52　注意事項：正印桃花，感情不穩定
	辛丑年 40歲 (數值：65) E值：58.5　注意事項：穩定
	壬寅年 41歲 (數值：60) E值：55　注意事項：注意人際的影響
	癸卯年 42歲 (數值：55) E值：51.5　注意事項：注意人際的影響

圖 165

從此圖表中可以發現，此人的感情大運走勢屬不穩定的現象，從辛亥的60，到庚戌的70，及己酉的40，整體來說感情運勢不太穩定，且當逢遇到戊己出天干的流年，明顯都出現偏低的數值，這也代表會有較大的變動現象，不管對此人來說是好或壞，總是要把握或是維持自己理想中的感情婚姻狀況，所以如果此人在這之前是已婚，那很可能在這幾個年會有不理想的婚姻狀況，但若此人是未婚，則很可能會選擇結婚或是開始一段感情。

有好幾個數值落在50到60之間，雖然看起來都是高於50，當然都還算理想，但有些現象還是要了解和探討，像是甲乙和丙丁出天干的流年，其實也不能完全排除掉感情上的狀況，這當然還要看個人的狀況而定，因為即使同命盤的人，也不一定在同一年出現一樣的狀況，但狀況都會在可能的範圍之內。而當中有幾個流年數值超過60，雖然在圖表中只是簡單標示為穩定，但其實這幾個流年都不錯。

・女命癸日主之二（癸巳日、癸酉日、癸丑日）

《感情婚姻運的詳細解說》：癸日主一共有六個，也許因為地支的不同會影響到本命的旺弱，但影響比較大的部分，會是在個人個性特質上及感情運勢上，其他的方面則地支影響會較小些，不過若同是癸日主，因為地支巳酉丑的桃花現象會比較類似，所以在這裡就把癸巳、癸酉和癸丑這三個日主一起來做解說。月柱對日主的感情婚姻有基本的影響力，因為月柱是一般所謂的夫妻宮，而日主雖然有它一定的基本好壞高低排序，但再加入月柱的判斷之後，則可以看出一個命盤基本的感情婚姻水準。

當癸巳、癸酉和癸丑日主，逢到各月柱所產生的感情婚姻基本數值，以下圖表則是依據所有的月柱搭配，及所整理出的數值和解說，提供參考：（如圖 166）

月柱如果逢遇到地支搭配為「午」，像是甲午、丙午、戊午、庚午和壬午，其實對癸巳日、癸酉日、

甲寅 65	甲辰 75	甲午 75	甲申 70	甲戌 65	甲子 60
乙卯 70	乙巳 70	乙未 70	乙酉 60	乙亥 55	乙丑 50
丙寅 55	丙辰 60	丙午 65	丙申 65	丙戌 70	丙子 60
丁卯 55	丁巳 55	丁未 50	丁酉 60	丁亥 60	丁丑 55
戊寅 75	戊辰 80	戊午 75	戊申 75	戊戌 65	戊子 70
己卯 65	己巳 70	己未 70	己酉 65	己亥 60	己丑 55
庚寅 65	庚辰 70	庚午 75	庚申 55	庚戌 60	庚子 50
辛卯 60	辛巳 65	辛未 60	辛酉 60	辛亥 50	辛丑 55
壬寅 60	壬辰 65	壬午 80	壬申 55	壬戌 55	壬子 45
癸卯 65	癸巳 60	癸未 70	癸酉 65	癸亥 50	癸丑 50
女命 癸巳 癸酉 癸丑 之月柱					

圖 166

癸丑日三者來說，都是屬於桃花搭配，這也代表此人的八字基本搭配裡，本身的桃花就會比較多也比較明顯些，不過這是比較大方向的判斷，也不能完全就這樣單一判斷。

接下來要判斷更重要的部分，也就是大運和流年的感情運勢現象，因為這兩大部分才是真正影響一生感情現象的起落，而在這裡除了會用文字說明之外，當然也會提供感情婚姻數值，再加上簡單計算後，則能得到相當具參考價值的感情流年分數，可以讓讀者更容易了解和判別感情或婚姻現象。

筆者提供一個簡易的計算方式，能讓大家都可以更清楚的了解到，到底感情運勢的好與壞，以及如何去做判斷，且再加上詳細的範例解說，相信就能抓到重點。（如圖 167）

感情婚姻分數計算的說明：

請先利用感情婚姻基本數值（月柱基本分）來做基礎，即先利用命盤裡的日主，依前一個圖表對照出月柱的分數，再依這個圖表（大運與流年）數值來做計算，在這裡的大運和流年都是使用同一圖表來判斷，而計算的公式如下列：

（月柱基本分Ｘ 0.1）＋（大運數值Ｘ 0.2）＋（流年數值 Ｘ 0.7）

所計算出來的數值，其實就是代表流年的感情婚姻狀況，而就分數上來判斷，越高的分數代表此流年的感情婚姻現象越穩定，不過在這裡，並不是絕對完全用分數的高低來做為好壞的判斷，因為流年的數值是一個穩定性的參考值，越穩定的感情婚姻現象分數就會越高，而相對的越低的分數所代表的現象就是越有變動。當然感情婚姻的好與壞，其實相當的主觀，或許相同狀況對不同的人來說，會是很不同的評語和感受，好或壞都是可能出現的結論，所以在這裡不用好與壞來做評論，而是用「穩定」與「不穩定」來做為判斷標準，也會是更客觀更準確的分析方式。

甲 寅 55	甲 辰 65	甲 午 45	甲 申 60	甲 戌 55	甲 子 50
乙 卯 40	乙 巳 55	乙 未 60	乙 酉 45	乙 亥 50	乙 丑 55
丙 寅 45	丙 辰 65	丙 午 45	丙 申 60	丙 戌 55	丙 子 35
丁 卯 40	丁 巳 70	丁 未 60	丁 酉 40	丁 亥 50	丁 丑 40
戊 寅 40	戊 辰 50	戊 午 25	戊 申 45	戊 戌 40	戊 子 30
己 卯 30	己 巳 45	己 未 45	己 酉 40	己 亥 45	己 丑 35
庚 寅 65	庚 辰 75	庚 午 50	庚 申 65	庚 戌 70	庚 子 60
辛 卯 50	辛 巳 60	辛 未 65	辛 酉 55	辛 亥 60	辛 丑 65
壬 寅 60	壬 辰 70	壬 午 45	壬 申 70	壬 戌 65	壬 子 55
癸 卯 55	癸 巳 60	癸 未 60	癸 酉 50	癸 亥 70	癸 丑 60
女命 癸巳 癸酉 癸丑 之 大運與流年					

圖 167

以下是此類別的舉例說明：（如圖168）

這是一個癸酉日主的女命，生於乙卯月，大運是從甲寅開始的逆運，兩歲起運，每十年逢二就會換大運，現在就舉兩個流年感情婚姻計算過程，此人的月柱基本分為70，是屬於不錯的分數水準，而如果要計算虛歲22歲的流年E，則大運為壬子（55分），流年己卯年（30分），代入公式得出的E為39，表示因為低於50且低相當多，所以是屬於不穩定的感情狀況，而從八字十神的角色來看，流年的己卯是癸日主的七殺，明顯會有感情婚姻或是工作財運的變動，要注意感情婚姻方面的問題，分手或在一起都是可能的現

時柱	日柱(日主)	月柱	年柱	虛年歲限	八字本命
46歲之後	31至45歲	16至30歲	1至15歲		
庚申	癸酉	乙卯	戊午	四干柱支	

52歲至61歲	42歲至51歲	32歲至41歲	22歲至31歲	12歲至21歲	2歲至11歲	虛年歲限	大運
己酉	庚戌	辛亥	壬子	癸丑	甲寅	干支	

30	29	28	27	26	25	24	23	22	21	20	19	18	17	16	15	14	13	12	11	10	9	8	7	6	5	4	3	2	1	虛歲	流年
丁亥	丙戌	乙酉	甲申	癸未	壬午	辛巳	庚辰	己卯	戊寅	丁丑	丙子	乙亥	甲戌	癸酉	壬申	辛未	庚午	己巳	戊辰	丁卯	丙寅	乙丑	甲子	癸亥	壬戌	辛酉	庚申	己未	戊午	干支	
60	59	58	57	56	55	54	53	52	51	50	49	48	47	46	45	44	43	42	41	40	39	38	37	36	35	34	33	32	31	虛歲	
丁巳	丙辰	乙卯	甲寅	癸丑	壬子	辛亥	庚戌	己酉	戊申	丁未	丙午	乙巳	甲辰	癸卯	壬寅	辛丑	庚子	己亥	戊戌	丁酉	丙申	乙未	甲午	癸巳	壬辰	辛卯	庚寅	己丑	戊子	干支	

圖168

象；如果要計算虛歲33歲的流年E，大運為辛亥（60分），流年庚寅（65分），代入公式得出的E為64.5，因為高於50且高許多，所以是屬不錯的運勢狀況，而從八字十神的角色來看，庚寅是相當好的正印，貴人運會很明顯，各方面都會不錯。

接下來的圖表就是計算過後所做的整理，一共是三個大運的三十個流年，是第兩個癸丑運、第三個壬子運和第四個辛亥運，以及圖表的範例說明。（如圖169）

	大運　癸丑　(數值：60　)
流年	己巳年 12歲 (數值：45) E值：50.5　注意事項：七殺，注意感情變動
	庚午年 13歲 (數值：50) E值：54　注意事項：正印桃花，感情不穩定
	辛未年 14歲 (數值：65) E值：64.5　注意事項：穩定
	壬申年 15歲 (數值：70) E值：68　注意事項：穩定
	癸酉年 16歲 (數值：50) E值：54　注意事項：注意人際的影響
	甲戌年 17歲 (數值：55) E值：57.5　注意事項：穩定
	乙亥年 18歲 (數值：50) E值：54　注意事項：運勢不穩定
	丙子年 19歲 (數值：35) E值：43.5　注意事項：正財，財運或感情不穩定
	丁丑年 20歲 (數值：40) E值：47　注意事項：感情財運不穩定
	戊寅年 21歲 (數值：40) E值：47　注意事項：正官，注意感情變動
	大運　壬子　(數值：55　)
流年	己卯年 22歲 (數值：30) E值：39　注意事項：七殺，注意感情變動
	庚辰年 23歲 (數值：75) E值：70.5　注意事項：穩定
	辛巳年 24歲 (數值：60) E值：60　注意事項：穩定
	壬午年 25歲 (數值：45) E值：49.5　注意事項：注意人際的影響
	癸未年 26歲 (數值：60) E值：60　注意事項：注意人際的影響
	甲申年 27歲 (數值：60) E值：60　注意事項：穩定
	乙酉年 28歲 (數值：45) E值：49.5　注意事項：食傷弱，感情不穩定
	丙戌年 29歲 (數值：55) E值：56.5　注意事項：工作財運不穩定
	丁亥年 30歲 (數值：50) E值：53　注意事項：工作財運不穩定
	戊子年 31歲 (數值：30) E值：39　注意事項：正官，注意感情變動
	大運　辛亥　(數值：60　)
流年	己丑年 32歲 (數值：35) E值：43.5　注意事項：七殺，注意感情變動
	庚寅年 33歲 (數值：65) E值：64.5　注意事項：穩定
	辛卯年 34歲 (數值：50) E值：54　注意事項：注意犯小人
	壬辰年 35歲 (數值：70) E值：68　注意事項：穩定
	癸巳年 36歲 (數值：60) E值：61　注意事項：注意人際的影響
	甲午年 37歲 (數值：45) E值：50.5　注意事項：有壓力，忙碌
	乙未年 38歲 (數值：60) E值：61　注意事項：穩定
	丙申年 39歲 (數值：60) E值：61　注意事項：穩定
	丁酉年 40歲 (數值：40) E值：47　注意事項：工作財運不穩定
	戊戌年 41歲 (數值：40) E值：47　注意事項：七殺，注意感情變動

圖 169

從此圖表中可以發現，此人的感情走勢屬於穩定的現象，從癸丑的60，到壬子的55，及辛亥的60，整體還算穩定，不過當流年出現戊己，不穩定現象就會很明顯，可能發生在感情婚姻方面，工作財運也都很可能會有變動。如果戊己的流年，此人是未婚的狀況，其實很適合在低分年選擇結婚，若是已婚則要注意到婚姻可能出現的變動。

有幾個數值落在50到60之間，雖然看起來都是高於50，當然都還算理想，但有些現象還是要了解和探討，像是甲乙丙丁出天干的流年，也可能會出現壓力和變動，且也不能完全排除感情上的狀況，這些還要看個人的狀況而定，因為即使同命盤的人，也不一定在同一年出現一樣的狀況，只是都會在可能的範圍之內。而若是數值超過60以上的流年，則屬於穩定的流年。

後記

這本書主要是將感情運勢做為主題，且把男女分開各別探討，內容包含所有可能在感情方面的變動狀況，像是感情婚姻及桃花現象，或是其他面向對於感情的可能影響。

基本上還是依照筆者之前的著作習慣，在運勢表現的方式上，除了八字的理論解釋和命理現象解說之外，也利用數值及圖表來表現運勢現象與起落，讓讀者不管是要學習八字命理或只要了解自己的感情運勢現象，都可以得到所有解答，這並不像過去的八字書籍，只是要教讀者如何去論命，但是並不去負責讀者的命盤結果判斷，其實主要的原因還是因為八字命理相當複雜且多變化，如果用傳統的寫作方式，完全沒辦法去顧到所有的命盤分析，畢竟八字命盤大約有兩百五十幾萬種組合，更何況男女有別且運勢不同，即使用分類的方式去做簡化還是有幾十萬種組合，所以要完整呈現八字命理的命盤分析並不容易。但如果是把運勢起伏或好壞現象，利用數值及圖表來表現，那就可以顧到所有的可能性，就像是把立體壓縮成平面一樣，數值的高低起伏現象一目了然，而且不管是已入門或未入門的讀者都可以輕鬆了解運勢現象，也不用擔心判斷的對錯問題，當然有興趣學習八字命理的讀者，可以利用好壞結果去推測可能的緣由，對於學習八字命理也會比較有趣，也不會感覺不知所措，都會有所依據。

感情運勢也是大家都相當重視的一部分，許多人去找命理師或是去買命理書研究，除了要知道工作財運之外，不外乎也要知道感情婚姻或健康或其他方面。現今的社會進步，感情婚姻也演變得和過去不同，看起來現代人的感情狀況起伏比較大，變動的頻率也比較頻繁，相對於以前的人都比較穩定且能維持，這些明顯變化主要是時代不同和社會進步所致，所以對於命理上的解釋方式就要依時代做調整，才會符合現代人的現象和需求，這本書裡有做一些簡單的命理觀念分解說，及八字命理對於感情婚姻能做到的預測和現象分析。

這本書也可以說是一個工具書，是一本專門探討八字感情運勢的工具書，只要按照裡面的步驟去做，不管學或不學八字命理都可以得到準確的結果。如果對八字理論無法理解或是不太有興趣，那可以有另一種翻閱此書的方式，就是手邊先有八字命盤，也可以利用本書後面附上的空白表格，可以影印一些空白表格來填寫，更容易做翻閱和分析。先找出自己的性別和日主天干分類，然後從日主分類再去找出月柱，以及大運與流年的分類，就可以找出數值及做個簡單的計算，然後填入感情分析的空白表格，更能容易分析判斷流年情運的好壞現象，之後若有興趣了解運勢好壞緣由，則可以往前看八字理論的解說分析，書裡面的每個類別都有完整的範例解說，讀者可以做詳細參考。這是利用倒裝的方式來做，從結果好壞再去回推八字理論現象，這樣的方式對有興趣學習八字的人來說，也是相當好的方法，既不用怕會判斷錯誤或是抓不到方向，也可以清楚了解每年的感情現象，對於只想了解感情運勢的人，也是很簡便的方式。

筆者希望用最簡化及最白話的方式來表現八字命理，畢竟現在已不再是文言文的時代，八字命理當然也不用繼續咬文嚼字，能符合大眾的市場和需求才是最理想的命理解說方式，如何做到既簡單易懂又能不失準確度，這是筆者一直在研究的方向，這本書也沿用之前的解說方式，把運勢好壞現象轉化成數值和圖表來表現，然後再加上白話解說論命原則，這是目前看起來最簡單且精準的方式，也就是說除了八字命理本身的理論基礎外，還加上了流年感情數值，希望輔助讀者能更了解感情運勢現象，也能讓讀者對八字命理多一些興趣及判斷方向，相信人人都能看懂，且人人都能容易的了解運勢現象，這也是八字命理的一個大進化。

【附表一】
八字命盤表格

時柱	日柱(日主)	月柱	年柱	虛年 歲限	八字本命
46歲之後	31至45歲	16至30歲	1至15歲		
				四干 柱支	

歲至 歲	歲至 歲	歲至 歲	歲至 歲	歲至 歲	歲至 歲	虛年 歲限	大運
						干 支	

30	29	28	27	26	25	24	23	22	21	20	19	18	17	16	15	14	13	12	11	10	9	8	7	6	5	4	3	2	1	虛歲	流年
																														干支	
60	59	58	57	56	55	54	53	52	51	50	49	48	47	46	45	44	43	42	41	40	39	38	37	36	35	34	33	32	31	虛歲	
																														干支	

【附表二】
八字婚姻E值表格

	大運　　(數值：　)
流年	年　歲(數值：　) E值：　注意事項：
	年　歲(數值：　) E值：　注意事項：
	年　歲(數值：　) E值：　注意事項：
	年　歲(數值：　) E值：　注意事項：
	年　歲(數值：　) E值：　注意事項：
	年　歲(數值：　) E值：　注意事項：
	年　歲(數值：　) E值：　注意事項：
	年　歲(數值：　) E值：　注意事項：
	年　歲(數值：　) E值：　注意事項：
	年　歲(數值：　) E值：　注意事項：
	大運　　(數值：　)
流年	年　歲(數值：　) E值：　注意事項：
	年　歲(數值：　) E值：　注意事項：
	年　歲(數值：　) E值：　注意事項：
	年　歲(數值：　) E值：　注意事項：
	年　歲(數值：　) E值：　注意事項：
	年　歲(數值：　) E值：　注意事項：
	年　歲(數值：　) E值：　注意事項：
	年　歲(數值：　) E值：　注意事項：
	年　歲(數值：　) E值：　注意事項：
	年　歲(數值：　) E值：　注意事項：
	大運　　(數值：　)
流年	年　歲(數值：　) E值：　注意事項：
	年　歲(數值：　) E值：　注意事項：
	年　歲(數值：　) E值：　注意事項：
	年　歲(數值：　) E值：　注意事項：
	年　歲(數值：　) E值：　注意事項：
	年　歲(數值：　) E值：　注意事項：
	年　歲(數值：　) E值：　注意事項：
	年　歲(數值：　) E值：　注意事項：
	年　歲(數值：　) E值：　注意事項：
	年　歲(數值：　) E值：　注意事項：

國家圖書館出版品預行編目資料

八字問情：你不知道的八字情運／筠綠著.
——第一版——臺北市：知青頻道出版；
紅螞蟻圖書發行，2013.6
面 ； 公分. ——（Easy Quick；129）
ISBN 978-986-6030-65-9（平裝）

1.命書 2.生辰八字

293.12　　102008178

Easy Quick 129

八字問情：你不知道的八字情運

作　　者／筠綠
發 行 人／賴秀珍
總 編 輯／何南輝
校　　對／周英嬌、楊安妮、筠綠
出　　版／知青頻道出版有限公司
發　　行／紅螞蟻圖書有限公司
地　　址／台北市內湖區舊宗路二段121巷19號（紅螞蟻資訊大樓）
網　　站／www.e-redant.com
郵撥帳號／1604621-1　紅螞蟻圖書有限公司
電　　話／(02)2795-3656（代表號）
傳　　真／(02)2795-4100
登 記 證／局版北市業字第796號
法律顧問／許晏賓律師
印 刷 廠／卡樂彩色製版印刷有限公司
出版日期／2013年 6月　第一版第一刷

定價 350 元　港幣 117 元

ISBN 978-986-6030-65-9　　Printed in Taiwan